幼儿园教育活动运用丛书

丛书主编　王振宇

幼儿园环境创设
指导与实例

汤志民◎著

华东师范大学出版社

上海

图书在版编目(CIP)数据

幼儿园环境创设指导与实例/汤志民著. —上海:
华东师范大学出版社,2012.12
(幼儿园教育活动运用丛书)
ISBN 978 - 7 - 5675 - 0141 - 6

Ⅰ.①幼… Ⅱ.①汤… Ⅲ.①幼儿园—环境设计
Ⅳ.①G617

中国版本图书馆 CIP 数据核字(2012)第 312708 号

本书为(台湾)五南图书出版股份有限公司 授权 华东师范大学出版社有限公司在中国大陆地区出版发
行简体字版本。
版权所有,违者必究。
上海市著作权版权局合同登记 图字:09 - 2012 - 627 号

幼儿园教育活动运用丛书
幼儿园环境创设指导与实例

著　　者　汤志民
责任编辑　刘　佳
审读编辑　林　路
责任校对　时东明
装帧设计　卢晓红

出版发行　**华东师范大学出版社**
社　　址　上海市中山北路 3663 号　邮编 200062
网　　址　www.ecnupress.com.cn
电　　话　021 - 60821666　行政传真 021 - 62572105
客服电话　021 - 62865537　门市(邮购)电话 021 - 62869887
地　　址　上海市中山北路 3663 号华东师范大学校内先锋路口
网　　店　http://hdsdcbs.tmall.com/

印 刷 者　浙江临安曙光印务有限公司
开　　本　700×1000　16 开
插　　页　1
印　　张　19.75
字　　数　348 千字
版　　次　2013 年 5 月第 1 版
印　　次　2021 年 12 月第 8 次
书　　号　ISBN 978 - 7 - 5675 - 0141 - 6/G·6059
定　　价　38.00 元

出 版 人　王　焰

■ "实践—反思—学习"

——终身教育的环节

　　不久前我在中国教师研修网上轮值答疑的时候,看到有许多参加网络学习的幼儿教师问:"如何才能快速成为合格的幼儿教师?""幼儿教师需要读哪些专业书籍?""如何开展教研活动?""怎样了解幼儿的需要?""怎样帮助幼儿开展主题活动?""怎样布置幼儿园的活动环境?""怎样预防职业倦态?"一连串的问题反映出广大幼儿教师强烈的职业意识和进取精神,很令人感动。

　　幼儿教师的职业,是一个实践性、反思性和学习性高度结合的职业。

　　幼儿教师工作的主体对象是学前期儿童。作为心理学、教育学的研究对象,学前期儿童是我们迄今为止了解得最不全面的对象之一。他们有着与我们成人不同的身心特点、思维方式和行为模式。美国儿童心理学家格塞尔是一位毕生研究儿童发展的大师,他这样评价自己的工作:"我们现在关于儿童的知识准确性,如同一张 15 世纪的世界地图一般。"(王振宇:《儿童心理发展理论》修订版,人民教育出版社,2011 年版,第 42 页。)时至今日,这张"世界地图"虽然更加具体,但依然是不完整、不清晰的。何况,每个幼儿都是个体的、独立的、不可复制的,每一个孩子的行为表现又带有情绪性、情景性。我们很难用一种规定的模式去处理每一件事。同时,随着我们对人才培养与社会经济和文化发展重要性认识的不断深化,社会需求的迫切性与教育实际的可能性之间的矛盾也就越来越大。解决这一矛盾的唯一途径就是提高幼儿教师的职业素质和专业能力。这就需要我们坚持终身教育的原则,在幼儿教育的实践中不断地反思和学习。这就决定着幼儿教师的终身教育必然遵循着"实践—反思—学习"的环节无限地循环和绵延。

　　实践。虽然大部分幼儿教师都接受过学前教育专业的职前教育,但再完善的职前教育也不可能替代幼儿园的实践经验。幼儿教育的经验只能来自幼儿园的真实教育环境和真实教育过程。当我们将以前学习过的知识用于幼教实践时,我们很快就会发现,一个幼儿教师不仅要掌握教什么的知识和怎么教的技巧,更要有怎样了解幼儿的发展水平、怎样发现幼儿的实际需要、怎样在特殊的情景中做出最佳选择帮助幼儿身心发展的能力,这就是教育有效性问题。幼儿教育的效果不一定取决于逻辑的过程,而往往取决于教育者、教育对象与情景三者之间的相互作用。提高教育的有效性依赖于教师的实践智慧。而实践智慧不可能从学校或教材中获得,只能在自己的实践中积累,通过实践形成解决问题的实践智慧。

反思。教育实践是极其复杂和多变的。正因为实践智慧是在自己的行动中表现和积累的,因此,它必然是有的成功、有的无效、有的失败。这也与教科书上所阐述的必然性是不一样的。据此,我们有必要对教育过程的原则和细节进行反思,多想想我们在行动前、行动中的得失在哪里,幼儿的感受是什么,哪些判断和决策是合理的、有效的,用什么标准评估我们已经取得的成果,哪些判断和决策是不符合实际的,为什么要这样做,换一个角度结果会怎么样。

学习。如何解释教育实践中成功或不成功的经验,需要我们学习新理论。所谓理论,就是用来解释特定研究领域中许多事实之间相互联系的概念体系。理论的作用就是用来解释问题的。当我们能用一种理论解释我们感到困惑的问题,或着用理论评价了我们已经取得的成果,也就是解决了问题。实践的目标是探索出"怎么做"的方法,理论的目标是找寻到"为什么"的答案,从这个意义上讲,完善的理论具有最大的实践性。因为,理论又将我们的思路带回到新的实践中去,用我们常用的话说,就是"理论联系实际",其本质就是理论指导着我们的幼教实践活动。

由实践发现问题、由反思思考问题和由学习解决问题再回到实践中去处理新问题的过程,构成了"实践—反思—学习"的环节无限循环和绵延。循环不是简单地转圆圈,绵延不是机械地划直线。终身学习是一个螺旋上升、永无止境的认识过程。

幼儿教师的终身教育,不是简单的技能培训,更不是看看西洋镜,而是一个密切结合自身教育实践进行的自主发展。所谓自主发展,就是根据自己的专业发展目标,选择自己需要的学习内容,制定适应自己发展水平和工作压力的学习计划并自己负责实施,促使自己不断提升的过程。

幼儿教师终身学习的目的,不同于职前教育中所接受的一般知识积累和智力训练,而更重要的是通过反思和学习,不断加强职业动力、提升职业尊严,提高实践智慧,增强用理论解释工作、解决问题的能力,学会将学科发展动态与自己的日常教育活动相渗透,保持源头活水。一言以蔽之,幼儿教师的终身学习,是为了对自己的专业发展负责任。这才是幼儿教师这个职业真正的挑战和严肃性所在。

国家教育部 2011 年 12 月 12 日颁布的《幼儿教师专业标准（试行）》（征求意见稿）提出了幼儿教师终身学习的任务："学习先进学前教育理论，了解国内外学前教育改革与发展的经验和做法；优化知识结构，提高文化素养；具有终身学习与持续发展的意识和能力，做终身学习的典范。"这一标准与当今世界教育改革的潮流是一致的，也是符合我国幼教实践的。

基于以上的理念，华东师范大学出版社编辑出版了"幼儿园教育活动运用丛书"。这套丛书力求虚实结合，侧重教育智慧，便于幼教工作者自主进修，促进自我实现。

我阅读了丛书首批出版物中的 4 本新书，其中，《幼儿园环境创设指导与实例》高度体现了大视野、多元化、注重应用型实证研究和理性提高的特点。作者力图介绍如何设计幼儿学习环境这一具体问题，但贯穿其中的理念是"环境的决定反映了教师的哲学和目的"。最后，作者还带领我们参观了海峡两岸以及 11 个国家的 25 个幼儿园经典环境设计，对提高读者学习环境的设计能力大有裨益。《幼儿学习区情景规划》则是一本更为具体详实的手册型读物，易懂易行。而《幼儿行为观察与记录》对于幼儿教师如何了解幼儿成长的多变性与多样性、适时提供学习机会或转化教学策略具有实际的帮助。总之，这些书籍都很好地体现了编辑的宗旨，它们的实际价值一定能在广大幼儿教师研读和应用后得到证实和认可。

幼儿教师终身学习离不开自己的工作现场。我相信，无论是编者还是读者，都会时刻牢记这一点的。

王振宇

2012.11.20

目 录

图目录

表目录

第二版序言

台湾幼儿园的兴建和发展,日据时代已见端倪,大量设置与整建起始于台北市立国小普设幼儿园,而宜兰县的新设幼儿园配合国中小校舍更新整体规划,则为县市典范;九二一震灾重建之后,新校园运动的推展,也同时触动幼儿园的整体新建。其实,台湾的大学和中小学、公立和私立、教育主管部门和县市教育局,对于幼儿园设置的重视,已非短短数年;尤其是幼儿教育义务化之趋势,使省内外学术研究和优良的设计案例与日俱增,发展速度之快,令人目不暇接;加之,近年来各级学校配合整体规划并建幼儿园,形成风潮,幼儿学习环境设计的重要性,更攀颠峰。

本书出版迄今三年,深受各界肯定与支持,因幼儿园新增快速,大学校院幼儿教育系所和相关研究系所之研究进修课程也不断扩展,特修订本书,以因应幼儿学习环境、学术研究与规划设计实务之需。本次再版修正重点如下:

一、在文字修正上,增修篇章引言使体例一致,酌修文字说明和注记,让文章更易阅读。

二、在文章内容上,增修幼儿教育历史年表和增加韩国幼教发展资料,更新幼儿园活动室设计图和室内外环境规划设计要点,并加强无障碍环境之说明。

三、在规划实例上,更新第七章日、美和丹麦三国幼儿园的规划配置实例,并新增荷兰幼儿园之案例。

四、在资料索引上,新增专有名词之索引资料,以利快速查阅。

五、在撰写格式上,依美国心理学会(APA)2001年《出版手册》之规定格式修正注解。

本书修正,费时近年,能够顺利再版,首先要感谢五南图书出版股份有限公司发行人杨荣川先生的慨允协助,政大附中筹备处廖主任文静和倪主任履冰、政大教研所博士班研究生陈贤舜和硕士班研究生杨贵菜、黄以乔、黄文煌,协助搜集、整理和打印校对资料,塩入澄协助翻译日文,内心无任铭感。特别是,母亲的鞠育之恩,妻子祝英无怨尤的关爱与鼓励,是生活和写作的最大精神支柱,在此并申最深挚之谢忱,并请方家不吝赐教。

汤志民　谨志

2004 年 9 月

序　言

　　幼儿教育和学习环境密不可分,幼儿充满好奇,与周遭的人、事、物环境互动,通过环境探索未知的世界,在体验的历程中,感觉自己、认识自己,学习独立、学习成长、学习与他人相处。

　　什么是幼儿? 幼儿是——

　　从不知他们的大世界是这么小,

　　从不知有这么多大人看着他们长大,

　　从不知有这么多掌声是因他们的无知,

　　从不知地板这么脏都是他们弄的,

　　从不知衣服上的色彩是哪里来的,

　　从不知休息是为走更远的路,

　　从不知学习与环境有关……

　　幼儿就是这样,你问他,他有一大堆说不清楚的理由,你努力想让他听懂你的话,他常是一脸真实的茫然。幼儿因无知而无邪,因无邪而心灵剔透,因心灵剔透而易吸收环境的信息,大人设计理想的学习环境,正为适应幼儿的学习和成长。幼儿园是幼儿离开家庭的第一个世界,学习从此开始,幼儿园那么地令人喜欢,活动室随处可捕捉幼儿们在学习区专心工作的动人神情,室外游戏场到处可看到孩子们嬉戏奔跑的可爱身影,汗水和笑容交融,人间最天真无邪的画面在此层层晕染,在这里,快乐、欢笑如银铃之声轻易迎风飞扬,愁滋味未到,只因年少和遥远的老,浸淫汩汩童欢心情,只有洋溢无限青春,如有选择,大家都不希望长大,让童真最剔透的心灵,引领人心最真挚的共鸣。

长久耕耘于教育设施规划研究,进入幼教领域,是偶然,非突然,主要是工作、兴趣和学术研究之需,愈钻研,愈喜欢。过去,花了九年多的时间,到国内外幼儿园认真地看、认真地感觉,买了无数的幼儿教育专书,努力地看、努力地了解,深刻体会幼儿教育受到极度的重视、研究领域快速地扩充,幼教专著版次也经常更迭。让我最有兴趣的是,幼儿教育与学习环境息息相关,最重视学习环境的是幼儿教育,蒙特梭利强调儿童和环境互动的重要性;福禄贝尔创造幼儿园和恩物,希望给幼儿最好的学习环境和教材教具,而现代的幼教专著莫不论述学习环境的重要性,重视物质环境在幼儿身体、认知、社会和情绪上的种种影响,并提供室内外学习环境设计和设备器材选择的原则和要点,也使幼儿教育因学习环境设计的成长而蓬勃发展。国内,近年来幼儿教育研究领域迅速发展,惟幼儿学习环境设计理论和实务的学术专著几近阙如,亟待有志之士戮力开拓。

　　有鉴于此,并应师范校院、教育、幼教和相关研究系所《幼儿学习环境设计》课程之需,特撰著本书,以提供幼教师资培育和学习环境设计基础性的参考教材。全书计分三篇七章:第一篇理论研究,分为三章,分别探讨幼儿学习环境设计的理念、理论基础,以及学习环境设计与幼儿行为;第二篇环境设计,分为三章,分别论述室内学习环境的设计配置、室外学习环境的设计配置、大人区与附属设施的设置;第三篇配置实例,单列一章,特别介绍各国幼儿园设计配置实例。本书撰写的方向、内涵与特色如下:

　　一、在撰写原则上,冀求体例与结构完整、理论与实务并重,以兼顾学术性与实用性之价值。

　　二、在题材范围上,以幼儿园为主,以小学低年级为辅,并尽量涵盖各项幼儿学习环境设计要点,以求周延。

　　三、在内容架构上,以理论研究、环境设计和配置实例为经,幼儿学习环境设计为纬,逐层分述。

　　四、在立论角度上,从幼儿学习需求着眼,配合幼教目标、课程设计和教师教学需求,介绍设备标准及国内外相关规定或文献,融入未来发展导向,使论述内涵兼具教育性、实际性与前瞻性。

　　五、在配置实例上,介绍中国大陆和台湾、日、美、英、法、德、丹麦、挪威、澳洲等 12 个国家和地区的 24

所幼儿园，具代表性的幼儿园的设计配置实例，借以吸收新知，激荡理念。

六、在撰写文体上，力求结构严谨、标题清晰、文字顺畅、图文呼应，并依美国心理学会（APA）1994年第四版《出版手册》之规定格式注解，以收易读易解之效。

本书撰写构思甚久，费时九年，能够顺利出版，首先要感谢五南图书出版股份有限公司发行人杨荣川先生的慨允协助出版，政大附中筹备处廖秘书文静和倪履冰小姐，多少日子挑灯夜战，顶着酷暑，逐字润稿、修稿、编排、绘图，三重高中吴旭专老师、大诚高中陈俊佑老师和竹山高中王馨敏老师、政大教研所研究生张雅淳、陈琦媛、张硕玲、徐仁斌、黄庭钰及教三学生李璟芳……协助搜集、整理、打印和校对资料，木村协助翻译日文，萧惊鸿教授从国外惠寄资料，吴科长永禄、许校长铭钦的热心提供资料，内心无任铭感。特别是，母亲的鞠育之恩，妻子祝英无怨无悔的关爱与鼓励，是生活和写作的最大精神支柱，在此并申最深挚之谢忱。

本书仓促付梓，加以笔者初探幼教学习环境领域，谬误、疏失之处在所难免，敬祈方家先进不吝匡正赐教。最后，谨将此书献给我的母亲、妻子和所有关爱我的人，并以此敬申对父亲无限的思念。

汤志民　谨志
2001年8月

第一章

学习环境设计与
幼儿行为

离开环境即无行为可言（There is no behavior apart from environment）。

——R. Sommer

愉悦、组构良好的环境，提供幼儿适龄的多样活动，用以支持幼儿各层面的发展并促进学习（A pleasant, well-organized environment that provides children with a variety of age-appropriate activity options supports children's development in all domains and enhances learning）。

——E. Essa

环境和发生其间的活动是很难分开的（Poston et al.，1992），Locke 即认为人的环境和经验是了解人类行为的关键（引自 Vasta et al.，1992）。的确，环境对人的行为具有强烈的"暗示"与导引性，人在不同的空间会有不同的"空间行为"，蔡春美等人(1992)认为影响幼儿行为表现一个很大的因素是环境的设计与空间的规划。

David 和 Weinstein(1987)在《人造环境与儿童发展》(The Built Environment and Children's Development)一文中也说明，儿童与物质情境的互动有直接的关系且易于观察，虽然学习能力随年龄而加强，但儿童期的环境经验却有持续的影响。儿童发展的历程会受物质情境特性的影响，有关儿童及其与人造环境互动的系统性知识，可用以改善儿童情境的设计。在探究儿童与人造环境间互动上，David 和 Weinstein 提出七项普遍性的共识：

1. 人造环境对儿童兼具直接和象征的影响(direct and symbolic impacts)。

2. 人造环境和儿童发展的研究将可获益自多元情境观点(a multisetting perspective)。

3. 所有为儿童设计的人造环境，应提供尊重儿童发展的功能：增进个人的认同、鼓励能力的发展、提供成长的机会、提升安全和信任的意义、兼顾社会互动和私密性。

4. 在情境的运用和解释上，有实际的个别和文化变异性(cultural variations)。

5. 不论在何处，儿童应主动参与其所生活物质情境的规划与安排。

6. 人造环境的影响必须在社会和文化系统的脉络中检视。

7. 儿童不是家庭、学校和特别托育环境(special-care environment)的唯一使用者(还有家长、教师和其他大人等共用这些情境,亦要知其需求)。

心理学上,研究影响幼儿行为发展,主要有三大理论:(1) **遗传论**(predeterminism):遗传论者虽然不否认环境对个体行为的影响,但仍认为遗传才是形成个体行为的唯一原因,因此视行为的发展为人类天性或本质的"展开"(unfold)。在儿童行为方面,Gesell 曾对儿童发展进行了系统的观察记录研究,以统计方法求出大量资料的平均值,制成"儿童发展常模",从研究中发现幼儿之间的发展过程有高度的相似性存在,故主张儿童基本行为并不由外界刺激所决定,乃是由神经系统之生长所决定,与幼儿经验无关;后虽不再完全否认经验对发展的重要性,但仍然主张发展乃是儿童天性的展开。(2) **环境论**(environmentalism):环境论者认为行为的发生完全是个体接受环境中的"输入"(input)而产生"输出"(output)之结果,个体的行为任其所处的环境来形塑而不是与生俱来的。在儿童行为方面,其发展主要是环境塑造的,亦即行为乃是环境与经验影响的结果,Watson、Skinner 等人即持此看法,并强调儿童的发展主要决定于环境,教师如果要控制儿童行为的发展,可以经由操纵环境力量来达成此一目的。(3) **交互论**(transactionism):认为遗传或环境都可以解释行为的发展。在某些行为的发展上,环境对个体的影响,远超过遗传的支配;在另一些行为的发展上,则只有等待个体的成熟始能学习。一般而言,早期的发展或简单的行为反应,较容易受遗传因子影响;较复杂的行为或个体年龄愈大,则受环境的影响愈深。在儿童行为方面,主张儿童的发展乃是个体和环境交互作用的结果,Bandura、Erikson、Piaget 等人即持此观点,并强调人类的发展不但源自体内,也源自外在环境的力量,故遗传和环境都是影响人类发展的重要因素(田育芬,1987;林朝凤,1988)。

事实上,不论遗传论、环境论或交互论,都承认遗传和环境对儿童行为很重要,只是强调的重要性不同而已。须提的是,遗传是行为发展的主观因素,与生俱来,不可改变,而环境却是行为发展的客观因素,可操控或改变。行为学派(behaviorism)的行为理论即主张:(1) 发展产生自从环境中的学习(Development occurs through learning from the environment);(2) 如果改变了幼儿的环境,其行为也会改变(Behavior can be changed if a child's environment is changed);他们认为人类行为是学来的,幼儿行为塑形于其与环境之互动,改变幼儿行为最有效的方式是改变幼儿的环境(Marion,1991)。

由上述可知,学习环境设计与幼儿行为有密切的关系,本章拟就环境行为的理论研究、学习环境与幼儿行为,分别加以探究,以深入了解其间的影响关系。

第一节
环境行为的理论研究

　　环境与行为的研究,在当代许多社会科学与环境专业领域(如环境心理学、环境社会学、人体工学、室内设计、建筑研究、庭园建筑研究、都市计划研究、资源管理、环境研究、都市和应用人类学、社会地理学等)的努力开发下,虽已累积丰硕的成果,但理论的建立仍有待加强;Moore(1987a)即以"环境—行为"研究与运用音阶图(the gamut of environment behavior research and applications)说明"环境—行为"的理论及基础研究是该领域理论研究的主流。由此可知,"环境—行为"的理论与研究有其加以开发统整的必要性。

　　本节拟就环境与行为的基本概念、环境与行为的研究类型、环境与行为的研究模式和环境与行为的研究方法,分别作一概略性的整理与介绍。

一 环境与行为的基本概念

(一) 环境与行为的意义

1. 环境的意义

　　《韦氏辞典》对环境的定义是:"环境是围绕人们的事件(circumstances)、事物(objects)或情况(conditions)。"(*Webster's Ninth New Collegiate Dictionary*,1987,p. 416)从教育、心理和环境设计的观点来看,下列各个学者专家之界定,可以让我们对环境的定义有更清楚的概念:

　　(1) Good(1973):环境是个体所能接受到并受其影响的一切事物、势力(forces)和情况之总称(p. 214)。

　　(2) Zeisel(1981):环境是人们生活、工作及游戏的情境,该情境具有实质的、管理的及社会的特性(p. xi)。

　　(3) Candoli、Hack、Ray 和 Stollar(1984):环境是影响人类变更其行动、心理和生理的舒适度以及视听能力的周遭情况(the surrounding conditions)(p. 262)。

　　(4) Oldroyd、Elsner 和 Poster(1996):环境是周围的情境,一如教室环境、学

校环境,包括物质的、美学的、社会的和其他变量(p. 24)。

(5) 张春兴(1991):环境乃是指个体生命开始之后,其生存空间中所有可能影响个体的一切因素(p. 349)。

(6) 林万义(1986):环境实为个人所面临的一切外在事情、条件、状态、境遇之总称(p. 17)。

综上可知,环境是个体生存空间中一切人、事、物的总称(汤志民,2000)。就环境的类别而言,Pillari(1988)认为环境的概念涵盖物质、社会和文化三个层面,其中物质环境(the physical environment)主要由人造环境(the built environment)和自然环境(the natural environment)所组成;社会环境(the social environment)包含各种组织层次的人际关系网络,而物质环境和社会环境都受文化价值、规范、知识、信念及社会互动模式之影响。Evans 和 Schmid(1989)以生态系统(ecosystem)的观点将环境分为三种类别:(1) 生理环境(the physiological environment),包括健康和有机组织的因素;(2) 物质环境,包括教室、桌子、纸张、温度、采光、课程表及其工作区等情境因素;(3) 心理环境(the psychosocial environment),包括情感、情绪、价值和期望等因素。上述每一种生态系统环境,在分析时,都与另外两种有关联。

另外,在儿童与环境的研究上,Bronfenbrenner 的环境生态模式(ecological model of the environment)(参见图 1-1),以幼儿为中心,将其所处的环境由近而远分为:(1) 小系(microsystem),最接近幼儿,如家庭、学校、教堂、游戏场等;(2) 中系(mesosystem),是幼儿小系统间的关系系统,如家长与幼儿教师的关系,以及幼儿的兄弟姊妹与邻居朋友的关系等;(3) 外系(exosystem),是社会情境可影响幼儿,但幼儿却不直接参与,如地方政府(制定严格的空气污染标准并实施)、学校董事会(设定教师薪资水平,建议新教科书和设备的预算)、母亲的工作地(建立产假制度、设托儿设施)等;(4) 大系(macrosystem),系幼儿生活中的文化和次文化,通过信念、态度和传统影响幼儿,如幼儿生活在美国,则会受民主和平等信仰以及资本主义优点和自由企业的影响(Vasta et al. ,1992)。

2. 行为的意义

行为(behavior)是心理学上最重要的一个名词,有广义和狭义之分;就狭义而言,行为只限于个体表现于外而且能被直接观察记录或测量的活动,如说话、走路、打球、游泳等活动,都可以录音机、照相机、计时表、量尺等工具加以记录并分析研究处理;就广义而言,行为不只限于直接观察可见的外显活动,而是扩大范围包括以观察所见的活动(包括语言与非语言的)为线索,进而间接推知内在的心理

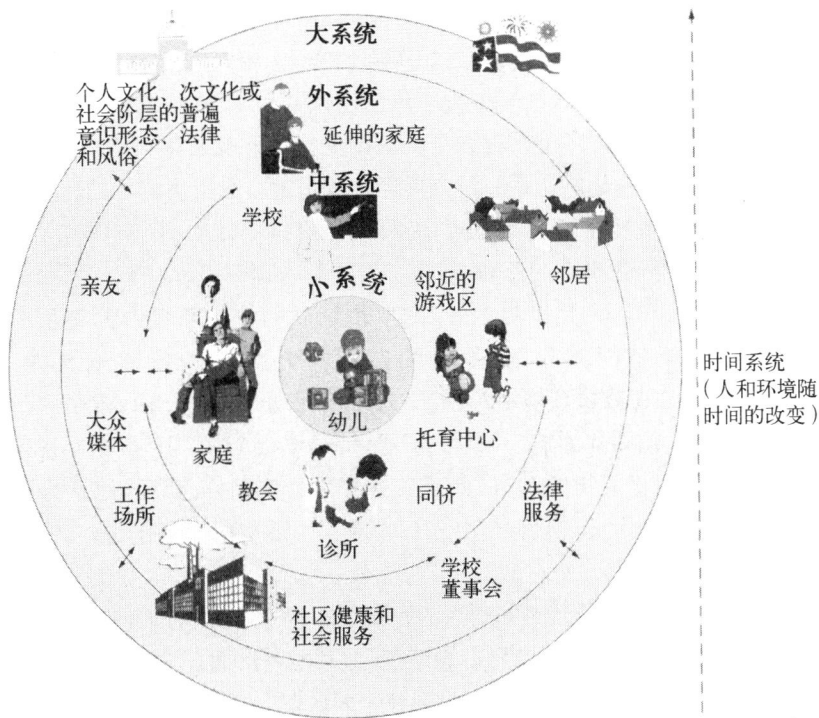

图1-1 Bronfenbrenner的环境生态模式

资料来源：*Developmental Psychology: Children & Adolescence*（5th ed.），D. R. Shaffer, 1999, p. 64.

活动或心理历程，基于此，一个人的动机、思考、恐惧、知觉、态度等，也都是行为（张春兴，1989）。

从场地论（field theory）的观点，著名社会心理学家 Lewin 以拓扑学（topology）的图式来描述人与环境的关系，强调行为（B）是人（P）与环境（E）互动的结果，可以 B=f(P，E) 表示之（参见图1-2），式中人与环境两者并非完全独立。例如，学童对于事物的看法视

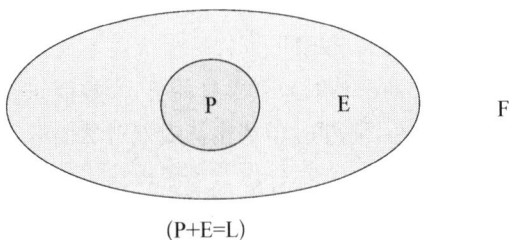

说明：每个人（P）都生活在心理环境（E）中，共同形成生活空间（L），生活空间之外的外缘（F）是世界的一部分，尚未经人的知觉或意识进入生活空间。

图1-2 Lewin 心理学观简化图

资料来源：*Environmental Psychology: Principles and Practice*，R. Gifford, 1987, p. 80.

儿童的发展阶段及性格而定，并受儿童的意识形态（ideology）影响；新生儿、1岁幼

儿及 10 岁儿童,虽处于同一物质或社会环境,其所体验的世界不尽相同;同一儿童在饥饿或腹饱以及精力充沛或虚弱的不同情境下,相同的环境对他/她却构成不同的意义世界。每个"人"(person,P)都生活在"心理环境"(psychological environment,E)中,心理环境系存在于人周围的物质和社会影响力(the physical and social influences),是能在某一时空中影响或决定个人行为的一切环境因素或心理事件。人与环境相互影响,形成个人的"生活空间"(the life space,L),生活空间是人的内在和外在事实的总和,包含了人及其心理环境,生活空间之外的"外缘"(the foreign hull,F)是世界的一部分,由物质和社会环境中无关联的事实(alien facts)所组成,Lewin 强调生活空间与外缘的边界是有渗透性的(permeable)——亦即物质环境中,某些个人原本无动于衷的层面,有朝一日可能在个人心理上产生重要的影响。而"行为"(behavior,B)是:(1) 科学地表现生活空间;(2) 生活空间相关物的函数,此函数通常称为法则(law);因此行为又可以 $B=f(P, E)=f(L)$ 表示之,换言之,个人行为随其生活空间而变化(引自陈雪屏主编,1979;Gifford,1987)。

Lewin 也是环境心理学最具影响力的先驱之一,虽然 Lewin 的理论中,曾被批评对心理环境和物质环境的差别说得不够清楚,但其混淆反而扩大了理论的影响,社会心理学家把 E 拿来作为社会和物质世界在个人认知上的呈现,有些环境心理学家将 E 当作客观的物质世界(the objective physical world)(Gifford,1987)。Lewin 认为人的行为和物质环境有紧密的关联,实际的物质环境是生活空间中有力的心理事件之一(McAndrew,1993),物质环境在我们心中的呈现以及一些未呈现的物质环境要素(外缘)影响我们的行为与经验(Gifford,1987),例如人在教室的行为可能与在派对上的行为大不相同,同样一个人在不同的环境则有不同的行为(Deaux Dane & Wrightsman,1993);就学校而言,学校建筑设施所建构的环境,是学生学习、互动和休憩的生活空间,学校建筑规划对学生行为自有其影响(汤志民,1991)。

(二)环境知觉的概念

1. 环境知觉的涵义

环境知觉(environmental perception)的涵义,可先从最早提出环境知觉概念的 Brunswik 之透镜模式(lens model)了解其梗概。Brunswik 将环境知觉视为一个信息处理的系统,他以生态线索效度(ecological cue validity)的观点提出环境知觉的透镜模式,并进一步说明有机体将远处分散的环境刺激重组,正如同透镜捕捉光线并将其聚集于单一平面一般(引自 Ittelson Proshansky,Rivlin,Winkle & Dempsey,1974);在这一信息处理系统中,Brunswik 强调人在知觉过程的选择及主动性角色。举例来说,有一些情境本身的重要品质,例如"美",并非直接感知,但是 Brunswik 认为它们可从客观可测量的情境特征之"远侧线索"(distal cues)呈现出来,而"最近线索"(proximal cues)是观察者对这些远侧线索的主观印象(subjective impressions),而知觉的美(perceived beauty)则是基于观察者对"最近线索"的统整,知觉的美和实际的美(actual beauty)如达成(achievement)下列几点,则会非常相似:(1)实际的美能真正在远侧线索中呈现,亦即有高的生态效度(ecological validity);(2)最近线索和远侧线索密切相关;(3)最近线索与所判断的美密切相关,亦即观察者能有最好的线索利用(cue utilization)(引自 Gifford,1987)。Brunswik 的透镜模式,详如图 1-3 所示。

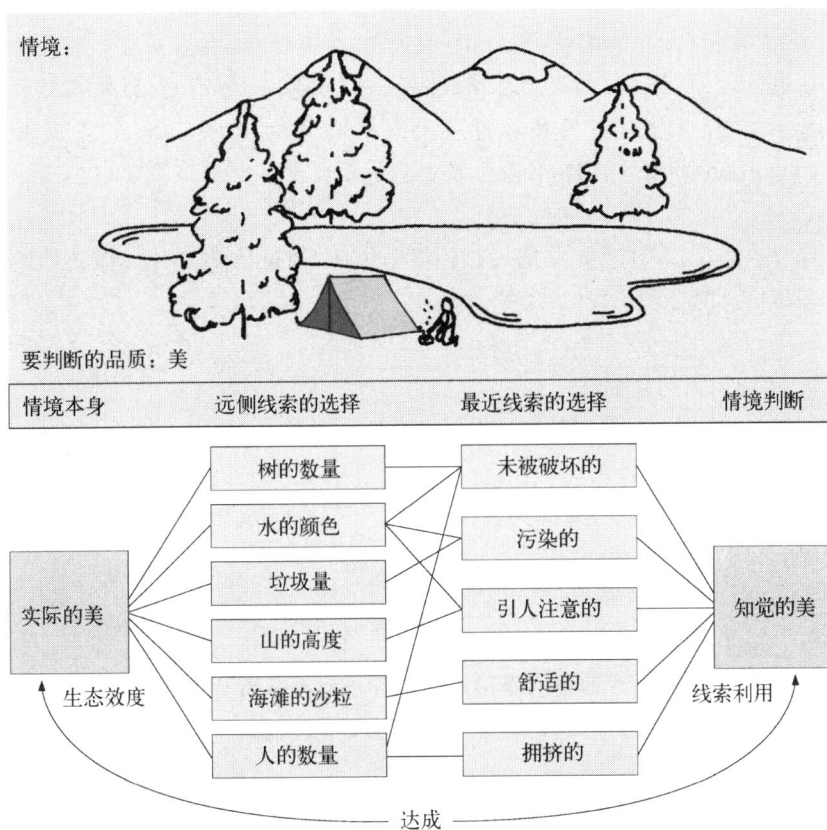

图 1-3 Brunswik 的透镜模式

资料来源: *Perception and the Representative Design of Psychological Experiments*,E. Brunswik, 1956. [引自 Gifford, R. (1987), *Environmental Psychology: Principles and Practice*, p. 28.]

对环境知觉领域探讨最彻底的 Ittelson(1978)则明确指出：环境知觉包括认知的(cognitive)、感情的(affective)、释义的(interpretive)及评估的(evaluative)成分,并在同一时间经由一些感觉形态(several sensory modalities)一起运作。Bell 等人(1996)继而说明,环境知觉除了 Ittelson 所提的四个成分之外,尚有三个特性：(1) 人们知觉环境为一个整体,人与环境的系统可说是环境知觉研究的基本单位;(2) 环境知觉的心理功能是具有选择性的,接受环境的信息乃受人格、目的和价值所影响;(3) 知觉环境的信息须通过行动来感知,人们带着期望、价值和目的进入环境,并通过行动知觉环境所提供的信息。此外,黄茂容(1989)曾就国外相关学者之看法,将环境知觉定义为：

> "具有人格价值等特质(trait)的人们,带着动机、期望和目标等心理状态(state),进入实质环境脉络(context)中,通过感觉与行动,选择接收环境信息,根据过去的环境经验,经由一系列的感情(affect)和认知(cognition)等心理转换,处理环境信息的心理过程。"(第9页)

综合上述可知,环境知觉是人在环境系统中,通过认知、感情、释义及评估以处理环境信息的心理历程(汤志民,2000)。

2. 环境知觉的重要性

环境知觉是人类行为和社会物质环境的研究重心,Daniel 和 Ittelson(1981)即指出,环境知觉的研究目的,在于发现环境的物质/社会特质(physical/social features)和人类知觉及行为的关系;deHaas 和 Gillespie(1979)则列举如下理由来说明环境知觉的重要性：

1. 环境知觉对学校参与者而言,为一影响因素。
2. 环境知觉帮助人们运用现有的环境以改善态度及行为。
3. 环境知觉协助人们在其环境中能有积极的改变。(p.7)

在环境与行为的关系上,个体对环境刺激的认知与信息处理是其行为选择的关键。马信行(1989)即综合个体的内在动机、外在动机及行为的工具性概念,以 Deci 和 Ryan 的行为选择过程模式(详如图1-4所示),来说明个体对环境刺激的认知与信息处理,是选择行为与调整行为的关键。

就学校教育情境而言,学校物质环境和规定的建构行为,对学校的参与者

环境刺激（包括外在要求） ⇨ 个体的认知考虑与信息处理 ⇨ 选择行为 ⇨ 发出行为 ⇨ 调整行为

内在的渴望状态 ⇦

（包括生理的及心理的渴望状态。）

［考虑要项：a. 行为与后果的关系；b. 个人的效能；c. 达到目的所需的成本，及达到目的的利益（满足）。］

（包括直接达到目的的行为或间接达到目标的工具性行为。）

（调整过程是：a. 先检视个体目前状况与目标标准的差距；b. 发出行为；c. 再检视，如满意则结束该行为，如不满意，则放弃，改追求新的目标；或放低标准，以获可忍受的满意，或暂时搁置，先实现其他目标，以后再尝试。）

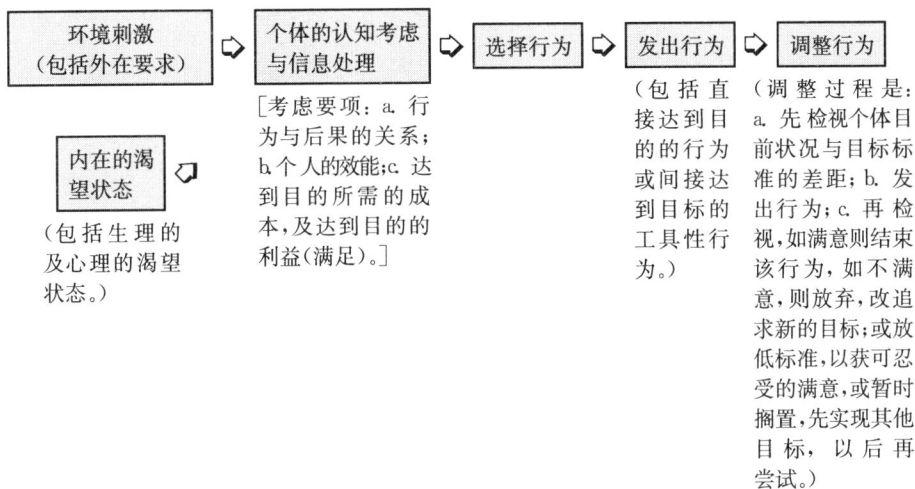

图 1-4　行为选择模式图

资料来源：*Intrinsic Motivation and Self-determination in Human Behavior*, E. L. Deci & R. M. Ryan, 1985, p. 241. ［引自马信行(1989). 认知的行为改变及其对说服的涵义. 政大学报, 59, 267。］

(school participants)——包括行政人员、教师、学生和家长，有极深的影响 (deHaas & Gillespie, 1979)；而 Moos(1979) 所言：学生的知觉对教育情境 (educational setting) 可提供重要的概念，更强调了环境知觉在学校物质环境研究上的重要性。

（二）　环境与行为的研究类型

环境与行为的研究类型，可以从 Stokols 依人类由一般性的环境到特定环境情境之互动本质所作的分类系统，获得较清楚的概念。Stokols 的"人—环境处理模式"(modes of human-environment transaction)是以下列两个层面的互动为基础：(1) 认知的(the cognitive)与行为的(the behavioral)层面，系依研究变量的本质；(2) 主动的(the active)与反映的(the reactive)层面，系依主体决定研究结果的程度。这两个层面的结合形成四种处理模式：(1) 解释的(the interpretive)，包括空间环境的认知陈述和人格变量；(2) 操作的(the operative)，包括生态相关行为的实验分析；(3) 评估的(the evaluative)，包括环境态度和评估；(4) 反应的(the responsive)，包括环境的影响和生态心理学(引自 Schez, Wiesenfeld & Cronick, 1987)。表 1-1，是将拉丁美洲 63 个主要实验研究，依 Stokols 的"人—环境处理模式"所作的实验研究类型分析。由此分析,我们可以对环境与行为的研究类型有一个大致的了解。

表1-1　Stokols的"人—环境处理模式":拉丁美洲实验研究的分类和次数

处理的方式	处理的形式	
	认知的	行为的
主动的	解释的 空间环境的认知陈述 (例如:成人与儿童的都市认知陈述;空间知觉为环境表征的一项功能)	操作的 生态相关行为的环境分析 (例如:有关燃料消耗的内外控和态度改变的效应;大学校园的垃圾管制计划)
	人格和环境 (例如:内外控、居住密度和拥挤知觉间的关系) N=15	人类空间行为 (例如:在不同社会经济地位人群中私密性获得的调适技巧;儿童学前环境的应用) N=8
反映的	评估的 环境态度 (例如:使用者对于公共交通工具的态度;有关脏乱行为的意见)	反应的 物质环境的影响 (例如:密度对于团体凝聚力和合作性的效应;住宅形态和犯罪行为间的相关性)
	环境评估 (例如:教育环境和不同的公共住宅发展之评估;使用者对他们能力职位的满意度) N=13	生态心理学 (例如:夜校环境的行为生态;参与是教室再设计的结果) N=27

注:N是实验研究数。

资料来源:Environment Psychology, D. Stokols, 1978, *Annual Review of Psychology*, 29. 〔引自 Sánchez, E., Wiesenfeld, E., & Cronick, K. (1987). Environmental Psychology from a Latin American Perspective. in D. Stokols & I. Altman (Eds.), *Handbook of Environmental Psychology*, p. 1349.〕

三　环境与行为的研究模式

行为不是发生于抽象的空间(abstract space)中,而是受特定环境情境的影响；物质环境能通过直接的物理效应（physical effects）、心理效应（psychological effects）或社会效应（sociological effects），影响居于其间的人类行为（Smith et al.，1978）。以下介绍的四个"环境—行为"研究模式，前两个系探究一般性的"环境—行为"关系，后两个则涉及物质学习环境和教育情境。

（一）Bechtel、Marans 和 Michelson 的研究模式

Bechtel、Marans 和 Michelson（1987）在《环境与行为研究法》（*Methods in Environmental and Behavioral Research*）一书中，提及现今环境与行为方法学的主要问题是说明并检视那些存在于环境中、影响行为的整组环境变量（sets of variables）。而该书中大部分的研究方法，重点在于了解行为和态度（依变量）受环境影响之历程。Bechtel 等人并将环境与行为研究中自变量与依变量的关系，分为三种观点（如图 1-5 所示）。其中，情境 A，是简单而直接的一对一关系，亦即一个变量引起一个行为；情境 B，较符合现实的情境，是由几个变量引起一个行为；情境 C，是更复杂的现实观点，先由几个变量引起几个行为，然后反过来影响这些变量本身。

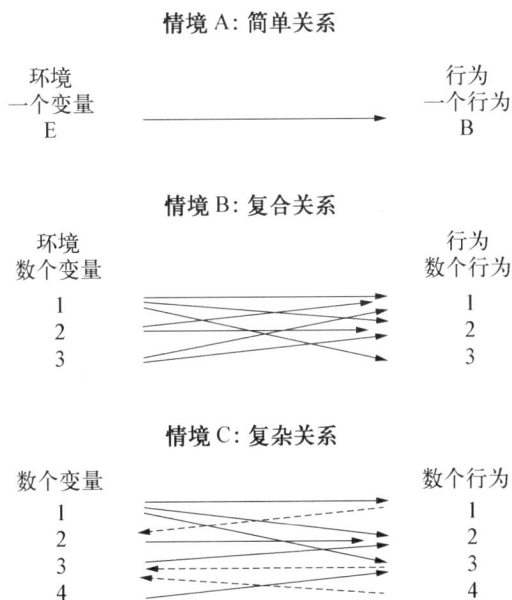

情境 A：简单关系

环境
一个变量
E

行为
一个行为
B

情境 B：复合关系

环境
数个变量
1
2
3

行为
数个行为
1
2
3

情境 C：复杂关系

数个变量
1
2
3
4

数个行为
1
2
3
4

图 1-5 环境与行为研究中自变量与依变量关系的三种观点

资料来源：*Methods in Environmental and Behavioral Research*，R. B. Bechtel，R. W. Marans & W. Michelson，1987，p. 396.

(二) Bell、Greene Fisher 和 Baum 的研究模式

Bell 等人(2001)在《环境心理学》(*Environmental Psychology*)一书中,将环境心理学在"环境—行为"关系理论探讨的七个研究取向——唤起(the arousal)、环境负荷取向(the environmental load)、刺激不足取向(the under stimulation)、适应水准理论(adaptation level theory)、行为限制(the behavioral constraint)、Barker 的生态心理学(ecological psychology)和环境压力取向(the environmental stress),加以综合整理,提出一个环境与行为关系理论概念的折中模式(an eclectic model of theoretical perspectives),详如图 1-6 所示。其中,客观的物质状况(objective physical condition),如人口密度、温度、噪音程度、污染程度、存在的独立个体等;个别差异(individual differences),如适应程度、知觉控制、人格、私密性偏好和处理环境因素的能力;社会状况(social condition),如对情境中他人的喜欢或敌意;环境知觉,系根据客观物质状况本身、个别差异,以及态度、感知和认知的历程,此一主观的知觉如果感受环境刺激在最佳的范围内(within optimal range of stimulation),其结果为稳定平衡状态(homeostasis)。反之,如果所感受之环境刺激在最佳的范围外(outside optimal range of stimulation),如压力过重或不足或行为受约束,则会有一种以上的心理陈述:唤起、压力、超负荷(overload)或对抗(reactance),导致需要调适(coping)。如果调适策略成功,产生适应(adaptation)或调整(adjustment),其可能的后续效应(aftereffects),如较高的自尊、技巧发展、降低挫折、疲劳;累积效应(cumulative effects),可能包括上述这些,但也会增加自我信念,增进对抗未来非期望环境刺激的学习力。如果调适策略失败,唤起和压力会持续,并紧系策略失败的个别知觉,可能的后续效应及(或)累积效应,如心智混乱、产生无助感、行为偏差。最后,回馈圈所指的是,环境知觉经验有助于个别差异的未来体验。此一模式,虽如 Bell 等人所说明并非发展得相当完整,但对于解释环境、环境知觉和行为的一般性影响关系,却有其贡献与价值。

(三) Gifford 的研究模式

Gifford(1987)在《环境心理学》(*Environmental Psychology*)一书中,以图 1-7 之模式探讨学习和物质环境(learning and the physical environment)之关系。该模式旨在说明学生的个人特征(过去的学校经验、学习态度、年龄、性别、人格)与学习设施的物质特征(规模、噪音程度、气温、人口密度与设计)和"社会—组织"气氛(规则、课程、教学风格、进步的或传统的导向等)间之互动,产生与学习有关

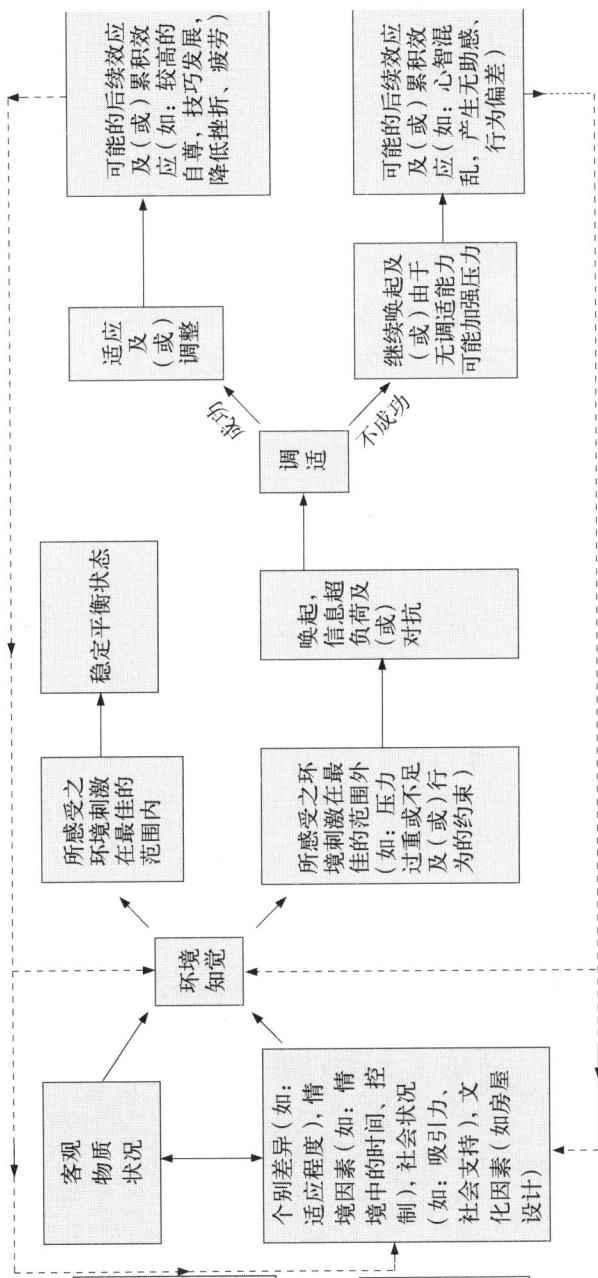

图1-6 "环境—行为"关系理论概念之折中模式

资料来源：*Environmental Psychology*（5th ed.），P. A. Bell, T. C. Greene, J. D. Fisher & A. Baum, 2001, pp. 132—133.

客观物质状况

个别差异（如：适应程度），情境因素（如：情境中的时间，控制），社会状况（如：吸引力，社会支持），文化因素（如房屋设计）

环境知觉

所感受之环境刺激在最佳的范围内

稳定平衡状态

所感受之环境刺激在最佳的范围外（如：压力过重或不足及（或）行为约束）

唤起，信息超负荷及（或）对抗

调适

适应及（或）调整

继续唤起及（或）由于调适能力无法适应加强压力可能加强压力

可能的后续效应及（或）应（如：较高的自尊，技巧发展，降低挫折，疲劳）

可能的后续效应及（或）应（如：心智混乱，产生混乱感，行为偏差）

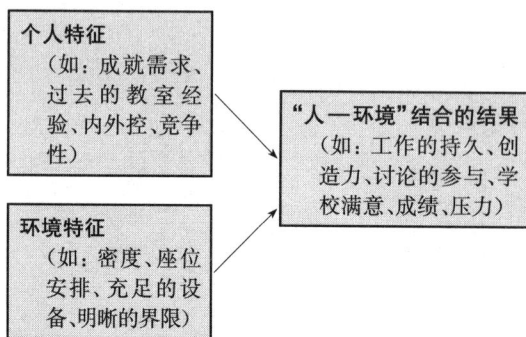

图1-7 学习设施中"人一环境"关系的概念架构

资料来源：*Environment Psychology*，R. Gifford，1987，p. 268.

的态度（对学校的满意、教室的不满意、学习承诺等）及行为（班级参与、对学习材料的注意、发问、适当或不适当的活动、工作的持久、创造力、学习和表现）；并提及学习者与环境之间缺乏调适，将导致低成就（lower performance）、低满意度（lower satisfaction）和高压力（higher stress）。

（四）Moos 的研究模式

Moos(1979)在《教育环境评鉴》(*Evaluating Educational Environments*)一书中,强调环境对学生行为和态度影响的重要性,并提出一个概念的架构(a conceptual framework),以说明四种环境变量领域对教育环境评鉴的适切性。Moos 所提的环境和个人变量与学生稳定性及改变之间关系的模式(如图1-8所示),主要内涵如下：

1. 环境系统(environmental system)

包含四个主要层面：物质情境、组织因素、人类群集和社会气氛,每个层面可以直接地或经由其他因素间接地影响教育的成果。

（1）物质环境(physical setting)：指建筑和物质的设计,可以影响心理状态和社会行为。

（2）组织因素(organizational factors)：指学校的大小、师生的比例、平均薪资以及学校经费的多寡,这些层面与学生的行为或成就有关。

（3）人类群集(human aggregate)：指学生的年龄、能力、社会经济背景以及教育成就等群集的特性,是与环境特征有关的情境变量。

（4）社会气氛(social climate)：是环境变量的第四个层面,也是影响其他三个

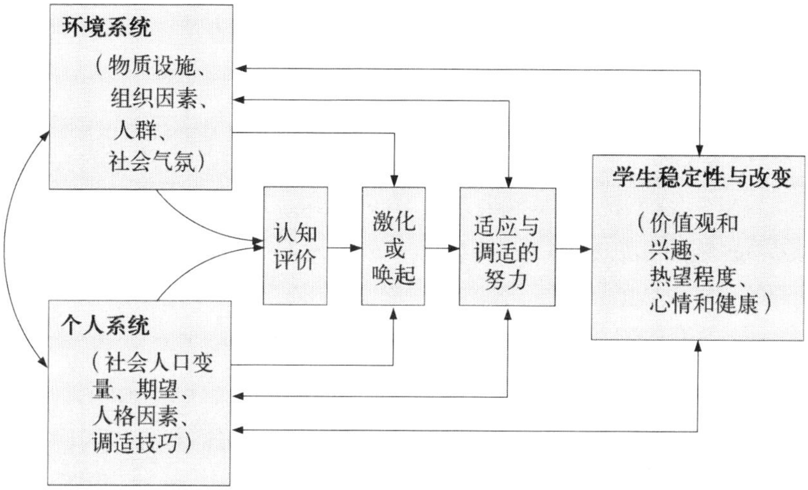

图 1-8 环境和个人变量与学生稳定性及改变之间关系的模式

资料来源：*Evaluating Educational Environments*，R. H. Moos，1979，p. 15.

层面的主要媒介（mediator）。

2. 个人系统（personal system）

包括年龄、性别、能力水准、兴趣、价值和自尊等因素，这些因素有助于判断环境对个体的意义，以及了解什么资源对适应情境是有效的，智力和认知发展的程度可以影响学生寻求或使用信息的能力；其他的个人因素，则包括态度、期望和角色等等。

3. 中介因素（mediating factors）

中介因素包括认知评价和激化个人和环境因素彼此影响，产生了认知评价（cognitive appraisal）的历程；认知评价是个人的环境知觉，可以了解环境是有害的还是有益的。激化（activation）或唤起通常发生于当环境被评价为需要反应时，而调适或适应的努力可改变环境或个人系统。

4. 调适和适应（coping and adaptation）

学习调适和适应的情境选择，通常涉及主要生活的改变；唯一性的转变，如第一次上学或由高中刚升上大学等，都需要使用调适的技巧，而每天的情境也可要求调适的反应。

四 环境与行为的研究方法

环境与行为的研究方法,一般而言,仍十分复杂且有分歧。在 Zeisel(1981)《研究设计:环境与行为的研究工具》(*Inquiry by Design: Tools for Environment-Behavior Research*),以及 Bechtel 等人(1987)《环境与行为研究的方法》(*Methods in Environmental and Behavioral Research*)两本专著中,对环境与行为研究的方法、使用的工具及其运用的方法,均有非常详实的说明与介绍。以下仅就一般性的"环境—行为"研究法,以及学校物质环境与学生行为的研究设计,分别作一概略性的介绍以明其梗概。

(一)一般性的"环境—行为"研究法

就一般性的"环境—行为"研究而言,问卷、观察和访谈仍然占极重要的地位,惟不同的是,认知图(cognitive maps)、行为图(behavioral maps)、日记、照片、模型屋(model room)和录影带等方法与工具,在这一领域的研究运用上,甚为广泛。以用后评估(post-occupancy evaluation,POE)为例,POE 是用以检视环境设计对使用者之效果,其常用的方法,据 Bechtel 和 Srivastava 指出有十四种之多,包括:(1)访谈,开放式(interviews,open ended);(2)访谈,结构式(interviews,structured);(3)认知图;(4)行为图;(5)日记;(6)直接观察;(7)参与观察;(8)缩时照相(time-lapse photography);(9)连续照片(motion-picture photography);(10)问卷;(11)心理测验;(12)形容词检核表;(13)档案资料;(14)人口统计资料(引自 Zimring,1987)。

在"环境—行为"的测量技术方面,每一种方法与工具的运用,都应在研究对象的年龄层次上作一适当的考量与选择,通常年龄较小的所能用的测量技术限制较多,Lozar 即曾将适合各年龄层之环境与行为测量技术,作一分析摘要(详如表 1-2 所示),对有兴趣从事环境行为研究者,甚具参考价值。

表 1-2 Lozar 的适合各年龄层之环境与行为测量技术摘要表

测 量 技 术	适合的年龄分类			
	婴儿	学前儿童	学龄儿童	青少年
自我陈述				
1. 调查态度工具				
● 开放式问题				×

续　表

测　量　技　术	适合的年龄分类			
	婴儿	学前儿童	学龄儿童	青少年
● 直接式问题				×
● Likert 量表				×
● 语意差异				×
● 认知图			×	×
● 日记—活动日志			×	×
● 照片模拟		×	×	×
● 游戏		×	×	×
● 各式模型		×	×	×
2. 访谈技术				
● 非结构的		×	×	
● 结构的		×	×	×
● 参与访谈		×	×	×
● 内容分析		×	×	×
● Q-种类		×	×	×
非自我陈述				
3. 工具的观察				
● 缩时照相	×	×	×	×
● 静态相片	×	×	×	×
● 录影带	×	×	×	×
4. 直接观察				
● 行为情境	×	×	×	×
● 个人空间			×	×
● 时间样本		×	×	×
● 制图	×	×	×	×
● 结构式观察	×	×	×	×
● 样本记录(来自双亲)	×	×	×	×
5. 感官刺激的观察				
● 光线	×	×	×	×
● 噪音	×	×	×	×
● 取暖设备	×	×	×	×
6. 间接方法				
● 行为方式		×		×
● 记录	×	×	×	×

资料来源：*Measurement Techniques towards a Measurement Technology*, C. Lozar, 1974.［引自 Ziegler, S. & Andrews, H. F. (1987). Children and Build Environments. In R. B. Bechtel, R. M. Marans & W. Michelson (Eds.), *Methods in Environmental and Behavioral Research*, p. 330.］

（二）学校物质环境与学生行为的研究设计

在学校物质环境与学生行为的研究设计方面，Weinsten(1979)在《学校物质环境：研究文献探讨》(The Physical Environment of the School：A Review of the Research)一文中，曾对上百篇的研究报告所用的研究设计，作了一个简洁的分类与整理，兹概述如下：

1. 一个情境内的相关研究(correlational studies within one type setting)：这一类的研究，是将检视、描述和解释学生行为作为情境特性之功能。观察单位可能是一个教室或整个学校，如 Adams 和 Biddle、Sommer 的传统教室座位之研究即为例证。当然，如同所有相关研究的设计一样，不能将环境视为肇因(the causal factor)，但在研究方案的探索阶段，此种研究有其价值。

2. 情境间的相关研究(correlational studies between setting)：亦即在一特定环境层面比较两种以上的情境，但即使是受试者和情境可以相契合(matched)，我们也很难确定这两个情境是否真的有可比性，譬如智商、年龄、性别和建筑特征也许较易契合，但教学类型、人际气氛和学生的动机则较难契合。Zifferblatt 在两间开放教室的物质设计与行为研究，Sommer 所作的研讨室与实验室的语言互动研究，以及大多数开放空间和传统学校的比较研究，都是属于这一类研究。

3. 单一单位没有控制组(single-unit interventions with no control group)：此一研究旨在探讨教室或学校环境的改变对行为的影响；如果没有作先前的观察，这种研究实际上是一种个案研究；如果有"前""后"资料，则是一个团体的前后测设计。Sommer 和 Olsen 的"软性教室"(soft classroom)研究，即属此类之研究。

4. 单一单位有不等的控制组(single-unit interventions with a nonequivalent control group)：这一种准实验设计(quasi-experimental design)要求两个研究情境尽可能相近相似，并以前测建立两个团体的基线资料(base line data)，然后作实验情境的环境操控。这种研究设计实质上比上一种要好，因为它大大地减少了内在的无效性(internal invalidity)，但也有两个问题存在：(1) 由于受试者是随机安排于两个情境中，这些样本实质上不完全相等，很难重复测试，在结果的解释上也会有所混淆；(2) 要找到可以实际比较的物质环境很困难。虽然如此，这类研究在环境与行为关系的检测上，仍然极为重要。Evans 和 Lovell 在一个开放空间学校所作的分隔墙效果研究，就是此类型之研究，虽然在研究中小心翼翼地进行，研究者认为这一设计仍有其困难之处。

5. 单一单位简单的时间序列设计(single-unit intervention simple time-series design)：这一准实验设计也同样是一个团体的前后测设计，不同的是在环境改变前后作了大量重复的观察,以一段延伸时期(an extended period of time)来决定变化的模式(patterns of variation)。即使如此,时间序列仍会遭遇到内在效度的问题,此系受未规划的外来事件(unplanned extraneous events)的影响。当然,时间序列会比个案研究或前后测设计还要理想。C. S. Weinstein 于 1977 年所作的开放教室物质设计改变对二、三年级学生行为的影响,就是一个简单的时间序列研究案例。

此外,Earthman(1986)在《教育设施规划领域的研究需求》(Research Needs in the Field of Educational Facility Planning)一文中曾说明,最近十年,有关学生成就/行为和物质环境关系之实验和调查研究大量增加,但仍需要作更多研究,并从更广泛的量表和综合性的研究上去了解。由于物质环境和学生成就及行为之关系错综复杂,但大多数的资料是从实地行为观察的结果中搜集资料,因此,也需要尝试将所有的研究发现运用元分析(a meta-analysis)予以统合迄今的研究,并使研究者发展系统的策略,以指引未来探究的需求领域。

第二节
学习环境与幼儿行为

学习环境影响幼儿的行为和态度(The learning environment influences children's behavior and attitudes)。

—— J. A. Brewer

不仅环境影响儿童,儿童也能影响环境(Not only does the environment influence the child; the child can also influence the environment)。

—— T. D. Wachs

环境会改变我们的心情与感受,在一个愉悦的情境里,我们感觉满意;在不愉快的情境里,则不快乐并急着想离开。同样地,教室的环境影响幼儿感觉的方式、行为的表现和其所学。如果我们想要幼儿感觉能胜任,我们必须提供一个可以发展的情境;如果我们希望有合作的行为,我们必须设计一个可能的配置;如果我们想要幼儿去学习,环境必须激励他们去探索(Click & Click,1990)。

Beaty(1992a)即表示,在幼儿教室里,物质的设备和器材配置常决定发生何事。物质的安排传递给幼儿一个信息,告诉他们何者可做或不可做,以及我们对他们的期望。宽广开放的空间激励幼儿奔跑和欢呼,窄小封闭的空间表示安静以及一次只能有少数幼儿通过。铺上地毯的区域允许幼儿坐在地板上,枕头靠近书架犹如说:"轻松些,看看书。"水盘盈满告之可洒水,水在盘底 2.54—3.08 cm 可让幼儿自由转动而不溢出。填塞着美劳器材的高架对许多幼儿说:"这不是给你碰的。"对爱冒险的幼儿则是说:"看看你是否能够得到我。"一张桌子配四张椅子,邀请四位幼儿来坐,只有一个迷宫在桌上则引来一次小口角。因此,你如何安排教室也间接决定其间会发生何事。我们希望发生什么?许多幼儿课程的基本目的是促进幼儿积极的自我形象(self-image),如果那也是你的目的,则需要安排你的教室以协助幼儿发展信心,协助他们善待自己一如他人,并协助他们在学习活动中能自我指导(self-directed)。

学习环境与幼儿行为有相当密切的影响关系,本节将整理相关研究,大致分为"活动室设计与幼儿行为"与"游戏场设计与幼儿行为"等两部分,分别作一介绍与探讨,以作为设计幼儿学习环境之参考。

一 活动室设计与幼儿行为

幼儿活动室的设计,如空间的安排、通道的流畅、私密性的提供、设备摆设位置、空间密度等,会影响幼儿的学习和行为。Stockard 和 Mayberry(1992)即认为,教室环境在影响学生对学校的态度以及他们的成就上甚为重要。Graves 等人(1996)亦强调教室的安排、色彩、组构(texture)、温度和时间表(schedule),影响在教室内工作、成长和学习的人。McCown 等人(1996)则进一步说明,通过教室和器材之组构,可避免不适切的学生行为,并使该物质环境有助于学习,而发展教室管理计划最好着手的地方就是物质环境,虽然教室的物质安排不能保证有效的管理,但经深思的安排,有助于教师得到所想要的学习结果。

空间安排的研究上,蔡春美等人(1992)综合许多研究,就环境的设计,如空间密度、适度的隔局或界限划分、通道的流畅性、隐密处的提供、取用方便、柔软度等,对幼儿行为的影响,整理如表 1-3 所示,甚具参考价值。

通道流畅的研究上,Rogers 观察了 21 名 4—5 岁的幼儿在两种游戏空间安排下的行为表现,结果显示,环境中如有流畅的通道及剩余空间至少占全部面积 1/3以上,幼儿语言的表现多于身体动作的表现;在身体动作的表现中,促进成长

表1-3　环境设计与幼儿行为反应表

	环 境 设 计	幼儿行为反应
空间密度	1. 每位幼儿室内活动空间不宜少于0.186平方米。	1. 当空间密度低于此限时,容易引发幼儿的攻击性行为,降低社会互动。
适度的隔局或界限划分	2. 提供家长休息室。并借静态活动区和游戏场分开,使家长可以仔细观察儿童行为。 3. 分割活动室成较小的学习区域,且容易让幼儿辨识。 4. 游戏场应设不同的活动区域,并加强对圈内各角落的利用,以形成静态活动。 5. 活动场应设置各种大小的活动分区,以供应大小不同的活动团体。	2. 家长的来访容易引起儿童情绪上的兴奋。 3. 在分割的学习区中,幼儿会以较安静的方式参与工作及进行互动,亦能增加幼儿与设备间的互动。 4. 儿童在游戏场除进行动态活动外,亦有部分儿童进行静态游戏。 5. 儿童的活动形态常是大团体与小团体夹杂在一起。
通道的流畅性	6. 服务部门采不同的出入口和道路,或另设停车空间,以减少意外事件发生。 7. 活动室的通道规划宜注意流畅性,并保持1/3以上的剩余空间。	6. 服务性车辆和空间常是幼儿躲藏、追逐的好场所。 7. 在左述的环境中,幼儿语言的表现多于身体动作的表现。且在身体及语言的表现中,促进成长的行为多于抑制成长的行为。
隐密处的提供	8. 在活动室中提供一些隐密的角落。 9. 善加利用教室周围的角落,但要注意安全性。	8. 幼儿在可以独立游戏且具隐密性的区域活动时,合作性行为增加,且较能安静地进行活动。 9. 幼儿喜欢在各屋角处游戏。
取用方便	10. 将经常使用的教材、教具放在幼儿容易取用的地方。	10. 方便取放的教材使用率较高,且幼儿互动的行为较多。
柔软度	11. 提供柔软度高的物理环境,如地毯、坐垫、明亮的色彩等。	11. 柔软度高的环境予幼儿一种亲切温暖、像家的感觉。

资料来源:《幼稚园与托儿所的环境规划》,蔡春美、张翠娥、敖韵玲,1992,第144—145页。

的行为多于抑制成长的行为,而在语言的表现中也是如此。Sheehan 和 Day 于其研究中发现,在开放的空间中,若没有属于幼儿独处的地方时,幼儿表现的多是游荡、攻击或焦躁不安的行为,但是一旦使用了一些矮柜来分隔活动区域后,幼儿不但合作的行为增加了,而且也较能安静地进行活动。

　　私密性提供的研究上,Gramza 对幼儿对教室中隐密处的需求做了两个实验;在第一个实验中,Gramza 设计了一个有不同开放程度(由开一面到六面全开)的立方体游戏箱(play boxes),供幼儿自由进出地玩耍,结果发现这只游戏箱在只开一面的时候最受幼儿的欢迎。另一个实验中,Gramza 建了三座同为 32 寸的立方体,各采用不透明、半透明及透明的材质,结果显示幼儿喜欢选择不透明及半透明材质所建的立方体来玩;由此可知,隐密处是一个受幼儿喜爱的地点。

设备摆设位置的研究上,Witt 和 Gramza 变换活动室中设备的位置,发现若将这些柜子或架子集中在活动室中间,比放置在角落中更能提高使用率,且更能促进幼儿的互动行为;Murphy 及 Leeper 认为拥挤或不良的空间安排会造成个体的紧张与疲劳;Fitt 则指出,若将活动室安排成许多大的学习区域,则会引导出较嘈杂且活动量大的活动来,反之,若分割活动室成较小的学习区,幼儿就会以一种安静的方式参与工作及进行互动;Day 也指出,这种没有分割的宽敞空间,常会抑制幼儿促成长行为的表现,而封闭式的空间安排,却有助于促进成长行为的发展;Pollowy 也强调,若活动室中之学习区域很容易被幼儿辨认的话,则会促进幼儿与设备间的互动。田育芬(1987)综合上述通道流畅、私密性提供和设备摆设位置的相关研究报告,提出三点见解,值得参考:

1. 空间的安排是影响幼儿行为的主要因素。

2. 幼儿互动品质的增进或改善,有赖于空间品质的提升。高品质的设计环境有助于幼儿发展语言,愉快地学习,促进成长行为的培养及对教具的使用。

3. 没有一个绝对理想的空间模式标准,惟有考虑所处环境的主观条件与限制,灵活运用这些影响行为的因素,有计划地安排,才能促进幼儿全面发展。

在空间密度的研究上,McGrew 将拥挤的定义区分成两种:一种是社会密度(social density),即在一空间里,人数增加所造成的密度;一种是空间密度(spatial density),即人数维持不变,缩小空间的大小所形成的密度。McGrew 发现:不管同一空间里的人数有多少,当空间缩小时,儿童跑的行为减少了,儿童间的身体接触较多。但在空间维持不变、儿童人数增加时,儿童跑的行为不受影响,独自的活动较少,较多攻击性行为。Loo 的研究发现是:在高空间密度情况下,儿童攻击性行为和社会互动行为皆显著地减少,有较多打岔的行为(引自简楚瑛,1988)。

而 Peck 和 Goldman 的研究中则发现,社会密度的增加,会导致幼儿想象性游戏(imaginative play)及注视行为的增加;Shapiro 比较了 17 所空间密度介于 2.69 至 4.83 m^2/人的学前教育机构的幼儿行为时发现,当空间密度小于 2.79 m^2/人时,幼儿不参与活动的比例达 26%;当空间密度介于 2.79 至 4.65 m^2/人时,比例降至 15%;当空间密度在 4.65 m^2/人以上时,这个百分比又升到 20%;Smith 和 Connolly 接着进行了空间密度小于 2.79 m^2/人部分的研究,更深入地观察后指出,当密度降至 2.32 m^2/人时,是引发幼儿表现攻击行为的开始。Peice 以及 Loo

的研究也指出,当空间密度降至 1.85 至 1.39 m^2/人时,幼儿社会互动的次数会降低;Smith 和 Connolly 提出了一项在空间密度的研究中会造成影响之中介变量(parameters)——设备密度(Dp)及空间密度(Ds)的数种实验研究;其中,设备密度(Dp)=团体中的幼儿人数(N)/设备资源(Rp),空间密度(Ds)=团体中的幼儿人数(N)/空间资源(Rs)。

在实验 I 中,维持设备密度及空间密度与幼儿人数于固定比例之下,改变幼儿的人数,结果发现,在人数少的组别,幼儿混乱的游戏行为(tumble and rough play)也有显著减少的现象。实验 II 中,教室里维持 24 名的幼儿人数,而改变空间及设备密度,则发现空间密度分别在每人 2.32 m^2、4.65 m^2 和 6.5 m^2 时,幼儿的团体游戏及攻击行为等表现都没有显著的差异,惟在空间密度 2.32 m^2/人的环境中,幼儿混乱行为才会显著地降低。田育芬(1987)认为上述研究结果说明了以下几点:

1. 密度确实会影响幼儿的行为及社会互动。

2. 密度又可细分为空间、社会及设备密度等三类,改变每一种类别的密度变量,都会对幼儿的行为产生不同的影响。

3. 适度的空间密度,才会促使同伴的互动增加(pp. 31—32)。

综合上述可知,活动室设计确实会影响幼儿行为,相关研究亦不少,兹仅扼要介绍几项主要研究,以明其梗概:

（一）Nash 之研究

Nash(1981)在《教室空间组织对 4 岁和 5 岁幼儿学习的影响》("The Effects of Classroom Spatial Organization on Four- and Five-Year-Old Children's Learning")一文中,说明其在加拿大安大略(Ontario)作了一个三年的研究,对 19 间随机安排的教室与空间缜密安排以增进学习的教室,比较其间幼儿的学习。这两种教室的设备配件、数量和学习器材的类型皆相同,老师的分类也相等,分为"指导者"(directors)或"促进者"(facilitators);唯"随机"教室(the random classroom)的设备设置系根据"管理的"(housekeeping)便利性来布置的,其重要的考虑是噪音、水的近便、可能脏乱的减少、桌子的叠用(供午餐)等方面;"空间规划"教室(the spatial planned classroom)则依据学习目标来思考,不同类型的活动分配特定的教室空间。

在"空间规划"教室内有四个区,各符合下列不同类型的活动:（1）数量和科学概念发展;（2）口语;（3）良好运动、视觉和听觉的准备;（4）创造技能和理念;此外,还有第五个储藏运动设备和激发性道具(motivating props)的地方(如

图1-9所示）。

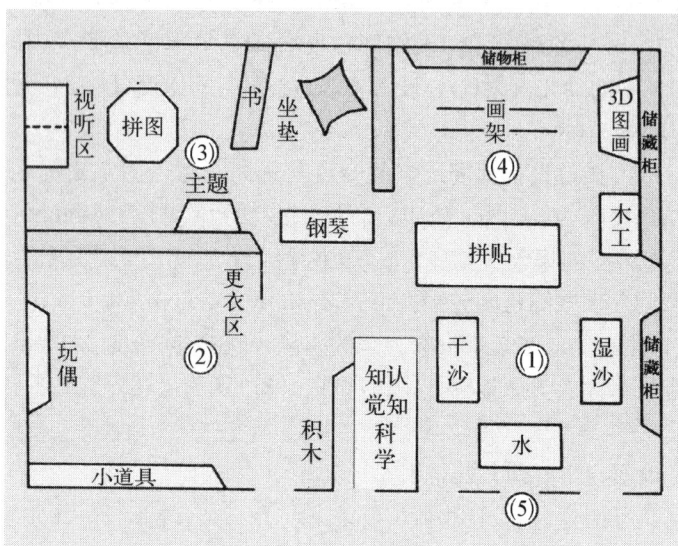

图1-9　Nash"空间规划"教室的学习环境

资料来源：*The Effects of Classroom Spatial Organization on Four-and Five-Year-Old Children's Learning*，B. Nash，1981，*British Journal of Educational Psychology*，51，146.［引自 McAuley，H. & Jackson，P. (1992). *Educating Young Children: A Structural Approach*，p. 62.］

　　研究目的为：检视依学习目标进行的设备安排是否在幼儿的学习上有测量的效果。为达此目的，每一年观察每一位幼儿在两个或更多的"学习区"之活动，评量系依学习课程的特定目标，并在事前获得研究者与教师的同意。研究结果发现：其学习结果有明显的差异，在随机安排教室里的幼儿比在空间规划教室里的幼儿，较少有发展的表现；亦即，幼儿的创造力、认知和语言发展在规划环境中有提高。

　　McAuley 和 Jackson（1992）依研究证明，空间规划应与显明的结构（transparent structure）而非与意义不明的结构（opaque structure）联结；并依 Nash 的研究，建议教师们应视其设定活动所用之标准，并考虑群聚特定的活动以协助联结或结合；惟他们在显明的结构中审慎地处理，才能使其可能有较大弹性，而幼儿也不会以僵化的语汇想象、描述和运用教室的不同区域。

（二）Teets 之研究

美国田纳西州卡尔森纽曼学院（Carson-Newman College）家政系 Teets

(1985)在《通过环境变量的操作改变学前幼儿的游戏行为》(Modification of Play Behaviors of Pre-school children Through Manipulation of Environmental Variables)研究中,以同一托育中心的三间教室来研究,所有幼儿团体受相同的哲学指导,幼儿团体分别为2岁11名、3岁14名和4岁14名,每一间教室编配教职员为1名主任教师、1名助理教师和1名实习教师。教室环境品质指标系采用Prescott、Jones和Kritchevsky的"环境量表"(the Environmental Inventory)来评定,评等基点是以环境的五项特征:组织性、复杂性、每一幼儿可用的场地数、多样性和特别的问题,评分1代表最高可能品质,7代表最差。研究目的在于检测空间评鉴工具的运用和其后环境问题的改善是否在幼儿行为上产生良好的改变。

研究程序分为三个阶段,每阶段约两周,第一阶段期间,对幼儿所作的观察在5分的低品质情境;第二阶段期间,教室安排达到1分的高品质情境;第三阶段期间,教室再次安排为5分的低品质情境。每一阶段随机观察每名幼儿,直到选出20个行为样本,观察程序是看15秒,记录10秒,找寻下一名幼儿5秒;每名幼儿行为编录分类如下:(1)幼儿—幼儿互动(child-child interaction),包括语言互动(verbal interaction,VI)、身体互动(physical interaction,PI)、旁观的结合(associative on looking,AO)、平行的结合(associative parallel,AP)、非语言沟通的结合(associative with nonverable communication,AC)和无互动(non-interactive,NI)。(2)教师—幼儿接触(teacher-child contacts),包括语言个别的(verbal individual,VI)、语言团体的(verbal group,VG)、非语言个别的(nonverbal individual,NVI)和非语言团体的(nonverbal group,NVG)。(3)在适当区域使用器材(use of materials in appropriate areas),包括区域内使用(use of area,IN)和区域外使用(use out of area,OUT)。(4)投入器材的水准(level of involvement with materials),包括建构的(constructive,C)、中立的(neutral,N)、旁观的(onlooking,O)、反常的处理(deviant conduct,DC)和随机的(random,R)。

本研究的统计方法采三因子变异数分析,即年龄团体(age group)×研究阶段(phase of the study)×行为(behaviors)(幼儿—幼儿互动、教师—幼儿接触、在适当区域使用器材和投入器材的水准),当平均数显示出行为因研究阶段而有差异时,则进行事后比较。

研究结果指出,教室环境的改变确能促进幼儿行为的改变:包括"幼儿—幼儿互动"、"教师—幼儿接触"、"适当区域使用器材"、"投入器材的水准"和"年龄差异"在研究阶段和行为之间有显著的交互作用效果。

研究者并依研究的资料和数据,为教师或行政人员以空间运用为工具来完善

幼儿课程,提供下列指引:

1. 组织性(organization):在本研究中,发现所有组织性的改变,是所有环境评分改善和其后幼儿行为改变的一个主要促进因素,教室组织性的改善建议如下:

(1) 环境的通道应清晰而无阻,以保证交通的流畅。

(2) 在决定教室角落设置区位前,应先注意兴趣区域内所发生的活动,例如美劳和家事必须靠近水源,需要安静的图书区和科学区,须与活跃的、喧闹的游戏区隔离。

(3) 兴趣区应以易识的边界清楚地界定,以促进幼儿在适当区域使用器材,并使设备和器材的遗失和误用量降至最少。边界也应减少进行中活动的中断次数,以加深投入程度。

(4) 器材应以增进幼儿选择和使用的方式陈列。例如,操作的器材需在能见的容器内,幼儿才能看到并知道器材放回何处。美劳器材、装扮游戏器材、操作器材和积木应以系统的方式陈列,这样幼儿才能看到器材如何分类。

(5) 设备使用的地板空间大约1/2到2/3,其余作为自由空间(free space),室内才不会感觉拥挤。

2. 复杂性(complexity):环境的复杂性转换成幼儿的兴趣水准,提升教室中兴趣水准的指引如下:

(1) 每天器材和设备结合使用的选择,需评估其复杂性。本研究复杂性的界定,采 Prescott、Jones 和 Kritchevsky 的三种单元水准。简单单元(a simple unit)是游戏单元只有一种明显的用途且没有任何配件(sub-parts)或并置器材,如三轮车;复杂单元(complex units)是游戏单元有配件或有两种不同游戏器材并置,范围从封闭的(拼图和模板)到开放的(美术拼贴或水游戏);超级单元(super units)是复杂单元外配一种以上的并置游戏器材(游戏生面团桌配置工具或沙箱配置沙玩具和水)。

(2) 一般而言,简单、复杂和超级三种单元应均衡。超级单元有最大的掌握力(holding power),并提供最多的投入和创造思考的机会。

(3) 评量学习区的复杂性不能忽略教师的在场,Rosenthal 指出教师在学习区现场是掌握幼儿兴趣的一项最重要的变量。教师可通过与幼儿的互动增加学习区的复杂性,他们应了解幼儿倾向置身于教室的何处,如果他们对于某一个区域的选择多于其他的区域,幼儿则会更频繁地使用该区域。

3. 多样性(varity):多样性分数的计算系通过幼儿不同选择的数量和选择的新奇程度(the degree of novelty)来认定。

（1）幼儿每天应能在任何一次充裕的自我选择活动时间中，就多样的活动作选择，并允许在一项活动中深入地投入(in-depth involvement)。

（2）每天的活动应变化并经常提供新奇的活动（在幼儿已适应学校常规之后）。兴趣中心很少受到注意时，则应审慎地检视以决定是否有方法增加该区的新奇性和多样性。

（3）教室内所有的空间需定期地作不同方式的安排，以调整特别的问题或强调特定的兴趣区域。

4. 每一幼儿可实作之数量(amount of to do per child)：自我选择活动时间的价值之一是幼儿能选择最适应其需求的活动。

（1）教室应评量以决定幼儿所有的选择数量，并考量教室中的兴趣中心数量，以及每一个兴趣中心在任何一次时间所能服务的数量。

（2）依环境量表，每名幼儿最少需 1.5 场地方能接受评为高品质环境，即使此空间小而不足致一些选择受限。

5. 特别的问题(special problems)：大多数教室有教师难以处理的设计问题；通常，许多问题是设备和器材的安排与陈列。一般发生于许多教室的问题是：

（1）两个团体或学习区可能设置于同一个物质空间。例如，在一间教室内音乐活动和科学活动发生在一个大的覆毯区，很清楚，这属于兼容的活动(compatible activities)。

（2）设备可能修补不足，如遗失拼图片。简陋的设备导致游戏投入的减少。

（3）环境的美观吸引力低，或教室内的一个学习区比其他区的吸引力小。在图书区附加地毯、铺毯凳和软垫以增加使用。

（4）在自我选择活动时间，不该幼儿使用的设备可能放置得太靠近。例如，在一个兴趣中心，供室外使用的三轮车贮存在外门附近，但幼儿经常骑着它们进入其他幼儿的积木结构内。

最后，研究者强调教师和行政人员须审慎评量其环境特性所造成的教室内行为问题，只有系统地评量教室环境，并结合对幼儿所能改变的行为观察，才能产生所需的结果。

（三）Bagley 和 Klass 之研究

Bagley 和 Klass(1997)在《学前儿童在办家家酒式和主题式社会戏剧游戏中心中游戏品质的比较》(Comparison of the Quality of Preschooler's Play in Housekeeping and Thematic Sociodramatic Play Centers)之研究中，首先说明，"社会戏剧游戏"(sociodramatic play)系指具某共同目标或主题的团体装扮游戏，

社会戏剧游戏可促进认知及社会发展——通过符号的变化促进认知的发展，通过与其他儿童的互动促进社会发展。"主题式"——让幼儿可以扮演与某些主题有关的角色的游戏中心，如：医生的办公室、杂货店和面包店等等。"办家家酒式"——让幼儿扮演熟悉的家庭角色的游戏中心，主要的游戏道具有厨房器具或居家工具。本研究问题为：(1) 学前儿童在"办家家酒式"和"主题式"社会戏剧游戏中的游戏品质是否有显著的不同？(2) 男孩与女孩在对社会戏剧游戏中心的利用情况上有无显著的不同？

本研究以一学年(九月至隔年五月)时间观察研究，从美国中西部中型城市 18 个学前学校的班级随机选取 68 名幼儿为研究对象。学生为 3—5 岁，其中以 4 岁儿童为最多，来自各社会经济水平家庭与种族背景，足以代表该城市的人口。每一个班级选择一种形式的社会戏剧游戏中心(办家家酒式或主题式)，并在观察的一学年当中维持该游戏形式。18 个班级中有 12 个班级选择"办家家酒式"游戏中心，有 6 个班级选择"主题式"游戏中心。在衡鉴工具与程序方面：(1) 每两周以摄影的方式(录影带)记录每个班级中儿童在自由游戏时间(free choice time)时在社会戏剧游戏中心的游戏情形，录影带共分为四学期(一学年当中)；(2) 录影带首先由初级研究员来观察记录游戏事件(play episode)的始末，所谓的游戏事件意为一个或一些儿童持续地进行一个故事或主题游戏；儿童的非游戏行为(non-play)或打闹活动(roaming activity)不被记录在内；(3) 所谓的"品质"指的是据以了解儿童的表征、语言和社会技巧的变量。每一个"游戏事件"以初级(beginning)或进阶(advanced)来描述记录，并使用 Smilansky 对社会游戏行为的分类标准评断儿童的游戏品质；(4) 游戏品质的指标包含初级或进阶的角色扮演(role-play)、道具的使用(the props utilized)、装扮的品质(the quality of make-believe)、时间(amount of time)、互动(interaction)及沟通(communication)；(5) 进入社会戏剧游戏中心的男孩与女孩数亦被记录在内；(6) 以 MANOVA 来进行资料的处理，了解不同社会戏剧游戏的形式(主题式或办家家酒式)的游戏品质是否有显著的差异，并了解因不同性别使用社会戏剧游戏中心的比例。研究结果：

1. 在 8 个游戏品质的指标当中，"主题式"游戏中心在角色选择、道具使用、装扮和游戏时间 4 个指标当中，较"办家家酒式"游戏中心有更高的游戏品质，另角色如何扮演、道具的类型、互动和沟通 4 个指标则无显著的差异。

2. "主题式"社会戏剧游戏中心中，幼儿有较高品质的社会戏剧游戏：(1) 幼儿扮演较多家庭以外的角色；(2) 表现较多其扮演角色的各个方面；(3) 较高层面象征性道具的使用；(4) 且玩得比较久。幼儿教育者选用"主题式"社会戏剧游戏中心获得此研究支持证明。

3. 在性别差异方面,虽然在该学年当中,女生使用社会戏剧游戏中心的比例高于男生,但是 MANOVA 检测两者的差异并未达到显著。

问题讨论:

1. 或许此研究结果("主题式"游戏中心较好)只是更确定不同游戏材料与游戏组织方式对儿童的重要性,也就是说,是因为不断变换游戏环境,而非因为是"主题式"游戏中心而促成进阶性游戏活动的增加。

2. 事实上有许多老师支持"办家家酒式"游戏中心形态,因其对儿童而言是一个较熟悉、友善、温暖的游戏环境,而这些老师其实也同意在"办家家酒式"游戏中心出现"非办家家酒式的"游戏(non housekeeping play),他们并不会去限制儿童任何主题或道具的选择。

3. 其中一个出现显著差异的游戏品质是"道具的使用",在"主题式"游戏中心的儿童较会以象征性的方式使用游戏道具,而游戏道具之所以重要,是因为借由这些道具,儿童可以尝试去扮演他们原本不熟悉的角色,进而学习适当的行为。

4. 如果教师希望儿童在"办家家酒式"游戏中心有更多进阶的装扮游戏,应该要以较抽象的、需要较多认知转换(cognitive transformation)的游戏器具(如:积木、黏土)代替熟悉的、具体的游戏道具。而且,不管是较具体或较抽象的游戏器具,都应该要能符合儿童的兴趣、需求和已有经验。

5. 在"主题式"社会戏剧游戏中心里,儿童有较高层次的装扮游戏(make-believe play),也就是说"主题式"游戏中心可以提供儿童较多学习与他人相关事务的机会。

6. 对年纪大一些的学前儿童而言,"办家家酒式"游戏中心里的角色愈熟悉,愈引不起儿童的兴趣,因为这些熟悉的角色并不能提供多样化的活动,且不足以引起儿童的兴趣,也不能增加儿童更多的经验。

总而言之,学前儿童教育者在提供儿童"办家家酒式"游戏中心之外,也应该提供"主题式"游戏中心,多样化的游戏主题与内容更能促进儿童健全、完整地发展。

(四) Read、Sugawara 和 Brandt 之研究

Read、Sugawara 和 Brandt(1999)在《物质环境的空间和色彩对学前幼儿合作行为的影响》(Impact of Space and Color in the Physical Environment on Preschool Children's Cooperative Behavior)之研究中,研究对象为美国西北部大学校园的儿童发展中心(Child Development Center),四个半天制的幼儿园班级中

的 32 名美国白人(Anglo-American)小孩,男孩、女孩各 16 名。依年龄可分为三组:(1) 幼龄组(Younger)为 3 岁 9 个月—4 岁 3 个月,有 14 名;(2) 中龄组(Middle)为 4 岁 4 个月—4 岁 11 个月,有 13 名;(3) 高龄组(Older)为 5 岁—5 岁 7 个月,有 5 名。该研究将 32 名儿童分为 8 组,依据年龄,每组分有 2 名男孩、2 名女孩,并尽量使这 8 组儿童的年龄相似。所有受试儿童的辨色力皆正常。

根据 Gibson 1986 年所提的视觉生态学理论(Ecological Theory of Visual Perception),环境提供给儿童的信息是多样而复杂的,儿童通过视觉从环境当中获得知识并学习,儿童天生即是主动的观察者,在环境当中发现、探索、参与、发掘信息并分辨事物,他们被环境中所提供的丰富信息所促动着,带引着他们向更高层去探索学习,因此,环境的特征被认为是其"供给物"(affordance),指的是环境所提供给儿童观察学习的内容。依据 Gibson 的理论,我们可以推论物质环境所提供的内容会影响儿童在该环境中的观察(perception)、学习和行为。

据此,该研究的架构认为物质空间的"垂直空间"(vertical space)和"墙壁颜色"(wall color)交互作用,会影响幼儿的合作行为(cooperative behavior)。

该研究的实验室长 4.67 m、宽 2.11 m、高 2.74 m,北端置单面透视镜,木门在西侧,东边为透明玻璃窗(有板子可调整太阳光强度),房间当中有 0.02 m^2 的软垫,软垫上摆有中性颜色的木质积木和圆柱体。为使儿童在受试过程中不觉得无聊,儿童在四次实验情境中各变换四种玩具,包含:(1) 四个动物玩具;(2) 四个木头娃娃;(3) 四种不同颜色的黏土;(4) 多种颜色的乐高玩具。实验情境有四:(1) 情境一:一般的天花板高度和墙壁颜色;(2) 情境二:不同的天花板高度和一般的墙壁颜色;(3) 情境三:不同的墙壁颜色和一般的天花板高度;(4) 情境四:不同的天花板高度和墙壁颜色。其中,不同的天花板高度,为 1.68—2.74 m 高;墙壁颜色方面,东面的墙挂有中性颜色(不十分白的)的织布或色彩明亮的(红色的)织布,其他三面墙壁为中性颜色的石膏板墙,天花板亦为中性的颜色。

资料搜集程序,首先,实验实施前 2 周,研究者每天都去拜访这些幼儿园儿童,实验实施前 1 周,幼儿到实验室中熟悉环境,实验时间为 5 周,各组幼儿轮流于 4 个实验情境当中,每个实验情境进行(录影)时间为 5 分钟。其次,幼儿合作行为的编码,根据"奥瑞岗学前人际合作测验"(The Oregon Preschool Test of Interpersonal Cooperation, OPTIC),该测验是一个观察的评定量表,将合作行为分为七个层级:(1) 完全合作(full cooperation)(6 分)、前合作(precooperation)(5 分)、主动互动(active interaction)(4 分)、平行游戏(parallel play)(3 分)、旁观(2 分)、最小互动(minimal interaction)(1 分)、阻碍性互动(obstructive interaction)(0 分)。OPTIC 的发展根据 Parten 1932 年对学前儿童社会游戏行为的分类,

OPTIC 评分者间信度为 89% 至 100%;在该研究中,由于研究者认为"完全合作"与"前合作"难以区分,所以将此两层级合并为一,成为一个 Likert 式五点量表,合作行为分为以下六个层级:(1) 合作(cooperation):儿童合作制造一成品或解决一问题(5 分);(2) 主动互动:儿童彼此回应,通常是使用相同的玩具、从事相同的活动,但并没有合作进行(4 分);(3) 平行游戏:儿童和其他儿童于同一区域游戏,但其注意力主要集中在自己的游戏内容上(3 分);(4) 旁观:儿童主要是观看其他儿童游戏或听其他儿童聊天,偶尔也会和其他儿童聊天(2 分);(5) 最小互动:儿童一个人独自游戏,且其玩具与邻近儿童不同(1 分);(6) 阻碍性互动:儿童使用语言或肢体上的活动来阻碍某一目标的达成(0 分)。然后,由 6 位评分者根据 OPTIC 来评定 5 分钟录影时间中儿童的合作行为,评分者事先受训;在 5 分钟的录影带片段当中,以 10 秒钟为单位(10 秒 × 30 次 = 300 秒 = 5 分钟),每次(共 30 次)评定 4 名受试儿童合作行为的分数,最后再将每一受试儿童在该情境中(30 次)的纪录分数平均,本实验评分者间信度达 87%。

该研究为 2(性别)×3(年龄)×4(情境)的多因子混合实验设计,经多变量变异数重测分析(multivariate repeated-measures analysis of variance)结果:

1. "情境"对儿童合作行为的分数的主要效果显著,各个情境的合作行为分数呈非线性的关系(a nonlinear relationship),"情境一"到"情境二"合作行为分数增高,"情境二"到"情境三"略微降低,"情境三"到"情境四"继续降低,最后"情境四"稍高于"情境一"。

2. 研究结果显示:儿童在不同的天花板高度(情境二)或是不同的墙壁颜色(情境三)之下,合作行为的分数高于在不同的天花板高度和墙壁颜色(情境四)及一般的天花板高度和墙壁颜色(情境一);再者,儿童在"情境一"与"情境四"当中合作行为分数并无显著的不同。

3. "年龄"与"性别"在合作行为分数主要效果达显著。高龄组的儿童合作行为分数显著地高于低龄组的儿童。而在所有的实验情境当中,男孩的合作行为分数显著地高于女孩的合作行为分数。

虽然该研究有抽样过程及样本数太小的限制,但研究结果仍有几点重要的意义,其建议事项如下:

1. 幼教行政人员与幼教机构规划者应该更重视物质空间的差异对儿童可能产生的影响。

2. 根据研究结果,降低天花板高度或是变化的墙壁颜色和儿童合作行为的提升是相关的。

3. 改变天花板高度或墙壁颜色其实不一定要花大钱或一定要永久性的,不同颜色的网布或是布料固定在天花板上,就可以是新的天花板,而粉刷墙壁也不用花太多钱就可以对环境作一些改变。

4. 根据研究结果,同时改变天花板高度与墙壁颜色(情境四)与低合作行为分数相关,虽然这样的研究结果可能与研究空间的大小有关,但是可能也暗示着过度变化的环境对儿童而言可能太过刺激了。就整个研究结果而言,过度简化的环境(情境一)或是过度刺激的环境(情境四)对儿童的发展都有不良影响。

5. 而关于性别与年龄的相关研究结果也应该要受到重视,空间的设置应该平等地促进两性的发展,并且要能够考量儿童的年龄,设置适合其年龄发展阶段的空间。

(五)田育芬之研究

田育芬(1987)在《幼稚园活动室的空间安排与幼儿社会互动关系的研究》中,择定某国立大学的附设实习幼儿园为观察研究的场所。该园被观察班级的活动室空间密度,在取样时为1.52,介于公立及私立幼儿园空间密度之平均数之间。研究对象,依立意选取大、中班各一班,各班中随机抽取10名男童、10名女童,共40名,大班幼儿年龄范围是:62至71个月;中班幼儿年龄范围是:52至60个月。研究问题及目的:(1)了解不同的空间安排与幼儿社会行为及游戏类型的关系;(2)了解相同的空间安排与不同年龄幼儿的社会行为及游戏类型的关系。

活动室空间安排上,两班共同设置了玩具角、娃娃家、积木角、语文角及工作角等,为配合本研究的需要,就该两班现有的设备,设计了两种环境,且尽量求设备安置及角落布置的位置相似,重复操纵环境,以观察幼儿社会互动的表现:

1. 环境Ⅰ的空间安排,是将柜子靠墙安置于敞开的空间,亦即以空旷、不具隔局的原则为主,将各角的柜子、工作柜等平行地靠墙摆置,并拆走地毯、栅栏等作分隔用的设备。

2. 环境Ⅱ的空间安排,是将活动室分割成半封闭性的空间,亦即利用现有的柜子、地毯、栅栏等,使各角间产生分割的感觉。

幼儿的社会行为,包括语言互动(verbal interaction)、身体互动(physical interaction)和非语言的互动(nonverbal interaction),凡有助于幼儿社会发展的行为是为正向反应,有碍幼儿社会发展的行为则为负向反应;"游戏类型"分为:徘徊行为(unoccupied behavior)、注视行为(onlooker behavior)、奔跑追逐行为(running and chase)、单独游戏(solitary play)、平行游戏和团体游戏(group play)。

研究方法,采录音观察法,研究者只须靠近观察样本,悄悄地对所观察到的行为进行录音叙述,这种方法又称为APPROACH法(A Procedure for Patterning

Responses of Adults and Children)。研究工具包括搜集观察资料的录音机、录音带及资料转换的行为归类表。观察进行中,以 4 分钟为时间取样单位,观察 1 名目标幼儿(target child),每名目标幼儿中间间隔 15 秒钟,每日连续观察 10 名目标幼儿;观察结束时,每名幼儿在环境Ⅰ及Ⅱ中,各有 6 次被观察的机会,合计 12 次,也就是每名幼儿共被观察 48 分钟。四个月的观察时间中,大班幼儿的出席率始终维持在 93％以上;中班幼儿的出席率多维持在 87％左右,另有两次达 78％的出席率,有两次只有 72％的出席率。每次的录音叙述,分为当日状况及目标幼儿之行为叙述两部分:

1. 当日状况描述:在每次录音的开始时记录,包括对班别、环境、出席人数、该周单元及配合单元内容于角落内所增置的设备、当时的活动室情况等之描述。

2. 幼儿行为叙述:叙述的内容包括目标幼儿的名字、活动的地点、活动的内容及方法、友伴、互动的内容、周围的环境等。

研究结果,根据研究资料分析得到下列结论:

1. 环境Ⅰ中,大班与中班幼儿将教具拿到区域外使用的次数多于在环境Ⅱ中。中班幼儿无论在环境Ⅰ或Ⅱ中,在区域外使用教具的次数均多于大班幼儿。

2. 娃娃家、积木角是最容易表现出团体游戏的角落,工作角、语文角则是最容易表现出单独游戏的活动区。

3. 单独游戏行为受环境及年龄交互作用的影响。环境Ⅱ中,大班单独游戏行为较中班多。大班在环境Ⅱ时,和中班在环境Ⅰ时,均有较多的单独游戏行为。

4. 团体游戏行为亦受环境及年龄交互作用的影响。在环境Ⅱ时,中班较大班有较多的团体游戏行为,且较其本身在环境Ⅰ中有较多的团体游戏表现。

5. 非语言正向反应亦受环境的影响。在环境Ⅱ中的次数较环境Ⅰ中多,且中班幼儿的增加较为明显。

6. 其余未达显著水准的交互作用或主要效果,由其平均数可得到:

(1) 在大班,环境Ⅰ比环境Ⅱ有略多的徘徊、注视及平行游戏行为。

(2) 在中班,环境Ⅱ比环境Ⅰ有略多的徘徊、注视行为及略少的奔跑、追逐行为。

(3) 环境Ⅰ中,大班有略多的注视及平行游戏表现。中班有略多的徘徊及奔跑、追逐等行为。

(4) 环境Ⅱ中,大班有略多的注视及平行游戏行为。中班则有略多的徘徊及奔跑、追逐行为。

(5) 在大班,环境Ⅰ比环境Ⅱ有略多的语言负、中性反应及非语言的中性反应。

(6) 在中班,环境Ⅰ有略多的负向反应。

(7) 环境Ⅰ中,大班有略多的语言及非语言的正、中性反应和身体负向反应。而中班则有略多的语言负向、身体正和中性反应及非语言负向反应。

(8) 环境Ⅱ中,大班有略多的身体负向及非语言负、中性反应。中班则有略多的语言互动反应及身体正、中性反应。

研究者根据以上发现加以讨论,有其参考价值,要述如下:

1. 在敞开式与半封闭式的空间安排下,幼儿的游戏行为会受部分的影响,其中以单独及团体游戏最显著。较大幼儿在半封闭式环境下单独游戏比其在敞开式环境下多,而团体游戏在半封闭式环境下则比在敞开式环境下少。较小幼儿则正好相反,在半封闭式环境下有较多团体游戏,在敞开式环境下有较多单独游戏。

2. 在敞开式与半封闭式的空间安排下,幼儿的社会互动行为会受到部分的影响,其中以正向互动行为最显著。不论大班或中班,在半封闭式环境下所显现正向互动行为都比在敞开式环境下多。进一步分析更发现在正向互动行为中,以非语言正向最显著。

3. 敞开的空间的确会暗示幼儿将玩具拿到角落以外的地方去玩。以大班言,增加了 3.6 倍;以中班言增加了 1.5 倍。

4. 敞开的空间也会促使幼儿在其间奔跑追逐。以大班言,该项行为并没有因环境不同而有所改变;就中班而言,增加了 1.6 倍。Cowe 认为活动室中间空着,无异是创造了一个空间来暗示幼儿,允许幼儿在其间奔跑、追逐。中班研究结果印证了 Cowe 的观点,大班幼儿在两种环境下的表现没有差异,是否与其有过多目标导向的单独游戏行为有关,则有待进一步探讨。

5. 在角落与游戏类型的分析中显示出娃娃家、积木角是最容易表现出团体游戏行为的角落。工作角及语文角则是最容易表现出单独游戏的活动区。本研究的发现与 Smith、Connolly 以及 Quay 等人对教具所作之社会价值评估的结果相符。

(六)黄世钰之研究

黄世钰(1999a)进行角落教学法与讲述教学法的教学实验,主要探讨角落教学方法与讲述教学法对幼儿学习的影响。"角落教学法"强调幼儿中心,呈现经验与活动课程形态,包括探索活动(主角落说明)、发展活动(分角落操作)与综合活动(综合角讨论)等流程;"讲述教学法"主张教材中心,呈现学科课程形态,包括提示要点(引起动机)、详述内容(解释引导)与综述要点(归纳讨论)等过程。

实验教师,由实验幼儿园园长从全园 21 名教师中指派 2 位资深、曾接受过幼儿园的教学方法研习并具有多年任教大班经验的老师担任教学实验教师。依照幼儿教育法规定,幼儿园以每班设置 2 名教师为原则;两位老师在教学实验中系同时担任实验组与控制组的教学,这排除了实验目的以外的无关变量。为达成教学实验目的,为担任教学实验教师实施进修讲习,每周 4 次、全程共计 4 周 36 小时。教学情境规划,教师所规划与设计的角落教学法教学情境与讲述教学法教学情境,均布置供幼儿操作的各式学习角,以配合幼儿的学习活动,以便能达到预定的教育目标;惟角落教学法以非固定的教学角安排幼儿操作学习,而讲述教学法以排排坐的方式让幼儿在固定的空间里听老师的指示学习。

研究对象,研究者先以"幼儿认知能力测验"进行样本筛检,从 213 名幼儿中筛取高、低智力幼儿各 66 名,再由 132 名幼儿中抽取样本各 32 名,随机分派于实验组与控制组,每组各有高智力 16 名,低智力 16 名。依据抽样与随机分派结果,以"学前认知能力测验"进行前测,以了解受试幼儿的起点行为;其次利用"学前认知充实方案"进行角落教学法(实验组)与讲述教学法(控制组)的教学实验,最后再以"学前认知能力测验"实施后测,以得知幼儿的学习效果。

在教学实验中,以"学前认知能力测验"为教学评量工具,以"学前认知充实方案"为教学活动设计,进行前后测以及为期 10 周的实证性教学活动。"学前认知充实方案"内容强调通过具体操作,让幼儿从游戏中学习:包括指指点点(分类能力)、甜甜圈(大小排序能力)、排排坐(符号替代)、我的另一半(对应关系)、走迷宫(方位辨识)、猜猜看(推理)、趣味拼图(视动知觉)、请你跟我这样做(记忆力)、五花八门(数量概念)、糖果屋(空间组织)等十个教学单元。每一教学单元分别显现角落教学法与讲述教学法的教学流程与特性,方案中各项教学活动设计均包括:

1. 教学活动目标:分为探索活动、发展活动与综合活动等项。

2. 教学活动内容与方法:

(1) 角落教学法:分为主角落、分角落操作与综合角等项。

(2) 讲述教学法:分为引起动机、解释引导与归纳讨论等项。

3. 教学资源:教学过程中所需运用的资源,其数量多寡,系依据幼儿人数决定。

4. 教学评量:依照下列标准,进行标记或勾选:

5＝未受任何协助,幼儿能独立达成学习目标。
4＝在教师口头暗示下,幼儿能达成学习目标。

3＝在教师动作提示下，幼儿能达成学习目标。

2＝在教师口头暗示与动作提示下，幼儿能达成学习目标。

1＝幼儿完全不会。

研究方法：(1)教学实验情境采"回归主流"方式，在一般常态化的普通幼儿园大班教室中举行。(2)受试样本分为实验、控制两组，以随机抽样方式，每组分别抽取高、低智商幼儿各16名。(3)依据幼儿园课程标准要求，每组教学活动由两位老师搭配进行教学。(4)十项教学单元分在十周内进行教学。(5)实验组、控制组两组幼儿分别接受角落教学法与讲述教学法两种不同的教学方法，惟在课程、教材与师资方面均相同。统计分析，采前后测控制组实验设计进行教学实验，并以独立样本双因子变异数分析处理资料。教学实验结果：

1. 就全量表言

教学法的F值为285.00，高于显著水准的F值4.00，可证明角落教学方法与讲述教学方法对幼儿认知学习效果具有显著差异。角落教学法对于幼儿认知学习效果较讲述教学方法高出1.56个标准差；实验处理后，其统计关联强度可以解释认知学习效果分数达40％。

2. 就分测验言

角落教学法对"幼儿分类能力"、"幼儿大小排序能力"、"幼儿符号代替"、"幼儿对应关系"、"幼儿方位辨识"、"幼儿推理能力"、"幼儿视动知觉"、"幼儿记忆力"、"幼儿数量概念"和"幼儿空间组织"的认知学习效果较讲述教学法好。

综述本研究发现：角落教学法具体丰富、生动有趣，比讲述教学法更能提升幼儿的认知学习效果，是适宜在学前阶段实施的教学方法。

（七）张雅淳之研究

张雅淳(2001)在《台北市公立幼稚园学习区规划及其运用之研究》中，探讨教师规划及运用学习区的理念、分析学习区空间及器材设备规划的现状、了解教师对学习区的运用情形、研究教师在学习区的规划及运用上的问题及建议，最后提出幼儿园学习区规划及运用的建议事项。该研究对台北市121所公立幼儿园教师进行普查(有效样本428人)，并随机抽取台北市6所幼儿园，请园长推荐该园的1位教师及其规划的学习区为参观访问对象，观察记录6班(园)学习区规划及师生活动情形，并针对学习区理念、规划及运用方式等，与该班教师进行访谈。在资料分析上，观察与访谈主要以描述的方式记录，问卷调查的结果主要以次数百分比统计与 Cochran Q 法检验进行分析。经研究结果与分析发现：

1. 教师规划及运用学习区的理念

（1）教师规划学习区的目的以达成个别化学习为主。

（2）教师在学习区配合单元及主题的实施意愿上，较为消极。

2. 学习区空间及器材设备规划的现状

（1）学习区的规划多能兼顾"柔和-冷硬"、"开放-封闭"、"简单-复杂"、"高活动量-低活动量"的向度。

（2）学习区的规划多能符合"教育"、"开放"、"舒适"、"安全"的原则。

（3）教师对器材设备的选购原则多重视"安全"、"实用"、"多功能"及"可移动"。

（4）最常见的学习区类型为美劳区、益智区、积木区、图书区及娃娃家；最容易布置及管理维护的学习区为积木区；幼儿最喜欢的学习区为娃娃家。

（5）男童最喜欢的学习区是积木区，女童最喜欢的学习区是娃娃家。

（6）教师在一般国小教室大小的空间内，实际所规划的室内学习区数量多于理想上的数量。

3. 教师对学习区的运用情形

（1）在个别化学习的落实性上，主要视教师所安排的活动及扮演角色的不同而有所不同。

（2）教师对学习区统整性的落实方法并不明确。

（3）教师对学习区活动评量的落实可再加强。

（4）学习区的管理维护有赖于师生的共同努力，整体维护管理情形良好。

4. 教师在学习区的规划及运用上的问题

（1）空间限制是影响教师规划学习区的最重要因素，也是教师在规划上的最大问题。

（2）器材设备在种类及数量的丰富性及实用性不足。

（3）在规划或运用学习区上人力不足。

根据研究发现，提出主要建议如下：

1. 在私密及个人化空间方面的设计可再加强。

2. 可以考虑以积木区、图书区、娃娃家、美劳区及益智区为优先的选择。

3. 选购并善用安全、实用、多功能并可移动的器材。

4. 注意各学习区类型中两性的均衡。

5. 应多利用走廊甚至户外空间来设置多样化的学习区。

6. 学习区的活动设计应以落实个别化、统整学习为主。

7. 应重视并落实学习区的评量。

二 游戏场设计与幼儿行为

游戏场强烈影响游戏体验的品质,对幼儿的成长和发展至为重要,Monroe (1985)即根据许多学者专家的研究文献指出:游戏场的空间量、设备和器材的可用性,影响幼儿游戏的数量、变化性和创造性。

Prescott、Jones 和 Kritchevsky 以及 Kritchevsky 和 Prescott 之研究进一步说明,游戏设备建基于复杂性、多样性和每名幼儿活动的数量(引自 Phyfe-Perkins & Shoemaker, 1991):

1. 复杂性(complexity)可增进注意、装扮游戏和社会互动,游戏单元愈复杂,幼儿在游戏中的选择愈多,对团体游戏愈有潜力;简单的器材(simple materials)(如秋千和三轮车),只有一个明显的用途,没有分支部分(subparts);复杂的游戏单元(complex play units)(如附带家具的游戏屋、附带设备的水台),有分支部分或包括毗连的两种不同类型器材,可让幼儿即兴游戏和操作;超级复杂的单元(super-complex units)(如水和度量器材加上沙箱、箱子和木板配合立体方格铁架使用),包括三种或更多类型的器材。

2. 多样性(variety)是指可运用物品的不同种类数,多样性可增进幼儿对自己所期望游戏课程的自由选择。

3. 每名幼儿活动的数量(amount of activity per child)是估计每名幼儿游戏空间数,幼儿期望以其速度选择他们自己的活动,游戏空间须比一个人大,其他的游戏空间须就近,以方便幼儿结束一个游戏后之移动;如果近便的游戏空间较少,则需大人带领幼儿来去。

一般而言,传统、固定设备的游戏场,对儿童的游戏是贫乏的场所(poor places)。Hayward 等人的研究指出,儿童的传统游戏场较之现代或冒险游戏场,不仅参加率低,而且该情境对游戏形式也有所限制;Wolff 的研究也指出,视障儿童的团体,在固定的游戏场游戏比之冒险游戏场,较少有社会合作游戏;这两个研究证明了,传统游戏场所建立的是贫乏的游戏环境品质(Naylor, 1985)。此外,

Hayward、Rothenberg 和 Beasley 的研究发现,在冒险游戏场(an adventure playground)有最大的使用者团体,占全体使用者的 45%;其次是现代游戏场(the contemporoary playground),占 22%;最少的是传统游戏场(a traditional playground),占 21%。Heusser、Adelson 和 Ross 观察低年级儿童倾向于在器械上玩,高年级儿童则倾向于参与球类游戏;女生很少玩团体游戏,较喜欢四方格、绳球和跳房子,而男生则未见玩跳房子;Beth-Halachmy 和 Thayer 则发现不同年龄或性别在小学儿童的游戏场使用上并无显著差异,所有的儿童绝大部分的休闲时间用在球类游戏上,仅 6% 的时间儿童玩固定的游戏设备;这些时间大部分用在木制游戏架上,几乎很少用传统的金属制游戏设备(引自 Weinstein 和 Pinciotti,1988)。

另外,Shaw(1987)在《为行动无碍和行动不便儿童设计游戏场》(Designing Playgrounds for Able and Disabled Children)一文中,综合相关的游戏场儿童行为研究,提出一些非正式探索却值得省思意见,对游戏场的设计与幼儿行为的研究甚具参考价值:

1. 仿效(mimicking):儿童喜欢从观察中仿效别人的行为,一个游戏场有丰富的三层面叠层空间(three-dimensionally stacked spaces),会因视觉接触的增加而增强仿效行为。

2. 我伤到自己(I hurt myself):儿童常跳落却很少不弄伤,如果他们知道大人看到了或走过来协助,则会哭泣并寻求大人的抚慰。

3. 重要他人(significant others):儿童在游戏场上通常为大人或其他儿童表演,"看我做这个"是一个普遍的要求,游戏环境愈丰富,"看着我"活动所受的支持愈广泛。

4. 协助(help):儿童喜欢"协助"游戏指导者(the play leader),好的活动可从允许协助游戏指导者开始,如找遗失的玩具或协助摆绳。

5. 游戏种类(play variety):一个综合性的游戏庭院会支持广泛的行为,不会让儿童只能看所有的使用者玩单一的团体活动;此外,游戏场的"关键场地"(key places)很均衡,则无法预测每一天任何特定的使用形态。

6. 声音:有些特定的器材走上去、打下去或大声喊,会发出有趣的声音,在选择建构器材时应予记住。

7. 游戏时段的长度(length of play period):较长的游戏时段会有较广的游戏行为,会更丰富儿童的体验;游戏时段短会促进激烈、反复的游戏形态,使用者无法深入地探索庭院。

8. 游戏团体的规模(size of play group):儿童太少,无法从他人那里获得足够的激励,但是儿童太多,将会制造纷乱;儿童在团体内的年龄、体形和流动性,也会影响能最佳运用游戏环境的次数。通过尝试与错误,机灵的游戏领袖能使每一个团体规模适应该游戏场。

9. 游戏的时间:儿童在庭院游戏的时间影响游戏体验的特性和品质,游戏时间在午睡后与在午餐前不同,每个团体的游戏时间在学年期间应改变以资补偿。

10. 天气:特别的天气状况会改变游戏的运用,使用者在游戏场,阴冷天会找温暖有光照的地方,热天则会到荫凉处;此外,游戏场上的大人,因平常活动少,似乎比儿童更受天气的影响。

11. 大人的角色(adult roles):游戏场在不同的游戏指导者之下会成为不同的场地,太多的行政规定会抑止潜在兴奋的游戏场设计,熟悉复杂的游戏环境之游戏指导者,比不熟悉者较少作限制规定。因此,正如 Allen 和 Lambert 所提:游戏指导者的工作是简单地给儿童游戏所需的空间和范围,让儿童自由并给他们最大可能的延伸。

还有,Bruya 和 Hixson 所提出的"游戏场上幼儿和游戏行为描述模式"(详见图 1-10),对游戏场上幼儿和游戏行为的描述,有相当清晰的说明模式,亦有其参考价值。

有关游戏场设计和幼儿行为方面的研究不少,仅此扼要介绍几项主要研究,以明其梗概。

(一) Frost 和 Campbell 之研究

Frost 和 Campbell 在 1977 年的研究中,比较了传统游戏场和创造游戏场、儿童的认知性游戏和社会性游戏行为间的差异。所谓"传统游戏场"是指典型的平坦地,里面有秋千、跷跷板、攀爬杆等铁制的设备,固定在地上的,这些设备的设计主要是针对练习游戏而设的;所谓"创造游戏场"指的是半正式的环境,它融合了"传统式"专业建筑师所设计的"现代游戏场"和充满原始材料,可以任自由运用、游戏的"冒险游戏场"的特色,以配合学校的需要而设计的。

Frost 和 Campbell 根据 Piaget—Smilansky 的认知游戏方式和 Parten 社会分类方式来分析资料。研究结果发现:

1. 在认知游戏类别中,传统游戏场地里的功能性游戏(占 77.9%),显著地多于创造游戏场地里的功能性游戏(占 43.7%)。

2. 创造游戏场地的戏剧性游戏行为(占 39%),远多于传统游戏场地里的戏剧性游戏行为(占 2%)。

3. 在创造游戏场里有较多的建构性游戏行为;而在传统游戏场地里有较多

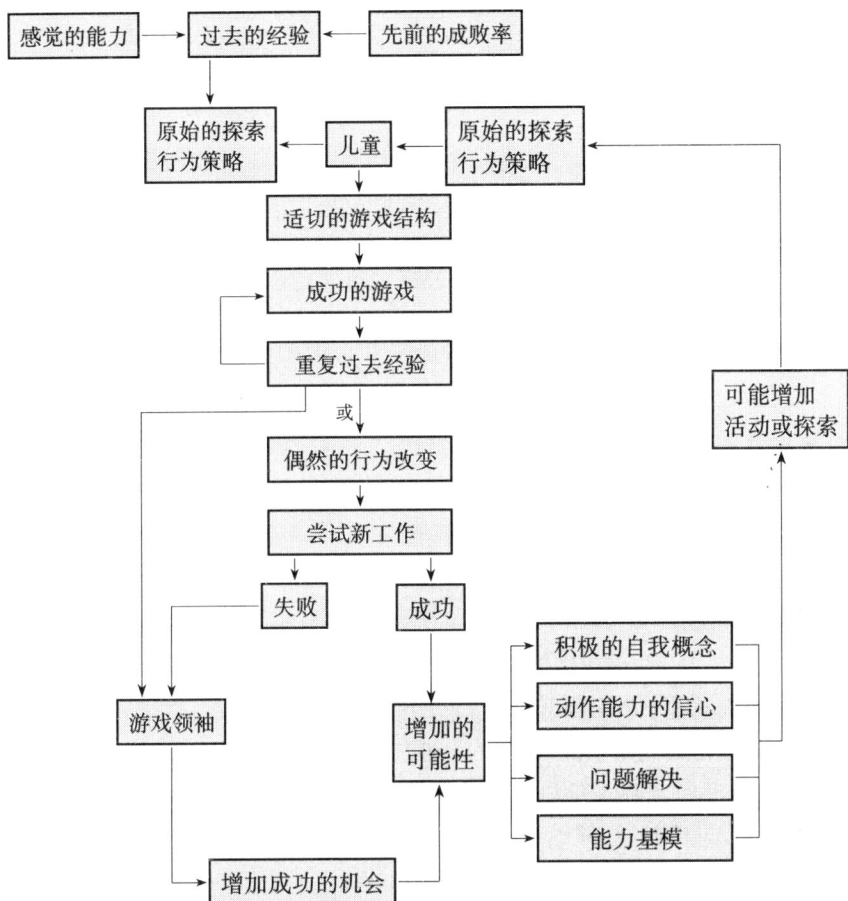

图 1-10 游戏场上幼儿和游戏行为描述模式

资料来源：*A Model for the Play Environment Relationship to Chilidren*，L. D. Bruya & P. K. Hixson，1980.［引自 Bruyb, L. D. (1985). Design Characteristics Used in Playgrounds for Chilidren. In J. L. Frost & S. Sunderlind (Eds.), *When Children Play: Proceedings of the International Conference on Play and Play Environments*, p. 218.］

规则性游戏。

4. 在社会游戏类别中，合作性游戏在两种场地下的频率大致相近(传统式占 45.6%；创造式占 50.2%)。

5. 在创造游戏场里有较多的独自游戏(11% 比 3.4%)和联合游戏(12% 比 8.5%)。

6. 传统游戏场有较多的平行式游戏行为(29.5% 比 12.6%)(引自简楚瑛，1988)。

（二）Frost 和 Strickland 之研究

美国得州大学(The University of Texas)Frost 和 Strickland(1985)在《幼儿自由游戏期间的设备选择》(Equipment Choices of Young Children During Free Play)研究中,以得州奥斯汀(Austin)雷第摩鲁塞伦学校(Redeemer Lutheran School)幼儿园 2 个班 34 名幼儿、一年级 2 个班 48 名幼儿和二年级 2 个班 56 名幼儿计 138 名幼儿为观察对象;研究的主要目的系比较幼儿在三种室外环境自由游戏期间的设备选择,此三种游戏环境的设计略述如下:

1. 游戏环境 A——由一个复杂的单元结构(a complex unit structure)所组成,包括供攀爬和装扮的内部和外部空间,两个轮胎秋千、一座滑梯、消防员杆和梯子,为了安全,将其安置于沙区内。

2. 游戏环境 B——由十六种加压处理的松木构造物(pressure-treated pine structures)组成,包括平衡杆、单杠、障碍攀爬架、吊桥、滑梯、立体方格铁架和其他相关的设备。此设备的设置是以统整或连环的"游戏学习"(play's learn)模式,或以障碍课程设计以"协助认知发展所需的广泛概念技能(perceptual-motor skills)发展",沙区设在临界区(critical areas)作为安全的跳落区(fall zones)。

3. 游戏环境 C——由雷第摩学校的师生和家长,依研究者的设计布置来建构,是一种采用相关而不贵的商品设备和未加工建材(raw building materials)的混合物。包括滑梯、堡垒、船和汽车、沙、储藏屋、野餐桌、攀爬架(三种)、轮车、轮车轨(旧转运带)、旧轮胎、线轴(spools)、桶状物、铁轨栓(railroad ties)、电线杆和建造零件等。

游戏环境 A、B 和 C 可视为三个分离的游戏环境,游戏环境 A 是单一结构(a single structure),游戏环境 B 是组合结构(a combination of structures),此两者设计基本上提供一种游戏形式,惟非"完整的"游戏环境("complete" play environments);而游戏环境 C 则设计以进行运动游戏、结构游戏、装扮游戏、规则游戏,并能激励社会互动。

资料搜集。研究对象的教师搜集、观察和记录每一名幼儿在自由游戏时所使用的设备,计 6 周,每周一次 30 分钟。每一名研究对象在游戏期间的设备选择记录三次:进入游戏时、游戏中和游戏离开后,观察者直接记录在游戏环境布置图上。游戏期间,教师允许幼儿作自己的设备选择,教师既不鼓励也不指导幼儿选择任何特定设备类型或游戏形式,他们在游戏场随机移动,以避免吸引幼儿到任何特定区域。资料处理。先分析次数和百分比,然后登录在 IBM 卡上,以电脑分析个别游戏形态、性别差异和设备选择差异的显著水准。研究结论。经整理主

要为:

1. 在年级层的游戏环境选择上,游戏环境 C 最受欢迎,而幼儿园幼儿选择游戏环境 C(74.32%)又高于一年级幼儿(59.12%)和二年级幼儿(59.64%);一、二年级幼儿的游戏环境选择,则几乎相等(参阅表1-4)。

表1-4 年级层的游戏环境选择

	幼儿园		一年级		二年级	
	观察人次	观察百分比	观察人次	观察百分比	观察人次	观察百分比
游戏环境 A	145	18.90	245	26.43	210	23.54
游戏环境 B	52	6.78	134	14.46	159	17.83
游戏环境 C	570	74.32	548	59.12	532	59.64

资料来源: *Equipment Choices of Young Children during Free Play*, J. L. Frost & S. D. Strickland, 1985. In J. L. Frost & S. Sunderlind (Eds.), *When Children Play: Proceedings of the International Conference on Play and Play Environments*, p. 99.

2. 在游戏环境 A 上,具有活动特性的秋千,占游戏的半数;在游戏环境 B 上,最复杂的攀爬结构,超过游戏数的 1/4。

3. 装扮游戏的设备(例如船、汽车、轮车、家事)设计或选择,较受年幼幼儿的喜欢。

4. 有规则的益智游戏,则典型地非常受 7—8 岁幼儿的欢迎。

5. 最受幼儿欢迎的游戏场是一个容纳不同游戏形式的设备和空间。

6. 年级层增加,竞争的活动和运动的活动增加。

7. 固定的结构基本上符合运动游戏之需,但比之年长的幼儿,较不受年幼幼儿(4—6岁)的欢迎。

8. 游戏结构须再设计,以提供年长幼儿(6—9岁)更多的挑战。

(三)Bruya 之研究

美国北得州大学(North Texas State University)体育系 Bruya(1985)在《游戏组构差异对学前幼儿游戏行为之影响》(The Effect of Play Structure Format Differences on the Play Behavior of Preschool Chilidren)研究中,从课程类似的日间托育中心和学前学校,随机选取低中收入家庭的 3 岁幼儿 18 名、4 岁幼儿 25 名和 5 岁幼儿 15 名为观察研究对象;游戏器具组构,有两种:其一为传统分离结构(traditional separated structure),包括两个现代、独立且自立(free-standing)的结构,采分开设置或传统的组成;另一为现代统整连结结构(contemporary unified linked structure),包括两个独立自立的结构,采合并设置或现代的组成。

研究程序,每一年龄团体计观察 240 分钟,在两种游戏组构上各 120 分钟,资料搜集分四个游戏期,每一游戏期 30 分钟。观察者在搜集资料前皆受过专为该研究资料搜集形式的训练,观察者间的信度为.92。每一观察期采同样的教学,研究对象抵游戏场之前随机排成一线,以进入木制围篱游戏场,教学用语为:

"今天我们有半小时在游戏场游戏,谁记得游戏场的规定?

1. 不可以丢沙子。

2. 不可以丢碎石。

3. 不可以推人。

每个人是不是准备好了? 你们可以开始了。"

在两种游戏组构"上""下"的计算,采 15 秒时间抽样技术(a 15-second time sampling technique),"上"的界定是"游戏结构支持着幼儿的体重","下"的界定是"游戏结构面的下方和四周支持着幼儿的体重"。幼儿游戏期间所选用的"动作模式"(motor patterns),以及幼儿与同伴、督导者的"身体接触"(physical contacts)都加以记录。研究结果:

1. 在传统组构上,3 岁幼儿有 48％的时间在"上",4 岁幼儿有 53％的时间在"上",5 岁幼儿有 57％的时间在"上"。在现代组构上,3 岁幼儿有 54％的时间在"上",4 岁幼儿有 76％的时间在"上",5 岁幼儿有 58％的时间在"上"。简言之,幼儿在现代组构的游戏时间较长,但非如传统组构随年龄层提高呈线性增加。

2. 幼儿在传统和现代组构游戏期间所选用的动作模式都很类似。在传统组构的动作模式,有 34％站、22％坐、22％挂、14％斜、12％荡、6％爬、8％跑;在现代组构的动作模式,有 32％站、28％坐、22％挂、14％斜、14％荡、5％爬、4％跑。

3. 幼儿与同伴、督导者的身体接触,包括牵手、搭肩,甚至打架(惟资料搜集期间无打架行为)等任何有意图的接触行为。就各年龄层幼儿而言,在传统组构上,3 岁幼儿与同伴身体接触的时间占 8％,4 岁幼儿与同伴身体接触的时间占 11％,5 岁幼儿与同伴身体接触的时间占 16％;在现代组构上,3 岁幼儿与同伴身体接触的时间占 20％,4 岁幼儿与同伴身体接触的时间占 10％,5 岁幼儿与同伴身体接触的时间占 30％。就全体幼儿而言,在传统组构上,幼儿与同伴身体接触的时间占 11％,幼儿与督导者身体接触的时间占 2％;在现代组构上,幼儿与同伴身体接触的时间占 18％,幼儿与督导者身体接触的时间占 0.9％。简言之,现代组构增加幼儿同伴的接触,同时减少大人督导的接触。

（四）Henniger 之研究

美国中央华盛顿州立学院（Central Washington State College）幼儿教育系 Henniger（1985）在《学前幼儿在室内和室外环境之游戏行为》（Preschool Children's Play Behavior in an Indoor and Outdoor Environment）研究中，以得州大学幼儿发展实验室两个托儿所上午班的 28 名幼儿为研究对象，其中 7 男 6 女来自大幼儿团体（the older group）（平均年龄 5 岁），8 男 7 女来自小幼儿团体（the younger group）（平均年龄 4 岁）。托儿所的室内环境由 8 个中心组成，每周放置不同的器材，包括装扮区、操作玩具角、家事中心、音乐区、科学桌、积木区和安静/拼图区。室外环境由固定的和活动的设备所组成，站区设备（stationary equipment）包括附滑梯和阶梯的树屋平台、立体方格铁架、水泥脚踏车道、戏水区和秋千组；可移动设备（movable equipment）每周重排或更换，包括船、装在箱内的方向盘、附梯子的金属三角攀爬架、小屋形攀爬物（atepee-type climber）、大型木制板条箱、金属桶状物和一批木盒及轮胎。储藏设施室外给幼儿近便使用三轮车、许多玩沙工具、戏水器材、铲子、耙子、球、椅子、绳子、交通标志和搬运车。

研究程序。研究者依 Smilansky 的认知游戏（the cognitive play）类别：单独游戏、平行游戏、互补游戏（complementary play）、合作游戏（cooperative play）和 Parten 的社会游戏（the social play）类别：功能游戏（functional play）、建构游戏（constructive play）、装扮游戏（dramatic play）、益智游戏（games play），以研究对象幼儿的姓名，并建一检核表，用以观察幼儿的自由游戏，观察期计 6 周，对所有幼儿均要观察，室内和室外各 20 次，每次观察依检核表上幼儿的姓名顺序逐一进行，先观察 1 名再观察另 1 名，中间间隔 30 秒，每天观察的顺序会改变。观察时至少要有 10 名幼儿在场，指导教师不在则不观察。研究者在资料搜集期间，为检核记录游戏行为的信度，也请另一人在研究的开始和结束记录游戏行为，评分者间信度平均各为 .81 和 .82。

须强调的是，本研究用以比较室内外游戏的幼儿和情境，并非大多数托儿所课程的样式，此两种环境有许多的设备和器材可增进幼儿的游戏兴趣，高技能的教师和 1∶5 的低师生比例，是一个适宜观察游戏的情境。研究结果，分两部分摘录要述如下（参阅表 1-5）：

1. 室内环境部分

传统上，室内游戏区比之室外情境，被认为是对幼儿发展最有价值的环境。本研究发现室内环境对三类游戏行为似有所促进：

幼儿园环境创设指导 与 实例

表1-5 社会和认知游戏类别的室内和室外环境平均值

类别	全体(n=28) 室内	全体(n=28) 室外	大幼儿(n=13) 室内	大幼儿(n=13) 室外	小幼儿(n=15) 室内	小幼儿(n=15) 室外	男生(n=15) 室内	男生(n=15) 室外	女生(n=15) 室内	女生(n=15) 室外
社会游戏										
单独游戏	4.07	3.25	3.83	4.15	4.67	2.47	4.47	3.20	3.61	3.30
	($t=-3.44$ $p<0.01$)				($t=3.21$ $p<0.01$)					
平地游戏	8.36	10.32	8.38	9.15	8.33	11.33	8.33	9.87	8.38	10.84
					($t=-4.86$ $p<0.001$)		($t=-2.43$ $p<0.05$)		($t=-2.45$ $p<0.05$)	
互补游戏	1.00	0.79	1.00	0.92	1.00	0.67	0.67	1.13	1.38	0.38
合作游戏	2.46	2.39	2.54	3.38	2.40	1.53	2.47	2.80	2.46	1.92
					($t=2.23$ $p<0.05$)					
认知游戏										
功能游戏	0.43	6.79	0.15	5.15	0.62	8.20	0.40	6.07	0.46	7.61
	($t=-11.72$ $p<0.001$)		($t=-7.69$ $p<0.001$)		($t=-10.33$ $p<0.001$)		($t=-8.64$ $p<0.001$)		($t=-8.61$ $p<0.001$)	
建构游戏	6.86	3.18	7.30	3.62	6.47	2.80	7.47	2.33	6.15	4.15
	($t=5.42$ $p<0.001$)		($t=2.87$ $p<0.05$)		($t=-5.56$ $p<0.001$)		($t=6.48$ $p<0.001$)			
装扮游戏	8.29	6.36	7.38	8.00	9.07	4.93	7.73	8.13	8.92	4.30
					($t=-4.57$ $p<0.001$)				($t=5.42$ $p<0.001$)	
益智游戏	2.29	0.36	0.38	0.77	0.20	0	0.33	0.47	0.23	0.23

资料来源：*Preschool Children's Play Behavior in an Indoor and Outdoor Environment*，M. L. Henniger，1985. In J. L. Frost & S. Sunderlind (Eds.)，*When Children Play: Proceedings of the International Conference on Play and Play Environments*，p. 147.

（1）装扮游戏在女生和小幼儿方面有较大的显著差异，由于装扮游戏是社会关系发展的重要手段，此一发现甚为重要。

（2）室内环境在建构游戏上有很强的影响，从各层团体观之，有一致的趋势显示室内环境比室外环境有更多的建构游戏活动；由于此游戏有助于动作技能的发展，并给予幼儿发展其创造技能的机会，因此室内环境仍然提供另一个丰富的成长环境。

（3）室内环境有刺激托儿所幼儿间单独游戏的趋势，惟与室外环境相较，只在小幼儿团体有显著差异。虽然多数托儿所课程的基本目的是发展幼儿间互动的技能，但幼儿能有舒服感觉单独游戏的机会也很重要，因为每一个人都需要在社会时间与独处时间之间有一健康的平衡，单独游戏的价值则需进一步厘清。

2. 室外环境部分

（1）室外环境对各层团体的功能游戏均有激励，这些反复的肌肉运动对特定的幼儿发展动作技能、成功的感觉和自我价值，甚有价值。

（2）合作游戏是社会游戏的最高阶段，在室内和室外环境上几乎相等而无差异，惟在小幼儿团体有显著差异（小幼儿在室内环境比之室外环境，较喜欢合作游戏）。

（3）室外环境对男生和大幼儿的装扮游戏有很强的影响，亦即男生和大幼儿在室外环境有较多的装扮游戏。

（五）Weinstein 和 Pinciotti 之研究

Weinstein 和 Pinciotti（1988）在《改变学校庭院：意向、设计决定和行为结果》（Changing Schoolyard：Intentions，Design Desions，and Behavioral Out-comes）研究中，研究轮胎游戏场（a tire playground）兴建前后对学生行为改变之影响。该轮胎游戏场系由纽泽西州（New Jersey）一所都市化中型小学的家长教师组织（Parent Teacher Organization，PTO）通过家长和行政人员的理念，由原来空荡的柏油面游戏场改装而成，占 1/3 的空间。受试者是该小学所有的学生，从幼儿园到三年级约 400 人，观察时间系利用每天的五次休闲时间，每次依序观察一个年级，每次的游戏团体人数为 60 到 125 人。兴建该轮胎游戏场之前，先观察儿童的行为两星期，兴建后再观察儿童两星期。为避免影响前后测研究（a pre-post study）的内在效度，乃采用时间序列的设计（a time-series design）。

研究结果发现，该游戏场的兴建使组织化的游戏（organized games）、不参与行为（uninvolved behavior）和打斗明显地减少，而主动游戏和装扮游戏则显著地增加,其他说话、转换、安静的游戏和攻击,在两次前后测上则无显著差异。

(六) 杨淑朱和林圣曦之研究

杨淑朱和林圣曦(1995)在《国小二年级学童在现代和传统游戏场的游戏器具选择及游戏行为之比较研究》中,观察美国得州奥斯汀城两所私立教会学校国小二年级学生,比较其在现代游戏场(男18位,女12位)和传统游戏场(男33位,女7位)的游戏器具选择及游戏行为。每位目标学童被观察12次,每位学童的观察时间为1分钟。资料搜集采行为观察记录表、时间取样及轶事记录。研究结果显示:

1. 在认知性游戏方面,传统游戏场出现较多的规则游戏,现代游戏场则出现较多的功能性游戏;在社会性游戏方面,现代游戏场出现较多的联合游戏,传统游戏场出现较多的合作游戏。

2. 现代游戏场的学童在游戏器具选择上偏好拉环滑行,传统游戏场的学童则偏好在开放区玩球类活动。

3. 质的分析更进一步地发现,现代游戏场的多样化游戏器具,能提升较高的游戏品质,也有助于学童的体能、社会、情绪、语言及认知的均衡发展。亦即,现代游戏场比传统游戏场更能激励学童参与不同类型的游戏。

(七) 吴旭专之研究

吴旭专(2000)在《台北市国小儿童游戏与优良游戏场规划之研究》中,以台北市12所有优良游戏场之国小(包括民权、信义、龙安、吉林、东门、永乐、大理、辛亥、东新、南湖、雨声和洲美国小)及其学生为研究对象。研究目的,主要在探讨台北市国小游戏场规划现状、游戏场维护管理情形、国小儿童游戏行为与游戏场类别的关联性,并分析台北市国小儿童游戏兴趣、国小儿童游戏场使用理由与使用情形、国小儿童对游戏场看法与期望。

本研究探讨的游戏的内涵包括:儿童游戏行为、儿童游戏兴趣、儿童游戏场使用理由及情形、儿童对游戏场看法与期望。在游戏行为方面包含:认知性游戏行为、社会性游戏行为、游戏设施中的游戏行为;在儿童游戏兴趣方面包括:游戏场地选择、游戏活动选择、游戏设施选择;在儿童使用游戏场的理由与情形方面包括:儿童平时下课去或不去游戏场的理由、儿童使用游戏场的频率、儿童在游戏场中通常和几个友伴一起玩;在儿童对游戏场的看法与期望方面包括:儿童对游戏场大小、游戏设施多寡、游戏场位置及游戏场好玩与否的看法、期望游戏场增加或改变的部分。

研究方法,包括观察法、访谈法、问卷调查法,研究者到12所学校每校观察一个上午,在三个下课时间段分别观察传统游戏场、现代游戏场中的儿童游戏行为,以及儿童在主要游戏场与邻近主要游戏场区域的活动内容和人数分布情形。同时实施问卷调查,各校依低、中、高年段抽出二、四、六年级各一班,计36班,调查919位学生(男494人、女425人;二年级296人、四年级318人、六年级305人)。另,从问卷抽样班级中随机抽样每班4人计144人(男、女各72人,二、四、六年级各48人)进行访谈。研究结果:

1. 台北市国小儿童**游戏场维护管理情形**:(1)游戏场依不同年龄的儿童分区,但管理不易落实。(2)游戏场维护情形良好,行政单位会定期巡察维修游戏场,但学校缺乏一套更明确的维修标准。(3)校园开放后,游戏场也面临维护管理问题。

2. 台北市国小儿童**游戏行为与游戏场类型的关联性**:(1)在认知性游戏行为方面,传统游戏场所促动的几乎都是功能性游戏行为,而现代游戏场则以功能性游戏行为和规则游戏行为为主。(2)在社会性游戏行为方面,现代游戏场可以促动更多种类、更高层的社会性游戏行为,在传统游戏场中以平行游戏行为为主,在现代游戏场中,以互动游戏行为为主。虽然,传统游戏场也有不少互动游戏行为,但主要是小群体的儿童坐或攀附在游戏设施上的口语互动,较少引发大群体儿童追逐、身体互动的游戏。(3)在设施中的游戏行为,一般而言,传统游戏场或现代游戏场都引发一定比例的机能性游戏行为,但在传统游戏场中,比较少游戏设施可以使游戏行为发展成社交性游戏行为,相对地在现代游戏场中则以社交性游戏行为为主。

3. 台北市国小儿童**游戏兴趣**:(1)儿童下课最喜欢去的地方是"教室"、"游戏场"、"运动场"、"走廊"和"球场"。(2)儿童下课时间最喜欢的活动是"和同学聊天"、"打躲避球"、"追逐游戏"、"休息"和"去游戏场玩"。(3)"组合游具"最受儿童欢迎,儿童喜欢某游戏设施的理由以其"好玩与否""能否满足各种体能的、游戏的需求"为主。(4)男女生的游戏兴趣大致相同,但男生较喜欢动态活动,女生较倾向静态活动。(5)低、中、高年级游戏兴趣有明显差异,低年级儿童比较喜欢游戏场,高年级儿童比较喜欢球类运动。

4. 台北市国小儿童**使用游戏场情形**:(1)有约1/4的儿童"几乎每天去"游戏场玩,但有半数以上的儿童"几乎很少去"游戏场玩。(2)儿童在游戏场中以团体(2—3人或一群人)一起活动为主。(3)男、女生游戏场使用情形有显著的差异,男生去游戏场的频率显著地高于女生,男生在游戏场中以大团体的活动为主,女生则以2—3人的小团体活动为主。(4)低、中、高年级儿童使用游戏场的情形有差异,二年级儿童使用游戏场的频率最高,六年级最低;二年级儿童较多单独(自己玩)或小团体(2—3人一起玩)的活动,而四年级、六年级儿童则较倾向大团体(和一群人一起玩)的活动。

第二章

室内学习环境的
设计配置

空间规划是学习脉络结构的关键因素（Space planning is a key factor in the structuring of learning contexts）。

——H. McAuley & P. Jackson

幼儿教育者对教室组构的物质观念（the physical aspects of classroom organization）甚有兴趣，主要在于幼儿与环境互动对其发展至为重要，或更实际的是能以环境设计来管理幼儿行为，Phyfe-Perkins 和 Shoemaker（1991）认为设计和安排物质空间，重点在于：（1）控制幼儿互动团体的大小；（2）提供多样的体验和空间，规划并设计以增进幼儿的游戏；（3）激励和支持幼儿发展社会互动；（4）在大人与幼儿相处中给予支持；（5）为每位幼儿提供一个优质的情境（a quality setting）。因此，室内空间设计对规划幼儿的学习和经验非常重要，教师需检视下列因素：（1）幼儿平常互动的团体大小；（2）多样的游戏经验和游戏空间以及他们如何运用；（3）一对一（one-to-one）和小团体互动的规定；（4）提供大人和幼儿身体舒适和个人化（personalization）的程度。

Pattillo 和 Vaughan（1992）进一步更详细地说明教室组构应考虑下列要素：

1. 动态和静态区应分开。幼儿园的动态区包括音乐、积木、装扮游戏、建构和大肌肉活动；幼儿园的静态区包括美劳、发现、图书、益智游戏、沟通和数学。低年级的动态区包括美劳、积木、装扮游戏和音乐；低年级的静态区包括创作、阅读、写字、拼音、图书、数学、科学和社会研究。

2. 相容的学习区应毗邻设置。美劳和建构的设置皆需靠近水源。积木和装扮游戏可结合以增进游戏内容，例如中空的积木可用以组成杂货店的柜子。

3. 不相容的学习区应分离。建构区和积木区应分开设置，以免幼儿将积木用在木工活动，而美劳器材应与图书区的书本分开。

4. 学习区应足够大，使附加的空间能在幼儿工作时发生效用，并让幼儿依其所需自由地变换学习区。

5. 大团体群集场地应设置。

6. 教室固定的设施，如水、窗、门和电插头，应予考虑。

7. 交通流动方式（traffic flow patterns）应予考虑。门、盥洗室和饮水器四周易拥挤区，应有便于进入之通道。幼儿应能环绕教室，而不会穿过其他的学习区和打扰工作中的幼儿。

8. 低的小柜子和隔间物,供作区隔并减少视觉的扰乱。

9. 每一学习中心需要桌子或地板工作空间和架子,以容纳一些活动。

10. 需有空间供个人置放物品,如外衣、美劳作品和计划。

11. 教师器材的储藏柜须予考虑。学习中心运用许多实际动手做的器材(hands-on materials),它们可储存在相容的箱子并作为教室的隔间物。

12. 教室应以协调的方式平衡空间的运用。教室应有开放的外观(an open appearance),但不用的大区域空间应避免。

由此可知,室内学习环境的设计配置,有许多值得深入探究的内涵。本章拟就幼儿活动室的配置、幼儿学习区的设计、低年级教室的设计、蒙特梭利教室的设计和幼儿游戏室的设计等五部分,分别加以探讨说明。

第一节
幼儿活动室的配置

通常,儿童的学校建筑经验都是受制于他(她)自己的教室(Proshansky & Fabian, 1987)。就幼儿园而言,活动室是幼儿学习和生活的核心,幼儿活动室的空间设计和配置,对幼儿的成长和发展自有举足轻重的影响。简楚瑛(1996)从幼儿园班级经营探讨教室的空间规划,Graves 等人(1996)认为活动室的配置要以增进学习的方式配置学习环境内的学习区、设备和器材。本节拟先说明幼儿活动室的配置原则,其次探析幼儿活动室的设计要项,再就幼儿活动室的配置范例加以介绍说明。

一 幼儿活动室的配置原则

White 和 Coleman(2000)参考许多学者专家的研究和建议,以"多元"(multis)的方式探讨 0—8 岁幼儿学习环境中教室空间配置原则,包括简易性、舒适性、感官性、刺激性、稳定性、安全性和卫生性,兹整理要述如下:

(一)简易性(simplicity)

保持教室设计简易化,可避免幼儿过于拥挤,虽然幼儿需要丰富的环境,但也不能太过头。White 和 Coleman 曾参访过嘈杂的教室,因教师在狭小空间加入了太多的学习区,致教室充满混乱、争执及紧张感,且大部分的幼儿(大人也是)在拥挤的情况下会变得不知所措,并易感挫折。因此,设计学习区时,应不断回应、省思,与你的同事一起工作,并选一组你有兴趣的年龄团体,为这些幼儿选择学习区,配置一个教室学习环境,不一定一下子要把教室弄得很完美,你可以不断地修正你的原始设计。

(二)舒适性(softness)

幼儿在校的时间越来越多,不管是课前、上课中或课后。因此,让教室有像家一样的舒适感,变得很重要。亦即,教师应注意学习区所有的不只是教育特质,也要考量使之成为"舒适的场所"(soft spots)。例如,壁饰可以放在科学区中,沙发、软椅等家具及填充玩具可以放置在家事区;地毯可以铺设在阅读区,幼儿们的小柜子也可饰以家庭照片。这些教室的柔性物品,可以提供更多"像家"的感觉,有些柔性物品是"有助于"吸收噪音的,另一些则能提供舒适感,还有一些具感官吸引力,有助于集中幼儿注意力。

(三)感官性(senses)

幼儿如同大人一样,会被感官经验所吸引,因此考虑学习区的感官特质也是很重要的。学习区应该有各种教材,供幼儿观察、感觉、试闻、倾听或品尝。如何让这五种感觉结合在学习区中,教师可以要求幼儿:
1. 观察木材、叶片及树皮的颜色。
2. 感觉树皮的质感。
3. 试闻不同树木的味道(例:白桦、香柏、松树)。
4. 分辨不同建造技术的声音(例:钉东西、锯东西)。
5. 品尝由树木所产的食品(例:坚果、糖浆)。
并非所有的感觉在每个学习区都得如此明确,但尽可能考虑到多一点的感官经验,以扩充幼儿的学习机会,有了这个想法,你可以准备进一步地来修改你的教室设计了。

(四)刺激性(stimulation)

简易性、舒适性及感官经验的原则,都有助于影响在教室中刺激感的种类及程度。此外,其他的教室刺激性因素包括:
1. 近便性(accessibility):当教材具近便性,放置在幼儿的视线高度左右的开放性架子上时,会激励幼儿参与活动,而开启的容器也比封闭的容器更具近便性。

2. 色彩:教室的墙壁及天花板的颜色,也有助于塑造不同的教室气氛。例如,红色塑造兴奋的情境,深紫及绿色有助于镇静,黄色给人宁静的感觉,Caples是一位学校设备的专门设计师,他也建议使用"种族"的独特色彩,来塑造幼儿的尊荣感及联系感。

3. 自我选择(self-selection):给予幼儿选择机会,会激励他们参与学习活动。例如,用指派的方式让幼儿到学习区去,不如允许他们自己选择,当各学习区额满时,你可以帮助幼儿作其他的选择,让他们也有机会回到那些经常额满的学习区去。为了保持安全、互助及有品质的学习经验,常追踪在学习区的幼儿数目是必要的。有些不同的技巧,可以用来使幼儿及大人注意到学习区空间的使用情形,其中一个常用的技巧是:让幼儿在学习区外面悬挂一薄片制成的名牌,当一个学习区的所有钩钩都被挂满时,幼儿就会知道他们必须作其他的选择。而当幼儿在学习区间移动时,幼儿就会移开他们的名牌。这技巧在于刺激幼儿为他们的选择承担自我责任,并和别人合作以维持有秩序的教室环境。

在教室的学习区中加上种族或文化的设计,就美国而言,可考量以下社群:非裔美国人、古巴裔美国人、阿帕拉契美国人、印地安人及越南人。要完成这项工作,你必须了解你的学生社群之文化及种族背景,可以参观博物馆及当地种族或文化邻近地区、阅读图书或看录影带,或在大学院校里向社会学者或人类学者咨询。然而,别依赖大众文化(例:电视及杂志),因他们有时候所表现的只是种族及文化团体的刻板印象。

（五）稳定性(stability)

在教室配置中,最重要的要素之一,是创造一个稳定的、一致的环境,在这样的环境中,幼儿能有同等的机会参与活动。平衡是一个有助于创造稳定环境的要素,其他有助于稳定的学习环境要素,包括:

1. 角区的配置(center arrangements):当安排一个稳定的教室空间,以提供幼儿安全感及协调性时,有些类型的活动是特别重要并要去考虑的,包括:易脏乱的和干净的活动;个别的和团体的活动,独立的和合作的活动;安静的和嘈杂的活动。一开始就要考量发生在学习区里的活动类型,例如:安静及嘈杂的学习区要隔开,若把积木区(嘈杂的)安排在阅读区(安静的)旁边,是不明智的,若把阅读区安排在写作区(两个安静的区)旁边,则是较佳的组合。另一种考量,容易脏乱的学习区,如美劳区、烹饪区及沙/水区,应被安排在水源附近,需要用水或清理时才会便利;还有,在这些区域铺设瓷砖及软塑胶地板,也较易清理。此外,教师通常会注意到教室没有足够的窗户,或窗户位于不正确的位置;事实上,在任何学习区设置窗户都有正当的理由:科学及劳作区的窗户可让实验时注入自然光线(例如太阳的热能、棱镜的光效或透明的美劳教材)。窗户也提供阅读、音乐及写字区自然的光线,作为一位教师,必须判断窗户如何能对教室里的幼儿最有益。

2. 团体聚会(group meetings):大团体聚会是一天中的重要要素,幼儿及教师在早晨通常有集会,来检视每日的课表、发通告(make announcements)、分享经验及为学习区的转变作计划,团体聚会也会整天进行着,如口述或阅读故事、唱歌及检视团体方案等。在团体聚会时,许多教师会使用大块彩色的地毯,幼儿可以自由坐在地毯上,或他们可能被指派到特定的区域去坐,以方便他们进出团体;若教室空间较小,教师们通常会把团体聚会空间合并在学习区旁。因此,把团体聚会空间安排在易收拾的学习区旁,是较佳的选择,如积木或阅读区可以兼任团体聚会的空间。

3. 展示(displays):数量多、种类也多的幼儿作品展示在教室里,是一个很好的"发展上适切的教室"之指标,想一想在教室中,能将幼儿的作品展览在几种不同的地方呢?天花板是一个可展示活动雕塑的地方(风铃)、美劳作品(例:图画)及模型(例:行星)。此外,天花板也是最适于大人观视的地方。想一想,你能把幼儿的作品展示在教室的哪些其他部分,而且在其眼睛高度左右呢?

4. 融合(inclusion):能融合不同能力的儿童也是稳定环境的特色之一,要满足这些需要是不困难的,只要减少同一时间在一学习区的幼儿数目,可能就能照顾到坐轮椅的幼儿。另一个例子是,将坐轮椅的幼儿融合到积木区,在积木区,因为坐轮椅的孩子坐着比他/她的同伴还高,所以他/她有一项优势将使他/她及其同伴一起成功,他/她可作为建造经理(因为他/她对地板上的构筑工作有较佳的视野),而且他/她也能堆放较高位置的积木,因此,当建造物升高时,他/她会在建筑更难的部分中,扮演更重要的角色。当然,并非所有的行动不便者都是天生而且是身体上的,如特别害羞的孩子,也必须有平等接近教室活动的机会,为这些孩子安排空间来观察,并和老师讨论其活动选择,最后也许会让他/她更容易加入活动中。同时,教师通常也能温和地接近及加入害羞幼儿的大人或同伴,这样一来可以让幼儿建构他/她自己的学习环境。想一想,如何能进一步改造你的教室,以满足害羞幼儿的潜在需要?如何能进一步改造你的教室,来满足有听觉障碍的幼儿的需要?

（六）安全性(safety)

在教室配置上,安全性也是重要的要素。评估教室安全性时,一般会考虑到下列原则：

1. 交通通道(traffic flow)：在学习区间的通道应流畅，如此一来，教室的噪音及潜在的危险才会减少。良好通道的要素，首先，学习区倾向位于墙边，地板的中央要有开放空间，这会让幼儿及大人更容易在学习区间做活动；第二，在学习区之间的分隔物要低矮(在幼儿眼睛高度以下)，好让幼儿及大人能看到彼此的移动情形；第三，每个区域都有它的储藏区，这有助于幼儿限定在进行活动的角区移动；最后，教室入口要保持净空，便于观看，并和学习区隔开，而在门口提供足够的空间以便幼儿及家长出入也是很重要的。

2. 角区间隔(spacing between centers)：我们已注意到限制在一学习区中的幼儿数目的重要，以避免过分地拥挤及混乱；而提供学习区间的足够空间，让团体间的活动不致互相冲突，也是重要的。

3. 浴厕(toileting)：卫浴设备可位于幼儿教室里面或外面，如果设置在教室里面，依常规要把卫浴区布置得尽量开放，好让教师能处理幼儿的卫浴需求，然而，遵守政府及学校的规定，特别是幼儿的隐私权，也是重要的。当厕所位于教室外时，需有帮助幼儿能更方便使用卫浴的指导方针，并记得适龄和个别的问题，有些幼儿，不管年龄是几岁，还是会比其他的幼儿需要更多的帮助。

4. 每日的检查(daily inspections)：每天早晨检查教室是一个好习惯，可以减少潜在的危险。在幼儿上学前实施检查，因为危险之源也许在每日例行公事后容易被忽略。检查是否有东西可能会掉落在地板上、清理遗漏在柜台上的溶剂，以及是否有破损的教材或设备需要替换或修理。

修正你的教室配置，并考虑安全预防的问题，特别是交通通道，和你的同伴一起分享你的修正计划。

（七）卫生性(sanitation)

卫生是安全性的一项特殊观念，幼儿及大人每天都使用教室，所以地板上会有许多泥沙，教材、设备也会脏乱，以下是一些重要的卫生原则：

1. 定期清理(cleaning routines)：有些教材需要常去清理，例如：布做的书籍和玩具常会被婴儿及学步儿放到嘴边玩，这些教材需要每天清洗，而较大幼儿所用的教材及设备就不需要那么常清理了，但也要定期清理，以避免疾病的散布。其次，可清洗的教材及设备可以用清洁剂及清水冲洗，而表面也要用肥皂水或洗洁剂擦干净。此外，窗户、墙壁、地板及窗帘也需要定期清理，使灰尘及其他潜在的污染源维持在一个可清理的程度内。另外，当地的卫生所也能提供有关清洁计划、溶剂及清理特定教材或设备做法的建议。

2. 洗手：保持教室清洁的最佳办法就是有效地洗手。经常性地洗手也有助于控制传染病的散布，可邀请健康专家到教室来指导洗手的技巧及液状或固状肥皂的优缺点。

3. 烹饪：烹饪可提供幼儿有关数学（测量）、劳作（食物的展示）、社会行为（合作）及阅读（食谱）等重要的知识，然而必须小心确保食物适当地洗净及处理，以避免疾病的散布。在每次烹饪活动前，可先和食物专家或学校营养师讨论，以鉴定特定的卫生步骤，来保障幼儿的健康。

4. 沙水桌（sand and water tables）：沙箱及水桌在没有使用的时候，依规定是要盖住的，否则它们很容易被污染；除此，锐利的物品也要收藏好，以避免切、挫伤手，遮盖好的水桌及沙箱也能避免猫狗跑来使用；最后，在每次使用后，要排水及清理水桌及玩具，以避免病菌的滋长。

现在，你已初步了解活动室的配置原则，接下来将进一步说明活动室的设计要点。

二　幼儿活动室的设计要项

幼儿活动室的设计要项，可从空间大小、学习区量、区位安排、通道设计、情境布置、教室管理、物理环境等方面加以说明。

（一）空间大小

幼儿活动室空间大小，较值得探讨的是幼儿活动室应有的面积和空间太大或太小的处理。

1. 幼儿活动室应有的面积

幼儿活动室应有多大的面积较为适宜？美国，依联邦或州政府的规定，每一名幼儿需有 2.8—4.6 m^2（Beaty，1992a）。但，美国全国幼儿教育协会（NAEYC）和许多州要求学前学校班级的室内空间，每名幼儿至少 3.2 m^2；Butin（2000）根据研究指出，每名幼儿应有 3.9—4.6 m^2，纽泽西州规定每生至少 4.6 m^2（Association for Children of New Jersey，2002），有些机构则要求每生 9.2 m^2，其中包括设备空间及幼儿在教室的移动空间（Graves et al.，1996；Shoemaker，1995；Spodek & Saracho，1994；Spodek et al.，1991）。当空间受到限制，幼儿在活动中较少参与且似有社会性的退缩；当空间减少，身体的攻击也会增加（Weinstein，1979）。Seefeldt 和 Barbour（1994）指出，每名幼儿少于 2.8 m^2 的空间，会引致拥挤并限制探索器材与设备之机会，大团体活动也很困难。Phyfe-

Perkins 则认为每一名幼儿应避免少于 2.3 m²,否则会增加攻击行为并抑制社会互动和参与(引自 Essa,1996)。

日本,依文部省《幼稚园设置基准》之规定,每班幼儿 40 名以下,保育室之面积,36 名幼儿之保育室约 66 m²(8.1 m×8.1 m),40 名幼儿之保育室约 72 m²(8.0 m×9.0 m)(西日本工高建筑连盟,1990)。

西德,幼儿园教室的面积,每一间教室应以 20—25 人为标准的人数,假如以每一儿童占地 1.5—2 m² 来计算,则教室面积达 40—70 m²(黄永材译,1982)。

中国大陆,依国家教育委员会 1987 年《托儿所、幼儿园建筑设计规范》之规定,幼儿园活动室的面积最小为 50 m²(大班,30—35 名 5—6 岁幼儿);国家教育委员会 1988 年《城市幼儿园建筑面积定额(试行)》之规定,幼儿园活动室的面积为 90 m²(黎志涛,1996)。

中国台湾地区,依教育部国民教育司*(1989)《幼稚园设备标准》之规定,平均每一幼儿室内活动面积,院辖市不得小于 1.5 m²,省辖市不得小于 2 m²,郊区及其他地区不得小于 3 m²。

综合上述可知,美国幼儿活动室空间之规定标准最高,每生平均 3.2 m²,余者大同小异,每生平均 1.4—3 m² 之间(参见表 2-1 之比较)。鉴于活动室空间对幼儿行为的影响、幼儿的活动性质及学习区的设计之需,建议幼儿园以每班 30 名幼儿、活动室面积 90 m²、每生平均 3 m² 最理想。

表 2-1 中、美、日、德幼儿活动室空间规定比较表

		每生平均面积	每间活动室面积	每班幼儿人数
美 国		3.2 m²		30 人
日 本		1.8 m²	66 m²	36 人
			72 m²	40 人
德 国		1.5—2 m²	40—70 m²	20—25 人
中国台湾地区	院辖市	1.5 m²		30 人
	省辖市	2 m²		
	郊区及其他	3 m²		
中国大陆地区	最小	1.4—1.7 m²	最小 50 m²	30—35 人
	城市	3.6—3 m²	城市 90 m²	

---

* 本书为学术著作。为保证学术资料的完整和能够检索,本书简体字版基本保持了原著的文献资料表达方法。——出版者

2. 空间太大或太小的处理

幼儿活动室空间太大或太小皆非所宜,根据 1993 年 Ladd 和 Coleman《幼儿同伴关系：形式、特征和功能》(Children Peer Relations：Form, Features and Functions)之研究,空间太小会妨害幼儿的社会互动(引自 Spodek & Saracho, 1994);反之,更多的空间并不一定是需要的,Seefeldt 和 Barbour(1994)指出,当空间太大,幼儿似乎会在教室中迷失,他们也不会喜欢聚成小团体和彼此互动,他们也会什么都不做,因为他们甚至无法看到可以选择的;此外,开放空间促使幼儿在教室内四处疾驰和冲撞,以及秩序问题的增加。对于幼儿教室空间太大或太小的处理,Seefeldt 和 Barbour(1994)提供了一些值得参考的建议：

(1) 教室空间太小的处理

如果教室太小,可考虑移动家具、运用平台或改变规定,并试着为特定的学习活动找寻园室内或室外的另一空间。

① 检视家具及其运用。例如,注意每一件家具使用的次数、何时使用和如何使用,移开任何一件现在不用的,包括教师的桌子。教师的桌子占了很大的空间,且通常在幼儿情境中也不需要,可以用档案抽屉、钢琴盖或高柜代替,或将教师的桌子移入大厅,将机密的档案锁在抽屉内或存放在园长室或主任室;幼儿在幼教课程中很少需同时坐下,他们大部分在地板上工作或在团体中出入,教师可移开一些桌子,如果为了特别的活动需所有的幼儿坐下,偶而可用折叠式桌椅(folding tables and chairs)。

② 考虑家具的多种用途。例如,柜子可作为教室的区隔物、贮存区或类似木偶戏(puppet shows)的活动剧场;直立式钢琴背面覆以纸张,可作为教室的区隔物及告示板;将柜子转向墙面以利幼儿大团体聚集,聚会时间结束时,将柜子转回来以作为兴趣中心(interest centers)和学习器材展示的空间。

③ 运用平台可成功地扩充有限的空间。例如,教师可请志愿者为教室建一个阁楼(a loft),幼儿可在阁楼顶找到书本以及安静读书或研究的地方,其下层是最好的装扮空间(space for dramatic play),爬上爬下可让幼儿作大肌肉运动并提供机会宣泄被抑制的精力(pent-energy)。

④ 当空间有限,很好的管家工作变得很重要。例如,每一物品归位、清理废物,并维持教室的整洁以作小空间的最大运用;为调适有限的空间,分析教室规定,团体如何再分组？能否多利用室外？能不能变更课表使空间更多？能否由另一位教职员协助在大厅或室外带一组幼儿活动？

(2) 教室空间太大的处理

太大的教室需要区隔,一部分可配置大肌肉活动区,但只能用于室外游戏有困难时。你可以现有的家具作为区隔物以提供安静区，如果要在教室内提供一个大体育室或会议厅，可能需运用室内的另一部分，并以柜子区隔一半的大型空间或小房间，须注意的是，安排室内空间并无"对"的方式，可以轻松的尝试实验和创新的方式来处理。

（二）学习区的量

活动室的学习区，提供幼儿探索、游戏和学习的空间，应使幼儿活动有足够的空间，改变活动时不必等待。Spodek 和 Saracho（1994）即强调，在不间断的游戏（uninterrupted play）时间，应供给大量的空间和设备，通过游戏活动的参与，幼儿能和同伴体验社交，并有机会发展身体、智能、语言练习及批判的思考，让幼儿每天在学习区的时间，都能得到许多具体和感知性体验。幼儿活动室学习区量的决定，可从学习区的种类、学习区的数量和学习区的空间着手。

1. 学习区的种类

幼儿活动室应提供多样化的学习区，学习区的种类，较常设计使用的有：美劳区、积木区、装扮区、图书区、科学区、建造区、音乐区、沙水区、电脑区、益智区和私密区。幼教教师可依课程目标、教学方法、幼儿人数、兴趣和能力以及空间大小加以选择。须注意的是，幼儿选择活动系基于他们的兴趣、多样的需求、社会互动的便利以及活动区域的吸引力，因此 Vergeront（1987）建议应为每一个学习区建立明确的场地意义，以反映该区的特性和品质，其方法为：（1）在一个学习区提供一种主要的活动及其他辅助活动，并提供这些活动的资源；（2）赋予每一学习区个性，运用色彩或标示主题与风格；（3）为学习区命名并以符号显示。

2. 学习区的数量

Marion（1991）认为学习区数的决定，应考虑幼儿的数量和年龄，例如班上有20 名 5 岁的幼儿，通常规定教室内约需有二十七个工作空间，包括两个私密空间（private spaces）、四个小团体区和一个大团体区。一般而言，幼儿年龄愈大、班级人数愈多，小团体区的数量需愈多（参见表 2－2）。

3. 学习区的空间

每一个学习区的空间分配，取决于该学习区的活动性质和同一时间使用该角区的幼儿人数。

表 2-2　活动区的数量以班内幼儿数和年龄为基础

活动区类型	幼儿年龄	班 内 幼 儿 数			
		—9	10—14	15—24	25—29
私密区	3—4	1	1	1	2
	5—6	1	1	1	1
小团体区	3—4	1	3	4	5
	5—6	2	2	4	6
大团体区	3—4	1	1	1	1
	5—6	1	1	1	1

资料来源：*Arranging the Classroom for Children*，Alward，1973.〔引自 Marion, M.（1991），*Guidance of Young Children*（3rd ed.），p. 92.〕

（1）幼儿活动团体大小不一，需设置不同大小的空间（spaces of different sizes），以供大团体和小团体以及动态和静态活动之用。设计时，应确定空间的大小、形状和位置，使全班能集合，半班能聚集活动，小团体能做动态的游戏，4—6 名幼儿能安静地游戏，以及 1—2 名幼儿能独处（Vergeront，1987）。

（2）以台湾的国小附设幼儿园为例，通常每间教室 67.5 m²（9 m×7.5 m），若依 Alward 之研究，小团体区和私密区，计七区（大团体区并入设计），每区平均约 6.5 m²（一般通道约占教室 1/3 面积），设计时可依实际需要合并调整。

（三）区位安排

许多幼儿活动室并非大得可用吵闹/安静理论（the noisy/quiet theory）加以区分，因此学习区的配置，可以幼儿常穿梭角落间的相关性为思考。例如，幼儿虽在堆砌积木，但他们也想看上周野外郊游所拍摄的建桥照片，因此会到展示这些照片的写字区去；或者，幼儿会从积木区移到装扮区，因为幼儿假装是建筑工在造桥（Beaty，1992b）。幼儿活动室的区位安排，可从学习区的相关角区、相关学习区的配置、学习区的边界界定着手。

1. 学习区的相关角区

Beaty(1992b)依幼儿在角区之间穿梭的结果，将学习区与相关角区并列如表 2-3，其中与积木区最有关的是装扮区，而与装扮区最有关的也是积木区，因此可将积木区与装扮区毗连设置；其次与电脑区最有关的是写字区，而与写字区最有关的也是电脑区，因此可将电脑区与写字区毗连设置。

表 2-3　学习区与相关角区

学　习　区	相关角区（依序排列）
1. 积木区	装扮区、写字区、美劳区、大肌肉区、操作/数学区、故事区
2. 电脑区	写字区、操作/数学区、美劳区、故事区
3. 操作/数学区	电脑角、积木角、科学角、大肌肉角
4. 故事区	写字区、装扮区、积木区、电脑区、科学区、音乐区
5. 写字区	电脑区、故事区、装扮区、积木区、美劳区
6. 美劳区	电脑区、装扮区、写字区、积木区
7. 音乐区	大肌肉区、故事区、操作/数学区
8. 科学区	故事区、操作/数学区、电脑区
9. 装扮区	积木区、美劳区、写字区、故事区
10. 大肌肉区	积木区、音乐区、操作/数学区、装扮区

资料来源：*Preschool: Appropriate Practices*，J. J. Beaty，1992b，pp. 5—6。

2. 相关学习区的配置

为方便幼儿教师设计自我指导的学习环境（self-directed learning environment），Beaty（1992b）建议不妨制作十张方形纸片，先以大字写上十个学习区的名称，再于其下以小字写上两个最有相关的角区名称，然后以一大张纸作为活动室的地面，并配合课程将最有相关学习区的方形纸片四处移动，作最佳之配置（参阅图2-1），同时活动室的大小和形状、门、污水槽和其他特别的细节也应一并考虑。此外，亦可以幼儿活动的动静态和干湿性（不用水和用水）两个向度，将幼儿活动室区分为动态、不用水区（如：团体区、装扮区、积木区、木工区、音乐区等），静态、不用水区（如：睡/休憩区、图书区、益智区、电脑区、私密区、视听区等），动态、用水区（如：沙/水区等）和静态、用水区（如：科学区、家事区、美劳区、餐点等）四区（汤志民，2001）。

3. 学习区的边界界定

（1）室内空间的界定，应确定地毯、平台或矮柜能清楚地告知幼儿活动区的起始和终界，Phyfe-Perkins 和 Shoemaker（1991）建议地板颜色、结构或水平的改变，垂直边界如小柜子、书箱和展示单元，以及采光程度或品质的改变，必须谨慎地规划使其与学习区的边界与特征能一致。

（2）学习区边界不清楚或与其他区域重叠，将会造成使用的混淆和贫乏，

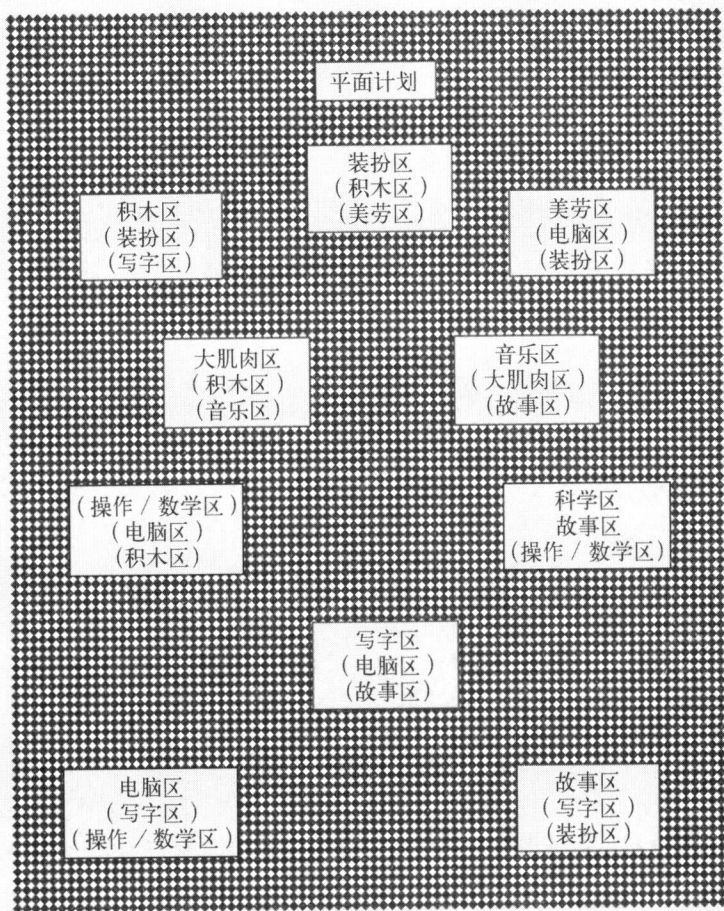

|平面计划|
|装扮区（积木区）（美劳区）|
|积木区（装扮区）（写字区）|
|美劳区（电脑区）（装扮区）|
|大肌肉区（积木区）（音乐区）|
|音乐区（大肌肉区）（故事区）|
|（操作／数学区）（电脑区）（积木区）|
|科学区 故事区（操作／数学区）|
|写字区（电脑区）（故事区）|
|电脑区（写字区）（操作／数学区）|
|故事区（写字区）（装扮区）|

说明：（　　　）内表示最相关的角区。

图 2 - 1　活动室相关角区平面配置模式

资料来源：*Preschool: Appropriate Practices*，J. J. Beaty，1992b，p. 8.

Vergeront(1987)认为学习区的边界可以接触(meet)，但不能重叠(overlap)，界定边界的方法，可以地毯边(carpet ends)、分隔物、书架、悬挂罩盖物(canopy)，甚至以色带在地板界定边线等方式处理。

（3）教室的安排，应使教师适于督导幼儿的工作及其在室内的移动，教师的视线应能穿透区隔物和边界，并进入每一个空间(Seefeldt & Barbour, 1994)。宜善用边界，使幼儿在教师督导时仍有其私密性，其类型有四：① 听觉的私密；② 视

觉的私密;③ 领域的私密;④ 整体的私密;例如,Dunn 和 Perrin(1994)建议学习
区可用彩线或坚固的细绳、纸链或塑胶圈作区隔物(如图 2-2),以提供可透视
(see-through)但具私密性的分隔区域,以及彩绘教室的气氛,并可让幼儿个别地、
成对地或小团体一起工作。

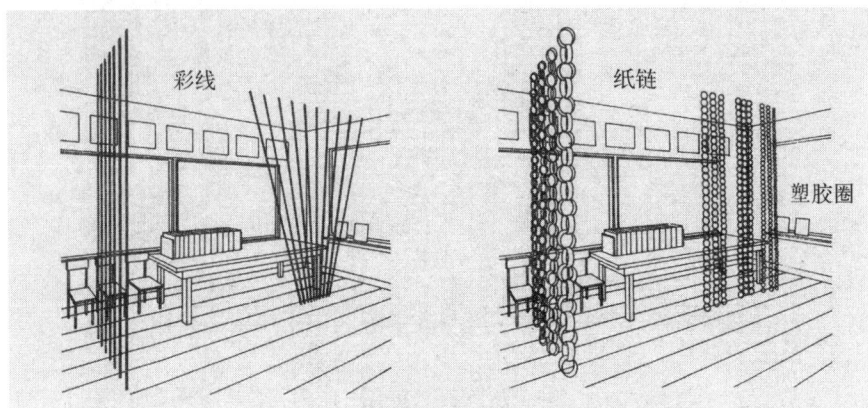

图 2-2 彩线、纸链或塑胶圈作活动区的区隔物

资料来源: *Teaching Young Children through Their Individual Learning Styles: Proactical Approaches for Grades K-2*, R. Dunn, K. Dunn & J. Perrin, 1994, pp. 64—65.

(四) 通道设计

幼儿应知道他们的走向,如何穿过一个空间,以及到达一个学习区最快的方
式,Vergeront(1987)强调很难到达的学习区使用度会降低,通道切穿学习区会妨
害幼儿的工作进展和导致分心,狭窄的通道则会造成拥塞。活动室的通道设计,
可从通道的流畅和安全以及通道影响教室配置着手。

1. 通道的流畅和安全

(1) 活动室的通道规划要注意流畅性,并保持 1/3 以上的剩余空间(蔡春美等
人,1992)。

(2) 教室的形状影响配置和督导,Mayesky 认为长方形的教室比正方形更适
合,而 L 形教室则会造成督导的问题(引自 Essa,1996)。

(3) 建立通道网(network of pathways)以连络学习区,并注意:① 通道网应
限制穿越活动区,例如一个学习区一个入口;② 通道应清楚、宽阔、延伸并环绕(非
穿越)学习区,使学习区没有死角;③ 可以家具和改变地板的覆盖物界定通道的边
界(Vergeront,1987)。

（4）教室至少应有两个出口以供急难之用，并清楚地标明紧急出口路线，门口和其他出入口应无障碍（Essa，1996）。

2. 通道影响教室配置

Graves 等人（1996）引用 Shapiro 之见解，建议教室内以 L 型和 U 型来区隔，可增加学习区安排成功的机会，L 型可使角落得到充分使用，U 型提供单一的出入口，而家具、柜子、书架和低分隔物可用以形成交通流动模式，并决定学习区可能的数量（如图 2－3 所示）。

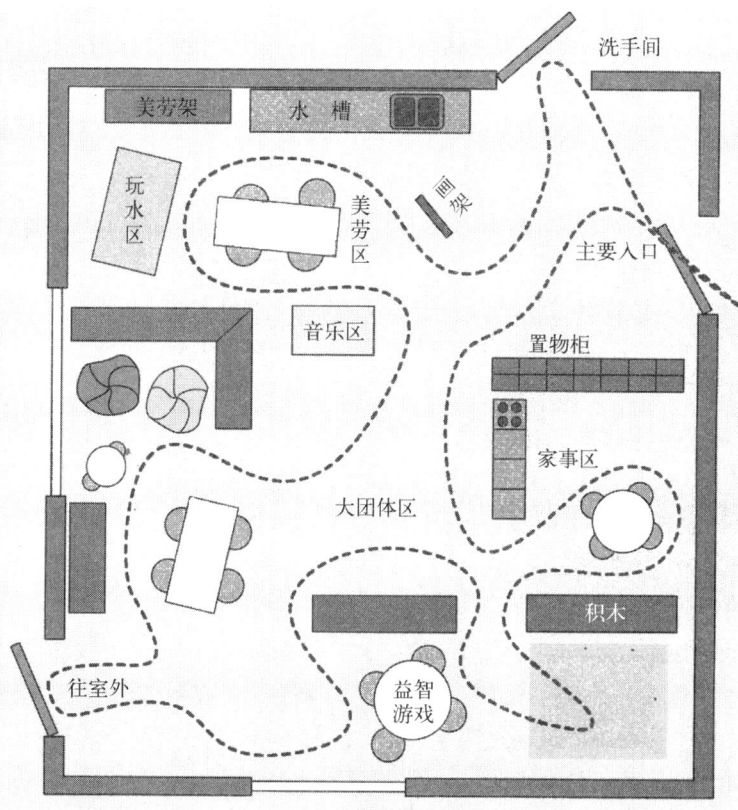

图 2－3 潜在性通道影响活动室配置

资料来源：*Room to Grow: How to Create Quality Early Childhood Environments*，L. Ard and M. Pitts (Eds.)，1990，p. 20.［引自 Graves, S. B.，Gargiulo, R. M. & Sluder, L. C.（1996）. *Young Children: An Introduction to Early Childhood Education*，p. 231.］

（五）情境布置

情境布置是幼儿学习环境的重要组成部分，对幼儿的环境知觉有最直接且细腻的接触与作用。Graves 等人(1996)即强调每一个幼教环境的概念，提供一个学习经验的可能性，有效的学习环境，是从慎择器材、吸引人的展示和安排开始的。Spodek 等人(1991)亦说明应考虑教室优美的气氛，色彩应柔和、不易让人分心，吸引人的图画、织物、鲜花和愉悦的展示品，皆会增加幼儿的学习经验。情境布置，也是一种装饰，以特有的设计方式，将空间环境与幼儿组成非语言性的信息交流场，对幼儿的心理产生潜移默化的影响(赖佳媛和姚孔嘉,1998)。幼儿活动室的情境布置可从情境布置的主题、教室情境的设计和教室立面的布置着手。

1. 情境布置的主题

幼儿园的情境布置，无论是室内还是室外，都是以幼儿的实际生活和所见所闻的事物为主要创造题材，以师生共同创造为主要形式，采用多种材料，其目的是帮助幼儿加深对事物的感受，扩大对生活的体验，以了解自己及其生存的自然界。情境布置的题材，据赖佳媛和姚孔嘉(1998)之整理，大致可分为以下几类：

(1) 幼儿生活题材，如跟妈妈进城——城市中的各种设施、建筑、交通、市场、街道、医院、邮局、街心公园等，还有城市中发生的各种事情。荡秋千——树下，几个幼儿在荡秋千，其他幼儿在观看。

(2) 社会生活题材，如我们的村庄——田野、村舍、牧场、工作的人们及设备。海滨度假——海滨街景、码头及海上各种船只、在海里游泳及在沙滩上玩沙的人们。

(3) 科学自然常识，如欢乐的大海——海岸、海中的鱼类、船只、在大海中工作的人们、海员、潜水员、打捞员、采油工人。海底世界——用保丽龙饭盒、盘子及彩色纸板制作，把海洋动物挂在晒衣绳上，只要绳子一拉，动物们就在水中游动。动物王国——可爱的、形态性格各异，有各自的生存方式的动物。环境保护——植树、落叶、河水、雨等。

(4) 节日，在儿童的生活中有重要意义，每个节日都对幼儿产生影响，如春节——又快过年了，又可以吃到年糕了，又长大 1 岁了，期待的心情难以表达。春节可以向幼儿展现人们为节日作准备、欢度节日的情景——购物、街上灯火辉煌、家家户户快乐地聚在一起，放鞭炮、看花灯、做年糕、舞狮子。此外，还有中秋节、儿童节等等。

(5) 特定场合，如——入园、毕业、生日会、音乐表演会、美术作品展示会等。

(6) 童话、神话、民间故事，如——小猫钓鱼、猴子捞月亮、白雪公主和七个小矮人。

(7) 以能力、概念发展为线索的图画，如给动物找家——大树上挂着各种房子，鸟、哺乳动物、昆虫等在找自己的家。丰收时节——车上装满各种果实,向市场开去。

此外,就时间单元而言,教室布置有每日、每周、每月、节日、季节或整年的布置,表2-4所显示的是教室布置以年为单位,分成四种不同的主题,这些主题是幼儿所熟悉且有高度兴趣的,每一个教学单元包含许多的目标、经验、概念和活动以及需要特别的器材或设备,教师应记住这些特别的需求,并据以计划和安排教室(Spodek et al.,1991)。

表2-4 教室布置以年为单位的方式

规划依据:月份	季 节	节 日	主 题
9月	秋天		学校与我
10月		万圣节	自己和家庭
11月		选举日	我们吃的食物
		感恩节	
12月	冬天	寒假	帮助他人
1月		马丁·路德·金纪念日	动物
2月		情人节 总统节	沟通
3月	春天		恐龙
4月		春假	成长的事物
5月			鸟
6月	夏天		机器
7月		独立纪念日	空间
8月			交通

资料来源:*Foundations of Early Childhood Education: Teaching Three-, Four-, and Five-Year-Old Children* (2nd ed.), B. Spodek, O. N. Saracho & M. D. Davis, 1991, p. 105.

2. 教室情境的设计

幼儿对外界事物的反应受其认识发展水平的限制,往往不很完整,只注意他们感兴趣的部分,因此他们或将物象简化,或将其局部强调夸张,或把物拟人……而装饰性图画不完全是物体的如实描绘,它可以写意变化,并追求事物内在生命力和主观情感的表达(赖佳媛和姚孔嘉,1998)。教室情境的设计,参照赖佳媛和姚孔嘉(1998)的相关分析,其方法有:

（1）写实：为了真实且正确地表达事物的形象及特征，往往采用写实的手法，如人体器官、动植物等。

（2）拟人：在幼儿看来，事物都是有生命、有感情的，将人类的某些特征、情趣转移至动、植物身上，使之人格化、情感化；亦即，这些动、植物除具有自身的基本特征外、还加上人类特有的趣味动作和喜、怒、哀、乐的表情，它们从造型到图案和色相都与幼儿天真活泼的心理特征相一致，风趣、幽默、具有魅力，如：水果娃娃、青蛙先生。还有，亦可将动、植物或其他自然界事物相互比拟，以增加吸引力，如：动物钟、花时钟、彩虹桥。

（3）夸张：将对象的特点和个性中美的方面明显地加以夸大、减弱或变形，造成一种新奇变幻的情趣，使人产生惊讶、讽刺、幽默的感觉，或使对象特征更鲜明、更典型。夸张必须以自然形态为基础，必须与整体协调。

（4）象征：用具体形象表现人类之间共同的概念或印象中的事物，即不特定专指某一个人或一件事物，而是传达事物的大致功能。如，用鸽子象征和平，用心、花朵或叶芽象征儿童、教育等。

（5）抽象：将抽象的观念、思想视觉化，使人通过视觉的感受去了解。使图画具有抽象的意味，如随便一个人的形状，只要具备了头、身体、四肢，基本上就可传达人的意念了。其他如：山、树木、房子、太阳、河流等也可用抽象的手法去表现。

（6）比喻：用某些有类似特征的事物来比拟要想说明的某种概念，借以更生动地揭示事物的本质。

（7）几何形化（剪影、七巧板、蛋形板等）：幼儿往往会将对象加以简化，用轮廓线勾勒对象的特征，最常用的是几何形体造型，如正方形、六边形、圆形及其部分（圆弧）等，作为构图的题材，用于基本造型和局部装饰。由于几何形体在大小、方向、质感及外观上具有相同性，可以构成强烈的韵律感，并使形象更具有简洁和整齐美。在几何图形中，六边形在形体衔接上比较自然，且功能布置易于处理又利于连接再生；圆形因其线形的流动感，特别符合幼儿好动的特性；而采用长短、错位、正反等各种组合形式，则能创造出一种丰富多变而又统一协调的形式，从而体现幼儿园的活泼感及个性。

3. 教室立面的布置

教室立面的布置，主要系指墙壁和天花板空间的装饰和运用。Evertson、Emmer 和 Worsham（2000）指出，墙壁空间和公布栏所提供的区域可以展示学生的作品、教学的相关教材、装饰物品、工作分配、规定、课程表、时钟和其他有趣的物项，天花板空间也能用以悬挂活动物、装饰品和学生的作品，教师准备这些区域

时,应考虑下列六点:

(1) 开学之初至少应在墙壁和粉笔板展示:① 班级规定;② 日常工作分配;③ 一些可以引起学生兴趣的装饰展示,如"欢迎回到学校"的图示公布栏或呈现班级每一幼儿的姓名;④ 日程安排;⑤ 紧急逃生路线(通常贴于入门处)。

(2) 许多有用的其他展示,包括马上要用的报告案例和相关内容的呈现,如聚光显示即将教学的主题,张贴阅读和写字策略的海报。

(3) 展示也可用来了解学生的行踪,教师可以制作一张海报,每名儿童在上面有一个如同装图书卡的小袋子或半截信封,并标示儿童的姓名,当儿童离开教室时,要插上冰棒枝或标示目的地的纸条。此类设计,也可用以制作工作记录,或呈现荣誉记录,如当上队长(the line leader)。

(4) 教师可能需以张贴彩色纸覆盖在大型的公布栏区,并用整卷的彩色纸(通常放在办公室或器材室),如无则自行购置,教师可以皱纹纸修整公布栏的边缘。

(5) 装饰教室或配置展示品,可请教其他教师,或到其他教室观摩,可能给教师一些新启发。

(6) 可留下一两块空白,以后增加展示,或让幼儿以美劳作品装饰或作为科学或社会学科单元的一部分。不要过度装饰(overdecorate),墙壁空间太琐碎杂乱或天花板悬挂物过多,会干扰学生并使教室看起来比较小。

(六)教室管理

教室管理的重点在维持教室的秩序,Spodek 等人(1991)即指出,保持教室的整洁和赏心悦目是重要的,杂乱的架子、残破的设备和缺乏照顾的展示,皆给幼儿同样的信息:杂乱是可以接受的以及他们的活动是没有价值的。就幼儿教育而言,其主要目的之一是协助幼儿能自我指导和自律,使幼儿不再依赖权威,而靠思考和分析情境来作适切的决定。教师可辅导幼儿,并通过社会互动和温馨的个人关系来影响他们的行为;教师也可通过安排物质环境和提供特定设备与器材的间接引导,来协助幼儿发展适切的行为,例如规划良好的学习环境,协助维护通道的顺畅,以同时进行多样的活动,并提供充足的器材(如纸张、剪刀和糨糊),使幼儿不致轮流等待或争抢不足资源,避免争吵。此外,教师也可移开激起竞争和引起冲突的设备。

因此,为使教室的设备、器材能有效地运用和维护,教室管理主要可从幼儿纪律的要求、学习区人数的管制和附属设备的管理着手。

1. 幼儿纪律的要求

纪律是教室管理系统中一个重要的部分,也代表组织和管理教室的一种适切方式。Spodek 等人(1991)认为对幼儿的行为设限总是需要的,这些限制协助幼儿社会化,并使其区别可接受和不可接受的行为;此外,由于幼儿通常缺乏适切的经验和判断,设限可保护幼儿的健康和安全。因此,教师需发展一个可行的管理系统以符合教室中的个别差异,教室管理系统应以适切的方式协助幼儿发展自我控制,幼儿应更独立,学习自助和适应环境;同时,教师应协助幼儿管理他们的冲动和精力。总之,幼儿纪律的要求应合理,教师可依循下列指引(Spodek & Saracho,1994):

(1) 幼儿应知道何种行为是被期望的,不合宜的行为可能是被忽略的结果,因此在他们了解之前,应在各种情境中不断地重复教导。

(2) 应告知幼儿为什么规定有其效力,即使幼儿无法完全了解,也应告知订此规定的理由。大多数学校行为的规定是合理的,儿童可经由排队等滑梯或限制一位儿童骑脚踏车的时间来了解其原由,他们可以了解在一个拥挤的午餐室和他们在自己教室中的行为是不一样的,以及为什么在教室中、在走廊上或校车中,要有不同行为的规定。

(3) 幼儿应有机会观察和练习合宜的行为,幼儿需要示范(demonstrations),他们经由模仿而学习,同时他们必须从教师的回馈中练习合宜的行为。

(4) 期待幼儿的行为应是他们能力所及,幼儿并非成人的缩影,也不应期望其行为像大人一般。教师应对幼儿的行为发展提出合理的期望,例如,不能期望幼儿安静地坐着或长时间地集中注意力,当他们成熟时,他们可发展出较长的注意广度(attention spans)和能力,并能持续较久的时间。

(5) 不能期望幼儿永远有合宜的行为,没有人是完美的,包括成人。我们不期望大人永远做得很好,对幼儿也是一样,不应永远期望他们比大人更能遵守模范行为的标准。

(6) 教师的行为应有一致性,教师行为的信息,向幼儿传达何种行为是可接受的和适切的,以及何种行为是不可接受的和不适切的。如果教师犹豫不决或有时接受这种行为,有时又拒绝或惩罚相同的行为,会使幼儿混淆,并使他们的目标变得不清楚。虽然教师行为不能始终一致,他们应以此目的为标的。

2. 学习区人数的管制

学习区应尽可能保持简单易于管理,让幼儿能独立地使用器材和设备,并能轻易地摆开。更重要的是,学习区的安排应能让好几名幼儿一起使用,不致太过拥挤或为了争器材而打架(Reynolds,1996)。因此,应分析并决定多少幼儿可舒适地在同一时间投入学习区,也应让幼儿知道每一学习区使用人数的限制

(Spodek et al.，1991)，而幼儿选择活动的机会，至少为幼儿数的 1.5 倍，如为 10 名幼儿则应提供 15 个机会(Vergeront，1987)。至于学习区人数的管制，应建立一个有组织的系统，其方式如下(Brewer，2001；Pattillo & Vaughan，1992)：

(1) 采用学习区计划板(a center planning board)，配上图片和挂钩用以标示学习区的空间(参见图 2-4)。例如，美劳区有四个钩，表示空间可供 4 名幼儿使用，当幼儿去该学习区时，他/她将名字或图片挂在学习区计划板上，如果一个特定学习区的钩已挂满，幼儿则须选择其他的学习区；幼儿挂上名字后，该幼儿到教室的那一个学习区并开始工作；当幼儿准备更换学习区，他/她回到该学习区计划板并更换其名字的位置。

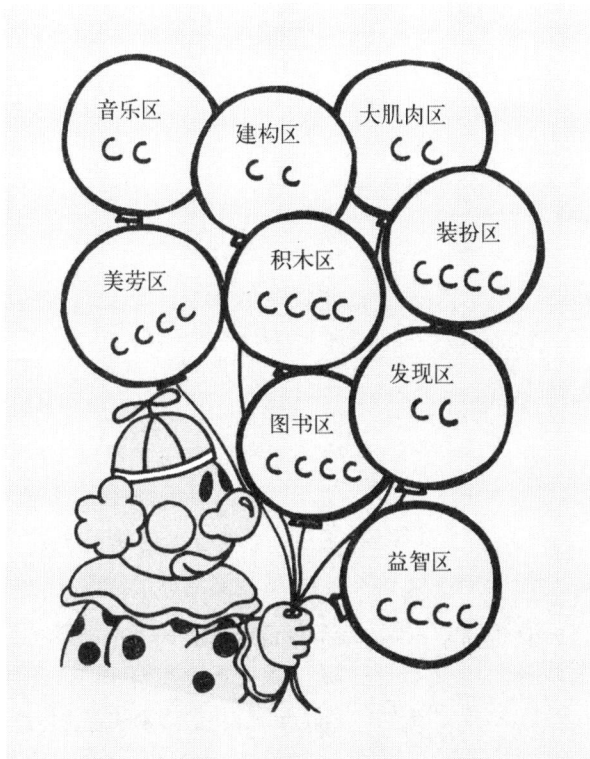

图 2-4　学习中心计划板(一)

资料来源：*Learning Centers for Child-Centered Classroom*，J. Pattillo & E. Vaughan，1992，p. 27.

(2) 另一种学习区计划板(如图 2-5)，是在每一个学习区旁挂上该区的图片和名称，幼儿将他们的名字挂在每一个个别的学习区，而非挂在学习区计划板上。

图 2 - 5 学习中心计划板(二)

资料来源：*Learning Centers for Child-Centered Classrooms*, J. Pattillo & E. Vaughan, 1992, p. 28.

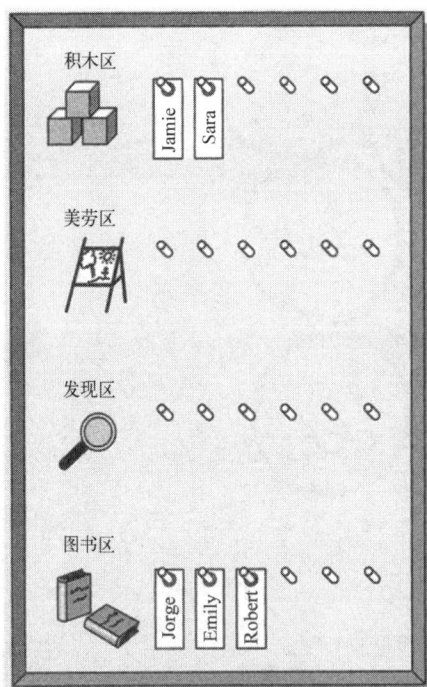

图 2 - 6 木栓板

资料来源：*Early Childhood Education: Preschool through Primary Grades* (4th ed.), J. A. Brewer, 2001, p. 96.

（3）以色彩码标示每一学习区,并设置同样颜色的晒衣夹夹在该区的板上,晒衣夹数代表同一时间可在该中心的幼儿人数,幼儿将该晒衣夹夹在衣服上。采用此一系统,教师瞄一眼该彩色晒衣夹,即知谁应在该学习区,谁不应在该学习区。用纽扣和松紧带制作的臂镯(bracelets),也可以类似的方式运用。

（4）有的教师喜欢用木栓板系统(a pegboard system)(如图 2 - 6),木栓板左边的图代表学习区,让幼儿借以区辨,木栓数代表同一时间可以使用该学习区的幼儿数,每一位幼儿都有一个名牌,当他/她想去积木区时,则将名牌挂在积木区的木栓上,如果积木区没有空的木栓,幼儿则须作其他的选择。如果某学习区因故不能使用,该学习区的木栓在那一天就会被移开。此一木栓板系统也可协助幼儿作新的选择,例如,如果有一位幼儿总是选择美劳区,而教师认为他/她已发展出足够的信心到别的学习区工作,教师会限制美劳区的木栓数,让该生作其他的选择,教师并应确认幼儿的选择是他/她有兴趣的,同时在刚开始的几分钟陪他/她一起游戏。

(5)对于小学低年级儿童,可以用较正式的计划。有一种方式是提供幼儿计划单(如图2-7),上面列出当天的功课表,每位学童观察功课表之后,可以核对当天想做的计划。

图 2-7 的内容:

姓名:＿＿＿＿＿＿＿＿＿＿＿＿＿

□ 独自阅读/写字
□ 和老师一起写字
□ 和老师一起阅读
□ 和同伴一起阅读
□ 特殊活动
□ 数学活动
□ 室外游戏
□ 和小组一起工作
□ 图书区
□ 视听区
□ 益智区
□ 特殊课程

图 2-7　计划单

资料来源：*Early Childhood Education: Preschool through Primary Grades*（4th ed.），
J. A. Brewer，2001，p. 97.

3. 附属设备的管理

(1)教室应有足够的储藏和钥锁设施以保管幼儿的衣服、鞋子、其他的衣物和个人用品,并供教师储物之需;此外,应提供器材和设备多样的储藏空间,大轮子玩具、纸张和美劳用具皆需不同种类的储藏设施(Spodek & Saracho,1994)。

(2)教师应确定幼儿可轻易地接近器材而不必爬上椅子或桌子,不让幼儿使用的书籍、资源和器材,应收存于教师的储藏空间,并离开幼儿视线,不让幼儿触及。

（3）学习区的器材应定期更换，以反映幼儿的兴趣、季节、节日和单元；如果幼儿对一个学习区失去兴趣，其器材可拿开几个月，取回时将使该器材看起来像新的活动和器材，他/她将再燃起兴趣，且通常会使该学习区再次转为受欢迎的学习情境。

（4）电插座的位置决定电唱机、水族箱或其他用电设备的设置所在，电线需沿着墙壁离开地板，延长线除非绝对必要而不要使用，并只可安全地沿护壁板（the baseboards）装置以及以胶布紧固于地板，松弛的金属线留置地板会使人绊跌，应注意处理。

（5）教师必须经常检查教室的物质安排以确定其安全，如家具和设备须无锐利的边缘，破旧和不安全的设备应予修缮或移出教室之外，通道设计应避免引起冲突，攀爬设备应有柔软铺面，家具需再安排或在桌脚上装置止滑物（crutch tips）；当教室中有行动不便幼儿，需作额外的修饰，使学习活动尽可能完全地近便，并提供一个安全的环境；此外，教师和幼儿应建立使教室运作的安全性规定（Spodek et al.，1991）。

（6）所有墙上的电器开关、插座距地面均不得小于 1.7 m，以避免幼儿触摸（黎志涛，1996）。

（七）物理环境

噪音、采光、色彩、温度和湿度影响教室的情境（Graves et al.，1996），Spodek 等人（1991）指出教室的温度、噪音程度和采光，会影响幼儿的行为方式以及他们的学习效果。因此，幼儿活动室的配置，应重视此四项物理环境的设计。

1. 教室的噪音

噪音对幼儿的听觉、生理、动机和认知等会有负面的影响，但幼儿活动室空间的设计，应能容许幼儿制造噪音却又不会伤害到他们。一项针对 4 所学前教室（3—5 岁）的研究指出，软铺面教室（地毯、枕头、窗帘）的噪音程度较低（平均 65—71 dBA），而硬铺面和水泥墙所分隔的教室噪音程度平均高达 78 dBA，最高可达 90 dBA（Maxwell & Evans，1999）。Graves 等人（1996）指出，在幼儿教育环境中，幼儿对于噪音影响有几种反应的方式：有些幼儿会关切地扯开嗓子表示"太吵了"（it's noisy），并要求教师使其他幼儿安静；有些幼儿，会远离他人而隐遁在桌子下或角落边；有些幼儿则会逃离声音的压力，花更多的时间在洗手间。教室噪音的控制上应注意（Graves et al.，1996）：

（1）长方形教室可提供物质空间更多创造性运用的机会，但正方形教室噪音较少。

（2）学校是传统的硬铺面环境，桌子、课桌和天花板的高度都会增加声波的反射，通过环境的柔化（softening），不仅可减少环境的噪音，而且能提供视觉上和结构上的亲和性教室（inviting classroom）。

（3）软性家具、地毯、植物、枕头和宠物，可吸收音波并将噪音减至最低。

（4）解决教室噪音污染的十个步骤：铺地毯、挂窗帘、降低天花板、栽植物、养宠物、教室内散布枕头、运用教师的影响力、提供书籍和报纸杂志、运用篮框、增加公布栏（详如表2－5）。

表2－5 教室噪音污染的解决

达到安静环境的十个步骤
1. 铺地毯：吸音并能用于特定的场地，如图书或家庭中心。
2. 悬挂窗帘或将布折缀在窗上，或将幼儿的美劳作品挂在窗户或窗帘上：影响教室的采光和声音。
3. 降低高天花板，通过运用固定的移动物、从天花板悬吊学习中心的名牌，或以细线悬挂幼儿美劳作品，以吸引参观者的视觉，并协助回音。
4. 教室布置植物：吸收声音、过滤空气，提供幼儿关照和学习植物的机会。
5. 安置宠物：宠物在某种程度上软化环境，幼儿通常在自然的宠物面前会降低他们的声音。
6. 教室内散布枕头：豆荚袋子、掷枕或毛绒玩具吸收声波，并提供独处和分享经验的温馨氛围。
7. 运用教师的影响力：柔和的声音、有计划的活动和建立可预知的场地。
8. 提供书籍和报纸杂志：教材可影响教室的每一个区域，这些工具增进阅读能力并吸收活动的声音。
9. 运用篮框作容器和转换工具，提供引人的和防音的变化。
10. 增加公布栏：覆布的公布栏吸音，如室内展示空间有限，提供可移动板或在墙上覆布另创空间。

资料来源：*Young Children: An Introduction to Early Childhood Education*，S. B. Graves，R. M. Gargiulo & L. C. Sluder，1996，p. 213.

2. 教室的采光

阳光自然地照射教室，对幼儿的健康和发展极为重要（Shoemaker，1995）。基本上，幼儿的心情和心性会受到光线的影响，因此评估幼教环境，应仔细地考量适切的采光，并注意幼儿视觉活动的范围和情绪的舒适性（Graves et al.，1996）。

教室采光的控制上,应注意:

(1) 幼教情境的采光,通常规定为无眩光照明(glare-free illumination)50—60尺烛光[534—640米烛光或勒克司(Lux)](Graves et al.,1996)。幼儿园室内光线,以双面自然采光为主,人工采光为辅,其照明度不得低于250勒克司,且不可有眩光和强烈的亮度比;窗台平均高度为50—60 cm,窗户之总面积应占建坪面积的1/4(教育部国民教育司,1989)。单侧采光的活动室,其进深不宜超过6.6 m(城乡建设环境保护部和台湾教育委员会,1987)。

(2) 最有效的采光环境,是符合幼儿活动的需求,如美劳活动在有自然采光的地方,会有较显著佳绩;相反,自然采光对阅读活动太过强烈。此外,也应避免某些活动的整个区域是自然采光,对于因教室安排之考虑而缺乏光线的其他角落,则需要强烈的光线。

(3) 如需增加光线,可增置灯管以增加反射光的量,而特殊区域如图书区,应谨慎地配置采光。

(4) 如教室太暗,可重新安排采光,运用反射面,如瓷釉涂料的明亮色彩或谨慎地配置镜子,明亮的水族箱和植物配合教室的光线,有助于照明的延伸。

(5) 如教室太亮,教师重新安排屋顶上的采光,配置可移动的低瓦数灯泡,而彩色的窗帘不反光的构造和阴影,则可提供安逸的效果(a cozy effect)(Graves et al.,1996)。

(6) 运用局部的或聚光灯采光(spotlight lighting),可增加学习区的明亮和吸引力,浅色的墙壁、浅色的桌子,甚至浅色的地板,也可增加教室的明亮和吸引力。

(7) 阳光使教室明亮,并提供机会以观察日常时间的转逝以及物体在不同阶段日光下的变化。

(8) 眩光可运用百叶窗、羽板窗(louvers)、窗帘和背景屏饰来控制(Shoemaker,1995)。

3. 教室的色彩

教室的色彩气氛应为激励的(stimulating),而非扰动的(agitating),色彩和平衡的设计应引导幼儿学习而不会使其分心。教室色彩的设计上,应注意:

(1) 调和色系(coordinated color schemes)对于学习最有益,幼儿偏好明亮的色彩,但太多明亮的色彩会促成过度的活动。

(2) 红色有助于幼儿身体活动、整个大肌肉技能和概念形成等;在黄色系的美劳区和音乐区,幼儿积极主动地反应;绿色、蓝色和紫色适用于阅读和语言学习区。

（3）柔和的色彩，对大人来说是平静的、缓和的，以幼儿的眼光来看，则是毫无趣味的。

（4）色彩和采光与环境有关，如教室窗户设在南面或西面墙上，柔和的色彩可有效地吸收光线；如光线较弱时，对从学习区北面引入的自然光线，黄色或白色的反射是最好的选择（Graves et al.，1996）。

（5）色彩的使用应与当地气候适应，如中国大陆南方气温高、日照多，室外照度高，空气透明度大，不宜过多使用暖色，宜用浅淡的冷色调或中间色，使之有固定、舒适的感觉；大陆北方气候寒冷，日照少，室外照度低，空气透明度小，一年中有近半年时间处于冰天雪地的环境，选用暖色调为宜。此外，阴雨天气较多的地区，应用亮度较高的色彩（赖佳媛和姚孔嘉，1998）。

4. 教室的温湿度

舒适的温度和湿度影响幼儿合作和智能的发展。教室温湿度的控制上，应注意：

（1）教室舒适的温度为 68℉—72℉（20℃—22℃），湿度为 50%—60%，会增加幼儿的舒适感和表现欲（Graves et al.，1996；Shoemaker，1995）。台湾幼儿园室温的规定，以 20℃—25℃ 为宜，湿度以 60%—65% 为宜（教育部国民教育司，1989）。

（2）将温度计低置于墙上，或置自动示温器于幼儿可视处，以监测该区的温度。

（3）教室如未设置增湿器（humidifier），可以开放的水族箱、植物和水桌增加湿度（Graves et al.，1996；Shoemaker，1995）。

（4）良好的通风也很需要，尤其是幼儿教室设置空调时，不要封闭空间或减少通风。此外，幼儿活动室的换气，每小时 1.5 次（黎志涛，1996）。

〈三〉 幼儿活动室的配置范例

以下将先说明一般幼儿活动室的配置，再就无障碍幼儿活动室的配置举一案例，以供统整思考。

（一）一般幼儿活动室的配置

1. Wolfgang 和 Wolfgang 的范例

Wolfgang 和 Wolfgang（1999）在《幼儿学校：发展上适切的练习》（*School for*

Young Children: Developmentally Appropriate Practices）一书中，提供一幼儿活动室实例配置图（参见图2-8），并作一详细的配置说明。首先，将整个教室分为A1、A2、B1、B2、C1及C2六区。其中，A1和A2两区的地板都有永久性的油布。A1区由非固定性的建构区（the fluid-construction area）（有两个画架、沙/水桌、两张各附有8张椅子的圆桌，及放有剪刀、劳作纸、胶水等类似物件的隐匿收藏区）及一个邻近的水槽构成。此外，在这一区也会进行再建构（restructuring-construction）的活动（如纸巾卷的切割、纸的切割等）。

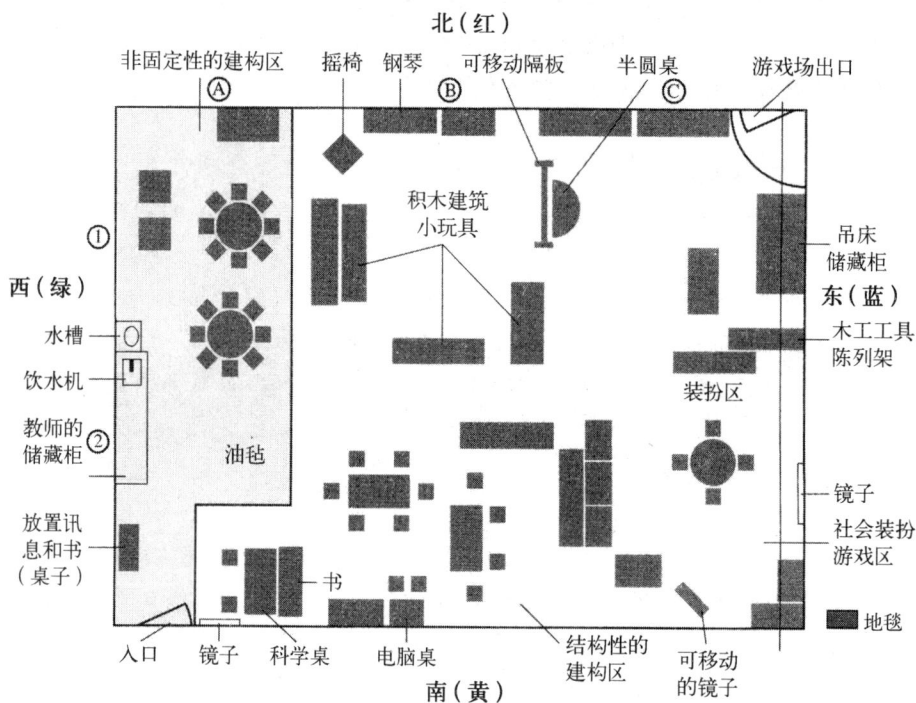

图2-8　活动室配置示例

资料来源：*School for Young Children: Developmentally Appropriate Practices* (2nd ed.)，C. H. Wolfgang & M. E. Wolfgang，1992，p. 38.

A2区包括入口、附签到签退单的家长联络簿、家长公布栏、镶嵌在墙上并靠近门的镜子，及上面有水族箱及盆栽等的科学桌，还有两张椅子（一般来说，这是"旁观"的活动，而椅子一方面也是为了标明此区一次所能容纳的幼儿数目）。另外，介于A1和A2区之间的，是一个长长的置物架，置物架下层是供大人使用的储藏柜，而上面是饮水机及水槽。

在 B2 区,有多种器材——结构性的建构(a structured-construction)拼块(如拼图、乐高等);训练小肌肉(fine-motor)的物件(如装扮衬垫、花边衬垫等),和练习知觉的物件(如闻香瓶、音乐盒、色带等)——及两张附椅子的矩形桌、两个储藏架、一张自然桌、一开架书柜,摆一张舒适的长沙发供孩子休息或"阅读",可能也要附加一个"音乐欣赏站"(tape-listening station)(如收录音机及耳机)在长沙发边。如果能在长沙发的后面设计一个窗户来引进自然光线供孩子阅读,那就更完美了。

电脑属于结构性的建构物件,有研究指出:幼儿配对学习的效果是最好的,所以建议在电脑前要摆两张椅子。

A1、A2 及 B2 区包括所有在座位上进行的活动,并有能容纳 30 名幼儿的位子,我们建议所有建构型的活动要在桌面上进行,而不是地板,因为零碎的物件在地板上可能较易遗失或因被践踏而损坏,桌子有助于"控制错误"。

B1 区是结构性的建构活动,它包括一个微象征游戏区(a microsymbolic play area)和一个集会区,里面有一个大人尺寸的摇椅、钢琴和视听中心(录音带和 CD 音响)。

节奏乐器也被架设在钢琴上方的展示板上,而摄影机、电视装置要放在约与肩同高之处,不是在钢琴上,就是架设在墙上。积木则全存放于三个置物架上,在置物架的上层摆设了四个有手把的水果篮,还有猛兽玩具(如狮子、老虎等)、温驯动物玩具(如牛、鸡等)、塑胶小人偶及小家具。

我们可以把最靠近 C1 区的积木及玩具储存架附上轮子,让它沿着可移动的分隔板而向后推,这样可以增加说故事/集会时的空间,或休息时间放吊床的空间。也可以在靠着分隔板或墙边放一张半圆桌,这样可以创造潜在单元空间(potential unit space)。积木及小玩具可以在地板上玩,地板也铺有地毯,如此可以避免积木掉落时所产生的噪音;而孩子在围圈圈坐时有地毯铺着也是较舒适的,在这一区铺设地毯比在别区铺设要来得恰当。

C1 区有衣物柜、游戏场出口、吊床储藏柜及开架式木工工具陈列架。要注意的是,在木工桌要有较多的空间,让孩子有足够的肘部活动空间;另外,因为区域划分之故,所以不太会有孩子在此区闲晃。室外晴天之时,可以把木工桌搬到外面,但要在教师的视线内,以减轻锯木屑的问题。

整个 C2 区都用来供社会活动使用,在中间放了一张幼儿用的桌子,还有四张小椅子,另外并架设一固定的镜子(可移动的也可以)。还要注意的是,除了在画架和沙桌之外,幼儿会在 B1、C1 和 C2 区游戏活动或站或动。

2. Brewer 的范例

Brewer（2001）在《幼儿教育：从学前学校到小学低年级》（*Early Childhood Education: Preschool through Primary Grades*）一书中，介绍一个学前学校或幼儿园的活动室配置案例（如图 2-9），并提供教师应注意的幼儿

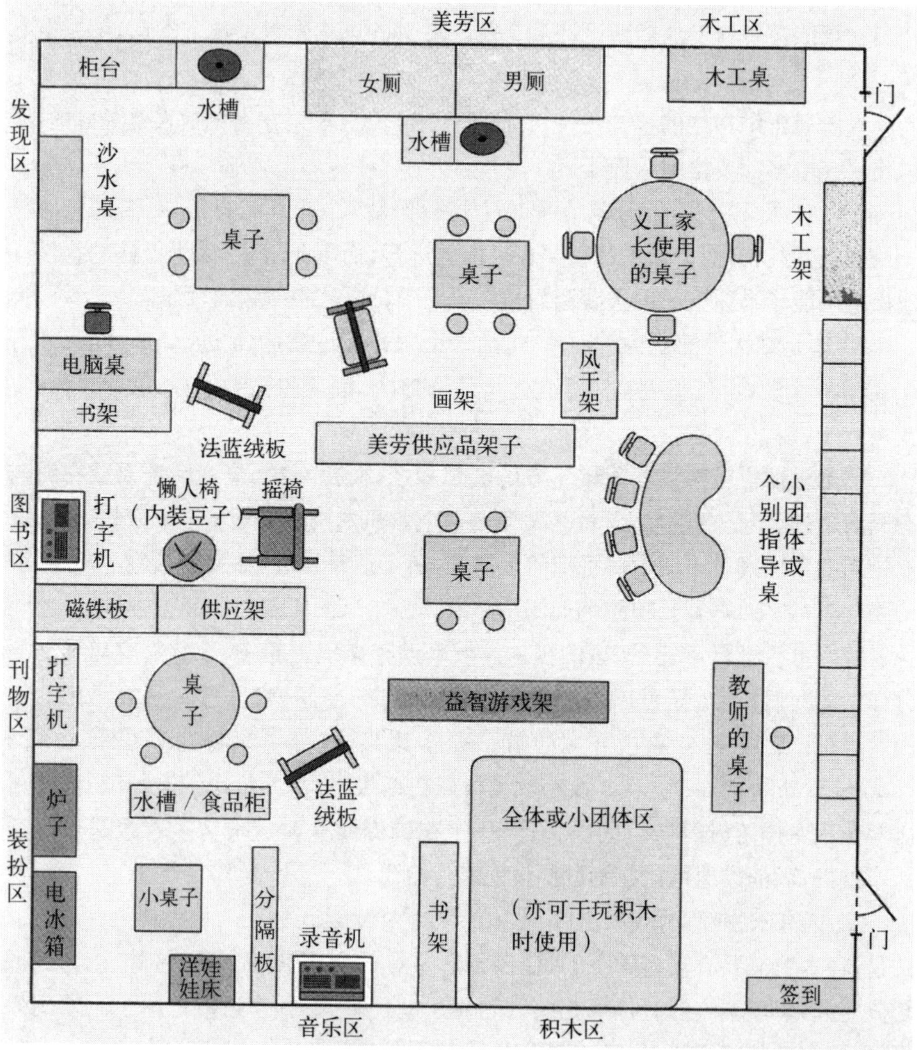

图 2-9 学前学校或幼儿园的活动室配置（Macario Garcia Elementary School, Pasadena, Texas）

资料来源：*Early Childhood Education: Preschool through Primary Grades*（4th ed.），J. A. Brewer, 2001, p. 81.

活动室配置指引：

1. 空间必须多用途，因教室很少足以使每一项活动有它自己的学习区；因此学习区须有一种以上的用途，如积木区在一天中的其他时间，也可作为说故事之用。

2. 用水区，如美劳区、科学区和水桌，应尽量靠近水源。

3. 安静区，如图书区、写字区和视听区，应靠在一起，让想安静工作的儿童能随其意，但安静并非指幼儿都不能说话，而是比其他学习区的活动更自然的安静。

4. 嘈杂区，如积木区和装扮区，应群聚于活动室的另一边，远离安静区。

（二）无障碍幼儿活动室的配置

White 和 Coleman（2000）在《幼儿教育：建立教学哲学》（*Early Childhood Education: Building a Philosophy for Teaching*）一书中，说明没有一种幼儿教室的设计是完美的，从图 2-10 教室学习区的安排，你能看出反映活动需求的组织模式（organizational pattern）吗？你认为还可以加入什么？如果想考虑坐轮椅幼儿的需求，应如何完善？这的确是一个有趣而具挑战性的思考，就图而言，White 和 Coleman 认为考虑坐轮椅幼儿的融合型教育和教室配置（inclusion and classroom organization）（参见图 2-11）可考虑：

1. 可调整的桌脚，以抬高桌脚。

2. 修正桌子尺寸和形状，使轮椅易于靠近。

3. 宽的通道，以符合轮椅移动之需。

4. 可调整的储藏置物架，让轮椅易于靠近。

5. 重新安排马桶，使轮椅易于靠近。

6. 增加扶手，有助于幼儿从轮椅转换到马桶。

7. 提高马桶，有助于幼儿从轮椅转换到马桶。

8. 调整水槽，让轮椅可以靠近。

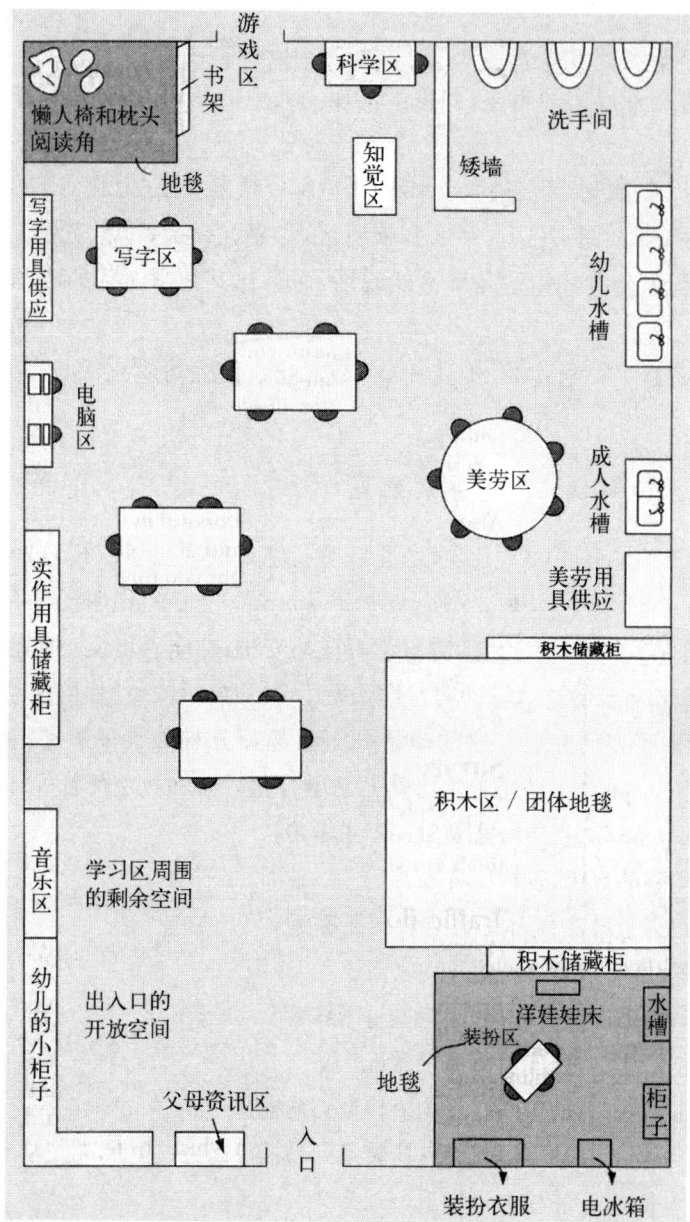

图 2-10 原教室设计

资料来源：*Early Childhood Education: Building a Philosophy for Teaching*，C. S. White & M. Coleman，2000，p. 307.

游戏场

懒人椅和枕头阅读角

书架

地毯

科学区

洗手间

扶手

知觉桌

可调整的置物架

矮墙

水槽的修正 洗手间和

幼儿水槽

写字用具供应

写字区

可调整的储物架

坐轮椅幼儿可近之水槽

电脑区

成人水槽

宽的步道

美劳区

美劳用具供应

实作用具储藏柜

可调整的置物架

积木储藏柜

可调整的桌脚

积木区／团体地毯

修正后的桌子尺寸和形状

积木储藏柜

幼儿的小柜子区

装扮区

洋娃娃床

水槽

父母资讯区

地毯

炉子

入口

挂装扮衣服的勾子

电冰箱

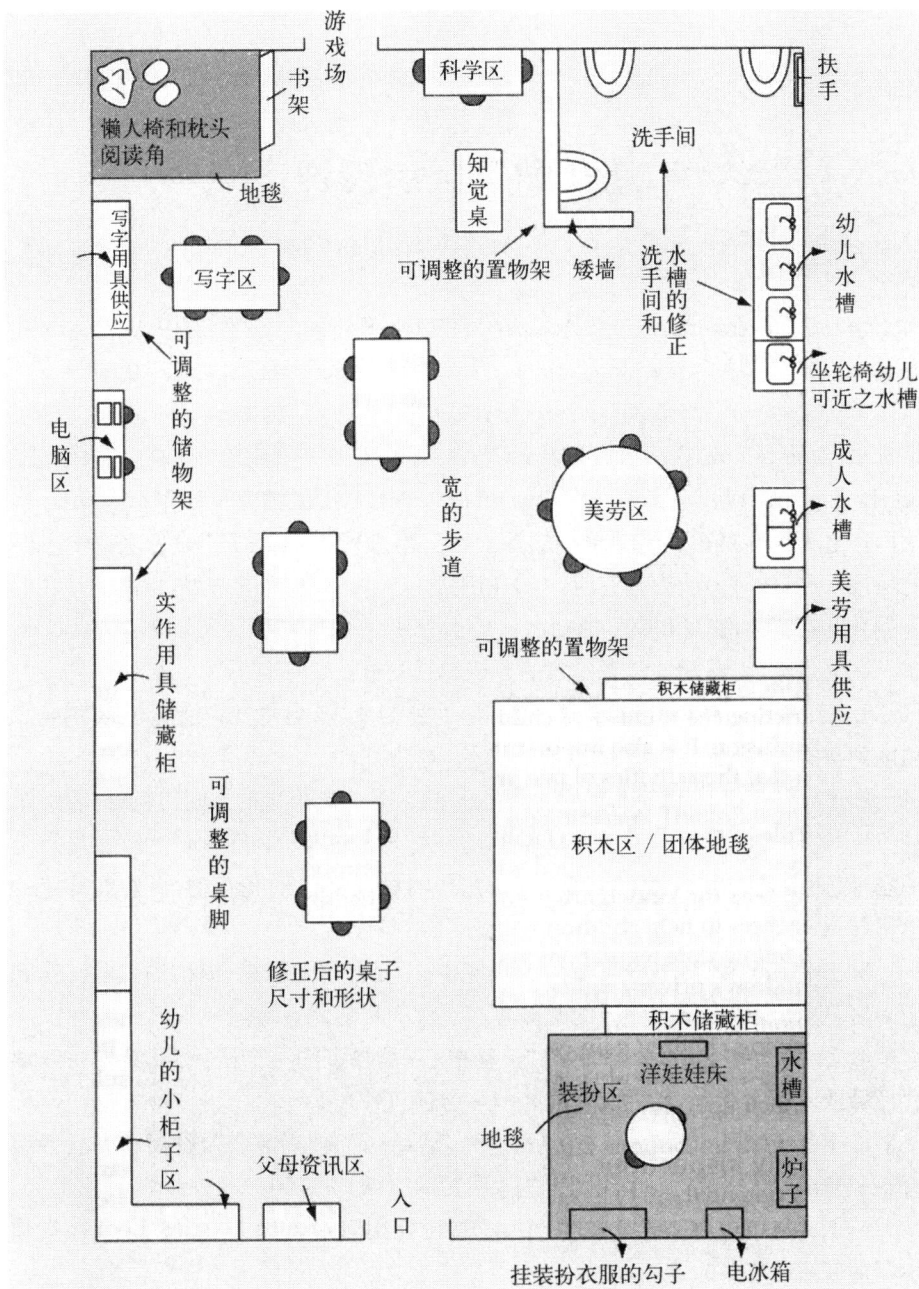

图 2-11　融合型教育和教室配置

资料来源：*Early Childhood Education: Building a Philosophy for Teaching*，C. S. White & M. Coleman，2000，p. 310.

学习区(learning areas)有许多不同的名称,国外称之为"学习中心"(learning centers)、"学习域"(learning zones)、"活动区"(activity areas)、"活动中心"(activity centers)、"兴趣区"(interest areas)、"兴趣中心"(interest centers)、"学习站"(learning stations)、"自由选择区"[free-choice areas(或 booths)]、"活动袋"(activity pockets)、"丰实中心"(enrichment centers)或"游戏单元"(play units),国内称之为"学习角"、"活动角"或"探游区",本书皆以"学习区"命名之。学习区的特质,Olds(2001)认为有五项:(1) 物质的位置;(2) 视觉的边界,指出活动区的开始和结束;(3) 游戏和座位的铺面;(4) 器材的储藏柜和展示;(5) 基调(mood)。学习区的意义,可从相关学者专家的界定知其梗概:

1. Hildebrand(1991):"学习中心"是一种为 4—6 名幼儿设置于游戏室或庭院内的空间,并配置供探索或发现学习的器材(p. 580)。

2. Pattillo 和 Vaughan(1992):"学习中心"是一个界定的空间,其器材所组织的方式,使幼儿的学习不需教师时常伴随和指导。亦即,学习中心是教室内指定的场地(通常是一个小区域),该区的幼儿与器材及其他幼儿互动,以发展特定的学习(p. 13)。

3. Seefeldt 和 Barbour(1994):"兴趣中心"是经清楚描绘、组构的主题工作和游戏区,也是设计以增强整体幼儿课程广泛性为目的之区域。

4. Spodek 和 Saracho(1994):"活动中心"是教室的一个区域,其器材系以学科区域或主题为基础,用以支持幼儿的学习(p. 149)。

5. Essa(1996):"学习中心"也称之为"活动区"或"兴趣区",是器材和设备组合在一般活动如美劳、科学或语言艺术四周的区域(p. 539)。

6. Graves 等人(1996):"学习中心"是设计用以提供幼儿特定机会来探索和学习的区域(p. 605)。

7. White 和 Coleman(2000):教室"学习中心"是设计来支持及整合学习活动内容(例如:科学、数学、美术、音乐)的空间;学习中心须妥当布置,并配置适龄的器材及设备(p. 287)。

8. Brewer(2001)："学习区"是教室内作特定活动和贮存特定器材的区域,也是用于表示教室内相关器材配置的特定区位(p.85)。

9. 卢美贵(1988):活动角是依幼儿兴趣及学习能力而设计的,将活动室布置成几个学习角,摆置充分的教具、玩具或其他事物,让幼儿自由观察、取用与学习。

10. 黄世钰(1988a):学习区是指经园所规划,供幼儿主动探索与操作的地方,这些地方包括幼儿的活动室(或班级教室)内,以及园区可以让幼儿安全活动的地点(第5页)。

11. 戴文青(2000):学习区(兴趣中心,角落)是指一个有规划且多样性的学习环境,幼儿能够在这里依照自己的能力、兴趣及发展阶段,有效地且有系统地完成某种学习活动,或达成某一学习目标(第39页)。

12. 张雅淳(2001):学习区的含义可分为广义及狭义,就广义而言,"学习区"是指将幼儿学习空间(包括室内外环境),依教学需要,分成几个不同的区域,经过规划及布置,能启发幼儿自主学习,达成幼儿整体学习的学习环境;而就狭义而言,"学习区"系指把幼儿活动室规划成几个区域,以个别化为前提,放置充分而适切的设备及器材,让幼儿自由探索、观察、游戏,达成完整学习的环境(第10—11页)。

由上述可知,学习区是依幼儿兴趣与能力,在活动室设计多样化的小区域,提供丰富的玩具、教具、器材和设备,让幼儿能主动并自由探索、观察和游戏的情境。析言之,(1)设计水准上,学习区应依幼儿的兴趣和能力设计,才能吸引幼儿运用;(2)空间规划上,学习区系在活动室设计多样化的小区域,角区多样可供幼儿选择参与,且每一角区有其特定的课程或教学目标;(3)角区设备上,学习区提供丰富的玩具、教具和器材,方能激励幼儿选择操弄;(4)学习方式上,学习区提供幼儿"主动"且"自由"探索、观察、游戏的机会,因此学习区是开放的而非封闭的,是幼儿中心的而非教师中心的。

Brewer(2001)也说明,这些学习区应反映儿童的年龄、发展、成长能力和兴趣的变化,因而学习区不是静态的。正因为学习区变化多端(会依时令节庆变更主题)、器材丰富(每一区角有不同的游戏器具)、生动有趣(提供唱跳、构筑、拼合、思考、表达、探究、观察、涂鸦、创作、假扮、沉静等多样活动),最能吸引幼儿参与投入其中,许多幼儿园的教室都会设计学习区,而国内外研究幼儿教育的专著,也莫不专章介绍物质学习环境和学习区的设计;由此可见,学习区的重要和价值,确实值得深入探讨。

根据国内外学者专家的研究(详见表2-6),幼儿教室学习区引介最多的是:美劳区、积木区、装扮区、图书区、科学区、建造区、音乐区、沙水区、电脑区、益智区和私密区,本节将逐一介绍;惟须说明的是,这些学习区数量和种类的选择,应依幼教课程和教学目标、幼儿的兴趣与需求、幼儿的人数和空间的大小等,加以决定。根据曹翠英(2002)的一项调查研究,在台湾地区抽样公私立幼儿园计521所(公立248所,私立273所),发现幼儿园学习区平均数量为6.68,其中以图书区(93.9%)、积木区(89.1%)、美劳区(87.5%)、装扮区(87.5%)、音乐区(57.6%)和科学区(55.9%)较为广泛,此一调查结果可供园内幼儿学习区规划与研究之参考。

表 2-6　幼儿教室学习区研究名称统计表

研究者(年代)	美劳区	积木区	装扮区	图书区	科学区	建造区	音乐区	沙水区	电脑区	益智区	私密区	其他
Spodek 等人(1990)	*	*	*	*			*			*		展示中心
Beaty(1992a)	*	*	*	*	*	*	*			*	*	大肌肉活动和烹饪角
Pattillo 和 Vaughan(1992)	*	*	*	*						*		大肌肉活动中心
Castaldi(1994)	*	*	*	*				*	*			
Seefeldt 和 Barbour(1994)	*	*	*	*	*		*			*		视听和书写中心
Spodek 和 Saracho(1994)	*	*	*	*	*	*	*	*		*		数学、视听木偶、体育和烹饪中心
Hohmann 和 Weikart	*	*	*	*		*	*	*		*		
Shoemaker(1995)	*	*	*	*								
Isbell(1995)	*	*	*	*	*	*	*	*		*		家事、写字、杂货店、超市、点心面包厂/烹调、餐厅、修理加油站和修车厂、农场、海滩、拍卖/跳蚤市场、太空、露营、说故事、绿屋、环境意识、感觉体适能、帽子、夜间、宠物、古时候和派对中心
Graves 等人(1996)	*	*	*	*	*	*	*	*		*		
White 和 Coleman(2000)	*	*	*	*	*	*	*	*	*	*		社会科学中心
Brewer(2001)	*	*	*	*	*	*	*	*		*	*	体育、特殊学习和储藏区
Olds(2001)	*	*	*	*			*	*		*		烹饪、书写、视听、数学、大坐骑马玩具区等
陈丽月(1985)	*	*	*	*	*		*			*	*	数学、有桌椅的团体区、无桌椅的团体区、个别工作角和变化角

续 表

研究者(年代)	美劳区	积木区	装扮区	图书区	科学区	建造区	音乐区	沙水区	电脑区	益智区	私密区	其 他
李政隆(1987)	*	*	*	*	*		*				*	
卢美贵(1988)	*	*	*	*	*	*	*			*		创作和数学角
邱永祥(1988)				*	*		*					数学和创作角
朱敬先(1990)			*	*	*	*	*				*	
苏爱秋(1999)	*	*	*	*	*					*		数学、文字和水彩画区
戴文青(2000)	*	*	*	*	*	*						
张雅淳(2001)	*	*	*	*	*	*	*	*	*		*	体能区

注：＊代表有该学习区,因研究者所提出的学习区名称各有差异,分类时皆依内容归类,一个＊代表一个学习区,无法分类者,列入"其他"并注明原使用名称。

一 美劳区 (art area)

幼儿很有创造力,并乐于使用美劳器材来表达他们的想法。幼儿通过尝试不同的媒介物,开始了解他们的世界和控制他们所使用的工具。在幼儿时期,幼儿发展的创造历程比产出重要。因此,美劳区应成为享受艺术创作的地方,同时给予幼儿开始努力的支持。

孩子们在这里搅拌、折叠、切割、搓揉、抚平、滴落、涂色,以制作图画、书本、编织器、电影票、菜单、卡片、帽子、机器人、生日蛋糕、照相机、消防车等,或将整个场地放满颜料、折边、糨糊、纸张碎片等等,这是孩子们的创作天地。

Isbell(1995)建议美劳区应有一个"废旧物盒"(a junk box),内装碎纸、箔片、缎带、纱、棉纸、纽扣和金属线。为了介绍美劳区,教师在集会时间带此废旧物盒,让每一位幼儿有一个机会能到废旧物盒中拿一样器材,接着要求幼儿思考该废旧物物品可能的用途;在此脑力激荡的历程(brainstorming process)中,所有的想法都可以接受。如有必要,教师提供建议以激励该物品不同用途的思考,并在集会时间之后,把废旧物盒放在美劳区内。须提的是,美劳区可以让幼儿表达创造思考,表达个人情感与态度,发泄紧张焦虑的情绪,并利于手眼协调、小肌肉的操作与运笔的练习,甚值采用设计。

兹参考 Isbell(1995)的研究及其他学者专家(Beaty,1992b; Brewer, 2001; Click & Click, 1990; Pattillo & Vaughan, 1992; Reynolds, 1996)之见解,就美

劳区的学习目标、运用时间、空间配置、基本器材、增加活力和角区评鉴等六项加以说明，并附美劳区设计参考图（如图2-12），以供幼儿活动室学习区设计与运用之参考。

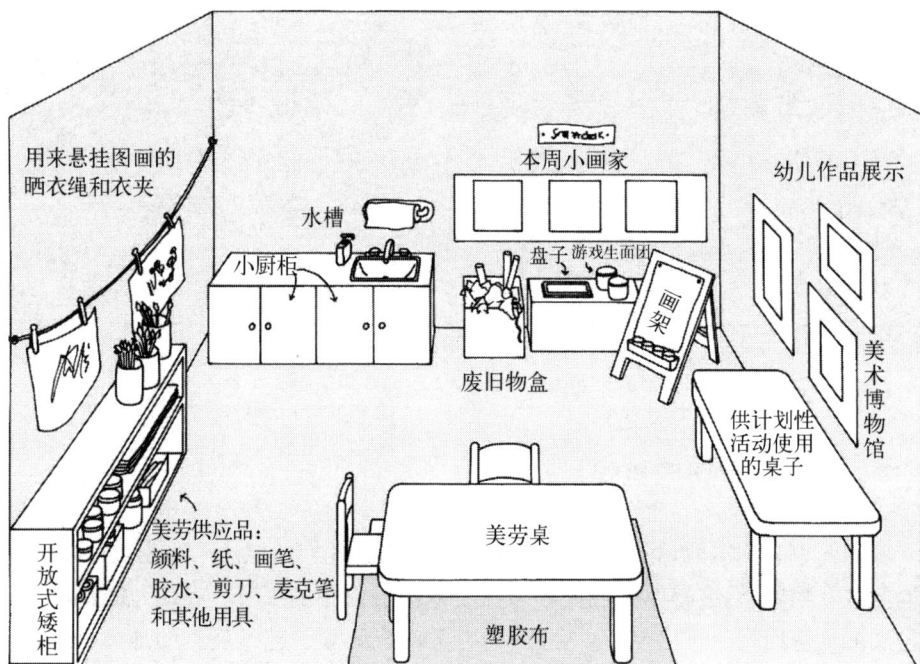

图 2-12 美劳区

资料来源：*The Complete Learning Center Book: An Illustrated for 32 Different Early Childhood Learning Centers*, R. Isbell, 1995, p. 56.

（一）学习目标

1. 让幼儿参与美劳活动而变得更有创造性。
2. 幼儿尝试许多不同的器材和工具，以了解他们的世界。
3. 学习有关的艺术家和插画家。
4. 幼儿决定和执行理念，以建立他们的自我信心。

（二）运用时间

美劳区应保持整年可用，包括开放式的美劳器材可让幼儿以他们的方式选择和使用。有计划的美劳活动，通常在集会时间说明，也让幼儿可直接到美劳区参与美劳设计,同时鼓励幼儿更有创造性,并尝试不同的使用器材和技术。

(三)空间配置

1. 美劳区的位置,宜近水源处,有水槽最理想,或邻近洗手间,以利幼儿用水和清洗,如无水槽时水桶也很有效;其次,考虑光源,宜靠窗或在天窗下以提供自然光源。

2. 美劳区的区隔,如空间足够,可利用橱柜、隔板或桌子,再分为绘画区、拼贴区、黏土区等,以利幼儿选择。

3. 美劳区的地板,以易清洁的瓷砖或塑胶地面为佳,若无此条件,也可覆盖塑胶布、帘布或报纸。

4. 美劳区的桌椅,一般设计容纳 2—6 人,若空间许可,可设计容纳 10 名幼儿及 1 位大人者,以利小组运用及点心时间兼用。

5. 美劳区的作品展示,墙、矮柜或展示板皆可运用,并可让幼儿自行呈现美劳作品,彼此欣赏和分享经验,并应注意不宜陈列示范作品,以免限制幼儿的创意思考。

6. 美劳区的储藏,置物柜约长 120 cm×宽 30 cm×高 75 cm,一般器材多运用开架式储藏柜收藏,纸张宜放置在多层平架空间上,以资保护和取用;零散物品,如蜡笔、铅笔、剪刀,麦克笔、纸夹以及牙签等,可以收藏在透明的塑胶容器、小纸盒、笔筒或挂式的鞋袋中。

7. 美劳区的供应品,因会损耗,须不断地补充,应节约资源或资源回收再利用,如将包装布、布料碎片、蛋盒、箱子、纸巾卷筒、纱线轴回收利用,用办公用纸与电脑纸用过的另一空白面,或将建筑废料收纳在废物箱中,俟机使用;此外,用小容器装胶水或颜料,以免孩子不小心挤压过量。

(四)基本器材

1. 各种纸张:如图画纸、书面纸、色纸(多样颜色、大小和质地)、白报纸、玻璃纸、瓦楞纸、电脑纸、影印纸、方格纸、线条纸、指画纸、面纸、包装纸、锡箔纸、壁纸、棉纸、咖啡过滤纸、报纸、蜡纸、纸板、自黏纸、贺卡、明信片、目录与杂志、月历或生活照片。

2. 图画器具:如彩色笔、蜡笔、粉笔、画笔、水彩颜料、指画颜料、墨汁、画架、调色盘、滚筒或纱线轴、纱网、牙刷、小水桶、玻璃瓶或铁罐、罩衫或画袍、海绵、棉花、毛巾、小盒子、纸杯、纸盘、标签、碎纸、羽毛、游戏生面团或黏土、棉花球、纽扣、吸管、亮片、牙签。

3. 装订工具：安全剪刀、塑胶刀、订书机、订书针、打洞器、糨糊、胶水、口红胶、封箱胶带、透明胶带、纸夹、蝴蝶夹、橡皮筋、橡皮擦、铁丝、细绳、纱线、缎带、鞋带、针、线。

4. 其他：绘画罩衫或旧衬衫、大张的塑胶布、报纸或浴帘衬垫（用以覆盖桌子和地板）、清洁剂、抹布、小扫帚、畚箕等。

（五）增加活力

1. 做一种从未用过的生面团或黏土制作，如锯屑，并鼓励幼儿探索此一不同媒介物如何反应到他们的作品上。

2. 增加新的绘画工具，如牙刷、粉刷房子的大刷子、绘画滚轴、松枝、海绵或医药滴管，这些不平常的工具给幼儿一个自由彩绘的新方法。

（六）角区评鉴

1. 幼儿是否试验不同类型的材料和工具？

2. 幼儿是否创造不同类型的图画和雕刻品？

3. 幼儿是否展示他们了解美劳区可用器材的不同使用方法？

4. 幼儿是否以他们的美劳作品为傲并有兴趣展示他们的创作？

二　积木区（block area）

几乎所有的幼儿都喜欢在积木区玩，孩子们喜欢将积木叠起来、堆成堆、排成排、装入纸箱、倒出来或搬运到别处，经过数次探索后，幼儿才能开始建造所有种类的建筑物，然后开始进行平衡、围筑、对称的实验，并在装扮游戏中，将积木和小人偶、动物、交通工具等结合运用，此时建筑物变成了房子和谷仓，成排的积木变成道路和篱笆，大人也可就此协助孩子们探索、模仿，以及了解空间问题的解决、分类和比较。

积木成为幼儿教室中重要的器材，至今已超过 150 年，Isbell（1995）指出积木游戏可以增进幼儿身体、社会和智能等各方面的发展。积木区有许多不同类型的建材，其设计思考是让幼儿成为主动的建造者（active builders），如幼儿可以自己选择积木建构和组合，讨论其建构可能性，并为他们设计的功能编剧。因此，教师应和幼儿一起探访积木区，检视积木，讨论积木的相似性和差异性以及它们的使用，并找适切的时间和幼儿谈论积木游戏的责任，包括清理和尊重他人的工作。

积木是幼儿自我学习的最佳玩具,积木区可让幼儿运动大肌肉,提供几何图形、数字、空间及其他建构概念,并使幼儿在互动中,发展良好的社会行为,甚值采用设计。

兹参考 Isbell(1995)的研究及其他学者专家(Beaty,1992b;Brewer,2001;Click & Click,1990;Essa,1996;Graves et al.,1996;Hendrick,1992;Olds,2001;Pattillo & Vaughan,1992;Reynolds,1990)之见解,就积木区的学习目标、运用时间、空间配置、基本器材、增加活力和角区评鉴等六项加以说明,并附积木区设计参考图(如图 2-13),以供幼儿活动室学习区设计与运用之参考。

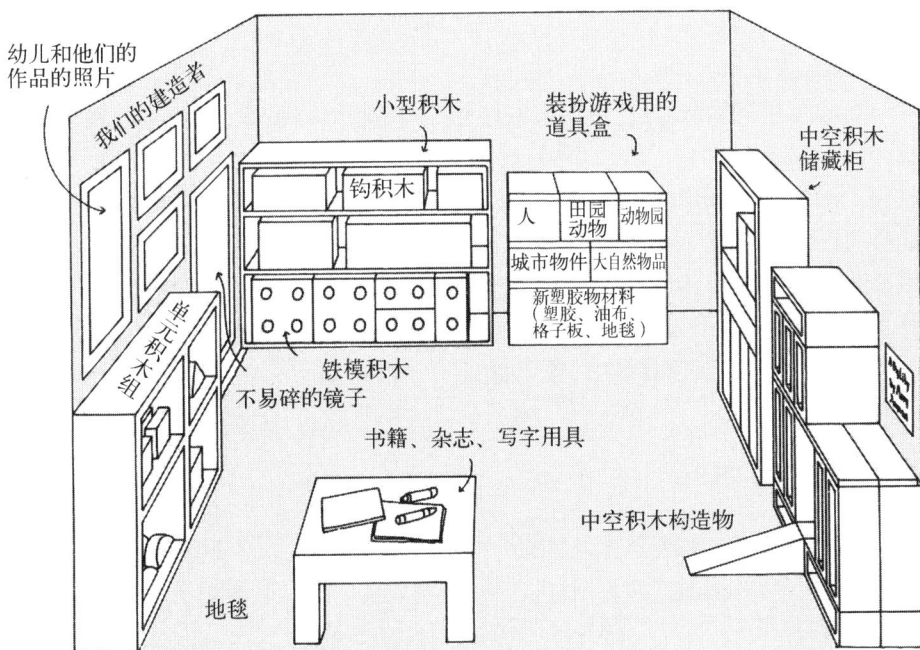

图 2-13 积木区

资料来源：*The Complete Learning Center Book: An Illustrated for 32 Different Early Childhood Learning Centers*，R. Isbell，1995，p. 47.

（一）学习目标

1. 幼儿构筑积木以达成问题解决。

2. 幼儿谈论有关建造和构筑,以扩展他们的表达语言。

3. 学习合作和接受与他人工作。

4. 运用积木游戏中象征性的表达,以组构他们的世界。

（二）运用时间

积木区应保持整年有用,并定期地增加新建材,以激发幼儿以不同的方式思考和创造。

（三）空间配置

1. 积木区的位置,需有大型创作空间,可与大团体活动区合并设计,并邻近装扮区。

2. 积木区的大小,至少 2.4 m×3 m,地板宜铺上地毯,以减少噪音及增加舒适感。

3. 积木区的储藏,置物柜约长 120 cm×宽 30 cm×高 75 cm,积木收藏可依形状、大小或材料分类,分类可以标签或图形显示储藏位置,也可用不同大小纸箱收存。例如,大型积木、大箱子、木板、大型工艺玩具,可收藏在地板上的收纳箱或空间内,并且在上面加注清楚的标示;小型积木,可放在一个贴有实物图片或照片物标签的柜子、篮子或桶子里,或将所有正方形积木、所有的长方形……分开置放;至于其他小型道具,如小车子、小动物、小人偶和组合玩具（tinkertoy）等,则可同类存放于收纳箱中,置于低处柜子内并贴上标签,以利幼儿辨识、取用和整理。

（四）基本器材

1. 建造积木:单元积木组（包括斜坡、圆筒、弯曲和交叉）、大型的中空积木（一组,至少有 50 块）、中型积木、小型积木（至少 200 个）、海绵积木、纸积木、乐高积木、工程师积木、保丽龙积木、铁模积木（waffle blocks）、连结积木、木板、厚纸箱、机械装置（如滑轮、斜坡和轮子）。

2. 游戏道具:手推车、大型玩具卡车、搬运车,小型的卡车、汽车、巴士、飞机、直升机、船、火车、小人偶（有男女、多元种族）、小动物、小树、小房子、农场、动物园和森林、交通标志。

3. 其他:一大块地毯（用以覆盖积木区的地板;用以吸收建造过程中的声音,并避免地板结构的破坏）、孩子用积木堆成的建筑物的照片和图案。

（五）增加活力

独特的建材在幼儿以新方式组合积木时,会增进幼儿弹性地思考,如运用一块塑胶、油布、格子或夹板,会对幼儿以原来方式组构积木形成挑战。

（六）角区评鉴

1. 幼儿是否有一段时间专注于积木建造?
2. 幼儿是否赞赏他们的建造?
3. 幼儿是否在建造积木结构时改进其协调?
4. 幼儿是否在建造过程中讨论他们的想法和创造?
5. 积木建造是否变得更复杂并在活动中伴有装扮游戏?

三　装扮区（dramatic area）

装扮区鼓励幼儿与他人谈话以发展语言技巧,幼儿在该区的角色扮演和设立游戏活动中,会增进沟通技巧,当他们重新创造真实生活情境时,则可以学习有关于他们的世界,并发展问题解决技巧。

装扮游戏,常见的角区设计有餐厅、超级市场、诊所/医院、美容院/理发厅、建筑工事、机场、邮局等等。对此,Spodek 和 Saracho(1994)曾引介 Bender 针对教室所提出的道具盒(prop boxes)设计,在每个道具盒中皆有一种能协助儿童特定装扮游戏主题的器材,如果没有特定的盒子,也可以用空的文具盒或硬纸盒来代替,每个盒子的外面都应标示这个道具盒所表示的主题,以及详列里面道具的清单,这些道具盒里面的道具足以促进游戏的进行。一旦盒子被取用,教师应留意其中的物品、道具是否清洁,同时对于耗材,应在放回储藏室之前予以更新,如机会一来,即可派上用场。道具盒的内容,如表 2－7 所示。

表 2－7　道具盒的内容

餐厅	塑胶餐具、餐巾、餐巾架、托盘、盐和胡椒罐、菜单、点菜本、铅笔、海绵、毛巾、塑胶食物、烹饪用具、白围裙、收银机及电话。
超级市场	空的食物盒及罐头、购物车、玩具钞、收银机、标语、超市广告单。
诊所/医院	听诊器、体重器、纱布、绷带、胶带、玩具针筒、白衬衫或外套、空药罐。
美容院/理发厅	镜子、梳子、毛刷、发卷、空洗发精瓶、空喷发胶罐、可盖住儿童衣服的布、玩具、刮胡刀、刮胡刷。
建筑工事	工具,如榔头、锯子、螺丝起子、扳钳及鸭嘴钳、工具箱、油漆刷、水桶、安全帽、油漆工帽、工作服、卷尺。

续 表

机场	航空公司的登机走道、机票信封、地图、飞行员帽、小行李箱、行李标签、餐点托盘、方向盘、计量器。
邮局	信封、明信片、用过的邮票、橡皮章及印泥、纸、铅笔、玩具钞、当作邮筒的空牛奶瓶。

资料来源: *Right from the Start: Teaching Children Ages Three to Eight*, B. Spodek & O. N. Saracho, 1994, p. 277.

幼儿的装扮游戏通常与其生活经验相结合, 就诊所/医院而言, 大多数的幼儿都到过诊所许多次, 也可能到过医院, 或经由父母、朋友而学习到与医院有关的事情, 诊所和医院通常被幼儿视为让人提心吊胆的地方, 他们对这些区域所发生的事只知道一些。如果教室设计诊所/医院区, 可以让幼儿有机会尝试新的角色, 也可以和他们谈谈参观过的诊所或医院, 以了解诊所/医院的功能及其所能提供的医疗健康服务。

装扮区依其装扮游戏内涵, 各异其趣, 教师可视课程主题或幼儿兴趣之需, 择要或轮流设置。兹限于篇幅, 仅以诊所/医院区为例, 特参考 Isbell(1995)的研究及其他学者专家(Beaty, 1992b; Brewer, 2001; Click & Click, 1990; Coody, 1992; Heidemann & Hewitt, 1992; Marion, 1991; Pattillo & Vaughan, 1992; Spodek & Saracho, 1994)之见解, 就诊所/医院的学习目标、运用时间、空间配置、基本器材、增加活力和角区评鉴等六项加以说明, 并附装扮区设计参考图(如图2-14), 以供幼儿活动室学习区设计与运用之参考。

(一)学习目标

1. 了解健康医疗专业人员所提供的服务。
2. 学习使用与诊所/医院有关的新字汇。
3. 有机会扮演不同的角色并感谢他们对社区的协助。
4. 经由装扮游戏以帮助幼儿了解幼儿关切和害怕的医疗事务。

(二)运用时间

诊所/医院区应至少设置两周, 才有足够的时间让幼儿检视与健康医疗有关的器材, 并做角色扮演。为配合其他学习区, 或幼儿的兴致仍然高昂时, 可保留该区, 让它运作一段较长的时间。

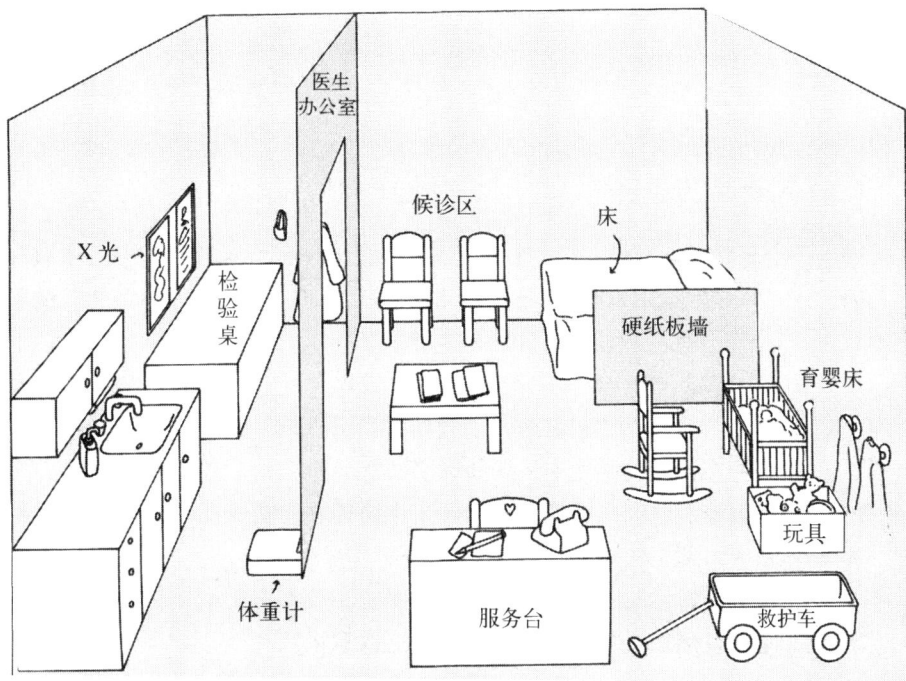

图 2-14 装扮区(诊所/医院)

资料来源: *The Complete Learning Center Book: An Illustrated for 32 Different Early Childhood Learning Centers*, R. Isbell, 1995, p. 115.

(三)空间配置

1. 诊所/医院区的位置,可与大团体活动区或积木区合并设计,装扮器材可以彼此交流。

2. 诊所/医院区的桌椅,容纳 2 人(医生和病人)坐即可。

3. 诊所/医院区的展示,可运用墙或分隔板,张贴食物的营养照片或洁牙的模型或图片,以利观摩学习。

4. 诊所/医院区的储藏,装扮用的衣服(如医生、护士)可以用一般塑胶衣橱或简易的晒衣架收存,另有道具箱收纳有关器材(如听诊器、体重器、纱布、绷带、胶带、玩具针筒、空药罐等)。

(四)基本器材

1. 诊疗器具:听诊器、处方便条纸、诊所用的电脑/打字机、带夹子的写字板、电话、旧的 X 光照片、面具、手套、移动医院病人的推车、实验室夹克、护士帽、眼镜、洋娃娃。

2. 急救用品：绷带、胶带、纱布、安全剪刀、棉球、空酒精瓶、空的已消毒软管、肥皂。

（五）增加活力

增加一个育婴室,育婴室的设备包括：洋娃娃、天秤盘、摇椅、婴儿瓶、尿布和柔和的音乐。本区的运用,让幼儿照顾婴儿并谈一谈他们的经验,许多幼儿的家庭中有婴儿,他们会很喜欢此一延伸的医院经验。

（六）角区评鉴

1. 幼儿是否在他们的游戏中运用新的字汇?
2. 幼儿是否演示他们了解在诊所或医院中所提供的服务?
3. 幼儿是否以适当的方式对待他们的"病人"?
4. 幼儿是否会显示出一些他们对诊所或医院相关的害怕和关切?
5. 幼儿是否发展出适当的健康服务是有益的意识?

四 科学区（science area）

幼儿对他们世界中的事物感到好奇,教师应激励幼儿在科学区发问,在此地,幼儿成为科学家,学习他们已见过的器材,或探索引起他们兴趣的新事物。科学区允许幼儿贴近检视事物,比较和对照,并导引出他们所观察的结论;在这里,自然和幼儿结合,产生一个刺激的环境,为科学探究的开始提供一个积极的基础。

在集会时间,包含一个幼儿有兴趣的自然事项,如在春天花朵盛开之际,分享花的球茎,谈论关于球茎和对开花的预测,并将球茎置于科学区,让幼儿能观察和记录所发生的改变。

科学是探究的历程,也是我们生活的一部分。Taylor(1991)认为科学经验对幼儿的主要价值有：

1. 建立他们及其环境的信念。
2. 获得所需的第一手经验。
3. 发展基本的观念。
4. 增进观察技能。
5. 经历使用工具、设备及类似器材的机会。

6. 在问题解决中获益。

7. 刺激他们探索和发现的好奇心,同时增加其基本的知识。

8. 发展知觉、身体、情绪、智能、精神和社会的属性。

9. 通过词汇的增加以及问答的机会发展语言。

有鉴于此,特参考 Isbell(1995)的研究及其他学者专家(Brewer,2001;Click & Click,1990;Olds,2001;Taylor,1991)之见解,就科学区的学习目标、运用时间、空间配置、基本器材、增加活力和角区评鉴等六项加以说明,并附科学区设计参考图(如图 2 - 15),以供幼儿活动室学习区设计与运用之参考。

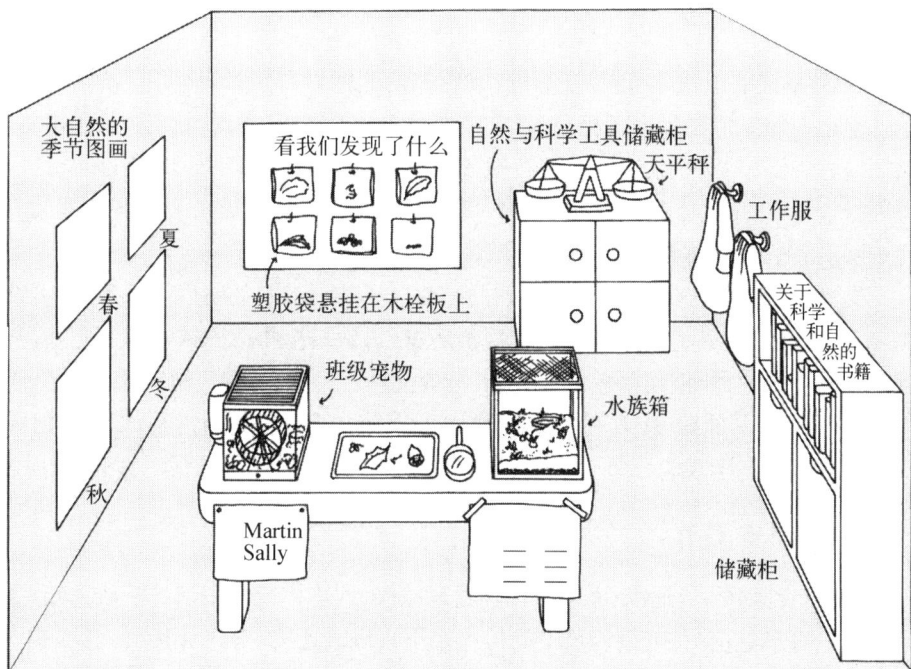

图 2 - 15 科学区

资料来源:*The Complete Learning Center Book: An Illustrated for 32 Different Early Childhood Learning Centers*, R. Isbell, 1995, p. 98.

(一)学习目标

1. 学习有关于自然的环境。

2. 试验和记录他们的观念。

3. 发展问题解决和发问的技巧。

4. 评价和使用科学探究的方法。

（二）运用时间

1. 科学区应有季节性材料（seasonal materials），以因应幼儿的转变；虽然自然的现象会随季节变化，科学器材仍要整年保持一样。

2. 科学区每一实验阶段（约2—8周），应以一个主题深入探讨为宜，避免五花八门实验杂陈，如同时有"浮力实验""彩虹实验"或"清洁剂实验"等，易使实验止于皮毛游戏，无法一窥科学奥妙殿堂。

（三）空间配置

1. 科学区的位置，应设于安静的区域，让幼儿能专心观察、做实验，最好能与室外的小动物屋舍与栽培区相通，以利室外观察、实验，室内则可与图书区相邻，以利随时查阅相关图书（如幼儿百科全书），加以探讨、印证；室外饲养的动植物，应安排值日生，每日定时照顾（如浇水、换水、添加饲料、打扫等）。此外，科学区需临近水源、光源（以自然光为佳）及电源，以利各种实验的进行。

2. 科学区的桌椅，应有宽阔的操作台，供4—6人使用，如室内空间不足，可设于半室外空间（室外檐廊区），也可善用走廊窗台，栽培植物或养蚕宝宝。此外，科学区应有公布栏、黑板或白板，并提供纸笔等文具，以利随时做实验记录。

3. 科学区的储藏，应有开放的储藏空间，存放常用的仪器与工具，以利随时掌握可能发生的科学现象。每一种实验器具都应有固定位置，作好标示，以利取用。

（四）基本器材

1. 实验器材：望远镜、滑轮、三棱镜、地球仪、人体构造模型、磁铁、放大镜、手套、镊子、玻璃缸（养鱼或供成长中的植物之用）、班级宠物（几内亚猪、白老鼠或大颊鼠）、动物笼、栽培槽、有盖的清洁罐、展示盒、海绵、吸管、秤盘、测量工具、杯子、汤匙、不易碎的镜子、塑胶水桶、小铲子、大型滤器、制图纸和标签、塑胶管、漏斗、点眼药器。

2. 书写器材：纸张、笔记簿、铅笔、圆珠笔、削铅笔机、贴纸。

3. 辅助器材：安全剪刀、订书机、订书针、打洞器、糨糊、胶水、口红胶、胶带、纸夹、橡皮筋、橡皮擦、铁丝、细绳。

（五）增加活力

把吸管置于塑胶碗边，碗内装深5—7.5 cm的清洁剂和温水，鼓励在该区的幼儿探究该混合物,看看吸管如何能改变该液体,让幼儿通过观察来绘图记录他们的经验。

(六)角区评鉴

1. 幼儿是否对科学区内的事物有兴趣?
2. 幼儿是否彼此谈论有关自然的事物?
3. 幼儿是否用系统的方法以有用的工具来检视和探索?
4. 幼儿是否采用图示和(或)其他方法来记录资料?
5. 幼儿是否发现新的方法来学习自然?

五 图书区(library area)

图书区是幼儿教室中一个重要的区域,其设计要能吸引幼儿到该区,并能掳获他们在书籍和相关材料上的兴趣。为了吸引幼儿,图书区必须符合幼儿的主动学习取向(active approach to learning),Isbell(1995)认为有两项做法,可让图书区成为教室活动的中心(the hub of classroom activity),以及幼儿会选择去"读"的场所:首先,教师与幼儿一起访问一个公共图书馆或学校图书馆,借出一本会在教室图书区阅读的书,并让幼儿知道图书区是教室中可以享受书籍和故事的一个特殊场所。其次,展示图书让幼儿可以看到封面,并易于选择吸引他们的图书,而柔软的枕头和填充玩具(stuffed toys)可增添图书区惬意的气氛。

在这里,孩子自己或和其他小朋友一起看书、读书、听故事、说故事或编写故事。图书区可让幼儿情绪安逸,了解文字与语言的不同功能,享受阅读和书写的乐趣,学习新语汇,认识中国文字的特质,培养倾听与表达能力,并能拓展生活想象空间,甚值采采设计。

兹参考 Isbell(1995)的研究及其他学者专家(Beaty, 1992b;Brewer, 2001;Click & Click, 1990;Coody, 1992;Essa, 1996;Olds, 2001;Taylor, 1991)之见解,就图书区的学习目标、运用时间、空间配置、基本器材、增加活力和角区评鉴等六项加以说明,并附图书区设计参考图(如图2-16),以供幼儿活动室学习区设计与运用之参考。

(一)学习目标

1. 发展幼儿对不同书籍、杂志和其他印刷品之兴趣。
2. 学习以许多方式呈现故事,如书籍、杂志、录音带、绒布故事(flannel

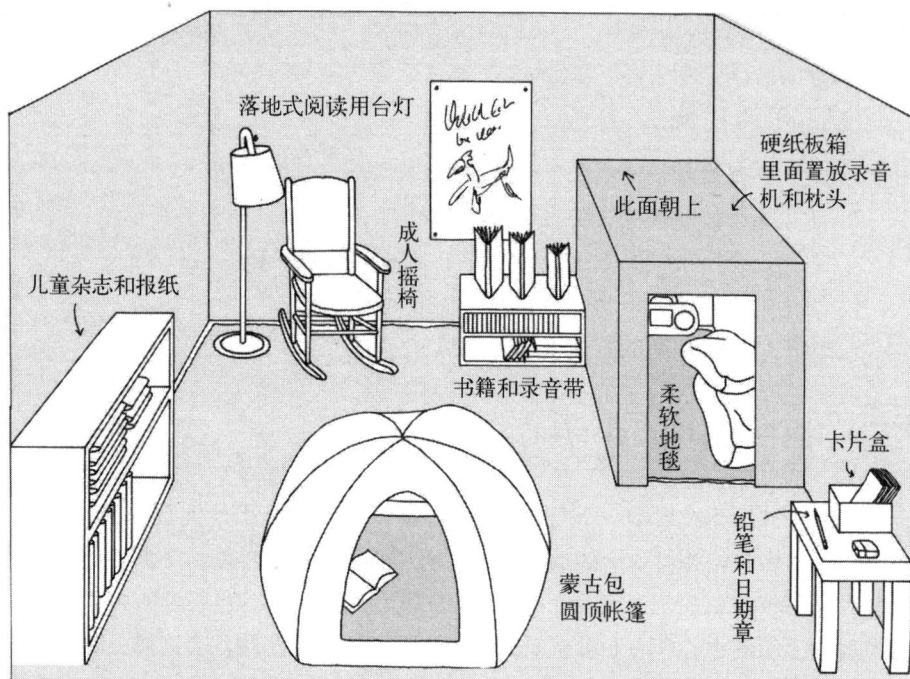

图 2 - 16 图书区

资料来源：*The Complete Learning Center Book: An Illustrated for 32 Different Early Childhood Learning Centers*，R. Isbell，1995，p. 73.

stories)、木偶秀。

3. 喜欢阅读书籍和重复说故事(retelling stories)。

（二）运用时间

图书区应设于每一个幼儿教室内，并成为幼儿整年有用环境的一部分。每月改变书籍的套组和加入有趣的材料，以维持全年的热忱，图书区会告诉幼儿书籍是很重要的。

（三）空间配置

1. 图书区的位置，需置于光线充足（专属灯光和一些自然光源）的安静角落，可与说故事区合并设计。如无可供阅读的专属空间，那么书籍也可以放在幼儿感兴趣的其他角落中（如装扮区）。

2. 图书区的情境，可设计 2—6 人围座的方桌或圆桌，或在地面铺地毯或塑胶组合软垫,如果再放置一些舒适的枕头、懒骨头(beanbag chair,豆袋椅)、毯子、填充动物及玩偶等,则会更受人欢迎。

3. 图书区的图书,应用可使书籍封面朝上的书架展示(一次可展示 20—25 本书),并加以特殊设计,才能引起孩子的兴趣。其次,3—4 岁幼儿注意力无法持久,所选的图画书内容不要超过 15 个画面;另因 5 岁幼儿语汇丰富、求知欲强,图书情节复杂、富刺激性与原创性,较能吸引他们的兴趣,尤其是故事主角的人格特质,常是吸引幼儿兴趣的关键。此外,富启发性的文字游戏、科学性或动植物等类别,也是幼儿的热门书籍。还有图书的纸质不会反光,字体则不小于 0.7 cm^2,幼儿双手能握持的 25 开本大小(戴文青,2000),都应详加考虑。至于图书的数量,原则上图书区同一时间每 1 名幼儿至少有 5 本书。

4. 图书区的储藏,储藏柜长 120 cm×宽 30 cm×高 75 cm,书架采开架式,各种书写器材[如便条纸、笔记簿、硬纸夹、铅笔、钢笔、麦克笔、蜡笔、削铅笔机、贴纸、印戳(印章)、印台等],应分类收纳在小盒子、小箱子、小桶子中,并贴上标签或图示,以利幼儿取用。

(四)基本器材

1. 图画书籍:一套幼儿图书(适于教室中幼儿的兴趣和发展层次)、图书区同一时间每一名幼儿至少有 5 本书(例如该区 5 名幼儿×5 本书=25 本书)、幼儿的杂志、附录音带的书(一起放在可以再密封的塑胶盒中)与配故事附件的绒布板,置于塑胶盒中(用于幼儿重复说故事)。

2. 辅助器材:卡式录音机、耳机(提供私人听音乐的机会)、柔软可移动的枕头(如细麻布椅垫)、介绍新书的海报或幼儿读书的图片(展示在图书区)、图章、打印台和卡片(出借图书用)、小桌子和椅子(用以书本盖章和签名)、报纸和"迷你版"(幼儿新闻版)、大型纸板箱、灯具或钳夹灯(提供一个适于阅读的良好灯光区)、泰迪熊。

3. 书写器材:便条纸、纸张、笔记簿、硬纸夹、铅笔、钢笔、麦克笔、蜡笔、削铅笔机、贴纸。

(五)增加活力

1. 观察幼儿可能会对图书区内的器材感觉无聊,发生此一现象时,增加一本特别的书或带新的道具到图书区,以增加图书区的趣味。

2. 利用大型纸板箱,一边可以打开,以创造出一个"私密的阅读空间",并在箱子内装一个闪光灯,以增加该区的吸引力。

3. 运用一个特别的物项引起到该区的兴趣,如圆顶帐篷、浴盆、无脚长椅、悬吊的降落伞、凸升平台或空气垫等。

（六）角区评鉴

1. 幼儿是否在图书区"阅读"书籍?
2. 幼儿在自由选择时间是否选择到图书区?
3. 幼儿是否运用图书区的道具和器材来阅读或说故事给别人听?
4. 幼儿停留在该区的时间长短是否合理?
5. 幼儿是否谈论他们在图书区所看过的书本和(或)玩过的道具?

六 建造区（construction area）

建造区有人称之为"木工区""工作区"或"工艺区",在此激励幼儿建造、设计和创造结构,本区也可视为积木区的延伸,幼儿运用与积木区不同的永久性建造技术,订、粘和结合器材,作品展示后,可带回家。另外,为引起幼儿到建造区之兴趣,教师可在集会时间,选一些会置于建造区的器材,如皱纹纸板、金属和塑胶容器、气泡包装纸和小片木材等,先让幼儿检视、感觉和讨论这些器材,并要求幼儿建议其他的结合方式,然后再将这些器材置于建造区内让幼儿使用。

在建造区里,可看到孩子们拿着幼儿专用的锤子、锯子、螺丝钉和螺丝帽,高兴地搭建着他们的作品。对孩子们来说,能使用曾经看过大人日常生活使用的工具,是非常令人兴奋的经验。他们可以尽力敲钉子和锯断木板,并享受钉与锯的满足感,有些孩子则会制作一些有趣的桌椅、床、鸟屋之类的小道具,拿到装扮区使用,在制作过程中,他们会并用美劳区的器材,或将其创作拿到美劳区涂色。建造区可以锻炼幼儿手臂肌肉、发展手眼配合的能力,并让幼儿练习发表自己的构想,甚值参采设计。

兹参考 Isbell（1995）的研究及其他学者专家（Olds，2001；Pattillo & Vaughan，1992；Taylor，1991)之见解,就建造区的学习目标、运用时间、空间配置、基本器材、增加活力和角区评鉴等六项加以说明,并附建造区设计参考图(如图 2-17),以供幼儿活动室学习区设计与运用之参考。

（一）学习目标

1. 计划和建造立体的产品。
2. 运用创造思考以解决他们的建造问题。

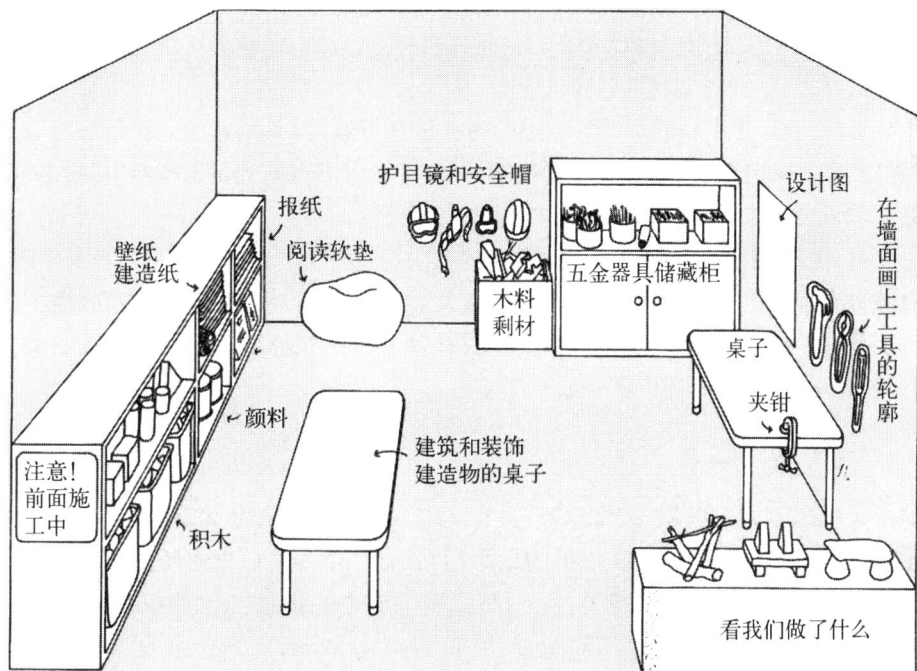

图 2 - 17　建造区

资料来源：*The Complete Learning Center Book: An Illustrated for 32 Different Early Childhood Learning Centers*, R. Isbell, 1995, p. 162.

3. 幼儿完成建造和展示他们的作品，以增加他们的自我信心。

4. 幼儿运用新的和独特的器材，以发展他们的弹性思考(flexible thinking)。

（二）运用时间

每年在幼儿教室的不同时段应设置建造区，它可作为积木区的延伸。建造区的运作，通常两周是一个很适当的时间长度，第二周以后，应观察该区是否需注入新的活力，以保持其效能。

（三）空间配置

1. 建造区的位置，可以设置在室外，惟需远离一般通道之外；若设置在室内，可安排在美劳区附近，因为幼儿会同时使用这两区来进行他们的设计方案。

2. 建造区的工作台，如空间足够，以长 120 cm×宽 30 cm×高 75 cm 为佳(板面尽可能厚一些，以减少噪音)，或将木板以螺钉拴紧在低的锯马或树的残干上自制一张工作台,惟应注意其坚固性,并避免有刺伤幼儿可能的尖角。此外,可运用护目镜和硬帽来限制使用该中心的幼儿人数(2—3 人),在建造区工作时,所有的幼儿必须戴帽子和护目镜,以策安全。

3. 建造区的作品展示,墙、矮柜或展示板皆可运用,并可让幼儿自行布置,以利彼此欣赏和分享经验,与美劳区相同的是,应注意不可陈列示范作品,以免限制幼儿的创意思考。

4. 建造区的储藏,一般工具可用钩子挂在木板上(绘上工具外形),也有将工具收存在矮架上或放在大型工具箱内;装钉物,可以收存在贴有图片或实物标示的容器(如小金属罐或饼干桶)内;木头碎片和其他建筑器材,则可分类装入贴有标签的盒子、牛奶箱、冰淇淋桶或字纸篓内。

(四)基本器材

1. 建造工具:铁锤、拔钉铁锤(头重 12 盎司)、锯子(横锯,每寸 10—12 齿)、螺旋钳、螺丝起子(有硬塑胶把手的最耐用)、钳子(中号)、C 型钳子虎头钳(安装在工作台的任一端)、测量卷尺、水平仪、配螺丝钳的桌子、白松木片或其他柔软木材、瓶盖、箔、塑胶镶条、标签、砂纸、接触纸(contact paper)、壁纸片、树皮、塑胶包装纸、报纸连环图画版。

2. 连接器材:钉子、螺丝钉、螺帽、螺旋垫圈、高尔夫球座、牙签、铁丝、金属线、面具胶带、塑胶结合积木(plastic interlocking blocks)和其他建造积木(用以建造小结构或创作模型)。

3. 其他:安全护目镜、黄色塑胶硬帽、"警告牌"(caution)(示范适当的工具使用和督导该中心的活动)。

(五)增加活力

提供幼儿罕有的建造物品,以激励他们的思考更有创造性,或能以新方法来建造。激励新观念的器材,包括装蛋的纸板盒(egg cartons)、小嫩枝、几条绳子、特殊的纸板盒、树的残干、电线、一长条木材、格子板(lattice board)、小轮子和狭布条(cloth tape)。

(六)角区评鉴

1. 幼儿是否以他们从未用过的器材来建造?

2. 幼儿是否一起工作以决定如何设计和建造作品?

3. 幼儿是否在他们建造建筑物时,运用问题解决和创造思考?

4. 幼儿是否在使用建造区的器材和工具之能力上变得更有信心？

5. 建造区内的书本和书写材料是否增进读写能力？

七 音乐区(music area)

幼儿易受音乐和声音的迷惑，音乐的声音和节奏，常激起幼儿欢乐之情。幼儿是音乐创作者，他们喜欢唱歌、玩乐器、编歌、敲击、跳舞及听音乐，在这里，他们使用简单的乐器，如木琴、小鼓、响葫芦、三角铁，一起动一动、跳一跳，有时候也会跟着录音机、录音带的音乐，又唱又跳，摇头又晃脑。音乐区是幼儿以声音试验并创造他们自己音乐的一个环境。在此区，幼儿是音乐家，快乐地制作他们的音乐并与他人分享。

Isbell(1995)建议在集会时间，教师让幼儿分享未曾见过的夏威夷四弦琴(ukulele)、弦齐特琴(autoharp)、三角铁或其他乐器。同时，让幼儿随意地拨弦，并听"新"乐器所产生的声音。在集会时间结束时，将此乐器置放于音乐区内。音乐区可以训练幼儿的听音能力、发音能力及对音乐节奏的反应，学习使用乐器、抒发情感、锻炼体格，并带给幼儿愉悦和创造性的经验，甚值参采设计。

兹参考 Isbell(1995)的研究及其他学者专家(Brewer, 2001; Olds, 2001; Pattillo & Vaughan, 1992)之见解，就音乐区的学习目标、运用时间、空间配置、基本器材、增加活力和角区评鉴等六项加以说明，并附音乐区设计参考图(如图 2-18)，以供幼儿活动室学习区设计与运用之参考。

(一)学习目标

1. 让幼儿享受制造音乐和参与音乐活动的乐趣。

2. 探索由许多不同的物体和乐器所制造的声音。

3. 听多样的音乐。

4. 幼儿用他们的感觉学习新的表达方式，以建立他们的自我概念。

(二)运用时间

音乐和声音区应在整年的幼教课程中轮替，一次大约保留两到三周。该区每次的设置，在激发孩子制作音乐的兴趣上，应有所更新。

(三)空间配置

1. 音乐区的位置，因常发声，通常很吵，可考虑设在装扮区或积木区的旁边，

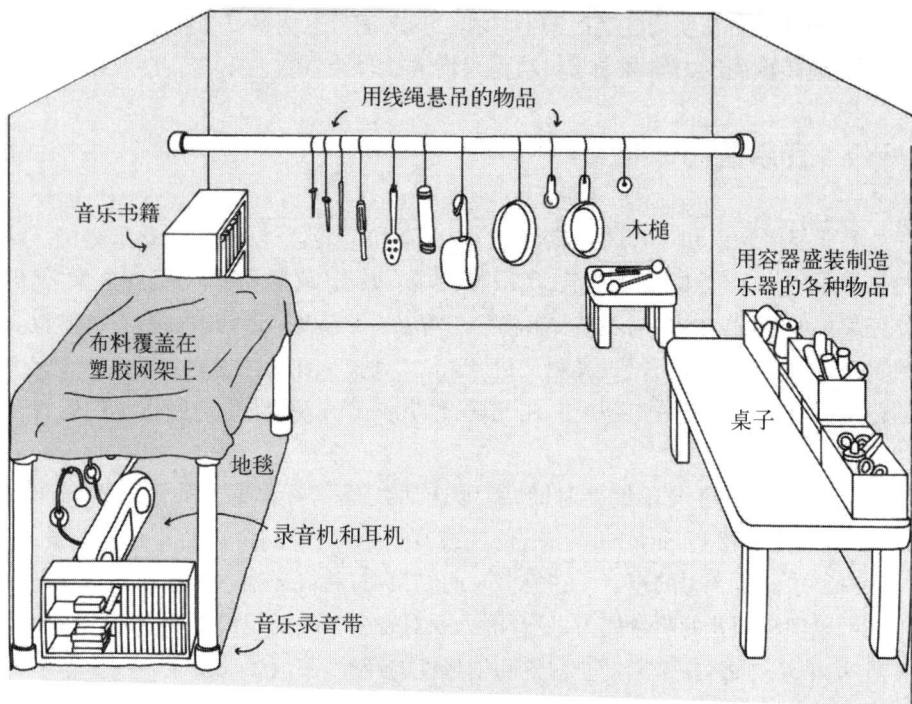

图 2 - 18　音乐区

资料来源：*The Complete Learning Center Book: An Illustrated for 32 Different Early Childhood Learning Centers*, R. Isbell, 1995, p. 83.

与大团体区合并设计,这样大团体律动时间就会很方便。如有必要,可以考虑将音乐区移到半室外空间,将会降低对室内的干扰,有单独的韵律教室更为理想。另外,为播放录音带或 CD 音响,音乐区应临近电源插座。

2. 音乐区的大小,至少 2.4 m×3 m,地板铺地毯会有吸音和静音效果,墙壁装壁毯或软木塞板,也会有吸音之效。

3. 音乐区的储藏,储藏柜长 120 cm×宽 30 cm×高 75 cm,陈列乐器的方法,可将乐器和律动器材(如彩带、扇子)分别放置,也可将乐器挂在木板的挂钩上,并在板子上画上乐器的轮廓,如此幼儿便可以知道乐器要挂在哪里。此外,录音带上可粘贴让孩子能辨识的标签,例如在非洲鼓声录音带贴上人打鼓的图片,以利取用。

(四)基本器材

1. 乐器:打击乐器如:节奏棒、鼓、铃鼓,三角铁、响葫芦、瓢器、敲击棒、铙钹、木琴、口风琴、铃、摇荡器、铃当-手摇铃、腕铃、脚踝铃、铁琴、简单的管乐器、哨子、滑动伸缩笛子、玩具笛。

2. 舞蹈道具：丝巾、彩带、缎带、呼啦圈、凌波舞杆。

3. 辅助音乐：卡式录音机、录音带和 CD 音响（包括多个演奏家的录音、幼儿的歌唱，专业演奏家、管弦乐队和管乐队、民俗音乐、流行音乐等，并注意来自不同文化的音乐录音带，应配合适切的乐器）。

（五）增加活力

邀请小学或中学管乐队或管弦乐队中的音乐家到音乐区来，并要求该音乐家演奏他/她的乐器，让幼儿欣赏。

（六）角区评鉴

1. 幼儿是否使用该区内的乐器？

2. 幼儿是否试验以听乐器和日常物品产生的不同声音？

3. 幼儿是否制造乐器并结合器材以创作音乐？

4. 幼儿是否喜欢不同性质的音乐？

5. 幼儿对他们的音乐能力是否有信心？

八 沙水区（sand and water center）

沙水游戏对幼儿很重要，这些自然的材料激励他们探索和试验，以观察有关于他们的世界。当幼儿与材料互动时，他们协调并发展新的方法以成功地使用工具。幼儿对沙和水有兴趣，使此区成为一个有效用的场所，可增进幼儿的注意广度（attention span），也会使他们投入有意义的活动（Isbell，1995）。

在这里，幼儿可以自己玩、在别人旁边玩，和别人一起玩或成群一起玩，他们是忙碌而主动的，可以发出噪音，体验到沙和水变化的趣味，还可以享受到想象的乐趣，如用沙水来钻隧道、叠山脉、疏渠道、筑湖泊、泛舟船、铺马路、盖城堡、建游泳池等，变化万千，趣味无穷。幼儿在倾倒、混合、填充、挖洞、灌注、塑造、泼溅时，就学到了空间概念、数字概念及语言表达，也可尽情抒发情感和想象，发挥创意思考，因此沙水区有其值得参采设计之处。

兹参考 Isbell（1995）的研究及其他学者专家（Brewer，2001；Taylor，1991）之见解，就沙水区的学习目标、运用时间、空间配置、基本器材、增加活力和角区评鉴等六项加以说明，并附沙水区设计参考图（如图 2-19），以供幼儿活动室学习区设计与运用之参考。

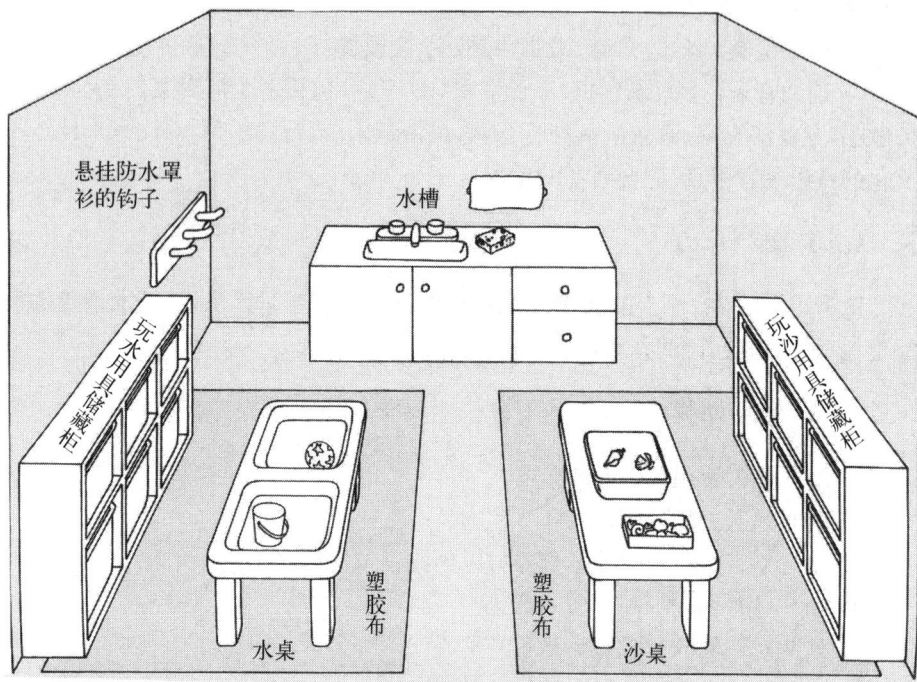

图 2 - 19 沙水区

资料来源：*The Complete Learning Center Book: An Illustrated for 32 Different Early Childhood Learning Centers*, R. Isbell, 1995, p. 65.

（一）学习目标

1. 学习环境中有关的自然因素。

2. 幼儿操作材料和工具，以发展小肌肉的协调性。

3. 给予试验材料的机会，并能很快地反应到他们的行动中。

4. 运用问题解决以探索沙和水的特性。

（二）运用时间

此区包括沙、水或两者兼有，运用不同的器材组合，可整年在教室中轮替。

（三）空间配置

1. 沙水区的位置，须接近水源，通常设于室外或半室外空间，设于室内可与美劳区、家事区邻近，共用水槽，以利用水及清理；如空间不足，也可并入美劳区中设计。

2. 沙水区的区隔,如空间足够,沙桌和水桌宜分开设置;如空间不足,沙水可同桌,但要隔成两区或三区(中间沙水共用区)。

3. 沙水区的地板,以易清洁的瓷砖或塑胶地面为佳,若无此条件,也可覆盖塑胶布或浴帘。

4. 沙水区的沙水桌,以 5 岁幼儿而言,高度约 60 cm,四周的走道空间至少80 cm宽,桌底悬空净深至少 48 cm(Ruth,2000),让坐轮椅的幼儿也可以靠近玩沙水。

5. 沙水区的储藏,储藏柜约长 120 cm×宽 30 cm×高 75 cm,以开架式收藏玩沙水的工具,如小水桶、小铲子等;其他小型道具,如小车子、小动物、小人偶,应具耐水性,并分类存放于收纳箱中,贴上标签或图示,以利幼儿辨识、取用和整理。如空间不足,也可以小水桶分类收藏沙水游戏器具。

(四)基本器材

1. 沙水器具:细沙、自来水、沙/水桌、小水桶、小铲子、塑胶量杯、塑胶量匙、漏斗、滤器、石头、小鹅卵石、木片、贝壳、各式喷水罐、喷雾罐、游戏沙袋(消毒过的)、喷雾瓶、盛水瓶(弄湿沙)、塑胶管、海绵、吸管、医药滴管、天秤盘、大汤匙(有滤孔和无滤孔)、盘子、长柄勺、蛋搅拌器、塑胶有孔的盐罐、人造奶油桶。

2. 游戏道具:小型玩具,如:塑胶动物、玩具人、小塑胶轮具玩具、塑胶蛋、贝壳、小刷子。漂浮器具,如:软木塞、海绵、泡绵、冰棒枝、细枝。

3. 其他:防水罩衫、塑胶或浴帘衬垫(置于桌面和地板上)、小扫帚、畚箕或小型手持真空吸尘器、清洁的塑胶盒(用以储存和道具分类)。

(五)增加活力

1. 有颜色的水(colored water):如果幼儿对水游戏失去兴趣,增加一些色彩到水中,如绿色或橘色水,可为沙水区提供新的游戏诱因及活力的想象。

2. 湿的沙(wet sand):湿沙和干沙的操作反应不同。可对沙喷水至压挤时可成形,也可增加一些道具,如大塑胶梳子(a large plastic comb)、棍棒、玩具倾倒卡车、切饼器和制饼模,并与幼儿一起用图表示湿沙和干沙的相似性和差异性。

3. 沙水替代物:如栗子、树叶、松针、贝壳、小圆石与石头、小砂砾(豌豆形状)、大理石、水与肥皂泡沫、刮胡霜等,可能会给幼儿不同的新奇感。

（六）角区评鉴

1. 幼儿是否探索沙和水的特性？

2. 幼儿是否选择沙水区内不同的道具做试验？

3. 幼儿在灌注、滤过和填满时是否改进他们的小肌肉协调？

4. 幼儿是否负责地使用器材并在该区游戏结束时加以清理？

5. 幼儿是否在他们参与该区活动时讨论他们的活动？

九 电脑区（computers area）

21世纪，电脑已成为生活中不可或缺的一部分，幼儿教室设计电脑区已成普遍趋势。幼儿3岁即可介绍电脑，在电脑使用上，幼儿绘图（如为其积木游戏绘标示），制作面具与珠宝，玩配对、比较、计算与记忆的游戏，"驾驶"银幕上的火车、汽车与船，试验字母以及写自己的故事。正因为电脑区，如 Nelson、Killian 和 Byrd 所归结的，能提供幼儿讨论、比较、知识建构、相互激励、磋商、个人能力和师生欢乐的情境（引自 Taylor，1991），也能增进幼儿的科技能力，并激励社会分享和认知（Gimbert & Cristol，2004），该区设置的重要性，不言而喻。Beaty（1992b）并清楚地列明幼儿教室应考虑设置电脑区的主要理由：

1. 电脑的互动形态使幼儿喜欢。

2. 电脑结合视觉和语言学习，对幼儿特别有帮助。

3. 电脑使个别学习更容易。

4. 电脑使不同背景的幼儿成为平等者。

5. 电脑是幼儿积极自我形象的有效提升者。

基本上，电脑使用的目的，大人和幼儿不同。对大人而言，电脑是一个用来执行一项特定任务的工作工具（a working tool）；对幼儿而言，电脑是一个学习工具（a learning tool），可协助他们发展特别的技能，从强力的互动学习中，促进幼儿社会、情绪、身体、认知、语言和创造领域的发展。因此，幼儿教室电脑区的使用应注意（Beaty，1992b）：

1. 幼儿教室的电脑不是单一幼儿的工具，而是操作者（operators）与观看者（onlookers）的小团体活动（如图 2-20 所示），亦即至少让 2 名幼儿探索、研讨并与他人轮流使用。

2. 教师教导幼儿使用电脑，在年度开始，先作小团体示范，每次 4—5 名幼儿，教师坐一个位子，幼儿坐一个位子，教师示范如何拿磁碟片，把程序片插入磁碟，

幼儿教室的电脑不是单一幼儿的工具,而是操作者与观看者的小团体活动。

图 2 - 20 电脑区

资料来源:*Preschool: Appropriate Practices*, J. J. Beaty, 1992b, p. 72.

锁上磁碟,打开屏幕,如何启动电脑,然后关机,并让坐在椅子上的幼儿随之操作一遍,其余的 3—4 名幼儿则在一旁观看,其后轮流跟着做。

3. 电脑区通常是幼儿教室最受欢迎的学习角落之一,可于电脑角的入口设签名单列管,让每一位幼儿都可使用一回。开始时,一周只有一个程序,或让幼儿都有一次机会尽情地使用。

4. 使用电脑的规定,不要超过三条并以图例设置在旁边:(1) 手要干净(黏黏的手指会粘住键盘键);(2) 电脑角不许有液体(将液体弄到电脑上可能是幼儿会作的唯一伤害);(3) 一次 2 名幼儿才可使用电脑。

另外,在电脑区教学上,Clements 建议:(1) 循序渐进介绍电脑操作,一次介绍一或两个程序;(2) 鼓励幼儿 2 人一组共同使用电脑;(3) 一开始要给予许多鼓励和指导,再逐渐增加自我导向及合作学习,但仍应给予指导;(4) 教导儿童有效地合作;(5) 了解儿童发展的限制;(6) 督导幼儿的互动情况,以确保所有人都积极参与;(7) 避免在幼儿发问前即予小考或提供协助;(8) 在电脑活动中,如同其他活动一般审慎计划,并提供适切的准备及追踪(引自 Spodek & Saracho,

1994）。Brewer(2001)也特别指出，电脑运用训练和练习程序会使幼儿失去创意，幼儿教室电脑的运用，较好的是创造故事和图画，值得幼教教师教学参考。

还有，在电脑软件的选择上，应以好读、好操作、具亲和力、符合课程目的，并考虑其教育价值和教学设计的适切性，教师选择软件时，应先测试并参考幼儿软件文献。目前，供幼儿使用的套装软件愈来愈多，Haugland 和 Shade 在 1990 年所著的《幼儿软件发展评鉴》(*Developmental Evaluations of Software for Young Children*)一书中，评估一百种以上的套装软件，提出十项标准，以判断其发展的适切性：

1. 年龄的适切性(age appropriateness)：概念的教导和方法的提供显示幼儿的实际期望。

2. 幼儿的控制(child control)：幼儿是主动的参与者，决定活动的流程和方向，而非由电脑主控。

3. 清晰的教学(clear instructions)：语言或绘图指导简单而精确，文书教学并不恰当。

4. 扩展中的复杂性(expending complexity)：软件配合幼儿的现有技巧，并建立在实际学习顺序中以顺应挑战。

5. 独立：幼儿能在大人的最少督导下使用软件。

6. 历程导向(process orientation)：幼儿在电脑上完成工作，有一种探索和发现的内在喜悦。打印工作结果虽然很好玩，但非它们的基本目标，而外在的酬赏如笑脸或其他的增强物也都不需要。

7. 真实世界的模式(real-world model)：软件中物体的使用是可靠的世界概念模式，彼此间有适当的比例以及有意义的情境。

8. 技术性的特质(technical features)：幼儿的注意容易被富有色彩、整齐的、活泼的、写实的图案和音响效果之高品质软件所吸引，软件装置和运作也要快，等待时间要最短。

9. 尝试与错误(trial and error)：幼儿有无限的机会创造问题解决、探索多种途径和校正他们自己的错误。

10. 转换(transformations)：幼儿能变更物体和情况，并可看见他们行动的效果(引自 Essa，1996)。

兹参考有关学者专家(Beaty，1992b；Brewer，2001)之见解，就电脑区的学习目标、运用时间、空间配置、基本器材、增加活力和角区评鉴等六项加以说明，并附电脑区设计参考图(如图 2-20)，以供幼儿活动室学习区设计与运用之参考。

（一）学习目标

1. 了解电脑在生活中的重要性。
2. 认识电脑并喜欢电脑。
3. 可以熟练地玩电脑游戏。
4. 运用电脑做一些简易的创作。

（二）运用时间

电脑区应保持整年可用,教师在集会时间向幼儿说明电脑的功能及使用注意事项,并让每位幼儿都有机会到电脑区游戏或创作。

（三）空间配置

1. 电脑区的位置,宜设于光源充足的安静角落,可与图书区合并设计,不可近水源,并应避免电脑屏幕反光。另为安全计,电脑区须设于教室的角落或靠墙,将电脑复杂管线加以整齐地整理,以免凌乱四散,易绊倒幼儿产生危险。

2. 电脑区的配备,因电脑较昂贵,以台湾而言,每间活动室的电脑区以设置1台电脑最为适宜,可供应4—6名小团体幼儿运用。因幼儿喜欢和他人一起讨论,与大人的使用不同,因此每1台电脑必须有2张椅子,使用时,2名幼儿同时上机,其余2—4名幼儿在旁边观看。如空间和经费许可,可装2—3台电脑,并将电脑桌配置成半圆形,让屏幕面向着半圆形的中心,这样可以让孩子在专注于自己的活动时,亦能帮另外的人,也能让大人立即且易看到所有的屏幕。至于,电脑的基本配备,每台电脑主机至少要有一部软碟和足够游戏软件记忆容量的硬碟、彩色屏幕、适合幼儿的游戏软件,并连结网线,而打印机在电脑区只要一部即可。

3. 电脑区的作品展示,墙、矮柜或展示板皆可运用,让幼儿呈现其电脑创意作品,彼此分享经验。

4. 电脑区的储藏,屏幕、键盘和打印机是固定设备,保持在原来桌上即可。其次,常用的游戏软件,直接装在硬碟内,幼儿所用的程序软件磁片则需有安全的收藏盒,但其备份必须存放在幼儿拿不到的地方。此外,电脑用纸,由教师负责装在打印机上,随时准备好,让幼儿方便使用。

（四）基本器材

1. 电脑规格:中央处理器(CPU)(350 MHZ以上)、主记忆体(RAM)(64 MB以上)、键盘(104键)、彩色屏幕、软碟机一台(3.5″)、硬碟机(容量至少9 GB)、光碟机（24倍速以上）、作业系统（Windows 2000）。

2. 周边设备：电脑桌一张、电脑椅两张、鼠标一个、音效卡（声霸卡或相容的喇叭）、彩色喷墨打印机（如有经费，或可置彩色激光打印机）一台、扫描器一台（如有经费）、电脑纸、油墨、多插座延长线、磁片、磁片盒。

（五）增加活力

1. 增加新的游戏软件，其游戏界面、内容和操作方式，能与原有的游戏软件不同，效果更佳。

2. 改变电脑程序的输入控制，将原键盘或鼠标的输入方式，改为触控屏幕（touch-sensive screen）或语音操控（voice-input），让幼儿尝试不同的输入方式。

（六）角区评鉴

1. 幼儿是否常到电脑区并显示对电脑的好奇？

2. 幼儿是否知道如何使用电脑的各项工具和游戏软件？

3. 幼儿是否以其创意思考使用电脑，并与其他幼儿探讨？

4. 幼儿是否以他们的电脑创作为傲并有兴趣展示？

十 益智区（games area）

益智区在国外有许多人称之为"操作区"（manipulative area），大都会与数学的数字游戏结合。基本上，它主要是一个提供孩子玩桌上型规则游戏，如棋类、拼图、七巧板、扑克牌、魔术方块或连环套的地方，国内也有人加入较多的布偶玩具和其他小型玩具，而称之为"玩具区"。

在益智区游戏的孩子，会面临很多的思考和挑战。孩子们在不停的挑战中，获得成功的乐趣，也学习到问题解决的思考方法，在此游戏可以增加手眼协调，可以从多次的成功体验中建立信心，还能和其他的幼儿讨论和彼此分享突破问题的喜悦。游戏中，有些孩子会花时间重复以及扩展新技巧，如善于拼图者可能一再地重复，或在拼图框外拼图，以挑战或超越自己；有些孩子会一起玩简单的配对游戏与假想游戏，如他们可能会用骨牌替橡皮制的农场动物建造一道围墙，或抱着洋娃娃要她们在天黑的夜晚不要害怕，因为"爸爸"或"妈妈"会保护她们。由于益智区充满不确定性的挑战和无限的想象空间，许多幼教学者专家，都会介绍此一区角的设计。

兹参考有关学者专家（Beaty，1992b；Brewer，2001；Click & Click，1990；

Pattillo & Vaughan，1992)之见解，就益智区的学习目标、运用时间、空间配置、基本器材、增加活力和角区评鉴等六项加以说明，并附益智区设计参考图（如图 2-21），以供幼儿活动室学习区设计与运用之参考。

图 2-21 益智区

资料来源：*Arranging the Classroom for Children*，Alward，1973.［引自 Marion，M. (1991). *Guidance of Young Children* (3rd ed.)，p. 88.］

（一）学习目标

1. 在建构中，认识数学的概念和本质。
2. 在游戏中，获得感官的满足并建立信心。
3. 在操作中，促进小肌肉运动与手眼协调。
4. 在探索中，发展主动思考和解决问题的能力。

（二）运用时间

益智区应保持整年可用，并定期地增加新器材，以激发幼儿以不同的方式思考和创造。此外,教师利用集会时间,向幼儿说明益智区的内容及使用注意事项,并鼓励幼儿到益智区建构、组合或创作。

（三）空间配置

1. 益智区的位置,宜设于光源充足的安静角落,可邻近电脑区,避免和较嘈杂的积木区、装扮区为邻;如空间不足,可与图书区合并设计。

2. 益智区的区隔,如空间足够,可利用橱柜、隔板或桌子,再分为拼图区、棋类区、扑克牌区、玩具区,让幼儿选择。

3. 益智区的桌椅,一般设计容纳2—6人,桌子两张(梯形为佳),可并合,桌面宜宽广,以利游戏操作。

4. 益智区的作品展示,墙、矮柜或展示板皆可运用,并可让幼儿自行展示拼图作品,彼此欣赏和分享经验。

5. 益智区的储藏,置物柜约长120 cm×宽30 cm×高75 cm,开架式储藏方式整齐收存。最好系统分类,如分大班、小班,或依规则游戏器具、假扮游戏器具分类。其中,拼图、大富翁、七巧板等要置于原装盒中;扑克牌装回小纸盒中或用橡皮筋捆好,跳棋、象棋、军棋、围棋等,依其类别以原装盒或其他适用小盒子分装;魔术方块、乐高组合玩具,以及小型玩具,如小车子、小动物、小人偶和组合玩具等,则可同类存放于透明塑胶收藏箱中或是没有盖子的篮子中,并贴上标示或图示,以利幼儿辨识、取用和整理。

6. 益智区的整理,因该区的器材种类繁杂,零件特别多,若不善加管理,不但各种游戏器具凌乱,无法辨识运用,也易遗失,因此应教导幼儿每次使用之后一定要仔细收存,如幼儿有困难,教师应给予协助,以免幼儿找不到位置,随处搁置。

（四）基本器材

1. 规则游戏:拼图、乐高组合玩具、扑克牌(简单的游戏,如"步步高升"、"接龙"等)、记忆卡、骨牌大富翁、宾果游戏、魔术方块、连环套、跳棋、象棋、军棋、围棋、珠子与绳子、套杯、套盒、纽扣、弹珠。

2. 假扮游戏:洋娃娃、泰迪熊、国王企鹅、皮卡丘玩偶、玩具钞、玩具卡车、搬运车,小卡车、小汽车、小巴士、小飞机、小直升机、小船、小火车、小人偶(有男女、多元种族)、小动物、小树、小房子、小型农场、城市、动物园、森林。

3. 其他:透明收纳箱、小盒子或小桶子、橡皮筋、小扫帚、畚箕等。

（五）增加活力

1. 改变益智区的情境，原来是有桌椅的设计，一学期之后将桌椅移到别的区角，原地铺上地毯或塑胶地垫，让幼儿坐在地板或趴着玩，应有另一番乐趣。此外，也可在原空间中，另增不同层面空间（如阁楼），或另置一处铺着地毯且有枕头的小平台，并将益智游戏器材放在那里，也可产生另一种新的吸引效果。

2. 将一些较大的玩具组置放在地板上或低矮的架上，让孩子从室内不同的角度都能看到这些玩具，以吸引幼儿的玩兴。

3. 换新的益智器材，或依幼儿能力，增加或减少拼图的难度；或依幼儿的兴趣，新购较复杂的大富翁，以促进幼儿的挑战欲。

（六）角区评鉴

1. 幼儿是否经常到该区使用有关的器材？
2. 幼儿是否一起工作以决定如何设计和建构作品？
3. 幼儿是否在他们操作时，运用问题解决和创造思考？
4. 幼儿是否喜欢他们的拼图作品并公开展示？
5. 幼儿是否负责地使用器材并在该区游戏结束时加以清理？

十一　私密区（private area）

私密区是一个封闭的小空间，它是可供一个或两个幼儿使用的小屋，小屋内的视线与其他的幼儿断绝，但大人却能轻易地督导该空间的占有者（the occupant of the space）（Marion，1991）。Brewer（2001）即强调，每一个教室需要一个小区域供儿童独处一段时间，此一区域不需要特别的设备——或许只要一把椅子或一个坐垫，有些教师会布置一两朵花、一件雕塑或一块窗帘，当幼儿有需要时，可以一个人带一个益智玩具或一本书到这一个安静区来。

Beaty（1992a）亦表示幼儿私密区是当幼儿需要时能独处的地方，在教室内设置幼儿私密区极为重要，惟私密区并非隔离于园舍的另一地方，因为幼儿需要与自己相处，但同时他们也喜欢知道其他幼儿在做什么，隔离在另一房间则太像惩罚。

基本上，私密区的使用，需让每一名幼儿知道这是一个可以独处的地方，以及正在使用该地方的人不能被打扰，这是一个庇护和松弛的地方，不可作为"暂停"（time-out）或惩罚区（Marion，1991）。因此，幼儿教室内，最好都能设置一个私密区,Marion(1991)认为每一个幼儿教室,有20名以上一起生活和工作的幼儿,就需要一些私密权,也有权选择或限制与团体中的其他幼儿接触。幼儿在私密区,与自己单独相处一段时间,可以静一静、闭上眼、看看别人,或与好友说悄悄话,或调整自己失控的情绪,然后重新投入团体中。这是一个幼儿教室环境中非常有趣的空间,教师可以借由私密区的设计,清楚地看到孩子情绪的波动,其重要性在幼儿学习环境中是不可或缺的。

兹就私密区的学习目标、运用时间、空间配置、基本器材、增加活力和角区评鉴等六项加以说明,并附私密区设计参考图(如图2-22),以供幼儿活动室学习区设计与运用之参考。

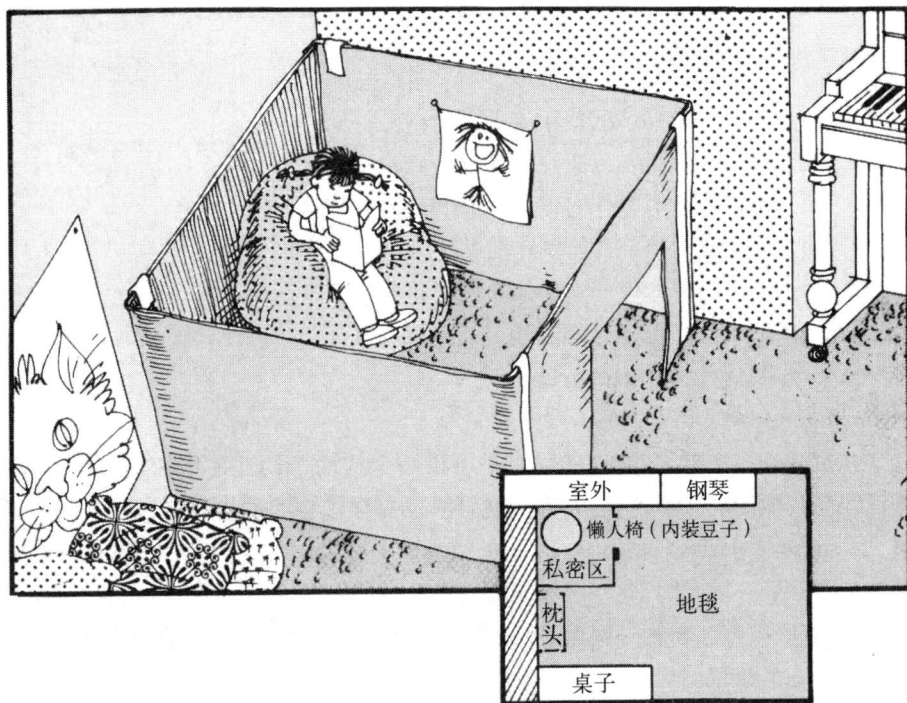

图2-22 私密区

资料来源:*Arranging the Classroom for Children*, Alward, 1973. [引自 Marion, M. (1991). *Guidance of Young Children* (3rd ed.), p. 87.]

(一)学习目标

1. 在私密区的运用上,幼儿知道要自尊尊人。

2. 幼儿运用私密区重新调整情绪,并对自己有多一些了解。

3. 幼儿与好友在私密区交流情感。

4. 运用私密区解决在团体中的不适关系。

(二)运用时间

私密区应设于每一个幼儿教室内,并成为幼儿整年有用环境的一部分。每月改变一次位置、造型或布置,以维持全年使用的效度。

(三)空间配置

1. 私密区的位置,需置于安静角落,可独立设计,也可与图书区或说故事区合并设计。独立设计,可设置于光线较弱的角落,以矮柜或隔板区隔,设于楼梯下或阁楼上均佳。

2. 私密区的空间,以容纳1—2人为宜,多了就失去"私密性"的效果。

3. 私密区的布置,以温馨为主,可铺上地毯或塑胶软垫,放一张懒人椅子或无脚沙发椅,摆上几个抱枕、洋娃娃、泰迪熊或皮卡丘玩偶等,插一朵小花,放一件雕塑,还可放一台卡式录音机或 CD,外加一副耳机,可让幼儿静静地听音乐。此外,也可有创意设计,如找一个大纸箱或圆桶,只有单一的入口,或作开放式私密区设计,如只能装下一位小朋友的浴盆,置于角落上即可。

4. 私密区的环境,应注意:(1)色彩上,用冷色调(如蓝、绿、紫、白)为主,富"沉思"之意;(2)光线上,不必太强,可透光即可,尤其要有让外面活动的幼儿不易看到里面的幼儿,而里面的幼儿可以看到外面幼儿活动的效果;(3)通风上,空气一定要流通,以免成为晦暗死角。

(四)基本器材

1. 主要器材:地毯或塑胶软垫、蚊帐或大纸箱或浴盆、懒人椅或无脚沙发椅。卡式录音机或 CD(一台),耳机(一副)。

2. 装饰器材:小花瓶、雕塑、抱枕(大小、各种色彩)、洋娃娃、泰迪熊、国王企鹅、皮卡丘玩偶。

(五)增加活力

1. 改变私密区的位置,原来在楼梯下,现改到阁楼上,让幼儿躲起来的时候,可以看到不同的教室活动角度,会有另一番新奇感。

2. 改变私密区的造型,利用大型纸板箱、圆顶帐篷或悬吊的降落伞,以激发幼儿躲进去的兴趣。

3. 重新布置私密区,如换色彩(淡绿色改为淡蓝色,仍为冷色系)、换座椅(如懒人椅换成浴盆)、换抱枕(如小的变大的)或换填充偶(如泰迪熊变无尾熊或国王企鹅),让幼儿有不同的温馨感受。

（六）角区评鉴

1. 幼儿在自由选择时间是否选择到私密区?

2. 幼儿留在该区的时间长度是否合理?

3. 幼儿是否知道如何运用私密区,也会尊重别人的使用?

4. 幼儿在使用私密区后,是否较有自信?

5. 幼儿对该区的空间和布置是否喜欢?

第三节
低年级教室的设计

低年级指幼儿园大班,小学一年级—三年级,低年级的幼儿年龄介于6—8岁之间。许多低年级的课程强调基本能力——读(reading)、写(writing)、算(arithmetic),虽然课程是学科导向的(academically oriented),但也不忽视儿童的社会和情绪的发展,儿童发展自尊以及成为学习者的理解能力也很重要。低年级所接受的教学领域除基本能力之外,还有社会研究、语言艺术(language arts)、科学,并提供艺术和音乐的创造性体验以及体育等。与其他幼儿课程类型不同的是,低年级的学习环境较以教师导向(teacher-directed)的结构为主要特色。20世纪80年代中期开始,美国小学低年级已受到家长、州立法者、企业人士和教育家更多的重视,现在我们也了解小学前三年级的价值,它们提供学校及未来生活实现的成功基础(Graves et al.,1996)。

就教室的规划而言,低年级的教室和幼儿的活动室,在学习区的设计上稍有不同,以下先说明低年级教室的特性,再介绍几个低年级教室配置范例,以供参考。

一 低年级教室的学习区

小学低年级教室与幼儿园活动室的学习区,在性质和类别上确有不同,Pattillo 和 Vaughan(1992)指出学前学校(如预备幼儿园、幼儿园)的学习区,通常以活动的类型(the type of activities)来分区,低年级(一——三年级)的学习区,通常根据学科(subject matter)来分区。Pattillo 和 Vaughan 并特别说明,幼儿年龄团体愈长,学习区愈专精分化(如图 2-23);例如,发展语言技巧,幼儿园前以图书区开始,强调口语和图片阅读(picture reading);幼儿园时,图书区分为两个区,图书和沟通区(communication centers),强调沟通上早期初步的读写技巧(literacy skills);至低年级时,图书和沟通区分成更多与语言艺术有关的学科区(academic areas):图书、阅读、创作(creative writing)、拼音和写字(hand writing)。

至于,低年级的学习应包括哪些,Pattillo 和 Vaughan 也给出了具体的建议,可供规划设计之参考:(1)低年级静态区:包括创作区、阅读区、拼音区、写字区、图书区、社会研究区、科学区和数学区。(2)低年级动态区:包括积木区、装扮游戏区、美劳区和音乐区。

另外,Spodek 和 Saracho(1994)也同意低年级教室的学习区通常以学科组构,如数学区、语言艺术区、社会研究区和科学区,并进一步说明教室中也可创设幼儿有兴趣的主题或方案之学习区,如环境研究区、交通区等。Spodek 和 Saracho 认为学习区应有供个别和小团体使用的器材,并以边界清楚地界定其所使用的器材,也提醒学习区应易于督导,其内容应支持独立的研究和活动,教师不在时,可运用活动卡(activity cards)给予幼儿指导。至于教室学习区的配置,也有几项值得注意的重点,例如:科学活动区应设在易于取水的地方,也应有一展示区放置植物和动物,以及储置放大镜、磁铁、不同大小容器和多种测量装置的架子,也可用浅盘将它们分类放置,使之井然有序;科学活动区的教材应随研究领域的不同时常更换,或季节变换时,教材也要更换,开放性问题亦可作为展示主题,如"哪种材料会沉,哪种会浮?"阅读,应有书放在书架上,书名要清楚地显现出来,并有舒适的阅读地方,而一块地毯、几个枕头、一张软垫椅及围在桌旁的长椅,加上图书架,即可完成,并注意书本要有不同等级的难度和不同的主题,包括小说和非小说,此区可以增设视听区,准备有耳机的录音机或留声设备以及一台幻灯机。

还有,对传统的教师而言,将教室改变为学习中心教室(a learning center classroom)的任务是迫在眉睫的,但是转变为儿童导向的教室(a child-directed

幼儿园前	幼儿园	低年级

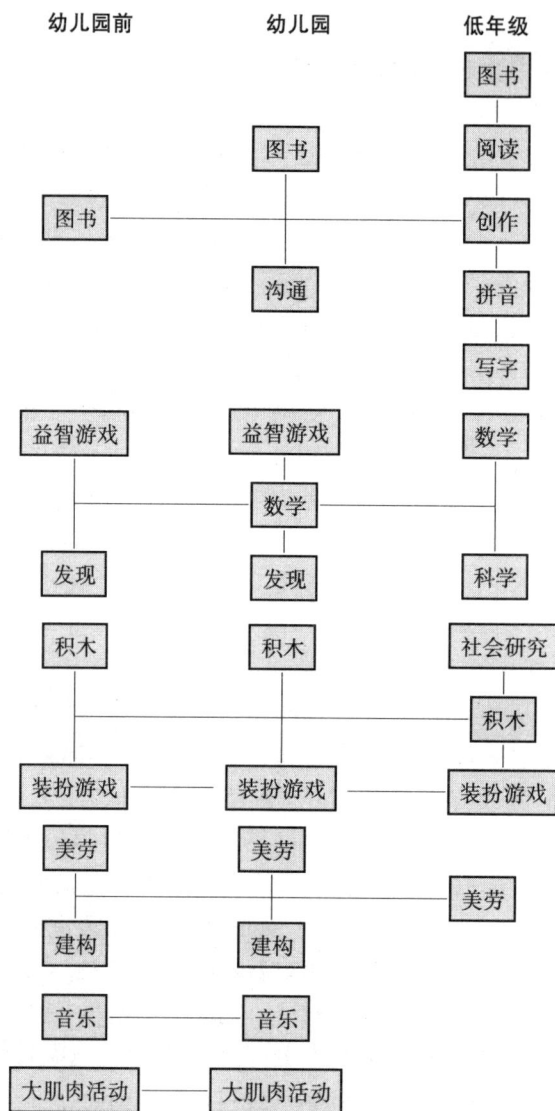

图 2-23 学习区随年龄团体增长愈专精分化

资料来源：*Learning Centers for Child-Centered Classrooms*，J. Pattillo & E. Vaughan，1992，p. 19.

classroom)则是缓慢、渐进的历程，Pattillo 和 Vaughan(1992)即建议，教师应考量从一或两个学习区开始，先选择器材已有效备妥且最不会紊乱的学习区。例如，在学前教室，可以从图书区和桌上益智游戏区开始，大多数的教师已有图书，只要增加一些说故事的木偶和舒适的枕头，图书区即已备妥可用；同样地，大多数学前教室都有操作性的拼图和益智游戏,可作为桌上益智游戏的开始。在低年级教室,图书区也可轻易地设立,创作和数学区只需一些基本的器材,如笔记簿,即可开始。教师最好先建立一些学习区,不要过度扩张自我而试图以少之又少的器材快速地成立太多的学习中心。建立器材的档案需要时间和资源,许多传统的器材可重新建构以作为学习区之用。许多教师花了好几年来发展学习中心教室,就务实的目的,如每年发展两个学习区,教师可轻易地实现此一趋向。当整个学习中心教室完成时,每年对新的幼儿团体介绍,开始时最好只介绍一些学习区,审慎地预先察看其规则和活动,并给幼儿时间,学习如何选择学习区、自行工作和清理。当幼儿显示出已准备好了,可以每周预先察看并增加新的学习区。

值得注意的是,学习区的使用是在当天主要的学习时间内,它们不是酬赏(rewards)或自由游戏(free play)。学习区不可视为好行为的酬赏,跟随在其他教师导向活动完成之后;如学习区被视为增强(reinforcement),最需要学习区的幼儿,会将被拒绝使用学习区的机会,视为惩罚或因他们完成工作较慢。幼儿教室学习区的运用是一个持续的历程,教师所做的任何改变,应朝向更为"儿童导向的"而非"教师导向的"活动,才是朝向较为"发展上适切的练习"的正确步骤。然而,即使最有经验的学习中心教师,每年都会改变学习区以符合幼儿的需求和兴趣。Pattillo和Vaughan特别强调,学习中心并非静态的,而是动态的,它们随着时间发展和改变,正如教师和幼儿一般。

须提的是,本地多年前,也有"幼小衔接教室"的相关研究,希望低年级的教学与教室设计能与幼儿园相似,以免幼儿的学习因环境转变太大而产生调适上的问题。对此,卢美贵等人(1995)曾说明,幼儿的学习环境由自由、活泼、自发的情境,转换成小学的分科、被动、僵化的学习环境,学校环境也由原来两位老师的小班教学,突然转换成众多伙伴的"大学校、大班级",幼儿的倦怠、失落与恐惧也就油然而生。孩子面对巨大改变,无法快乐自在地学习是可想见的,而增加关爱的学习气氛与生动活泼的环境设备,应可减少低年级儿童的不良适应。为加强幼小两阶段的衔接,卢美贵等人(1995)建议"力求学校环境设备的充实与生动",良好的学习环境才能发挥提供学习刺激、思考与操作的功能,进而使儿童能自动自发地学习,因此对低年级幼儿教育空间的设计利用,建议做下列的改善:

1. 改变格局一致、要求排排坐与绝对肃静的教室管理,为多元空间与活动需求之班级经营管理方式。

2. 充实教室的资源设备与实现小班级教学。

3. 生动活泼的学习环境,要与时间开放、空间开放、学习对象开放、教具开放的学习功能结合。

4. 落实环境安全教育,以及加强教师对危机的处理能力。

5. 实践"形式"随"功能"改变的学习环境,各项教学设备随学习主题更换布置,以提供更多探索机会与生动活泼的学习目标。

综上可知,小学一年级—三年级教育模式之转化,应与幼儿园有所衔接,教室的设计和幼儿园一样,提供以幼儿为中心的学习区给低年级学生是相当好的思考,但两者的学习区规划,低年级教室通常根据学科来分区,与幼儿园活动室以活动的类型来分区有所不同,规划设计时,应予注意。

二 低年级教室配置范例

以下将先举一个有效的和有问题的教室配置说明,让读者有统整的概念,再举一个相关的低年级教室配置案例,供读者自行深入思考。

(一) Evertson 等人的范例

Evertson 等人(2000)在《小学教师的教室管理》(*Classroom Management for Elementary Teachers*)一书中说明,良好的教室平面配置计划之开始,是先决定在何处实施全班教学,教师应先检视教室,并确定对整个班级上课或教导学生时,将站在何处或在何处工作,此一教室区域可以大粉笔板或前端的投影机屏幕所设的位置来确定,教室的区域一经设定,即可准备开始规划教室平面空间。如果觉得教室太小,可以移开不需要的学生桌子、其他的家具或设备。良好小学教室的安排,有四项要点:

1. 保持高交通区(high traffic areas)免于拥塞:许多学生聚集和不断使用的区域是令人分心的场地,高交通区包括:团体工作区、削铅笔机、垃圾桶、饮水机、特定的书柜和储藏区、学生的桌子和教师的桌子,这些区彼此间加大区隔,应有大的空间并能易于到达。

2. 确定学生可轻易地让教师看见:仔细地督导学生是一项主要的管理任务,教师督导的成功,依据教师可在所有的时间看到所有的学生之能力。因此,在教学区、教师的桌子、学生的桌子和所有学生的工作区之间,应确定有清楚的视线;尤其应注意会阻挡视线的书架、档案柜、其他家具和设备。试着站在教室内不同的地方,并检查出盲点(blind spots)。

3. 经常使用的教学器材和学生供应品应近便备用:保持器材的近便性,不仅是准备取用的时间要最短,也应避免使上课流程减缓和中断。若在上课期间,教师必须停下来放置所需的器材和供应品,如此则会失去对学生的注意,而须要求学生注意上课,也是浪费时间的。

4. 确定学生能轻易地看见教学演示和展示:教师应确定座位的安排,能让学生不必移动他们的椅子、转动他们的桌子或伸长他们的脖子,而能看到前面的投影机屏幕或黑板;同样地,不要设计在远离多数学生的教室角落作教学演示。这些情况,不会激励学生注意,而且会使教师要让所有学生投入班上的活动更为困难。教师应让学生在教室不同的地方坐一下,以检查能看得多清楚。

图 2-24 是一所小学教室良好的平面配置案例,儿童的桌子以群集式安排而不是排排坐,没有一位儿童的座位背对主要教学区,如果教师在前面的投影机屏幕展示,所有的儿童轻转座位即可看到,并可在他们的桌子上,将屏幕教材抄进笔记。

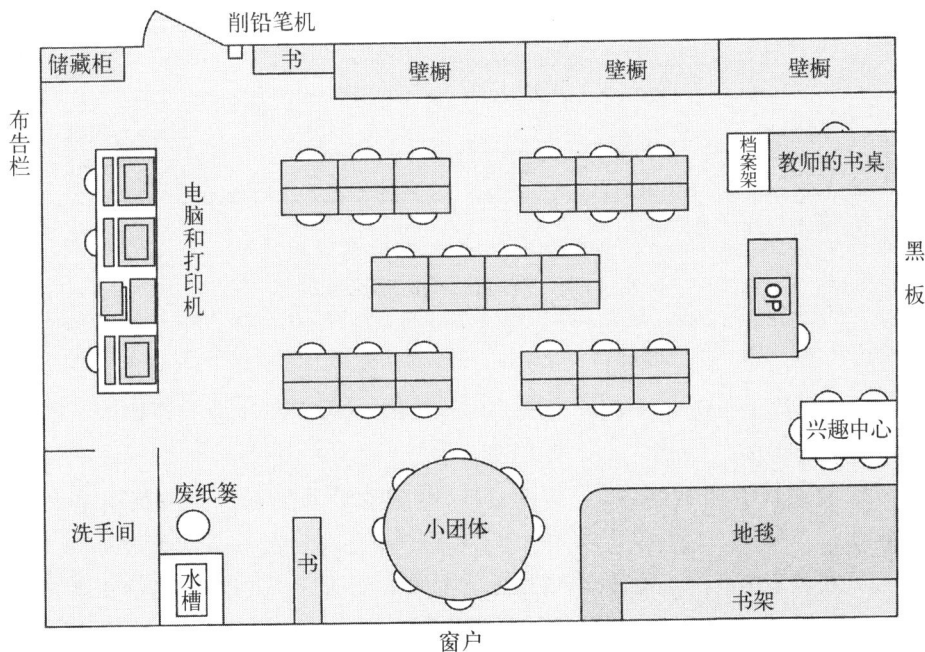

图 2-24 有效的教室配置案例

资料来源:*Classroom Management for Elementary Teachers*, C. M. Evertson, E. T. Emmer & E. M. Worsham, 2000, p. 7.

相反,图 2-25 的教室配置,有几项潜在问题,你看得出来吗?

1. 当教师在主要黑板区附近对全班呈现资讯时,在教室另一边的学生离黑板和教师有段距离,他们看黑板上所写的一些内容会很困难,教师督导这些学生也

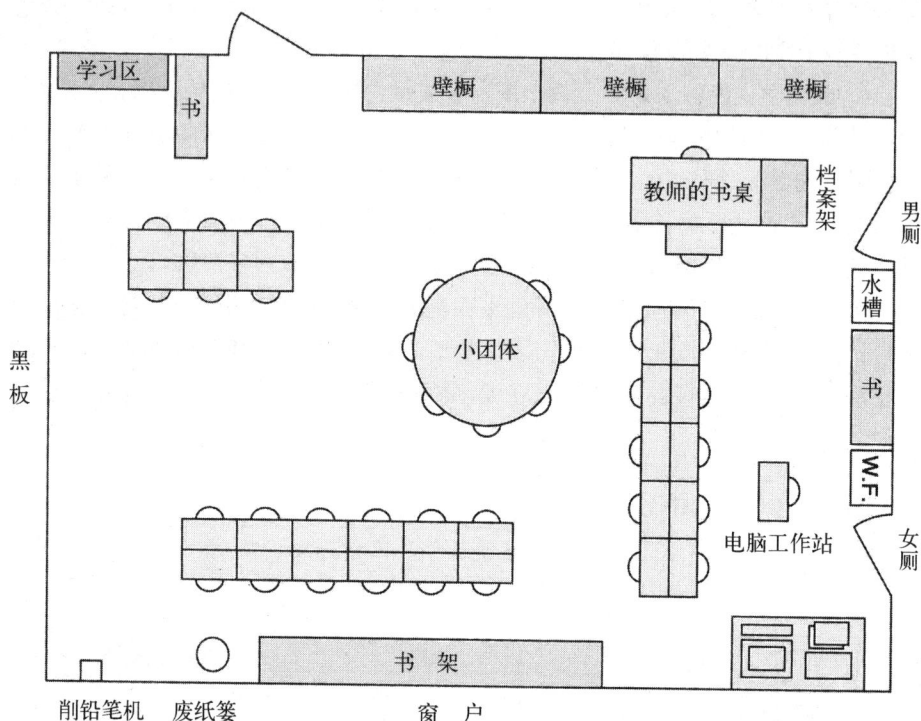

图 2-25 有潜在问题的教室安排

资料来源：*Classroom Management for Elementary Teachers*，C. M. Evertson，E. T. Emmer & E. M. Worsham，2000，p. 14.

很困难。同时,教师至有关的小区域的移动范围受到限制,也没有全体演示所需器材的储藏地方。

2. 交通线受阻或封锁,尤其是书柜、电脑附近和到盥洗室和削铅笔机的途中。

3. 在教室中心的小团体桌,太靠近学生的桌子,此一安排不仅会使在座位上的学生分心,也使教师不易看到教室内所有人。

4. 教师应考虑使用低的书架,以避免框住"学习区"的视野,学习区因书架的位置挡住视线,很难督导。

5. 一些学生背对黑板和主要的教学演示区。

6. 当教师到学生的桌子上作个别协助时,他/她很难看到教室内几个地方的学生。

7. 靠近女生厕所门口的独立桌子,是一项潜在的问题,它不仅封锁了入门的通道,也会使坐在这个桌子的学生受到来去此区学生的干扰。这个桌子的位置,亦会使教师很难督导坐在那里的学生。

8. 当教师坐在桌子上和其他学生工作时,坐在教师桌对面的学生会受到干扰,此一学生桌所设的位置也远离了主要教学区(Evertson et al. , 2000)。

(二) Brewer 的案例

图 2-26 是由 Brewer(2001)提供的低年级教室配置案例,请就其空间运用的计划、教学目标的达成及交通通道的改建等,试评鉴之。

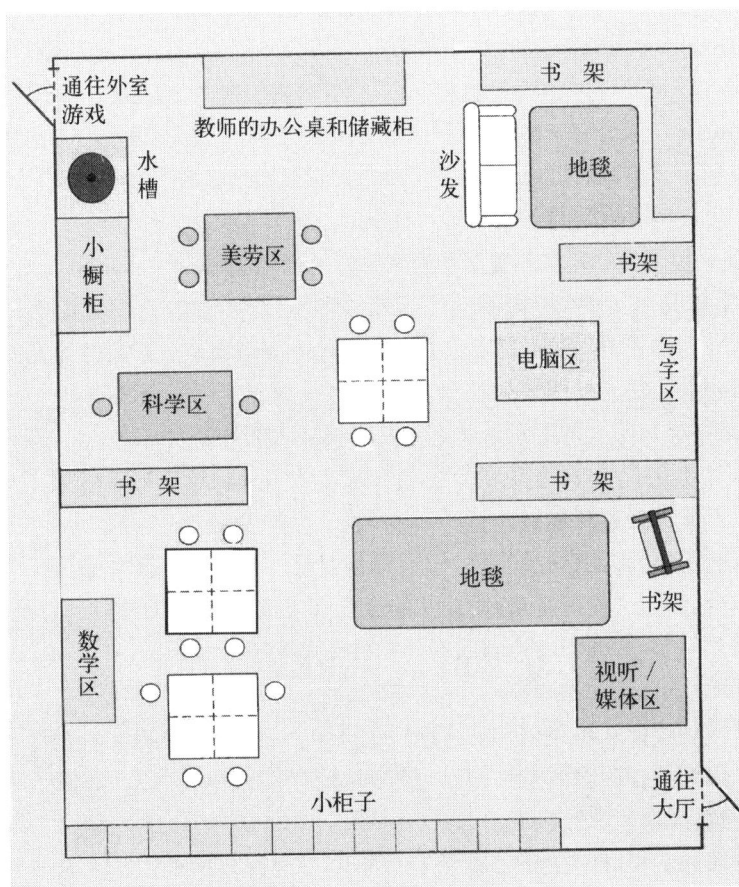

图 2-26 低年级教室配置

资料来源:*Early Childhood Education: Preschool through Primary Grades* (4th ed.), J. A. Brewer, 2001, p. 82.

第四节
蒙特梭利教室的设计

蒙特梭利(Montessori，M．，1870—1952)是第一位毕业于罗马大学(Rome University)医学院的女性教育家,她强调幼儿具有伟大的潜能和惊人的吸收性心智(the absorbent mind),应为幼儿预备一个符合幼儿需要的真实环境,像家一样温馨,充满爱与快乐,并能提供幼儿身心发展所需之活动与练习。

Montessori 认为,0—6 岁的幼儿,其心智属于"吸收性心智",幼儿运用与环境接触所得到的经验,而创造出属于自己的"智能肌肉",这种智能形态即为"吸收性心智"。"吸收性心智"包括三部分：(1) 无意识(the unconscious)——它与生命冲动同存,是一股促使幼儿与环境互动的原动力;(2) 潜意识(the subconscious)——如上所述,无意识(生命冲动)促使幼儿与四周环境发生互动,而潜意识就是通过这些互动体验而建立的一种心智状态;(3) 意识(conscious)——是由幼儿逐渐苏醒的意识所建立。幼儿的吸收性心智可分为两个时期：(1) 无意识期——约 0—3 岁,幼儿是在毫不费力的无意识状态下从四周环境吸收各种印象;(2) 意识期——约 3—6 岁,幼儿是在有意识的状态下,毫不费力地从四周环境吸收与学习。Montessori 非常强调环境对儿童的影响,她认为幼儿虽然先天上具有"吸收性心智",可以利用他们无限的潜能去营造、建设自己,但先天的能力若没有外在学习环境的配合,则无法发挥所长,而幼儿的成长和发展,也有赖于幼儿和其环境之间精细关系之进展(Chattin-McNichols，1992；White & Coleman，2000；周逸芬，1994)。

蒙特梭利教育从萌芽至今已将近一个世纪,一般认为蒙特梭利教育至今仍然有影响是因为她有明确而完整的教育哲理、教育目标和教育方法,易于让人了解与学习所致(周逸芬,1994)。

蒙特梭利学校目前在美国是最风行的,其中有许多所是由私人企业建立并运作,而由美国蒙特梭利学会(The American Montessori Society)所推展(Castaldi，1994)。

本节拟先了解蒙特梭利学习环境的要素,其次介绍蒙特梭利的"儿童之家",再将蒙特梭利教室和传统教室加以说明比较,然后提供蒙特梭利教室的配置范例,以作为有志之士设计蒙特梭利教室之参考。

一 蒙特梭利学习环境的要素

Montessori 以幼儿为中心,发展出一套系统的教学方法,此教学方法有三要素,即教师、幼儿、预备的环境和教具。其中,幼儿和环境/教具之间,有很重要的互动关系;教师对幼儿的直接教学虽有一些责任,但教师角色更重要的是学习环境的发展者和维护者(Chatt in-McNichols, 1992)。

为建构蒙特梭利教室,应先了解蒙特梭利学习环境的重要因素,兹参考有关研究(王仙霞,1996;李德高,1999;周逸芬,1994;陈怡全译,1992;魏美惠,1994),整理蒙特梭利学习环境的要素有六,要述如下:

(一) 自由的观念(freedom)

Montessori 认为儿童们只有在自由、开放及没有压力的环境下,才能将自己的学习潜能发挥到极点。但她并不赞同没有经过过滤的自由,她主张小孩子的自由必须以不侵犯他人的利益为前提,对于小孩任何可能侵犯或干扰到别人,或者是可能造成伤害的粗鲁行为,都必须加以制止。在蒙特梭利教室,只有儿童的粗野破坏行为必须受到限制,其他的一切不管任何意图或任何形态的活动,不但是被允许而且教师必须进行观察。

Montessori 所主张的自由概念较强调学习上的自由,孩子们可以依照自己的兴趣选择教具,也可以依照自己的喜好,选择学习的地点及时间,他们不仅可以在教室中自由活动,也可以在教室外自由活动。Montessori 认为教室外的环境是一个与教室直接交流的开放空间,只要儿童喜欢,他们可以整天自由地进出教室内外,所以蒙特梭利教室的一大特点是没有所谓的上课或下课时间,孩子之间可以相互观摩学习,是一种混龄式的教学。此外,蒙特梭利教室中没有传统教学惯用的比赛或奖惩制度,Montessori 认为这种威胁利诱会阻碍儿童们学习上的自由。

(二) 结构与秩序(structure and order)

对幼儿来说,秩序感是其生命的自然本质之一,就像"土地之于动物,水之于鱼"。幼儿对秩序的敏感期(sensitive period)主要发生于最初的三年,2 岁时达到最高点,3 岁开始渐渐下降。因此,学龄前幼儿对事物的秩序有强烈的需求,例如一本书或一支笔没有归位,他们会坚持把该物品放回原处。由于 Montessori 认为孩子在很小的年龄即有"秩序感",因此主张幼儿学习环境中的教材,依照其难度

133

加以排列,将有助于孩子们的学习,同时能养成自动自发、物归原处的生活习性,而他们在学习的过程中,也能对自己的学习进度有所了解,以建立一套秩序感。

蒙特梭利教室比传统的教室在陈列摆设上较有秩序及结构感,但 Montessori 生怕她这种主张被人误解为是一种呆板、无生气的学习情境,因而她一再强调外在环境的结构只是为配合儿童的学习,教师们应视幼儿的需要,适时更换教室的陈设,在有结构的秩序中仍可保有相当大的弹性变换空间。

(三)真实与自然(reality and nature)

Montessori 指出,环境中的真实与自然,有助于儿童发展探索内在及外在世界所需的安全感,而成为敏锐、有赏识力的生活观察者。

因此,蒙特梭利教室中的各种设备,都是幼儿尺寸的真实物品,例如冰箱、电话、炉子、水槽、玻璃杯、熨斗、小刀等,都是真的物品,而且每种教具都只有一件,这也是反映现实的真相。同时,鼓励同一教室的儿童共同使用一套教具,如此方可从中学习到耐心等待及尊重别人。

其次,Montessori 指出,人,尤其是儿童时期的幼儿,仍属于自然的一部分,因此必须设法让幼儿有机会接触自然的环境,借此让幼儿来认识与欣赏自然的秩序、和谐与美。

Montessori 所用的方法是让幼儿照顾动、植物,来与自然做最真实的接触;此外,就是让幼儿有极充裕的时间在林野乡间活动,以体会大自然的奥妙。

(四)美感与气氛(beauty and atomosphere)

Montessori 认为"美"能够唤起幼儿对生活的反应能力,而真正的美则是以简洁为基础,同时也重视教室所使用的建材及教材是否有良好的品质。因此蒙特梭利教室的布置不强调豪华铺陈,也无须装潢得太精巧,但是每一件物品必须具有吸引幼儿的特质,例如,颜色要明朗、令人愉快、还要有整体的调和感。

至于教室中的气氛,则必须是轻松、温暖、温馨、和谐,以吸引幼儿乐于参与其中。就教室墙壁上的布置而言,应以幼儿创作的作品为主,而不是去购买一些现成的海报或饰品来装饰,例如:老师在墙上贴一棵大树干及一些树枝,树叶的制作则设计成一份融合嵌板描绘与刺工的美劳工作,放在教具架上让幼儿自由选取,完成的树叶则由幼儿在背面签名后,自行贴在墙上的树枝旁边,高处的树枝由老师协助。通过这样的活动所布置出来的环境,相信更能发展幼儿对环境的亲切感与归属感,同时成为幼儿工作上的一种刺激。

（五）适合社会性发展（social development）

蒙特梭利教室采用混龄学习的方式,例如 3—6 岁的幼儿一班,6—9 岁或 9—12 岁的儿童一班等,通常 3—6 岁幼儿的班级中,有 20—25 位幼儿,其中约有 1/3 为 3—4 岁,1/3 为 4—5 岁,另外 1/3 为 5—6 岁,教室中有主要老师一人,助理老师一人(亦可视情况增加一位助理老师),师生比例约为 1：10 或 1：8,在这样的混龄班级中,Montessori 观察到年龄较大的幼儿,会自发地去帮助年龄较小的幼儿,而年龄较小的幼儿,则能从年龄较大幼儿的工作中获得灵感及榜样,同伴之间彼此相互照顾,从中建立自制、守纪律、自动自发等美德,这些都是促成一个人社会群性发展的要素。

蒙特梭利教室中,不仅年龄不同的儿童混合在一起,而且班级与班级间只以到腰高的分隔物隔开,儿童可以很自由地来回穿梭于班级间。Montessori 认为老师的职责并不在于"教导"儿童,而是为儿童们准备一个丰裕而不受干扰的学习环境,帮助儿童生命的成长;因此,蒙特梭利学习环境中,每个人都做自己有兴趣的工作,彼此自由有礼地交往、互相帮助、共同地解决生活中的问题,在这样的环境中有助于儿童社会行为与社会情绪的良好发展。

（六）蒙特梭利教具

在预备的环境中,蒙特梭利教具是不可或缺的教学设备,教具的摆置应有次序地排列,除了对幼儿要有意义外,在决定蒙特梭利教具时,必须具有下列七项原则(王仙霞,1996;陈怡全译,1992):

1. 蒙特梭利教具设计上是针对自我教育的,必须含有控制错误的功能,让幼儿能察觉错误。

2. 每一种教具,幼儿所要发现的问题与错误必须只限于一种。

3. 教具必须鼓励幼儿积极参与操作,而不是消极地观看。

4. 教具必须能吸引幼儿注意。

5. 教具的设计与使用都是由简而繁。

6. 蒙特梭利教具是针对间接帮助幼儿日后学习所设计。

7. 教具最初以具体表达概念的方式出现,随后逐渐转为抽象。

White 和 Coleman(2000)举例说明为 3—6 岁幼儿设计的典型蒙特梭利教室(A Typical Montessori Classroom for 3- to 6-Year-Olds)(详如表 2-8),例中说明 Marina 的幼儿在蒙特梭利教室一天的"工作"情形,可进一步了解前述的蒙特梭利学习环境要素的涵义和关联。

表 2-8　为 3—6 岁幼儿设计的典型蒙特梭利教室

为 3—6 岁幼儿设计的典型蒙特梭利教室融合了语言、数学、感官知觉（sensory-moter）、实际生活（practical life）以及科学、社会研究、艺术和电脑。当学生到达学校（例如：在上午 8:15—8:30 之间），他们在集会时间（circle time）一起分享故事和彼此的想法。因为没有固定的时间表，所以时间规划由学生直接决定。虽然每位幼儿对决定每一天的学习主题有自己的想法，但是，写字、阅读、数学、知觉的探索和实际生活技巧是基本的学习和探索领域。

典型的语言活动由一组几何图画（a set of geometric insets）所构成。因为写字都在课桌上进行，所以，学生无须在老师的指示下，可从架子上拿几何图画到桌上。有一位叫 Marina 的幼儿，使用这个架构和图画去创造她自己的几何设计。当设计完成时，她用彩色的铅笔在设计中画满线条。完成后，Marina 将这份资料放在她自己的档案中，这些资料可以被做成一本小册子，或是在周末时寄回家中。

另一个语言活动包括拼字和造句。Marina 将一组文字图画和可移动的字母小橱柜（a movable alphabet cabinet）放置在地毯上。接着，她运用图画卡片和这些可移动的字母拼成一个句子。她的句子是："这个男人是胖的（The man is fat.）。"Marina 拼完句子后，她练习写它，并拿纸和笔到桌上写这个句子，然后，记录至她的档案中。

大约在上午 10:15 时，Marina 选择休息一下并且享用点心。Marina 从不会被强迫休息，她可以独自享用点心也可以和其他同学一起享用。点心时间后，Marina 到实际生活区并且擦拭桌子，擦桌子包含大肌肉发展的练习和把物品从左至右依序排列地训练。Marina 自己移动这些物品，完成该工作并且独自地清理干净，这个活动的完成约需 15 分钟。

接着，Marina 来到数学中心，和另一个同学一起花了约 10 分钟的时间在另外的工作上。这两个学生竖起了长条木板，并且发现许多可能构成数字"9"的方法。随着这个数学活动，Marina 参与一个由六个幼儿和她的女指导者或老师所组成的学习团体。每位幼儿拿到一本小册子，幼儿讨论图画，接着阅读故事。这个活动的目的在于激励幼儿的听力、排序和理解技巧，这个活动的完成基本上约需 15 分钟。

大约在上午 11:00 时，幼儿会到室外游戏 20 分钟，在这个室外时间中，他们有机会参与自由游戏和指定的运动，如跳绳、接球。幼儿也参与大自然步行或其他的田野活动。

当 Marina 在室外的游戏结束时，她和她的女指导者参加其他同学的集会活动。学生通常唱歌，做手指游戏、读诗和演奏乐器，集会时间也鼓励幼儿向全班同学说明有兴趣的主题。大多数的幼儿想参与集会活动，因为他们一整个早上都独自地或以自己的进度进行个人的活动。但也可不参与集会活动，而且当其他人在进行集会活动时，他/她可以持续自己的活动。然而，集会时间基本上约 20 分钟完成。

集会时间后紧接着 1 小时的午餐时间，依蒙特梭利方法，午餐是实际生活观念的一部分，Marina 排桌子、拿自己的午餐，并且用餐后清理干净。午餐后，Marina 检查自己的工作册(work folder),看看是否有未完成的工作。假使有未完成的工作,女指导者会给她一些建议。

在这个特别的一天,Marina 遵从女指导者的建议运用几何图案来活动。活动包含一组相对应几何图案的卡片配对。

当 Marina 进行着几何图案的设计时,其他幼儿选择午睡。每位幼儿可以自由选择休息与否,不会受到任何强迫和限制,Marina 通常不会选择休息。当完成几何图案的活动后,Marina 选择在画架上作画。绘画之后,Marina 参加另一项指定的活动约需 30 分钟。学校生活约在下午 3:00 结束。因为班级是一个"社区"(community),每位幼儿在每一天学校生活结束时需负责打扫。

资料来源: *Early Childhood Education: Building a Philosophy for Teaching*, C. S. White & M. Coleman,2000,pp. 265—266。

二 蒙特梭利的"儿童之家"

1907 年,Montessori 在罗马创办"儿童之家"[Casa dei Bambini (Children's House)](Hendrick, 1992),她主张教育的目的在帮助幼儿整体的发展,包括感官动作、智能、语言和道德发展等,使个体成为一个身心统整合的人(周逸芬,1994)。

Montessori 的"儿童之家"是提供儿童发展其活动机会的环境,并无固定模式,它应是一个真正的"家",有一套由儿童当小主人的花园房子,可把桌子抬出来在凉棚下做作业或吃饭。建筑中心的主要房间,也是儿童可随意支配的唯一房间——"智力活动"(intellectual work)室。可因地制宜地给这间屋子另外加配些小房间,例如浴室、餐厅、客厅或公用室、手工作业室、健身房和休息室等等。

这些教室设备的特点,在于它是为儿童而不是为成人准备的。室内不仅配备适合儿童智力发展的教具,还配备了小家庭管理所需的全套设备。家具很轻,便于儿童能到处移动;家具均漆成淡色,以便儿童在用肥皂和水擦洗时很容易看出擦干净了没有。教室内配有低矮的、各式各样尺寸形状的桌子——大大小小的正方形、长方形和圆形桌子等。最常见的是长方桌,它可供两个或更多的儿童一起活动。座椅是小木椅,但也有沙发和带扶手的小柳条椅。

活动室内,有一个很长且附门的橱柜,每个抽屉都装有一个亮晶晶的把手(或与木柜底色成对比色的把手)和一张标有名字的小卡片,每个儿童都有自己的小抽屉可放东西。活动室四周的墙下方装有黑板,让儿童可以在黑板上涂涂写写。活动室内摆放有令人愉快的艺术画片,画片内容经常随生活环境的变化而改变;这些图片描绘儿童、家庭、风景、花朵,更多的是描绘圣经故事和历史事件。活动室内还应经常摆放观赏用植物及各种花卉。

活动室设备的另一部分是许多块各种颜色,如红、蓝、粉红、绿、棕色的地毯。儿童可将这些地毯铺在地板上,坐在上面用各种材料进行活动。这种房间比一般的教室大,这不仅是因为小桌子和分散的椅子占去了较多的空间,而且因为地板的大部分必须空出来供儿童铺上地毯做活动。

起居室,或"俱乐部"(club-room),是供儿童进行交谈、游戏或唱歌等自娱活动的休息室,应当布置得别有风味。室内可设些不同尺寸的小桌子、小扶手椅和沙发,各种大大小小的搁架上可摆设小雕像、艺术花瓶或照片架等。此外,每个儿童应有一个小花罐,他/她可在其中播下一些室内植物的种子,并照料它们生长。在起居室的桌子上,应摆有大本的彩色画册,也可摆上游戏纸牌或不同的几何体等,供儿童愉快游戏、构建图形等。为使设备更臻完备,最好还应有一架钢琴或者其他乐器。可能的话,再准备一个为儿童特制的小型竖琴。在这个小小"俱乐部"里,教师有时给儿童讲故事,吸引儿童饶有兴趣地围坐倾听。

餐厅的家具,除了餐桌之外,还有低矮的、儿童共用的碗橱,儿童可以自己去放置碗碟、汤勺、刀叉、桌布和餐巾等。餐盘通常用瓷盘,杯子和水壶则是玻璃制品。餐刀常包括在餐桌的配套设备中。

在化妆室里面,每个儿童有自己的小橱或小搁板,房间中央有简易的、用桌子组成的脸盆架,每张桌子上都放有一个小脸盆、肥皂和指甲刷等。墙边装有小水龙头和小洗涤槽,儿童可在这里取水或倒水。"儿童之家"的设备是没有什么限制的,因为儿童什么都做,他们擦地板,掸灰尘,擦洗家具,擦亮铜管乐器,安放或抬开桌子,洗涤、清扫和卷起地毯,洗一些小衣物,煮鸡蛋等。衣着方面,儿童知道如何独立穿脱衣服。他们把衣服挂在小钩上,小钩钉在低处,幼儿都够得上。有时候他们会把衣服叠起来,比如把自己的小围裙很爱惜地放在"儿童之家"的小衣橱里。还有,玩具小屋里要什么有什么:给洋娃娃穿的衣服、办家家酒用的厨房用具、栩栩如生的动物玩具等等(李季湄译,1994)。

总之,Montessori 的"儿童之家"试图在现实的气氛中,为儿童创造一个真实的活动情景,所提供的"预备的环境"(the prepared environment),其目的在使儿童能独立。在有准备的环境中,教师的责任是选择和安排能激励学习的教具,并演示教具的使用程序,幼儿可以自行选择教具、自由地探索,自己可以决定用何教具"工作"以及如何用,并通过这样的特定活动历程,引导幼儿组织他们的经验和思考,也教导他们自己;Montessori 认为此一历程是一种"自主性教育"(auto-education),以秩序性为前提,蒙特梭利自我校正的教具(self-correcting materials),可让幼儿在控制错误的指引下,知道如何使用教具和认知自己的错误,并从环境中的发现汲取知识,成长、独立(Brewer, 2001;White & Coleman, 2000)。

三　蒙特梭利教室和传统教室

Chattin-McNichols(1992)曾比较蒙特梭利教室和传统的(或发展的)教室之异同,兹要述如下:

(一)蒙特梭利教室

1. 典型的蒙特梭利教室 46—82.8 m²,通常包括盥洗室和通道(hallway)空间在内,每班 20—25 名幼儿,一名教师和一名助理。

2. 蒙特梭利教室的典型模式有五个区域置五组教具:日常生活、感觉的、数学、语言以及提供科学和器材的区域,称之为"文化学科"(cultural subjects)或"宇宙教育"(cosmic education),这些器材包括发现桌区和较多典型的蒙特梭利教具,如拼图、页扇小柜子(the cabinet of leaf shapes)等等;也有美劳区、外衣和鞋子贮存区、点心准备区(通常在日常生活区内)以及师生的贮存区。

3. 在每一个课程区域(日常生活、感觉的、数学、美劳、语言和文化学科)有一些共同的特征:(1) 教具陈列在低的开放柜上,靠近幼儿;(2) 每个区通过教室的安排,如:柜子的设置、地板覆盖物的改变等等,予以分开配置;(3) 教室的安排,可让幼儿取出柜子上的教具,并易于移到适切的工作区。

4. 教室的桌椅,是幼儿尺寸的,通常混合设置个别的桌子和 2、4 或 6 名幼儿的桌子。教师的桌子一张,用来当储藏区而非作为指挥整个团体教学之用;教室的设计,明显地非用以长期的集体教学(direct whole group instruction);教室的桌椅散置于教室中,不是排成直线;椅子数少于现有的幼儿数,桌椅不是对着教师的桌子排成行。

5. 教室中心位置的地板上有一条线,通常是圆形或椭圆形,大概有 1 英寸(2.5 cm)宽,用以练习在线上走路,大肌肉的活动可与音乐结合;虽然蒙特梭利模式不一定支持,但该线通常也用作全班的活动,如说故事、唱歌或全体的教学。

6. 蒙特梭利教室日常生活区通常置硬面地板,适于幼儿活动和示范,也利于洒水后清洗。幼儿在日常生活区的戏水兴趣,最少有一部分是倒灌活动(pouring activities),洗手、桌子、盘子和衣服,以及准备食物,都是典型的蒙特梭利日常生活(含水)活动。

7. 蒙特梭利教具没有一项是无限制的(open-ended),所有教具的使用仅有一种正确的方式(one right way)。因此,在幼儿从柜子上自由取用教具工作之前,会要求幼儿看教师简短的(1—3分钟)教课,当教具被破坏时教师会介入,并禁止幼儿用教具来做实验。

(二)传统/发展的教室

1. 州一般规定每生 3.2 m²,传统的课程运用大的环境,有较多的幼儿和教师。

2. 传统/发展的教室,首先考虑区域的差异,并以不同的方式分隔,但最多的是角色扮演、装扮(dress-up)或家事区;在游戏屋或商店有许多不同的器材,装扮游戏则有许多演出服;积木区是小肌肉区,典型的配置是单元积木,也包括不同的活动,如:珠串、积木、拼图以及建构器材,如乐高(Legos)等;水桌或沙桌也很普遍,都置于硬面地板;通常,也提供很大的美劳专用空间,也有配置探索器材的发现区以及录音机和耳机的学习区等等。

(三)两种教室的主要差异

蒙特梭利教室和传统/发展教室的相同之处,皆认为教室环境,从墙壁插座上的电屏到卫生间的厕所设施,对幼儿必须是安全的场地;其次,教室的大小与幼儿数切合;此外,厕所安排应近便且有些私密性,并有助于督导。至于蒙特梭利教室和传统教室的主要差异,是:

1. 州一般规定每生 3.2 m²,蒙特梭利教室为 46—82.8 m²,通常包括盥洗室和通道空间在内。

2. 传统/发展的教室,尤其是实验学校(如 Stanford 的 Bing Nursery School),运用大的环境、较多的幼儿和教师,通常非混龄制。蒙特梭利教室每班 20—25 名幼儿,实施混龄制,1 名教师和 1 名助理。

3. 两种教室模式皆支持午餐准备活动和点心为当天生活的一部分。其中,蒙特梭利模式鼓励设置点心区(a snack area)和个别点心"错开"(breaks),可能受限于椅子数。而传统/发展的教室可能在教室用餐或点心,但通常不设置单独的点心区。

4. 蒙特梭利课程和传统课程单元积木的建构,虽有明显的差别,但在蒙特梭利教室感觉区多样的教具,幼儿仍用于建构和堆积。

5. 蒙特梭利教室和传统/发展的教室最明显的差别之一,是没有角色扮演/装扮/家事区,传统/发展的教室主张此区展现幼儿的兴趣,提供语言运用的机会,以及角色扮演、创造和社会发展的理论联结。Montessori 反对"教师指导的假扮"(teacher-directed fantasy),此常见于福禄贝尔幼儿园课程,例如一位教师以单元积木建了一个"村庄",然后以相同的积木当作"马"在周围奔驰。Montessori 认为幼儿的想象需要真实的物体和真实的故事作最大的发展,因此警告不要太早介绍假扮和神仙故事。此一立场反之于传统的观点以及 Bettelheim"魔法的运用"(The Uses of Enchantment)的观点,根据 Bettelheim 的理论,神仙故事对幼儿体验文化的重要主题和类型很重要。Montessori 也不是截然反对假扮和角色扮演活动,蒙特梭利教室有日常生活区,可展现幼儿不同的"成长"技能,而基本的差异在于日常生活区的器材,通常是幼儿尺寸和易碎的,而非娃娃尺寸(doll-sized)和打不破的,大多数的观察显示日常生活区掺了一些假扮游戏。

6. 蒙特梭利教室中心位置的地板上有一条线(传统教室无此线),通常是圆形或椭圆形,大概有 2.5 cm 宽,用以练习在线上走路,通常也用作全班的活动,如说故事、唱歌或全体的教学。

7. 蒙特梭利教室所有教具的使用,仅有一种正确的方式,与传统教室亦有差异,因此幼儿取用教具工作之前,要先看教师 1—3 分钟简短的教课,以资了解和使用。

四 蒙特梭利教室的配置范例

蒙特梭利"儿童之家"中,幼儿最主要的活动场所是工作室,其中五大教学区又是工作最重要的教学空间(参见图 2-27)。因此,教师在布置教学区时,必须依各区所需的设施、空间及与其他教学区的相关性,寻找最适宜的位置,并注意以下各区的布置要领(单伟儒,1997):

(一) 日常生活区

1. 因常常需要用水,宜选择接近水源的地方。
2. 可选择较接近门口处,以吸引幼儿进入教室工作。
3. 较潮湿,应选择在通风处且有阳光的地方。
4. 在桌上操作的工作较多,故桌子的设置应较其他区多。

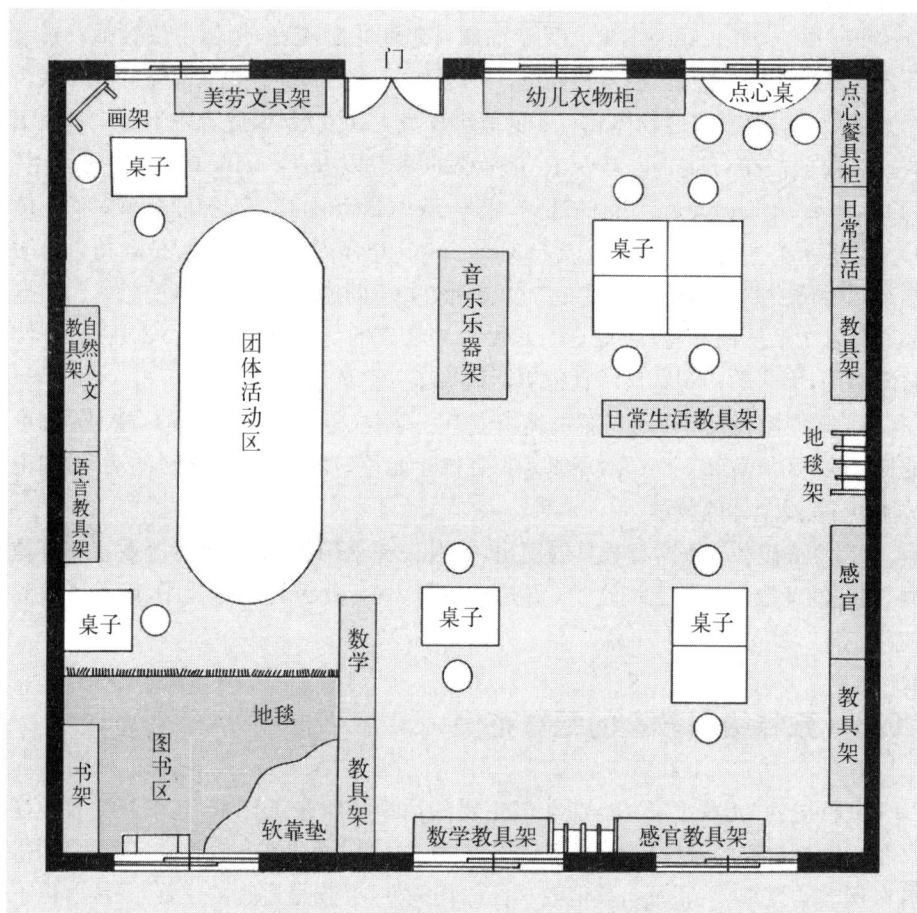

图 2-27 蒙特梭利教室五大教学区的配置

资料来源:《如何经营一所儿童之家? ——蒙特梭利园管理手册》,单伟儒,1997,第40页。

5. 需设置点心桌和清扫用具。

有些蒙特梭利幼儿园把日常生活区辟成厨房区,将日常生活训练中的抓、挤、倒……融入真实的日常动作——拿抹布、洗涤东西、倒水……是极符合蒙特梭利的教育理念。

（二）感官区

1. 感官教具大多在地毯上操作,因此桌子分配较少。

2. 感官教学和数学逻辑思考有部分相关联,因此感官区应尽量安排接近数学区。

3. 不宜设置在教室出入口区,以免搭建好的作品被碰倒。

4. 需布置各种几何图形表和颜色表。

5. 宜避免和安静区（如语文区）相邻。

（三）数学区

1. 应尽量安排接近感官区。

2. 数学教具大多庞杂,需在地毯上操作的工作较多。

3. 可放置身高器、体重器、温度计、时钟、生日卡等与数字有关的布置。

4. 数学教具的零件较多,宜善加管理。可用矮柜隔出半开放空间,避免与其他教具相混。

（四）语文区

1. 语文区的工作需要思考,宜安排在较僻静的角落。

2. 宜选择光线充足、柔和的地方,以利阅读和书写,最好接近窗台,以增加安静舒适感。

3. 提供软靠垫、盆栽的布置,营造宁谧的气氛,并可作为幼儿暂时的私人天地。

（五）文化区

1. 临近水源、电源、光源,以利各种实验的操作、进行。

2. 需有足够的操作桌面,以方便模型的制作。

3. 为了让教学活动可延伸至户外,最好有一门通至室外,衔接室外的动物饲养区和园艺区,构成一个完整的文化区。

第五节
幼儿游戏室的设计

对幼儿而言,室内学习环境除活动室(一般教室)之外,最重要的应属游戏室,本节拟就幼儿游戏室的功能、游戏室的设置要点和游戏室的配置范例等三部分加以说明。

一　幼儿游戏室的功能

一般而言,游戏室一直被认为具有对应保育室的功能,像小学的教室与体育馆的关系,其用法有两种:一个是入园、离园的典礼,每个季节的活动等使用舞台的礼堂功能;另一个是大团体游戏、韵律体操或雨天时的室内运动功能(建筑思潮研究所,1985)。教育部国民教育司(1989)更进一步指出游戏室主要的用途有三:(1) 提供全园幼儿进行韵律游戏的场所;(2) 作为幼儿园开学及毕业典礼、家长会等集会之场所;(3) 下雨时可代替运动场。

早期传统式的幼儿园,多半有礼堂并兼具游戏室的功能,惟因教室内较少摆设玩具,故除了室外游戏场外,唯一可提供室内游戏的场所即为礼堂空间。公立幼儿园若场地宽阔者可能另建一栋专作礼堂使用之建筑;独栋式私立幼儿园则多利用顶楼加盖成为一个大空间;公寓改建者多半只能利用地下室来当游戏室,许多在空间不足的状况下根本没有设立,因为游戏项目并不是幼儿园传统教学所注重的(朱沛亭,1993)。

基本上,游戏室的设置,是为弥补幼儿活动室大肌肉活动的不足,台湾有许多幼儿园,因用地空间的不足而未设置游戏室,若能适度放宽活动室的空间至90 m²,使其兼有大团体活动之可能,则勉强可弥补未置游戏室的缺憾。就教学法而言,开放式角落教学兴起之后,游戏的部分大多被活动室的角落所取代,但是仍需要游戏室空间,以供体能活动及一些大积木构组活动,至于是否有全园性的唱游课程则视各园而定。蒙特梭利教学亦抱持与角落教学同样的态度,最好能将体能活动、音乐律动等项目放在专属的大型室内空间中进行;发现学习则将这些全部融于活动室中,因其强调一个加大而完整的活动室空间,内有足够的空间进行所有原先在室内游戏室中的活动,于是不再另辟一间室内游戏室

(朱沛亭,1993)。

通常,幼儿游戏室的活动规模较大,如韵律游戏和自由游戏;其中,韵律游戏是指韵律体操或老鹰捉小鸡等活动性较大的活动;自由游戏是指操弄像大型积木等无法置放于保育室内的游戏器具(李政隆,1987)。如幼儿园空间许可,可加大游戏室面积至 180 m²,不仅可进行各项韵律活动、音乐活动和自由游戏,下雨天可兼代室内运动场,还可供园内各种集会庆典之用。

二 游戏室的设置要点

游戏室的设置要点,主要包括游戏室的位置、面积、舞台和墙板等,兹分别说明如下:

(一) 游戏室的位置

游戏室是公用空间,应设置于活动室的中间,或通道易汇集处,与活动室相邻而非分开,以利教学或相关活动之运用。

(二) 游戏室的面积

Hildebrand(1991)建议一间长方形游戏室,通常以每生 4.6 m² 较宜。以 5 岁幼儿而言,两手伸开约 1.092 m 宽,两手向前伸约 0.545 m 长,直立时有效宽度为 0.4 m,幼儿与墙间距 0.74 m,舞台面积 32 cm²(日本建筑学会,1979),游戏室大小,约为容纳一个班级的幼儿左右手牵成一个圆的空间来计算(教育部国民教育司,1989)。一班以 30 名幼儿计,游戏室面积约为 180 m²,可兼作礼堂和室内运动场,计算步骤如下:

1. 30 名幼儿围一个圆的直径
   (1.092 m×30 人)÷3.14＝10.43 m
2. 直径＋两端幼儿与墙间距＝活动空间宽
   10.43 m＋0.74 m×2＝11.91 m
3. 活动空间面积＋舞台面积＝游戏室面积
   12 m×12 m＋32 m²＝176 m²≈180 m²

(三) 游戏室的舞台

幼儿游戏室宜设置舞台,宽度 8 m×深度 4 m×高度 0.5 m(日本建筑学会,

1979；李政隆，1987)，以因应季节活动的需要。惟因平常的保育活动不太会用到舞台，或可将地板上做一或两阶的高低差，在使用上较实用，且可全面有效地运用，参阅图 2-28。此外，舞台是一个很好的储藏空间，可用以收存游戏室的游戏器材和椅子，如政大实小幼儿园多功能活动室的舞台下，设计活动式的游戏器材储藏箱(装轮子)，拉出后还可兼作长板凳。

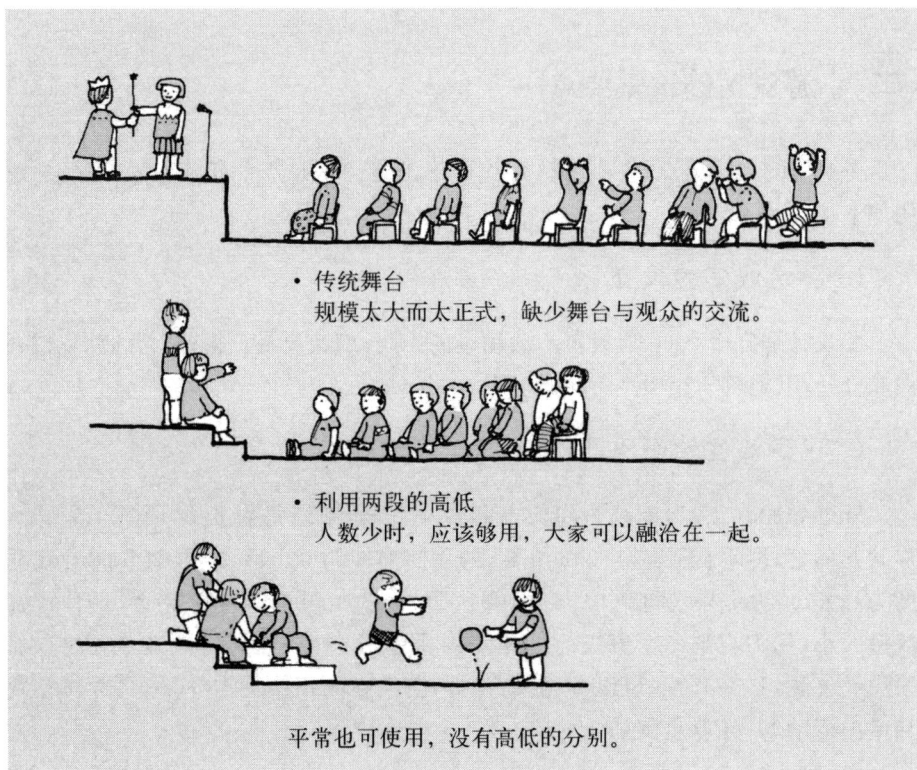

- 传统舞台
  规模太大而太正式，缺少舞台与观众的交流。

- 利用两段的高低
  人数少时，应该够用，大家可以融洽在一起。

平常也可使用，没有高低的分别。

图 2-28　游戏室的舞台

资料来源：《保育园·幼稚园》，建筑思潮研究所，1985，第 20 页。

(四) 游戏室的墙板

游戏室的墙壁和天花板，要设计吸音材质，以免孩子们群聚游戏，产生太多的回(噪)音。其次，墙壁若有玻璃面，需要木头格子等保护装置，同时也要注意照明器材可能遭受的损坏。此外，有较大的墙面比较方便，假如墙面有高低，较高墙壁的一面很长的话，可于活动时作为舞台的背景，或装饰(建筑思潮研究所，1985)。

三　游戏室的配置范例

日本柏井保育园的游戏室结合餐厅设计(参见图 2 - 29),津山口保育园的游戏室灵活运用玄关及走廊空间(参见图 2 - 30),甚富趣味,有其值得参考的价值。

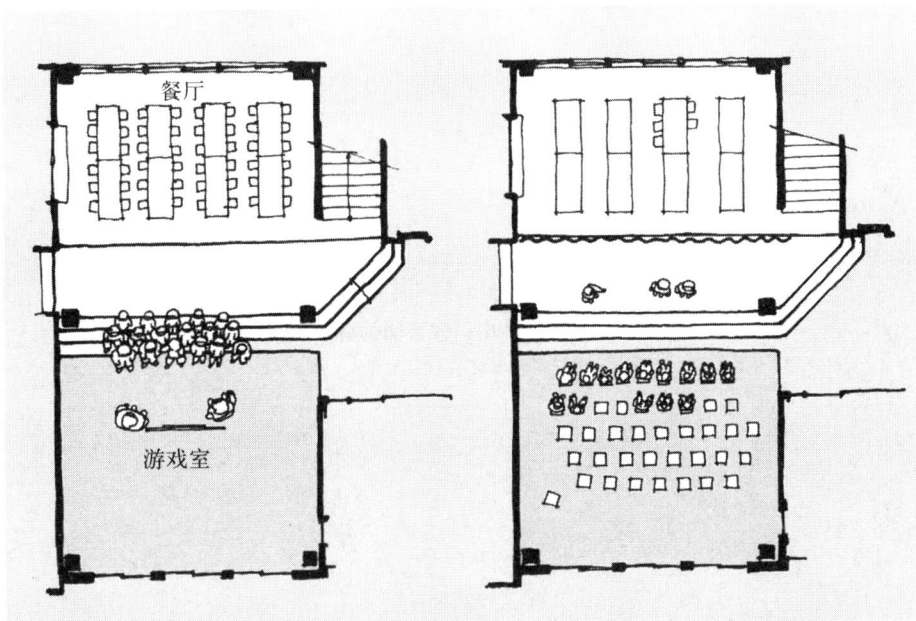

小型的活动或人数
少集合时,坐在台
阶上面往下看。

毕业典礼或圣诞节典礼等较大的活动,
把"餐厅"前面当做舞台,张挂帐幕。把
餐厅的椅子拿下来当做观众席。

图 2 - 29　柏井保育园的游戏室

资料来源:《保育园·幼稚园》,建筑思潮研究所,1985,第 20 页。

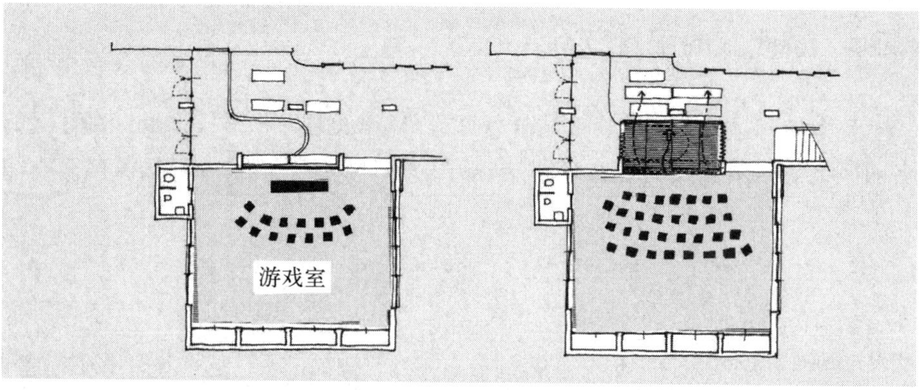

很大的舞台妨碍各种活动，所以不想设置有高低的舞台。

不过，一年几次举行典礼的时候，非常需要舞台。
- 移动门口的鞋架
- 正面的墙壁往后面移动（墙壁是嵌板制的）
- 置放舞台地板
- 两端张挂帐幕

如此设置系利用门口空间当舞台。

图 2-30　津山口保育园的游戏室

资料来源：《保育园·幼稚园》，建筑思潮研究所，1985，第 20 页。

第三章

室外学习环境的
设计配置

有良好的设计和创造性的规划,室外环境可成为有效的学习环境……运用室外环境作为学习环境可延伸教育的机会,学生能观察到时间、天气和其他力量对其庭院的自然影响。"建筑是教师"的哲学为室外空间能提供的可能更多(With good design and creative programming, outdoor spaces can be effective learning environments, ... Using the outdoors as a learning environment can expand educational opportunities. Students can observe the natural effects of time, weather and other forces on their campus. The philosophy of "building as teacher" applies even more outdoor spaces)。

——R. Layton

室外很难被视为学习环境,系因其看起来不像一个"正式"的学习情境(Builton,2002)。Burke 和 Grosvenor(2003)即指出,学校庭院或游戏场是游戏时间和课间休息运用的场所,但欧美学者都认为这是学校中一个"被遗忘的空间"(the"Forgotten Spaces");近几年,经社会科学、人类学、民俗学、教育和环境心理学、社会地理学的调查研究,发现游戏场是了解儿童期本质和人类发展的良好场地。Perry(2001)说明幼儿在游戏庭院中,从家庭生活、教室生活、教科书和媒体中再创经验,使她们自己在社会团体中具有意义。White 和 Stoecklin(1998,April)也强调,室外环境对幼儿的独立和自律之发展很重要。

幼儿园的室外环境包括室外游戏场地、绿化、建筑小品等,这些室外环境的构成要素直接影响到幼儿园功能的完善和环境质量的提高。从幼儿园的教育方式和特点以及幼儿身心发展的需要来看,室外环境设计,应作为幼儿园建筑设计不可缺少的组成部分,必须给予足够的重视,并精心设计,以使幼儿能生活在一个明朗、愉快、富有教育意义的环境里(黎志涛,1996)。

本章拟就游戏与游戏场的类型、游戏场设计的原则、游戏场设计的要点、游戏场设计的案例和园庭景观的配置等五部分,分别探讨说明。

第一节
游戏与游戏场的类型

爱游戏是儿童的天性（Seefeldt，1990；Taylor & Vlastos，1983）以及学习与其相关环境的方式（Taylor，1991）。全世界的儿童有史以来即在游戏，Isaacs 认为"游戏是儿童的生活和手段，借以了解其所生存的世界"，Frank 则强调"通过游戏，儿童学到无人能教他们的"（引自 Feeney，et al，1991），难怪 Abbott（1995）问及儿童对游戏的观点时，一位 8 岁儿童回答说："游戏是王牌！"（Play is ACE!），我们应重新认知游戏是一项高水平的活动（a high status activity），尤其在学校和教室中，游戏是儿童的"王牌"（汤志民，1997）。

游戏场是一系列的户外教室，Shaw（1987）指出三层面的游戏环境（three-dimensional play environment）是由空间、平台和通道毗连所界定的矩阵，给予使用者身体、语言和视觉的最大潜在互动；Shaw 和 Willams 即在三层面游戏场观察到一些特别有趣的行为，如藏与露（hide and reveal）、绕巡（looping）、俯瞰、地面跳跃（groundhogging）以及语言沟通。此外，室外游戏也可协助儿童发展责任、问题解决能力、合作、空间能力和其他多样的技巧和能力；在游戏场上有充足的时间、空间和器材，则可提供幼儿从事学习的机会（Graves et al.，1996）。因此，室外游戏区与室内区一样需仔细地规划（Spodek & Saracho，1994）。从潜在课程的角度观之，学校游戏场提供"寓教于乐"的潜隐性空间，通过游戏以增进同伴互动并抒展身心。从开放空间的角度观之，学校内所有的空间都能成为学生可以自由出入与活动的快乐学习场所（汤志民，1996），游戏场的设计不仅有画龙点睛之效，同时也会成为快乐的源泉。

过去，教育大都重视正式学习区域设施的充实，对发展室外的游戏区并不热衷，乃因学校行政人员忽略了休息的重要性，不了解游戏是儿童的生活常态，更不知道室外游戏区也可以让儿童学习，以填补室内学习活动之不足，致学校游戏场的设计乏善可陈，甚至充满危机。Allen 即将我们常见的水泥或柏油地面被高墙围起来的游戏场，称为"监狱游戏场"（prison yard playground），Frost（1992）亦认为水泥和钢制丛林的学校游戏场很危险，不吸引人，也不符合游戏发展的需求，常有儿童受伤，甚至致命。因此，不少国家对游戏场安全的设计作了明确的规范要求,以确保儿童游戏的安全,而许多设计者更在安全的基础上,强调游戏场的设计,应有复杂性、多样性、互动的机会和私密性、挑战的层级(graded levels of challenge)以及可移动和可操作的东西等特征(Weinstein & Pinciotti,1988),并进一步呼吁身体、心智、情绪和社会能力缺失的儿童,也应有平等权利的游戏机会(Moore,Goltsman & Iacofano,1992),以期为所有儿童开创多样化、刺激又安全的无障碍游戏空间。有鉴于此,台北市政府教育局1987年度,不仅委托研究游戏场设计准则,并为16所国小游戏场的整修改善斥资1 000万元,1988年度再拨款5 000万元改善80所国小的游戏场设施。1989年度特别拨款5 000万元改善国小附设幼儿园的游戏场设施。以下拟先阐述游戏的意义与价值,其次说明游戏场的重要性与类型。

一 游戏的意义与价值

对儿童而言,游戏是最自然、最快乐、最自由的活动。正如仙田满所强调的,游戏是儿童生活的全部,或者,至少该是他们的生活重心,儿童通过游戏来学习、交朋友、培养创造力与生活本能(侯锦雄和林钰专译,1996)。根据日本文部省教材研究课的调查,全日本具有代表性地区的儿童,就生活内容中举出"有趣且快乐"的事共26 726件,将这些资料加以归纳分为"游戏""功课""帮忙工作"及"其他"等项目,结果发现"游戏"占男女儿童生活比率平均为66%,也就是儿童生活的兴趣,大部分倾向于游戏,游戏也可以说是儿童生活的中心(引自林风南,1988)。以下拟分别探讨游戏的意义和游戏的价值。

(一) 游戏的意义

游戏是儿童的一种生活方式(a way of life),是他们的自然反映;儿童所"做"的即为游戏,对他们而言是认真的事情;儿童所选择投入的任何活动即是游戏,它是永无止息的(neverending)(Gordon & Williams-Browne,1996)。

游戏是一个多层面的(a multidimensional)、复杂的概念(Santrock,1993),也可能是人类现存最具影响力的现象(Heuttig,Bridges & Woodson,2002)。数十年来即已引起教育家、心理学家、哲学家和其他人的兴趣,他们尝试界定它、解释它、了解它,并研究它和人类所参与的其他活动的关联。教育家和心理学家认为游戏是儿童成长的反映、儿童生活的本质及进入儿童世界的视窗,因此游戏可说是"童年的本质"(the essence of childhood)(Gordon & Williams-Browne,1996)。因游戏以许多不同的形式出现,已成为一个特别难以了解的概念(Spodek et al,

1991),Spodek 和 Saracho(1994)即认为游戏很难定义,而强调在意义上由其自身界定。Schwartzman 更以游戏"不是什么"来界定:

> 游戏不是工作(work);游戏不是真实的(real);游戏不是认真的(serious);游戏不是生产的(productive)等等。(但)有时候以游戏体验工作,工作也可具游戏性;同样地,游戏者创造的世界,通常比所谓的真实生活更为真实、认真且具生产性。(引自 Spodek et al.,1991,p. 184)

Hughes 认为游戏的界定必须有下列五项特征(引自 Heutting et al. 2002):

1. 幼儿须有内在的动机。

2. 游戏须为自由的选择。

3. 经验应为愉悦的。

4. 游戏应为非真实的;亦即,游戏对幼儿是有意义的,但并不需要实际反映真实生活的经验。

5. 幼儿应为主动地参与;换言之,游戏是与生俱来的需求,以无限想象来自由选择和参与愉快的活动。

Frost(1992)认为游戏可从其特征来解释,并根据许多学者专家之见解,将游戏的特征整理罗列如下:

1. 游戏是愉悦的来源,可证之于参与者所表现的欢乐和兴奋。

2. 游戏因其本身而持续,强调游戏本身而非其结果。

3. 游戏是避免强制的规则或任务。

4. 游戏是本身引起动机的。

5. 游戏是自发的和自愿的。

6. 游戏需要个别游戏者主动地投入(p. 14)。

Frost 认为除了这些一般的游戏特征之外,特定的游戏阶段和类型有特别的特征:

1. 在幼年期的表征或装扮游戏特征,游戏是一个刺激的、非实际的、表征的行为,跨越想象和实际的世界,并以"好像"的意识(an "as if" consciousness)为表征。

2. 在幼年和少年期的组织性游戏或规则游戏特征,游戏是以规则为界限(p. 14)。

日文称游戏为"游(asobi)",具有三项意义:其一,恰如英文用的"play",是动作能力或音乐或歌剧表演能力的一种表现。其二,"asobi"在日文上的原意之一是

"工作"的反义词,系指不同于日常生活规律,打破既有的形式,在这种情形下,我们称它为创作艺术的形式。"asobi"的第三种意义是各种空间彼此间的联系空隙。例如,齿轮需要有空隙才能精确地有效运转,因此齿轮的定量分配就要保证平滑且有效的功能,这些空隙就被称作"asobi"(侯锦雄和林钰专译,1996,第1—2页)。

岩内亮一、荻元原昭、深谷昌志和本集修二(1992)将"游び"(play)界定为:人的各项活动中,活动主体(游戏者)感觉快感、兴奋,并且乐在其中而亦可为他人所理解的活动谓之游戏。此种活动,本身自成目的,不求代偿,系基于自由意志,虚构的偶发活动(第2页)。

黄瑞琴(1992)综合心理学文献中有关游戏行为的定义,说明游戏的意义包括下列要点:

1. 游戏是由内在动机引起的,自动自发、自我产生的。

2. 游戏是自由选择的。

3. 游戏需要热烈地参与,带有正面的喜乐感情,不是严肃的。

4. 游戏着重于方式和过程,而非目的和结果,游戏的方式随着情境和材料而随意变换,其目的亦可随时改变。

5. 游戏是有弹性的,随着儿童和情境的不同而有差异。

6. 游戏不受外在规则的限制,但游戏本身常有其非正式或正式的内在规则,由儿童自行协调约定。

7. 游戏是不求实际的,在一个游戏架构中,内在的现实超越了外在的现实,儿童常运用假装(as if)的方式扮演,而超越此地和此时的限制。

8. 游戏不同于探索行为,游戏着重于自我,在游戏中问的问题是:"我能用这个东西做什么?"探索则着重于对物品的了解,在探索中问的问题是:"这个东西是什么? 它能做什么?"在一个情境中,探索常先发生,以了解陌生的物品,游戏则发生于探索之后,是针对已熟悉的情境和物品(第9—10页)。

Isenberg和Quisenbery 1988年在《游戏:所有儿童之需》(Play:A Necessity for All Children)一文中,对游戏的界定受到国际儿童教育协会(the Association for Childhood Education International)的赞许,他们认为游戏:"一种动态的和建构的行为——是童年、幼稚期到青春期所需和统整的部分(a necessary and integral part)"(引自Brewer,2001)。Heuttig等人(2002)阐明游戏是与生俱来的需求,能自由地选择和参与愉悦的活动,并运用无限的想象;在幼儿教育中,游戏也被视为是转变的媒介(a medium for change),以及增进身体、语言、认知、社会和情绪发展的手段。Santrock(1993)则简单地界定"游戏是自行参与的愉快活动"(Play is a pleasurable activity that is engaged in for its own sake)(p. 326)。

Youngquist 和 Pataray-Ching(2004)强调游戏通常被解释为休闲活动;依研究取向,有的概念认为游戏是快乐、自我欢乐的活动,有的认为游戏是一种活动。根据 Piaget 的观点,游戏是从外在世界抽绎因素并改变它们,使其符合人们的现存架构的一种方式(引自 Graves et al.,1996),Fröebel 则认为游戏是人类幼儿期发展的最高表现,是幼儿灵魂内独特的自由表现(引自 Frost & Sunderlin,1985),"游戏,即各种自发的表现和练习"(陶明洁译,1992,第 307 页)。这种自发性的游戏意义,就如王阳明在《训蒙大意》文章中所强调的:

> "大抵童子之情,乐嬉游而惮拘检,如草木之始萌芽,舒畅之则条达,摧挠之则衰痿。今教童子必使其趋向鼓舞,中心喜悦,则其进自不能已。譬之时雨春风,沾被卉木,莫不萌动发越,自然日长月化……"(引自黄瑞琴,1992,第 3 页)

简言之,游戏是由内在动机引起,并因其本身而持续的一种自由自发、自行参与的愉快活动。在游戏中,儿童是领袖并能自由地表现意义(meanings)和情感(feelings)(Fein & Rivkin,1991),其目的则在增进智能的发展、身体的发展(physical development)、社会和情绪的发展(Brewer,2001),以及发展儿童人格的观念(Hendrick,1996)。因此,游戏是手段也是目的,游戏支持完整儿童(the whole child)的发展——身体的、认知的、社会的和情绪的(Rogers,1990)。

(二)游戏的价值

游戏有许多的形式,当他们唱歌、挖泥巴、构筑积木塔或者盛装时皆在游戏。游戏可能是纯体能的(跑、爬、丢球)或高智能的(解决一个错综复杂的拼图、记住歌词);当用到蜡笔、黏土和手指画时,游戏是创造的;当儿童假装为妈妈、爸爸或婴儿时,游戏是以情绪形式表达;与朋友跳绳、玩纸牌及分享书本,则为游戏的社会交往例子(Gordon & Williams-Browne,1996)。

游戏是儿童的学习方式,游戏是儿童的学习历程(Moore et al.,1992)。Daiute(1994)在《游戏也是学习的一部分》(Play is Part of Learning, Too)一文中即言,游戏是有效的学习策略,儿童用以增进他们的技能并塑造其世界的意义(make sense of their world)(p. 67)。儿童游戏时,他们学到语言、学到学习(learn about learning)、学到了解他们自己和围绕着他们的延伸世界(the expending world)、学到如何成为一个朋友(how to be a friend)(Brause,1992;Gordon & Williams-Browne,1996),通过游戏,儿童发展其身体技能并获得独立,游戏也可协助儿童学习和练习领导与追随的角色，以及有效的社会参与（social participation）之重要观念，并可增进问题解决技能、批判思考力、概念形成能力和创造力，以及社会和情绪发展（Taylor，1991）。正如岩内亮一等人（1992）所强调的，游戏可提升儿童的身心机能，促进同伴团体的产生，培育人际关系的意识，丰富生活经验以建构认知发展基础，给予尝试错误或主观判断的机会；游戏也可说是开拓儿童单纯的视野，使其获得自律和自立。对此，Monroe（1985）亦有类似的见解：

> 游戏影响幼儿的所有发展概念，包括社会的、文化的、情感的、认知的、语言的和身体的技能与能力；并进一步强调，通过游戏，幼儿发现他们的世界、发展他们的知觉、练习他们的肌肉，并作社会的接触。（p. 193）

Graves 等人（1996）认为游戏有益于智能的发展、人格的发展和能力的发展。Youngquist 和 Pataray-Ching（2004）根据研究指出，游戏对幼儿教育有很高的价值，它能促进幼儿认知、社会和心理的发展。Taylor（1991）认为游戏是儿童的生活常态，可以增进儿童身体的、社会的、情绪的和智能的发展，并说明室外游戏对儿童的价值：

1. 大肌肉发展；
2. 社会互动或装扮游戏；
3. 知觉经验（sensory experience）；
4. 对自然的学习（learning about nature）。

Charlesworth（1992）则强调儿童游戏的功能有七项：

1. 帮助发展问题解决技能；
2. 促进社会和认知能力；
3. 帮助幻想（fantasy）和真实（reality）间区别之发展；
4. 促进好奇心和游戏性；
5. 协助沟通、注意广度、自我控制、社会的、语言的和阅读书写的技能；
6. 提供大人学习幼儿如何看世界的工具；
7. 能作为治疗的（therapeutic）。

就教育而言，Spodek 和 Saracho（1994）曾言"儿童的游戏即教育"（child's play as education），甚有见地。事实上，幼儿教育的游戏导向课程（play-oriented programs）并不是新的观念，我们可以从 Fröebel 的幼儿园和 Montessori 的工作看到活动和游戏在幼儿成长、发展和学习中的重要性；在英国的托儿所运动（the

Nursery School Movement)和美国的改革幼儿园运动(the Reform Kindergarten Movement)时期,游戏开始被接受为合理的教育活动,教育家观察幼儿并认知游戏提供学习的多元机会(multiple opportunities for learning),幼儿运用游戏建构知识、测试观念,并统整其所学而增进所有的学习概念：智能的、社会的、情绪的、身体的和语言的(Graves et al.，1996)。因此,游戏活动已成为幼儿教育课程的一部分,Fröebel 希望幼儿从器材和活动获得精神的象征意义,Montessori 希望幼儿获得对物体本身较多的了解,以及观察和排序器材的特定技巧(Spodek & Saracho，1994)。

Fröebel 是教育史上第一位承认游戏的教育价值,并有系统地把游戏活动列入教育历程中的教育学者。儿童期的游戏,其意义与价值乃在游戏活动的本身,只是为游戏而游戏,游戏之外,别无外在的目的。依 Fröebel 的见解,儿童游戏活动的价值有三,确实值得我们细品：

1. 儿童游戏活动,对于"物"有各种"动作",对于"人"则有"合作"和"语言",即使离开物与人,儿童自己一个人也可以唱和舞。

2. 儿童在游戏中,能够自己决定游戏的范围和步骤,有一种深切的自由感,因而儿童均喜爱游戏,以游戏为教育的方法,易于提高教学效率。

3. 儿童在游戏活动中,无论对"物"或"人",都必须接受规律的限制,因而可以培养儿童的责任感和义务感(引自林朝凤,1988,第 69 页)。

对儿童而言,游戏是教育,游戏是学习,游戏是生活,儿童在游戏中学习和生活,也在生活和学习中游戏,游戏是其生活,通过游戏,儿童可以统整所学,并增进全人的发展。

二 游戏场的重要性与类型

儿童正式的游戏场主要在四个场所——都市公园（city parks）、小学（elementary schools）、学前学校（preschools）和后院（back yards）。这些游戏场在器材和设备的供应、环境的布置、游戏督导或领导、安全和儿童发展的要求以及哲学上,彼此皆有实质上的差异。游戏场的赞助者,都市公园和休闲部门、公立学校、私立学前学校以及家长,所持的游戏观点（views of play）不同,结果发展出不同类型的游戏场(Frost，1992)。以下先说明游戏场的重要性,再就游戏场的类型加以分析。

（一）游戏场的重要

有史以来，儿童即以其方式游戏到成年，但只有少数人认为儿童的游戏是认真的或考虑到游戏对儿童的发展是重要的。Plato 和 Aristotle 认为游戏对学习如算术之学科和建构技巧很有价值，而早期的教育家如 Comenius、Rousseau、Pestalozzi 及 Fröebel 更反对在儿童一生中的教育是严厉的纪律（harsh discipline）和死记（rote memorization），并强调游戏是童年自然的活动和学习的工具（Frost，1992）。Fröebel 并对游戏作了贴切的描述：

> 游戏是人类在此一阶段最纯洁的、最神圣的活动，同时，代表人类的生活如一个整体——在人类和所有事物之中的内在潜存的自然生活（the inner hidden natural life）。因此，它给予整个世界欢乐、自由、满意、内在和外在的安静、和平。（引自 Frost，1992，p. 2）

游戏既然重要，幼儿游戏场的设计当然更值得我们关切，本书的幼儿游戏场系指幼儿园在室外永久装置（含可移动）的无动力儿童游戏设备之场地。须注意的是，学校为儿童的游戏而设立游戏场是制度面的必要作为，但不可将其视为涵盖游戏的全部（岩内亮一等人，1992）。

Frost（1992）强调 20 世纪 90 年代是对游戏和游戏环境发展（the development of play environment）有空前兴趣的时代，基本的理由是：

1. 大学行为科学专业间对游戏研究的持续性强调，并在游戏和游戏环境研究结果上增加专业和流行刊物。

2. 专业组织对游戏有新的兴趣，著名的有美国和国际儿童游戏权利协会（the American and International Associations for the Child's Right to Play）、美国全国幼儿教育协会（NAEYC）、游戏研究协会（the Association for the Study of Play）、美国卫生体育休闲和舞蹈联盟（the American Alliance for Health，Physical Education，Recreation and Dance）和国际幼教协会（the Association for Childhood Education International）。

3. 家长和专家逐渐觉察，过分重视"学科"，损害了游戏，对儿童有压迫性的不良影响。

4. 电视对儿童的健康、适应、道德发展和学校成就有负面的影响，而游戏是一项重要的反制影响（an essential counteracting influence）。

5. 在"控诉社会"（suing society）中，许多家长因为他们孩子在游戏场上受伤,而控诉城市、私立和公立学校、托儿中心以及游戏设备设计者、制造者和装置者。

6. 家长和专家觉察,大多数美国运动游戏场处于失修、外形老旧、设计缺乏创意和无适当维护的设备之状态。

7. 更多的游戏设计者和制造者加速研究安全问题和游戏价值,并投入发展游戏设备和游戏场地面的全国性安全指引/标准(p. 26)。

虽然 1989 年 7 月 14 日伦敦《泰晤士报教育副刊》[(London) *Times Educational Supplement*]强调,游戏场是"态度和行为的强力塑形者"(a powerful former of attitudes and behaviors)(引自 Brause,1992, p. 150),但对学校游戏场设置的忽略,正如 Curtis 在《游戏运动及其重要性》(*The Play Movement and Its Significance*)一书中所述:

> 我们都市许多的学校庭院是他们所属系统的耻辱(a disgrace)……学校主事者显然完成了学校建筑,却完全忘掉了游戏场。(引自 Frost,1992, p. 191)

(二) 游戏场的类型

20 世纪的早先数十年,游戏场运动(the playground movement)在美国生根,室外游戏区通常都配备秋千、滑梯、跷跷板和沙箱,与今日的许多游戏场没有什么差别,但是游戏结构的设计则与传统、单一目的多件的设备有很大的差距。经由幼儿发展专家、专业游戏场建筑师和商品制造者的努力,更具创造性和多用途(versatile)的游戏结构近便可用(Essa,1996)。

游戏场的类型,Johnson、Christie 和 Yawkey 分为三种:传统游戏场、现代游戏场和冒险游戏场(郭静晃译,1992),Frost(1991、1992)分为四种:传统游戏场、现代游戏场、冒险游戏场和创造游戏场,陈文锦和凌德麟(1999)分为五种:传统性游戏场、现代化游戏场、冒险性游戏场、创造性游戏场和自然性游戏场。兹依汤志民(1998)之整理分述如下:

1. 传统游戏场 (the traditional playground)

传统游戏场是一种正式的游戏场,由金属或钢具结构的设备所组成,并零星地散布或成排地固定在平坦的水泥或柏油地面上,较单调而无趣,典型的设备包括秋千、滑梯、跷跷板、攀登架、立体方格铁架(jungle gym)和旋转装置(merry-go-round),皆为运动游戏(exercise play)和大肌肉游戏(gross-motor play)而设计。

通常周围都以铁篱围着,此种设计可回溯至 20 世纪早期的第一个十年,目前仍是较常见的类型。

这种传统游戏场的设计,最大的好处在不需要太多的保养,同时也提供了大空间以及设备,让儿童作大肌肉的活动。但从儿童的观点来看,传统游戏场有许多缺点,例如这些固定的设施使用方法有限,会使人感到枯燥乏味,结果是孩子们很少使用它,即使孩子们玩,也仅是玩一下就不玩了。1974 年,Haywrad、Rothenberg 和 Beasley 在纽约市所作的研究发现,在游玩的高峰时间,传统游戏场有超过 88% 的时间是空着的,平均在传统游戏场游玩的时间仅有 21 分钟;Naylor 也引述了一些研究显示,若给予选择,孩子比较喜欢在街上玩,而不是在传统游戏场玩(郭静晃译,1992)。

其次,传统游戏场的缺点是它仅能鼓励孩子作大肌肉活动。1985 年,Campbell 及 Frost 发现在传统游戏场进行的游戏有 77% 以上都是大肌肉活动;相较之下,扮演游戏不足 3%,其游戏的社会层次也很低。1985 年,Boyatzis 也提出报告,在传统游戏场的游戏几乎有 60% 都是非社会性的游戏,即独自或平行游戏。第三,是安全上的问题,据估计,医生及医院每年都要处理十五万件游戏场的意外伤害,而这些伤害大多数都发生在传统游戏场,主要是跌落到坚硬的地面及金属设施上而受伤甚至致命(郭静晃译,1992)。

传统游戏场的缺点(低使用率、低层次的游戏及高意外伤害率)导致社会对传统游戏场的不满,也因此刺激了现代化及具有探险性游戏场的发展。

2. 现代游戏场(the contemporary playground)

现代游戏场是一种正式游戏场,也称为"设计者游戏场"(the designer's playground),由专业建筑师或设计者运用制造业者的设备所创作的,通常具高美感品质,配有多样化功能的设备和连结的游戏区(linked play zones),其设备是由昂贵的木具、金属器械和横木(如铁轨枕木)所组成,通常包括木制攀爬台、围起来供扮演游戏的场地、架梯、轮胎阵、吊桥、滑轮缆绳、轮胎秋千、平衡木、隧道以及溜滑梯等,这些设施并非如传统游戏场般各自独立和散布的,而是集中摆设的,Wardle 指出通常区分为三个区域:(1)坚固的地面或柏油地面,专供三轮车、四轮车及其他有轮子的游戏器行驶;(2)在游戏设施底下或四周都铺有沙土及木屑的柔软区域;(3)有草地可供孩子游玩或坐(引自郭静晃译,1992);沙箱、小池塘及花园通常也会被包括在内,以展示一些自然的生物,让孩子探索(参见图 3-1)。现代游戏场种类很多,并不一定都含有上述所列的各种设施,但仍比传统游戏场提供更多样化的游戏体验给孩子。

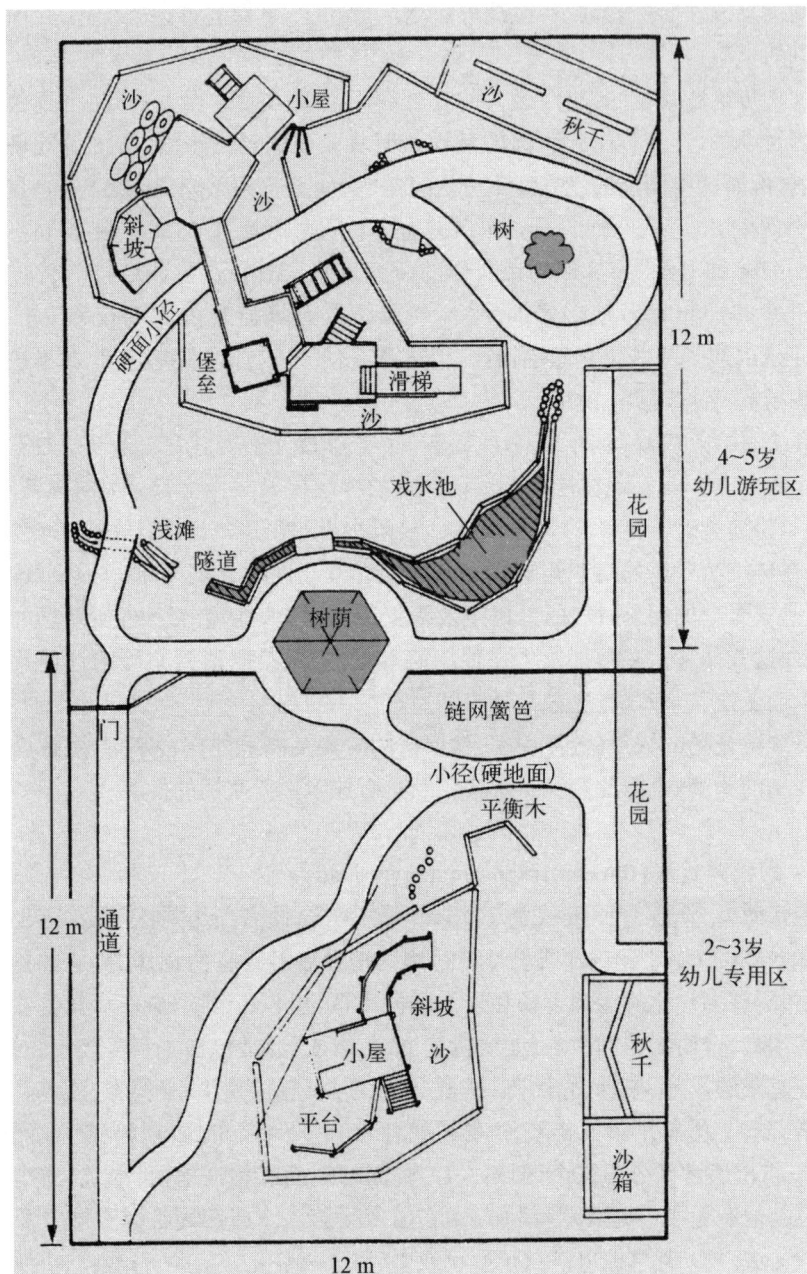

图 3–1　2—3 岁及 4—5 岁幼儿游玩区的现代游戏场

资料来源:《儿童游戏:游戏发展的理论与实务》,郭静晃译,1992,第 245 页。

Frost 和 Klein 指出现代游戏场可分为两种形态：（1）商业化的游戏场，如由 Big Toy 及 Columbia Cascade 所制造的木材组合及金属架；（2）利用废弃物如轮胎、铁轨枕木、缆绳轴或水管建造的社区游戏场（引自郭静晃译，1992）。商业产品是现成的，设立较为方便，但所费不少，而社区建造的游戏场则较经济，也比商业形态的游戏场提供更广、更多样化的游戏体验。由于社区建造的游戏场内部设施都是由孩子的父母及老师所建造的，孩子乐意使用它，社区也引以为傲，因此会减少让游戏场破坏和损毁的问题。

1985 年，Campbell 和 Frost 指出，有些研究比较现代游戏场和传统游戏场对孩子游戏形态的影响，其中仅有少部分研究结果显示，孩子在现代游戏场内会从事较多扮演游戏以及团体游戏，但功能性的游戏则较常发生于传统游戏场；此外，Hayward 等人之研究指出，孩子在现代游戏场玩的时间亦比在传统游戏场玩的时间长得多（郭静晃译，1992）。不过，只要了解了这两种不同类型的游戏场，这些研究发现就不令人惊讶。

3. 冒险游戏场（the adventure playground）

冒险游戏场是一种高级的非正式游戏场，运用一个围篱区，以自然的环境及各式各样的废弃建材（scrap building material）规划而成，儿童在受过训练的游戏指导员（play leaders）督导和协助下，运用原始器材建构和重建他们自己的游戏世界。冒险游戏场与前述游戏场有许多不同，除了储物架或储藏室之外，设施都是临时性的，由孩子们自己建筑：池塘、花园、消防洞，以及经常栖息在此地区的小生物，另外有更多的材料供儿童操弄，如木材、条板、绳索、缆绳轴、轮胎、铁锤、锯子、钉子及其他旧的工具。此游戏场内可让儿童在多样的创造性游戏形式中自由表现他们自己，包括建造、拆解、生火、炊事、挖掘、在泥地滑行、栽培花木及照顾动物等（如图 3-2），并需有一位或更多的游戏指导者来协助和督导儿童进行游戏。

1943 年，第一座冒险游戏场由景观建筑师 Sorenson 及其助理创设于丹麦（Denmark）的茵德拉普（Emdrup），称之为"废旧物游戏场"（a junk playground）（大村虔一和大村璋子译，1984；Frost，1992；Henniger，Sunderlin & Frost，1985；Pedersen，1985），因此 Essa（1996）将冒险游戏场界定为：儿童运用广泛可用的"废旧物"器材（available "junk" materials）以创造他们自己环境的一种欧洲革新室外游戏区（p.535）。第二次世界大战后受到英国各界的欢迎，英格兰的冒险游戏场设立于二次大战轰炸区（bomb sites），整个英国的冒险游戏场超过两百个（Wortham，1985）。目前，冒险游戏场在丹麦和其他北欧国家占有一小部分比例，大多数则为传统的游戏场，美国的冒险游戏场创建于 1976 年，至 1982 年有二

图 3－2　冒险游戏场示意图

资料来源：《新しい游び場：冒险游び場の实際例》,大村虔一和大村璋子译,1984,序页。

十五个城市设立冒险游戏场,但仍未受到欢迎(郭静晃译,1992；Frost，1992；Henniger et al.，1985),主要系基于安全考量,如开放的池塘、生火、松掉的钉子以及尖锐的工具,看起来相当危险,因为担心受伤而引发纠纷,加上保险费用很高,使许多州政府并不热衷设立这种游戏场；其次是场地不易寻觅,因常遭场地旁住户的反对,解决方法通常就是在它的四周筑起高墙；此外,冒险游戏场的花费相当昂贵,至少游戏指导者的薪水必须长期支付。

事实上,冒险游戏场的安全记录非常优良(Frost，1992),Vance指出来自美国、英国、欧洲的一些研究结果,证明冒险游戏场并不会比传统游戏场更危险(郭静晃译,1992),并根据美国五州十四个机构的资料提出报告,说明冒险游戏场优于传统游戏场：它们的维护费不贵、社区参与较多、伤害的数量与传统游戏场大约一样或较少(引自Frost，1992)。相对于冒险游戏场所能提供的益处,此一游戏场应值得投资。惟须强调的是,游戏指导员应扮演好"协助"的角色,协助儿童无法预知的所有练习事项、协助让事项有序进行,以及挑出幼儿之间所有无法避免的冲突,最重要的是必须协助儿童组织游戏场,没有民主(democracy),任何"冒险"(adventure)最后都会很快成为纯粹的"废旧物"(junk)(Pedersen,1985)。

4. 创造游戏场(the creative playground)

创造游戏场是一种半正式的游戏场,介于高级正式游戏场和破烂物或冒险游戏场之间,结合其他类型游戏场的特色,以满足特定的社区或学校的需求。Essa

(1996)将创造游戏场界定为：运用革新的器材，如轮胎、电线杆、网子和电缆线轴的室外游戏区(p. 537)。创造游戏场广泛地采用制造业者和手工业者做的设备，购买或接受赠品的设备，以及许多的零散器材(loose materials)，如轮胎、破旧家具(lumber)、电线杆、铁轨枕木、电缆线轴、废弃水管等所创造建构的，通常由家长、教师和儿童来规划和建造，并得到游戏场专家的协助，它包括永久性设备、沙和水，以及布置轻松区(loose parts)，以符合所有游戏的形式；特殊活动的区域，如美劳、园艺和照顾动物，通常也包括在内。

基本上，创造游戏场与现代游戏场甚难区分，较明显的有两点：首先是场地器材不同，创造游戏场的闲置或废旧器材(如轮胎、破旧家具、电线杆、网子、铁轨枕木、电缆线轴、废弃水管)和创造性活动(如沙、水、美劳、园艺)之设计，比现代游戏场多，而金属和木具组合的多功能连结设备则少于现代游戏场；其次是建构者不同，创造游戏场通常由家长、教师和儿童来规划和创造建构，现代游戏场则由专业建筑师或设计者运用制造业者的设备来创作的。创造游戏场与冒险游戏场之区别，在于创造游戏场的场地通常较小，但器材运用的安全性较高，不像冒险游戏场需有一人以上的全日制游戏指导员。

有关此四种游戏场的使用情形、特性分析和流行趋势之比较研究，值得进一步了解。

首先，使用情形方面，在使用人数上，1974年，Hayward等人研究比较传统、现代和冒险游戏场上的游戏活动，6—13岁团体在冒险游戏场(占45％)是游戏场人口较多的一部分；但此一学龄团体在传统游戏场(占21％)和现代游戏场(占22％)仅占所有使用者总数的次要比例；大人在传统游戏场(占40％)和现代游戏场(占35％)是最优势的年龄团体，但学前儿童在冒险游戏场则为最优势的年龄团体(分别为30％和35％)。在使用设备上，传统游戏场上最常使用的设备是秋千，其次是戏水池(the wading pool)；在现代游戏场上，最广泛使用的是沙区，其次是土堆和滑梯；滑梯在传统游戏场上，罕见任何年龄团体使用，在现代游戏场上则使用频繁。使用时间上，儿童用在每一个游戏场的时间长度也有显著差异，待在传统游戏场的时间最短，待在现代游戏场的时间第二长，待在冒险游戏场的时间最长(待在游戏场的时间，分别为21分钟、32分钟、75分钟)；冒险游戏场提供儿童一个潜在情境(a potential setting)，让他们自己和空间去界定。有零散组件(loose parts)(如轮胎、木头、工具、颜料、植物、种子等等)可供选择，对于使用者而言，环境意义的重要差异，在于人造游戏场系由他人所规划，它们是固定的(permanent)，创作结合(original combination)的潜力最小；在冒险游戏场上，形式

(the form)系由使用者所创造,只有他们"选择它之所是"(chose it to be)才是固定的(引自 Frost,1992)。

其次,特性分析方面,Johnson 等人认为传统游戏场所提供的器材仅适于大肌肉活动游戏,现代游戏场较好,能鼓励精细动作活动及扮演游戏,而冒险游戏场则能提供所有形式的游戏,不仅能让孩子运动和玩戏剧游戏,弹性区及工具也鼓励建构游戏活动的进行。Johnson 等人并就游戏场设计的特色:结合性、弹性器材、不同程度的挑战性、经验的多样化、促进游戏类型(功能游戏、建构游戏、戏剧游戏、团体游戏)等,对传统游戏场、现代游戏场和冒险游戏场加以评分,结果冒险游戏场明显地在这些指标上都得到极高的评价,现代游戏场则紧跟其后(参见表3-1)。在美国,由于冒险游戏场有建立和维护上的困难,现代游戏场是较适合于学校及社区的需要的(郭静晃译,1992)。

表 3-1 邻里游戏环境

游戏场设计特色	传统式	现代式	冒险式
结合性	−	++	+
弹性器材	−	+	++
不同程度的挑战性	−	+	+
经验的多样化	−	+	++
促进游戏类型			
功能游戏	+	+	+
建构游戏	−	−	++
戏剧游戏	−	++	+
团体游戏	−	+	+

1. 假定现代游戏场有所有正向特色(沙、不同的运动设备、戏剧游戏大而宽的溜滑梯和平台),否则,原有十就变成—。

2. 一表示缺点;十表示优点;十十表示极优。

资料来源:《儿童游戏:游戏发展的理论与实务》,郭静晃译,1992,第252页。

此外,流行趋势方面,Frost(1992)根据学者专家的研究指出,传统游戏场是最盛行的类型,其发展套用已建立数十年的模式,选择设备主要的动机在于运动(宣泄精力)、耐久和易于维护,从安全和发展观点来看是乏善可陈的场所,使用率低于可选择作为游戏场地的非游戏场(如道路和许多地方),使用者比率也比现代、冒险和创造游戏场低。现代游戏场发展势力正猛(尤其是在公园),其设置动机通常与传统游戏场相同,并强调安全和美观(合于大人的眼光),惟常有功能性的限制——基本上系因缺乏可活动的器材,如玩沙和戏水设备、轮车、构筑工具和器材以及装扮用具。冒险游戏场普遍地未被大多数的美国大人所接受,而创造游戏场正在流行中成长(尤其在学前学校),此两种游戏场汲取现代的理论、儿童发展理论,以及最近的儿童游戏和游戏场行为的研究,提供不同形式的社会和认知游戏,能同时容纳大量的儿童,比较安全(给予正常的维护和督导),允许儿童创造他们自己的形式、结构和复杂性的程度,在游戏价值上,明显地优于传统和现代游戏场,更因能让所有年龄层的人一起工作建造,目前发展势头很强(herein is powerful strength)。

就台湾学校而言,游戏场并未受到重视,传统游戏场最为普遍,安全维护仍是主要问题;现代游戏场和创造游戏场正在起步中,最适宜设计于小学和幼儿园,目前已有不少小学购置木具和金属器具组合的现代游戏场,而幼儿园则多数购置塑胶模具制造的游戏器具;冒险游戏场可以台北市私立薇阁小学的田园教学区(位于阳明山竹仔湖常青农场,占地约 10 公顷)为代表,余则付之阙如,冒险游戏场的设置内涵在国小和幼儿园则可结合现有的简易现代游戏场地,作更为整体性的规划和扩充,以丰富幼儿的游戏天地。

第二节
游戏场设计的原则

游戏场是儿童的天地,也是促进其学习和发展的多样化活动空间。良好设计的游戏场,对幼儿游戏的品质甚有助益(Frost,1991),不仅可让幼儿安全地玩耍,给予幼儿作选择和探索的机会,也应思考其发展的目的,并成为幼教课程统整的一部分(Graves et al.,1996)。

良好的游戏场应有何特性? Moore 等人(1992)依许多研究者和机构之意见,详细说明了良好的游戏环境有五项设计指标:近便性(accessibility)、安全的挑战(safe challenge)、变化多端且明晰(diversity and clarity)、进阶挑战(graduated challenge)和弹性(flexibility),并进一步列举二十九项设计指标,极具参考价值。

仙田满依研究建议,一个令人满意的游戏空间及设备是"游戏循环系统"(circular play system),其设施特征:(1)必须是一个循环式的游戏,有清楚的通道;(2)游戏过程必须安全且有丰富的变化,允许儿童体验各式各样的挑战;(3)游戏过程需有象征性的高点;(4)游戏过程中须提供让儿童能感到"晕眩"的地方;(5)游戏过程中须提供不同大小的团体可聚集的空间;(6)游戏过程绝非单一路径,而有其他的捷径或旁道;(7)游戏过程是整体性却不封闭的,必须是一个"多出入口"的设施(侯锦雄和林钰专译,1996)。

Beckwith(1985)认为创造儿童游戏经验和一个良好游戏场应呈现的品质,有八项原则:(1)复杂性(complex):环境应尽可能包含许多不同的经验类型。(2)连结性(linked):游戏事件(play events)环环相连,以创造游戏活动的自然"流动"(a natural "flow")。(3)社会性(social):整个环境应增进儿童间的互动,游戏事件也应设计以供团体游戏。(4)弹性(flexible):游戏场的弹性,应兼具机械的(mechanical),如设备装上弹簧;或功能的(functional),如游戏事件可作许多不同方式的运用。(5)挑战性(challenging):创造游戏场包含需动作的协调、平衡能力、柔韧性和持久力的事件。(6)发展性(developmental):游戏场应提供广泛技能和年龄的挑战事件。(7)安全性(safe):当代的游戏场必须依照消费者产品安全顾问委员会(the Consumer Product Safety Commission)的指引,安全的游戏场不仅有较少的意外,还要能增进更多的发明和创造性游戏,使儿童能以较少的伤害恐惧作更多的冒险。(8)耐久性(durability):游戏场设备必须近乎不能损毁,此一必要性不仅因大多数的游戏产品机构维护能力有限,而且因设备的损坏会导致伤害及其所有负面的结果。

White 和 Coleman(2000)统整学者专家的看法,提出游戏场设计原则有七:(1)完整儿童的设计(design for the whole child);(2)近便性的考量(consider access points);(3)室外学习中心安排的考量(consider the arrangement of outdoor learning centers);(4)挑选优质的室外设备和器材(choose quality outdoor equipment and material);(5)含括转换空间(include transitional spaces);(6)特殊儿童的考量(consider children with diverse abilities);(7)室外安全优先(outdoor safety is especially important)。

陈文锦和凌德麟(1999)认为儿童游戏空间设计之基本考量要素有七:(1)游戏性(playful);(2)趣味性(interesting);(3)变化性(variety);(4)创造性(creative);(5)艺术性(aesthetic);(6)参与性(participant);(7)安全性(safety)。

简美宜(1998)提出适合幼儿的游戏场七项特质:(1)多样性(variation);(2)多功能性(multi-function);(3)社交性(social interaction);(4)自助性(self-assistance);(5)安全性;(6)动作性(action orientation);(7)易接近(accessibility)。

游明国（1993）提出七项游戏空间之设计准则：（1）游戏性；（2）趣味性；（3）变化性；（4）创造性；（5）艺术性；（6）参与性；（7）安全性。

Talbot 和 Frost 在《魔术游戏区》（Magical Playscapes）一文中，认为只要我们愿意省思儿童的观点，并放开儿童游戏场仅是器材组合的成见，我们可予儿童创造充满活力的、迷人的魔术游戏场地；为达此目的，Talbot 和 Frost 提出采自儿童观点的二十项设计原则：（1）尺度的变化（changes of scale）：如模型、微小的动物、儿童大小的火车、恐龙；（2）其他存在的建议（the suggestion of other beings）：如圣诞老人工作屋、读故事书的安逸庭园情境；（3）真实性（realness）：如真正的救火车、工具；（4）原型的想象（archetypal images）：如星星、月亮、树；（5）"场地性"的意义（sense of "placeness"）：如圆形剧场、壁炉；（6）无限制性（open-endedness）：如纸板盒、积木；（7）自然和自然元素（nature and the elements）：如庭院、果园、小树林、溪流；（8）线性品质和形状（line quality and shape）：如拱形门廊、流动物、起伏的小丘；（9）感觉性（sensuality）：如绽放的花朵、钟鸣、感觉的工作；（10）层次性（layering）：如草木植物、墙、小丘；（11）新奇性（novelty）：如图腾杆、轮胎动物、导管电话系统；（12）神秘（mystery）：如隐蔽处、裂缝、迷惑的森林；（13）光亮（brilliance）：如镜子、瓷砖、光反射棱镜；（14）相对并置（juxtaposition of opposites）：如硬/软面、圆/直线、日光/阴影、对比和赞美色；（15）丰富和充足（richness and abundance）：如储藏柜、建造供应品和工具、草木植物、事件；（16）连结其他时间，其他场地（connection with other times，other places）：如保存游戏场上的老树、旧建材、中国雕塑；（17）"适性"（is-ness）：如花园、树的悬挂物、图表的设计；（18）散置零件和简单工具（loose parts and simple tools）：如工具、废弃的器材；（19）危险的迷幻（the illusion of risk）：如山坡滑梯、火灾指标、荒野冒险行军；（20）无所事事（doing nothing）：如以闲暇、自由时间、休闲和嬉戏代替紧绷的结构性课业、练习、日课表和电视，并给孩子时间及与最要好朋友在迷人的地方闲逛（引自 Frost，1992）。

此外，汤志民（2000）提出学校游戏场的设计应注意：（1）在区域配置上，应掌握"分开又能便利"的规划原则。（2）在场地规划上，应有"统整且具创意"的规划设计。（3）在性质种类上，应选取"刺激而又多样"的现代化体能设施。（4）在管理维护上，应注意"安全兼顾耐用"的基本要求。

综合上述，并参考前章游戏场的发展和类型之探析，大致可以了解，对幼儿园而言，一个良好的游戏场，应有许多令人称许的特性，例如游戏空间和设备应有统整连结的考量，同时思考使用者（幼儿）的身心发展需求，并希望有丰富多样、具挑战性、创造性的游戏场地和器具，以及逐渐重视无障碍游戏环境的建立，而更重要的则是强调安全无虞的游戏环境规划，这些良好游戏场的特性，正是幼儿游戏场设计参照的最佳准则。

依据前述良好游戏场的特性，并参考学者专家（侯锦雄和林钰专译，1996；郭静晃译，1992；曾锦煌译，1982；汤志民，1998，2002；游明国，1993；简美宜，1998；Beckwith，1985；Frost，1992；Graves et al.，1996；Moore et al.，1992；Stoecklin，1999；White & Cloeman，2000）的见解加以综合整理，提出学校游戏场设计的七项原则：统整性、发展性、多样性、挑战性、创造性、近便性及安全性，并分述如下：

一　统整性（unification）

幼儿游戏场宜单独设置，国小及其附设幼儿园另应考量学童的年级（龄）分布、上下课时间，并配合学校的校舍建筑、校园和其他运动设施作统整性的规划，使其功能得以发挥。因此，幼儿游戏场设计的统整性，可从区域分置、场地统整、器材连结及通道循环来构思。

首先，在区域分置方面，如国小场地许可，高、中、低年级及幼儿园游戏场应分开设置；如学校场地不许可，可考量减并设计（分为高、低年级及幼儿园游戏场，或小学和幼儿园游戏场），也可统整在同一区域，但在使用功能上能依年龄发展将场地分区，以保障低年级或幼儿的游戏机会并增加其使用的安全性。

其次，在场地统整方面，应有集中且连接的游戏概念（如图3-3），Moore等人（1992）指出：一个良好的游戏和学习环境应设计为一组情境，并仔细地在庭院上分层（p. xi）。Shaw（1987）在《行动无碍和行动不便儿童的游戏场设计》（Designing Playgrounds for Able and Disabled Children）一文中，更强调创设"统整环境"（unified environment）的重要性，并说明游戏场的统整环境应有从小的、封闭的到大的、开放的多样空间，该游戏场也必须是可供多样活动的"关键场地"（key places），由交叉通道系统（a system of intersecting paths）相连接，以提供儿童一些决定点和练习选择的机会，此一游戏场也应该是分层的或堆积的使身体、语言和视觉能有最大的互动；同时，使活动的主体成为四周最复杂部分的中心，否则庭院的其他部分将毫无作用，如果游戏场的各部分无法实质上地连接，则可借用附近现有建筑的墙面或一棵大树，以创造统整的空间关系。

第三，在器材连结方面，Beckwith（1985）认为游戏事件（play-events）应环环相连，以创造游戏活动的自然"流动"（a natural "flow"）。Johnson则指出连结（linkages）在增加独立器材的复杂度，最好的方法就是将各自独立摆放的平台、滑

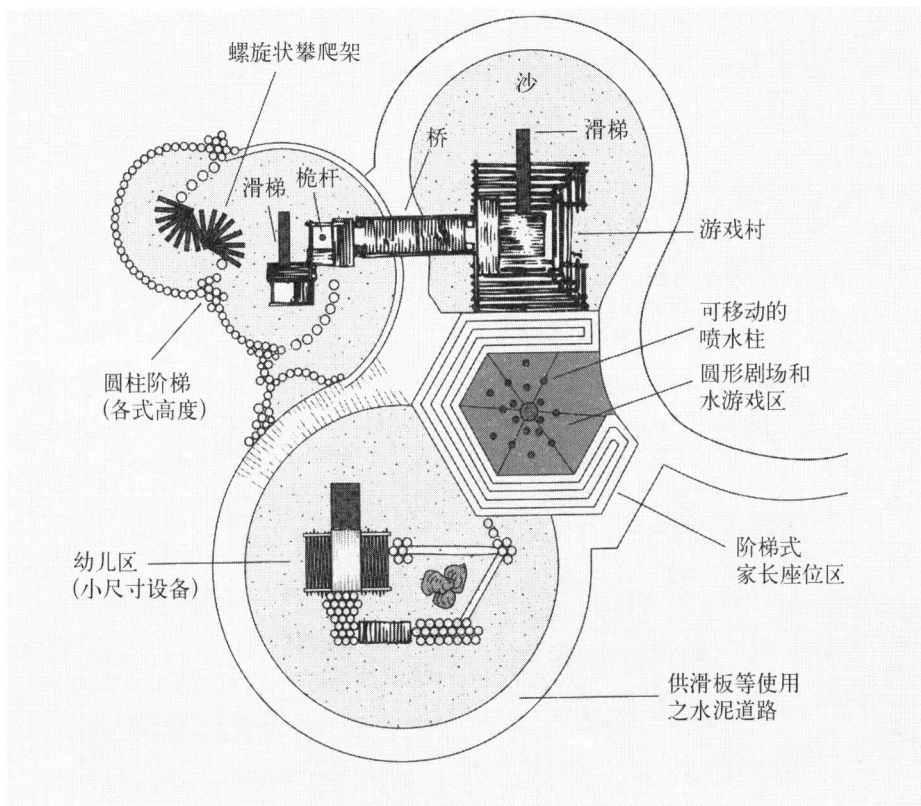

螺旋状攀爬架

沙

桥

滑梯

滑梯 桅杆

游戏村

可移动的
喷水柱
圆形剧场和
水游戏区

圆柱阶梯
（各式高度）

阶梯式
家长座位区

幼儿区
（小尺寸设备）

供滑板等使用
之水泥道路

图3-3 集中和连接的游戏场

资料来源：*Children's Play and Playgrounds*，J. L. Frost & B. L. Klein，1979，p. 193.
［引自 Brewer，J. A.（1998）. *Introduction to Early Childhood Education: Preschool through Primary Grades*（4th ed.），p. 95］

梯和轮胎布置在一起，会增加许多的玩法。这种将器材布置在一起的另一项好处是可以让孩子从这一项玩到那一项，持续地玩，同时将孩子聚集在一起，增加彼此的社会互动。例如，Bruya 在 1985 年的研究发现，学前的孩子花在布置在一起的木制平台上的游戏时间，会比当它们各自独立玩时来得长久，这种安排同时也提高了孩子间的社会接触。大多数现代游戏场常将器材布置在一起，而传统游戏场的特征则是分布广泛且各自独立的设施，至于冒险游戏场不见得会将器材布置在一起，因为所有的布置都是孩子们自己去设计建造，但根据经验，孩子们通常在建造自己的游戏场时，都会将它们摆置在一起（郭静晃译，1992，第 248 页）。

此外，在通道循环方面，游戏场的通道设计可增进场地统整和器材连结的循环游戏效果。仙田满在《儿童游戏环境设计》一书中，认为循环式设计（circular design)，最重要的因素是循环机能，如在建筑上利用廊道来串连主要的建筑空间，而这个循环圈可以是二维或三维的空间；另因游戏是一种"动力"（movement），具有一定的方向性与力量，所以当某个动力改变时——如一群孩子同时向同方向奔跑——应该有其缓冲区或有便捷的停顿处，让整个游戏通道不会因而受阻碍，且能平顺地继续进行，也让孩子们能在各种通道中，随时停止活动而能迅速离开游戏通道，此一捷径（便道）（shortcuts）的设立最好是不同于正规的通道（如图 3－4）（侯锦雄和林钰专译，1996）。

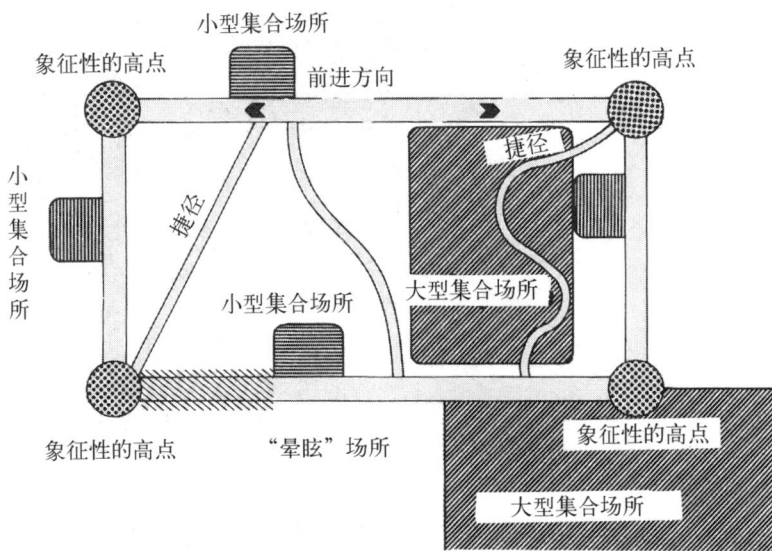

图 3－4　现代化的循环游戏系统

资料来源：《儿童游戏环境设计》，侯锦雄和林钰专译，1996，第 22 页。

二　发展性（development）

Graves 等人（1996）认为游戏空间和所有的活动一样，也应有其发展上的适切性，设备、玩具和结构的大小和类型，应符合幼儿使用它们的发展性特征，游戏空间设计给小学的，对学前学校的幼儿团体并不适用也不安全，设计给学前学校的，对幼儿和学步儿也不适用或安全，一个发展上适切的游戏区是能给予幼儿参与满足他们需求和能力活动的机会，一个有品质的室外游戏空间，可刺激幼儿参与身体的、社会的、装扮的和创造的游戏，并发展所有学习层面（如身体、情感和认知）的技能。Moore 等人（1992）依据 Schneekloth 以及 Frost 和 Klein 的观点指出，一个设计良好、管理良好的游戏环境,应提供幼儿下列发展机会:(1)肌肉运动技能发展的机会;(2)作决定的机会;(3)学习的机会;(4)装扮的机会;(5)社会发展的机会;(6)好玩的游戏。幼儿随年龄的增长,身高、体重、体能、智能、社会(群)性、情绪的发展及性别有其差异,幼儿游戏场设计的发展性,应从身体的发展、智能的发展、社会的发展、课程的发展及游戏的发展来构思。

首先,在身体的发展方面,Taylor(1991)指出规划室外游戏区需考虑与幼儿发展目的相关的学习区、玩具和活动,尤其是大肌肉的运用,应适龄以利幼儿的发展。据教育部体育司(1998)的调查,台闽地区 1986 年度,男生 7 岁平均身高 122.1 cm、体重 24.9 公斤、立定跳远 108.8 cm,至 12 岁增长为身高 150.2 cm、体重 44.3 公斤、立定跳远 168.6 cm;女生 7 岁平均身高 121 cm、体重 23.7 公斤、立定跳远 96.8 cm,至 12 岁增长为身高 151.4 cm、体重 44.2 公斤、立定跳远 147.2 cm。儿童的身高、体重、胸围、体(适)能随着年龄成长迅速,因此幼儿园、低、中、高年级游戏场器材的结构规格(长、宽、高、大小)、材料的承载力和耐用度等应随年龄适度增加;儿童的体能和动作技巧灵活性增进,游戏器材的复杂度、难度也要随之提高(如表 3-2)。

表 3-2 室外大肌肉活动设备的选择

	婴儿 六周至一岁	学步儿 一岁至两岁半	学前儿童 两岁半至五岁	学龄儿童 五岁至八岁
大肌肉活动设备	毯子/枕头	增加:	增加:	增加:
	海滩球	梯子/滑梯	平衡木	运动类的球
	推/拉玩具	浪船	脚踏轮子玩具	直排轮/冰刀
	小车子	圆桶	大一点的车子	溜冰鞋
	泡沫橡胶卷	独轮手推车	铲子/耙子	篮球架
	隧道	各种球	呼拉圈	跳绳
	4—6 人座小车	简易攀爬架	厚木板/三角板	滑板车
	婴儿车		板子	
	(背婴儿的) 背吊带/背包			

注:在儿童玩大肌肉活动设备时,为维护其安全,大人的监督管理相当重要。

资料来源:*Children's Guide to Equipping the Developmentally Appropriate Center*, J. Greenman, 1990.〔引自 White, C. S. & Coleman, M. (2000). *Early Childhood Education: Building a Philosophy for Teaching*, p.317.〕

其次，在智能的发展方面，Piaget 依智能的发展，将游戏发展的阶段分为：(1) 练习性游戏(practice play)；(2) 表征性游戏(symbolic play)；(3) 规则性游戏(games with rules)(引自 Charlesworth，1992；Spodek et al.，1991)。因此，幼儿游戏场的设计，应考量为练习性游戏设置跷跷板、旋转木马、滑梯、网绳等，为表征性游戏提供工具、容器、沙、水区等，为规则性游戏提供益智游戏或球场等。

第三，在社会的发展方面，根据 Parten 1932 年的研究发现，学前儿童之间的社会参与(social participation)随着幼儿的年龄而增加，其社会游戏可分为：(1) 漫游游戏(unoccupied play)或非游戏(not playing)，(2) 单独游戏(一个人游戏 playing alone)，(3) 旁观者游戏(onlooker play)(看他人游戏 watching others play)，(4) 平行游戏与其他幼儿肩靠肩游戏，(5) 关联游戏在平行游戏和合作之间变换，(6) 合作游戏加入其他幼儿的游戏中；3 岁儿童的游戏不是漫游，即为单独游戏者，或旁观者(onlooker)，4 岁儿童投入平行游戏，5 岁以上儿童则为关联或合作游戏(引自 Frost，1992；Graves et al.，1996；Santrock，1993；Spodek et al.，1991)。因此，幼儿游戏场的设计，应考量为 4 岁以前幼儿个人化的漫游、单独、旁观和平行游戏，提供充足及个人化的游戏器具(如沙、水、滑梯、秋千、积木、三轮车等)，可独处(或躲藏)的小空间(如小屋、阁楼、空箱、大水泥管、隧道等)，可旁观的平台、座椅或空间；为 5 岁以后幼儿团体性的关联或合作游戏，提供团体性的游戏器具(如滑梯、跷跷板、旋转木马、积木等)、场地(如沙和水区、跳房子、球场等)或可与知心好友密谈的小空间(如小木屋、阁楼、树屋等)。

第四，在课程的发展方面，幼儿园的游戏是正式课程(formal curriculum)的主要内涵，游戏即教育，幼儿上下课皆在游戏，因此幼儿园室内外及半室外游戏空间的设计都很重要；小学低年级学童的游戏，以下课为主轴，是空白课程(blank curriculum)的运用，也是潜在课程(hidden curriculum)的一环，因此室外游戏场的重要性随之增加。

第五，在游戏的发展方面，Heidemann 和 Hewitt(1992)依幼儿游戏的发展将游戏的类型分为：(1) 与物体游戏(play with objects)：包括感觉动作游戏、建构游戏、装扮游戏和规则游戏；(2) 社会游戏：包括与大人游戏、单独游戏、平行游戏、关联游戏和合作游戏；(3) 社会戏剧游戏(sociodramatic play)：社会戏剧游戏呈现许多幼儿的生活经验，是最复杂的游戏形态，建立在幼儿如何运用物体并与他人互动上。Christie 将社会戏剧游戏视为是最高水准的装扮游戏，Smilansky 描述社会戏剧游戏包括六项要素：(1) 模仿的角色扮演；(2) 以物体假装；(3) 以活动和情境假装；(4) 互动；(5) 语言沟通；(6) 持久。仙田满亦有类似的观察结果，依其研究儿童在游戏设施上，游戏的发展过程可区分为"机能性"、"技术性"及"社交性"三个游戏阶段(如图3-5);亦即,儿童会先学习基本技巧,然后改良这些技巧,最后用这些技巧来游戏。以游戏场内的滑梯为例:首先,当一个小孩第一次使用滑梯时,他会站在滑梯的高点,看看四周,然后坐下,再滑下来;在重复这过程几次之后,儿童就不再坐着从滑梯滑下,而是躺着从滑梯滑下,用手或脚来推动自己,或是以头着地的方式从滑梯滑下;这时若有其同伴出现,他们将会试着一起滑下来,或是有人由滑梯前向上攀爬并抓着其他人的脚,或是在滑梯的周边玩起捉迷藏的游戏。由此,我们注意到这项游戏具有三个阶段:第一阶段为"机能性游戏"(functional play),此阶段是儿童对游戏功能的第一次体验,也是玩具的主要目的,就滑梯而言,这阶段就如同坐着从滑梯滑下来一般。第二阶段为"技术性游

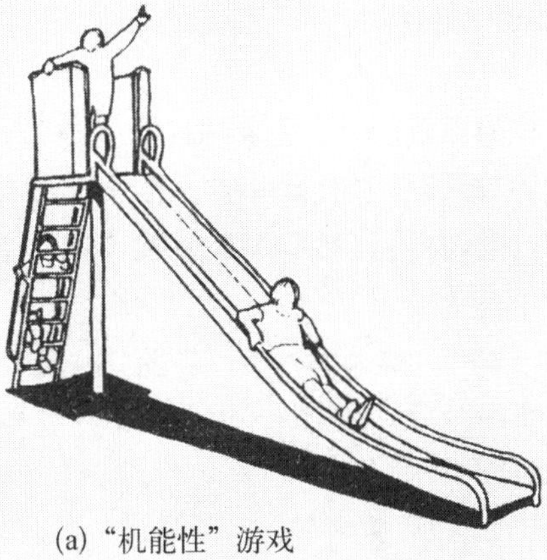

(a)"机能性"游戏

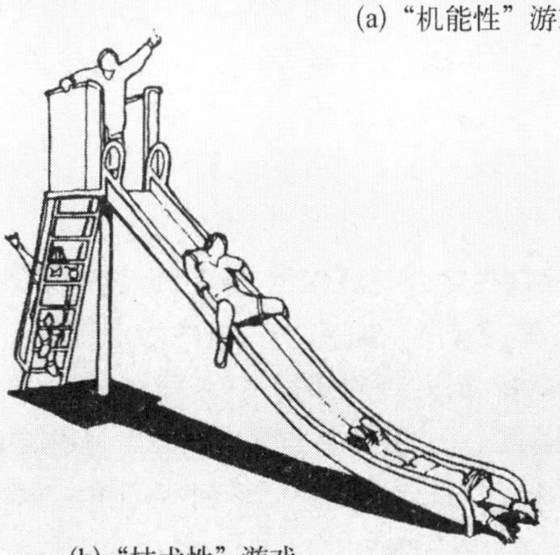

(b)"技术性"游戏 　　　　(c)"社交性"游戏

图3-5 游戏设施上游戏的发展阶段

资料来源:《儿童游戏环境设计》,侯锦雄和林钰专译,1996,第14页。

戏"(technical play)，此时儿童开始发明使用滑梯的新方法，替代只从滑梯上坐着滑下的方式；例如：用手或脚来推动头朝下或是躺着滑下，这阶段儿童从改进技巧上获得趣味。第三阶段为"社交性游戏"(social play)，开始将游戏设施当作一种媒介来从事游戏活动(具有游戏、比赛等意义)，当儿童开始在滑梯玩起其他游戏，例如：捉迷藏、官兵抓强盗、打仗时，滑梯的主要功能就变得不是那么重要了，这时滑梯等游戏设施对游戏而言，仅是一个游戏舞台，他们关心的是游戏比赛本身(侯锦雄和林钰专译，1996)。事实上，上述游戏的发展实已统整身体的、智能的和社会的发展等相关概念，学校游戏场的设计自应提供可让儿童与人、(儿童或大人)境(游戏场)互动的空间、时间和机会。

⬡三　多样性(variation)

　　游戏场应提供多样的形式、结构、色彩水准和挑战(Frost，1992)，多样性的游戏场提供许多不同的游戏活动，才能吸引孩子的注意、引导游戏的开始、给予兴趣的选择及鼓励儿童的探索，并使其感官经验更为丰富。此外，多样化可增进环境的学习潜能，Dattner 解释为：

　　　　游戏场应像个缩小的世界，世界上各种各样的感官经验这里应都具备。例如，要有粗糙及平滑的物品以供观看及感觉；有轻重物品以供举起；有干及湿的东西，有可发声的东西(例如流水声)或可敲击、拍打、拉扯的东西，有各种气味(如花、土、树皮)等，不胜枚举，为了孩子，环境应越多样丰富越好。(引自郭静晃译，1992，第 251 页)

　　幼儿园的园地，容纳兴趣多样的幼儿，成长中的孩子共同的特点是好奇、好动、爱探索，幼儿游戏场自应在感官上，提供视觉、听觉、嗅觉、味觉、触觉的多样情境；在动作上，提供上、下、坐、停、跑、跳、爬、滚、滑、钻、荡、吊、摇的活动机会。幼儿游戏场设计的多样性，可从场地多样、器材多样、性别差异来构思。

　　首先，在场地多样方面，Spodek 和 Saracho(1994)认为游戏场应规划成区，此一游戏场区是可提供不同类型活动的组构空间，其考虑的要素如下：(1) 需有复杂的多功能结构；(2) 供应多样的设备以适应不同种类的游戏；(3) 设备的安排可有跨结构的游戏(cross-structured play)；(4) 游戏区的创造是可统整的；(5) 游戏区的创造允许跨区移动。因此，幼儿游戏场的设计，就年龄团体之需，可有低年级区、学前幼儿区、学步儿区；就活动性质之别，可有动态游戏、静态游戏区；就场地功能规划,可有游戏区、跳落区、转换区、服务区、通道区;就使用人数多寡,可有大团体区、小团体区、独处区;就游戏器具之用,可有器具游戏区、沙游戏区、水游戏区、装扮游戏区、规则游戏区;就地形变化之需,可有高低、山丘、坡道、平地、洼地;就场地铺面之需,可有沙地、水池、草地、塑胶地、水泥地;就造型色彩变化,可有色彩缤纷、造型独特、善用光影的游戏场地和器具。

其次,在器材多样方面,Frost(1992)认为儿童的游戏环境应具多样性,兼有固定的、复杂的设备和简单的、可运输的器材;大型的、固定的结构,不适合儿童操作,其复杂性需通过设计建造于内(built-in by design),可移动的器材或散置的部分,则可由儿童以几乎无限制的方式来操作和安排。由于学前儿童能通过心智意向、道具或器材以创造人物角色和情境,不需特定或建议的主题,因此原始的材料如沙、水、轮胎、破旧家具和线轴皆宜。Johnson综合相关研究亦指出,理想上的游戏场应能提供所有形态的游戏,如一种运动器材应能促进大肌肉游戏及发展力量、平衡感及协调力,自然器材(如沙、小石子)以鼓励孩子玩建构游戏,而建构成家的游戏又能鼓励孩子玩戏剧游戏,接着要有增进社会互动及团体游戏的设施,符合此理想的还有三种器材:(1)连接平台,可允许孩子整合及观看其他人的游戏;(2)宽的滑梯、一排轮胎、秋千可以同时供许多孩子玩;(3)需要一人以上才能玩的设备如跷跷板(郭静晃译,1992)。仙田满认为一个多功能、混合式的玩具较单一功能的游戏结构能提供更加丰富的游戏活动;一个包含两种以上功能的游具更能给儿童自由创造新游戏活动的机会,因此建议设置大型的游戏结构(giant play structure)(侯锦雄和林钰专译,1996)。就游戏场的类型而言,冒险游戏场提供的多样化经验最多,但有流水、沙箱、花园的现代游戏场亦相去不远。而传统游戏场则因为器材只有单一用法,能提供的多样化有限(郭静晃译,1992)。

此外,在性别的差异方面,Frost(1992)根据许多研究指出,室外游戏环境比室内环境更有利于男生,男生在室外参与装扮/假扮游戏多于女生,女生在较低层级的平行和功能游戏上,其次数多于男生。另据Compbell和Frost之研究,二年级男生参与装扮和规则游戏的游戏形式较丰富及次数多于女生(引自Frost,1992)。Johnson、Christie和Yawkey探讨游戏性别差异的研究文献指出,男生参与较多莽撞的游戏(rough-and-tumble play),且通常比女生更主动;男生也较喜欢参加冒险的游戏,包括超级英雄(super heroes)和超级恶棍(super villians);女生较喜欢参加建构性和其他桌上游戏,对较多的不同玩具和游戏器材显示出兴趣,喜欢在较小的团体中游戏(引自Spodeket al.,1991)。Beeson和Williams(1985)以年龄3—5岁4个月的50名学前幼儿(男25名,女25名)为研究对象,计观察6周,每周观察3天,18个观察期,每次观察自由游戏(free play)30分钟,游戏活动依

Rubin 等多位学者对学前幼儿研究之发现,分为 5 种游戏活动:积木、车子、水/沙为男生导向的游戏活动(the male-oriented play activities),家家酒、美劳设计为女生导向的游戏活动(the female-oriented play activities)。资料分析采用多变量变异数分析(MANOVA),结果游戏活动的性别差异达 0.000 1 显著水准,3 个男生导向的游戏活动统计显著水准均达 0.05,即男生选积木、车子、水/沙活动较女生多;女生导向的游戏活动,美劳设计达 0.05 显著水准,即女生选此项游戏活动比男生多,而家家酒则未达 0.05 显著水准,即男女生都选此项游戏活动并无性别刻板化。Tizard、Philps 和 Plewis 之研究,学前学校幼儿(3—4 岁)在幼儿托育中心游戏场的自由游戏,游戏器材的选择有最大的性别差异,女生玩固定的物质设备如攀爬架和秋千之时间明显地多于男生,男生玩轮具车辆和建构器材如轮胎、板条箱和梯子多于女生,男生玩家庭的设备(domestic equipment)少于女生。在 3岁,女生参与较少的表征游戏、较少繁杂的规则游戏,以及较低层级的社会游戏(单独和平行),但在 4 岁,这些差异大多消失,仅有的差异在游戏器材的选择和表征游戏的主题(女生是家庭的;男生是驾驶车辆、打斗和厮杀),男生比女生喜欢参与假扮的打斗(pretend fighting)和真实的打斗(real fighting)(引自 Frost,1992)。综合来说,男生和女生游戏上有性别差异,通常男生较喜欢大团体活动,女生较喜欢小团体活动;男生的装扮和规则游戏较多,女生在低层级的平行和功能游戏较多;男生较喜欢动态的冒险性打斗游戏,女生较喜欢静态的建构性和其他桌上游戏;男生玩轮具车辆、积木、水/沙,以及建构器材如轮胎、板条箱和梯子多于女生,玩家庭的设备少于女生,女生玩固定的物质设备(如攀爬架和秋千)之时间明显地多于男生;因此,学校游戏场的设计,自应考虑性别的差异,让游戏场地和器材能兼顾男女生的需求,使男生女生都能成为游戏场的主人,而非仅是旁观的客人。

（四） 挑战性(challenge)

冒险行为是成长过程重要的一部分(Frost,1992,p.244),良好的游戏场应具有挑战性,包含需动作的协调、平衡能力、柔韧性和持久力的事件(Beckwith,1985)。仙田满即贴切地指出,幼儿园、国小及公园到处都强调安全并极度关心,以确保儿童都不会暴露在最小的危险中,然而儿童必须学习如何在最小的危险中去避免最大的危险;因此,成人未来提供给儿童的环境必须是:能让他们有机会去尝试小危险并避免危险的场所(侯锦雄和林钰专译,1996,第 5 页)。就此而言,"挑战"可说是一种"小危险的尝试"、"安全的刺激"、"可完成的较高难度"以及"超越自己或抛开自己"之历程,可激励儿童的游戏兴致、扩展平衡协调的能力、增加柔韧性和持久力、丰富生活经验并增进自我信心。事实上,游戏场之所以吸引人,主要在于其产生的刺激效果,让参与者在可掌控与不可掌控的边缘激荡,令人兴奋不已,一试再试,流连忘返。因此,幼儿游戏场设计的挑战性,可从制造晕眩、进阶挑战来构思。

首先,在制造晕眩方面,仙田满指出,儿童的游戏发展从"功能性游戏时期"到"技巧性游戏时期",在"秋千"、"跷跷板"、"走绳索"及"滚轮式滑梯"上都有一个必要的元素——"晕眩",约有 70% 的游戏活动是借由它所产生,这项不同以往的游戏经验,提供颇具吸引力的游戏机会给儿童。"晕眩"(dizziness)也可谓之为"超越自己或抛开自己",就"晕眩"的感觉来说,在空中跳跃比滑下更具刺激性,因为在地板上有厚垫(25 cm),所以当儿童从很高的地方跳下时也不会感到害怕。晕眩体验的形式能被表现在:(1)摇荡;(2)身在高处;(3)身处斜坡;(4)在通道中;(5)在迷宫内(侯锦雄和林钰专译,1996)。因此,幼儿游戏场为制造"晕眩",其设计重点:(1)动态游戏器材,如秋千、摇椅、吊桥、浪木、旋转木马、手臂悬吊梯等要摇晃或颠簸;(2)静态游戏器材,如滑梯、平台、攀爬架、独木桥等要高或斜;(3)游戏通道,如隧道、迷宫等要暗或曲折;(4)不同的日常经验,如饲养动物、烤肉、栽植、玩水、骑三轮车等要真实。

其次,在进阶挑战方面,Johnson 指出传统游戏场的主要问题是缺少不同程度的挑战,通常它的每一种设备仅有一种尺寸大小,因此仅提供一个层次的挑战。对于有些孩子而言,它太难了,他们不是避免在上面,就是会冒险去玩;而对另外一些孩子而言,它又太简单了,让孩子觉得无聊,或在上面乱玩(例如,旋转着玩秋千、向上爬滑梯、在单杠上走)。所以若是游戏场不提供有层次性的挑战,儿童会借对器材的不当使用来增加游戏的挑战性,因而遭受到严重的伤害。Johnson 进一步说明"进阶挑战"(graduated challenge)指的是每个活动中的困难程度有所不同,它让不同年龄的孩子在发展上有其适合的活动,对稚龄幼儿而言,游戏场的难度应较低及简单,例如:低的攀爬架、斜坡、短且斜度不大的滑梯、高度较小的阶梯、低的平台等。同样地,对于年龄较高的儿童应有较高的平台和绳梯、较长且较陡的滑梯;进阶挑战可让每个孩子找出最适合他/她的难度,既不太难也不会太容易(郭静晃译,1992)。因此,学校游戏场进阶挑战的设计重点:(1)增加繁杂度,如现代游戏场连接高低平台、不同滑梯和攀爬器具等多种游戏器材;(2)提高难度,如滑梯由直线、曲线到回转,攀爬网绳由倾斜到垂直或由网状、梯状到单绳,梅花桩由低而高或逐渐加大间距,独木桥由粗至细或桥下坑洞加深或加水等等;(3)变换器材,如上下器材,可有楼梯、滑梯、网绳、消防员杆来互换;(4)变换感觉,如隧道,可由平或斜、明或暗、爬走或滑行来互换不同的视觉和触觉。

五 创造性(creativity)

Frost(1992)强调：每一个室外游戏场都是独一无二的。游戏场既是一种空间环境，它需要设计，设计就要有创造性，才能显出特色，忌讳千篇一律，一个富有创造性的游戏空间，更能激发孩童的想象力和创造本能(游明国,1993)。学校游戏场的创造性设计，其重要性及设计特色对学生心智的影响，更可由 Shaw(1987)下列的一段话，获得肯定：

> 每一个游戏环境必须给予独特的精神(a unique spirit)——即特色(a genius loci)，其所创造的场地意义(sense of place)影响到使用者的心智、想象力和对该场地的认知图(cognitive mapping)。(p. 189)

观之国内，学校传统游戏场的器具如单杠、爬杆、滑梯、跷跷板、攀爬架、浪木、回转地球等等，散布校园四周，单调设置，整齐排列，加上冰冷灰色的水泥地铺面，危险而无趣，实难以吸引学生游戏兴致。近十年来，游戏场的设计虽有转型，惟不论是国小或幼儿园的游戏场，塑钢(fibreglass reinforced plastic, 简称 FRP)一体成型的飞机造型游具四处充斥，却也突显了游戏场设计缺乏用心及创意性不足的窘境。儿童有强烈的新奇感及好奇心，幼儿游戏场设计的创造性，应从造型新奇、多功能性、善用巧思来构思。

首先，在造型新奇方面，"造型"(form)，狭义言之，是外形、块体、结构的总合；广义言之，是外形、块体、结构、空间、时间、色彩、质感的综合(蔡保田等人,1988)。造型新奇的学校游戏场，其场地设施的设计重点：(1)器材新颖，如新出品的游具或维护得宜、历久弥新，以保持其新鲜感；(2)外形特殊，如象鼻滑梯、船形游戏架、码头平台、城堡阁楼或其他(如太空梭、恐龙)造型的器具，以增添想象；(3)块体多变，如游戏器具在体积上有大有小、有方有圆、有宽有窄，场地设计上有高低、有硬有软、有干有湿，以益增景观趣味；(4)结构复杂，如由多样游戏器材组构，游戏方式或荡或跳或摇，游戏器材有多重出入口，进出方式或走或爬或滑，让儿童有多样选择；(5)空间连接，如游戏区、跳落区、转换区、服务区、通道区，环环相连，让游戏转换便捷顺畅；(6)时间延续，如游戏器具及其场域情境，随纵向时间演变仍有适存意义，游戏区域相通及器具相连，随横向时间扩充，让游戏进行得以连贯流畅；(7)色彩鲜艳，如色彩缤纷的游戏器具，草坪、沙地、彩色地砖的铺面，令人心旷神怡，精神振奋；(8)质感独特，如玻璃瓷砖堡垒、木造平台、塑钢游戏架，以及圆润海沙、塑胶软垫和青绿草坪的铺面,给人温馨易近之亲和感。

其次,在多功能性方面,简美宜(1998)说明多功能性(multifunction)意指材料本身较抽象,具有较少的细节,或完全不具备固定结构,而可作多重功能的使用,或可改变其固定的用途,或可与其他器材搭配使用者,如:水、沙、轮胎及游戏小屋等。Shaw(1987)亦提出无标的环境(nonobjective environment)的概念,认为游戏环境的固定要素应为自然无标的,无标的空间(nonobjective spaces)——圆形、方形、不规则、规则、明的、暗的、大的、小的,将支持广泛的活动和有趣的游戏,实体的模型(如龟、鲸)会抑止创造性游戏。Johnson 则以弹性器材(flexible materials)来说明游戏素材可被操弄、组合及改造,素材越弹性,孩子越容易玩出各种花样。根据统计,在传统游戏场中单独使用的设备,在使用上弹性度很低;现代游戏场中的沙和水则具有最大的弹性,可以任意地玩耍;冒险游戏场在弹性器材上,无疑是个中翘楚,除沙和水之外还有很多零件(如木片、轮胎、绳子、工具、水管)能让孩子随心所欲地玩耍(郭静晃译,1992)。因此,学校游戏场器材为增其多功能性,其设计重点应多提供多功能的弹性器材和无标的环境,包括:(1)无标的空间,如可奔跑、追逐及决定任何用途的一片空地,或可躲、可藏、可密谈的游戏小屋,以利儿童自由构思游戏内容;(2)建构性材料,如积木、木板、砖块和工具等,以利儿童自行建构;(3)流体性材料,如沙、水,并附带小铲子、容器及水管,让儿童自由嬉戏;(4)可移动的玩具,如轮胎、小车、球、有轮玩具等,让儿童随心操弄。

此外,在善用巧思方面,可从意境奇巧和废物利用来着手。就意境奇巧而言,台北市私立薇阁幼儿园,精巧的彩色滑梯,结合地形和景观,相当有趣引人。就废物利用而言,应掌握化腐朽为神奇的核心意念,儿童游戏设施以废物利用,创意组合器材,更具教育意义(台湾省政府教育厅,1983),如:用废弃轮胎做攀登架、秋千或隧道,将地下涵管彩绘作隧道或游戏小屋,将报废课桌椅上色做成小火车、平台或小围篱,以及旧汽车、旧家具(如沙发、橱柜)、废弃水管、铁轨枕木、电线杆、电缆线及线轴等等,加以整理,皆为儿童最佳的游戏器材;事实上,这些也都是创造游戏场和冒险游戏场所擅用的游戏器具。

六　近便性(accessibility)

学校校园广袤,游戏场应设于临近校舍之处,避免设在偏僻角隅,让学童能利用课间休息时间就近运用。值得注意的是,台湾绝大多数游戏场设计皆以一般儿童为使用对象,几乎未将身心障碍儿童的需求列入考虑,时值回归主流(mainstreaming)之风盛行之际,无障碍环境的观念亦应延伸至游戏设施。游戏场是儿童的天地,应让所有儿童(含身心障碍儿童)皆有易近(临近)、易达(通道)、易用(方便)的便利性;因此,学校游戏场设计的近便性,可从易达易用、无障碍环境来构思。

首先,在易达易用方面,可从邻近教室、附属设施来着手。就邻近教室而言,国小游戏场应依高、中、低年级教室分置或设置在彼此易聚集之处,并有便捷的通道设计,以利学童运用课间短暂休息时间就近活动(汤志民,2000),幼儿园则单独设于园区内,配合课程运用。就附属设施而言,幼儿游戏场应设置支援游戏环境的附属建筑和设施,主要包括:(1)储藏柜(storage),可设置于室外或直接近便于室外游戏环境之处,并提供支援性工具,例如:轮车储藏于车道旁,沙和水游戏设备靠近沙和水区,建构器材和木工工具靠近建构区,园艺工具和宠物供应品靠近农场区,美劳供应品靠近创造美劳区等等;游戏结构底部也可设置储藏空间,提供器材、车轮玩具、建构器材、室外美劳用品、球、沙和水游戏器材等等(Graves et al.,1996)。(2)给水龙头,需设置于沙游戏区附近。(3)饮水器和其他给水龙头,应设置于建筑物或围篱附近、交通线外,并离开活动游戏区(Frost,1992)。(4)洗脚池,可让儿童游戏后作简易的清洗。

其次,在无障碍环境方面,身心障碍儿童和一般儿童一样,皆应具有进入及使用游戏场的权利,《美国身心障碍人士福利法案》(*Americans with Disabilities Act*,PL102—336,1990)及《身心障碍者教育法案》(*Individuals with Disabilities Education Act*,PL102—119,1991)都赋予身心障碍人士及儿童有进入及享用各项公共设施(包含游戏场及游戏用具)的权利(引自简美宜,1998)。Frost(1992)提出"所有儿童的游戏场"(playgrounds for all children),并强调其设计和运用,需注意智障、视障、行为异常和其他无能力者的特殊需求,包括特殊的规划、流畅性、近便性、挑战性、特殊技能的指导者和特别注意安全(详参本书游戏场的实例)。因此,学校游戏场无障碍环境的设计重点:(1)对身体障碍儿童,基本考量是近便性,游戏场的所有区域、器具和结构,必须让所有的(包括坐轮椅)儿童进入;游戏场的布置应使其连续循环(continuous circulation);通道坡度不可超过5/100,最适合轮椅行走的步道坡度是3/100—4/100;坡道用以进入建筑、游戏器具、小丘、桥等,坡度不可超过8.33/100(1/12),最适合轮椅行走的坡道坡度是6/100;所有坡道和游戏结构应设扶手栏干。(2)对于盲童,设计一个"感觉丰富的游戏环境"(sensory-rich play environment),包括沙、碎石、松土、泥土、大石头、木头、水、草和小丘的不同质地,游戏结构所产生的阴影,让盲童运用触、听和空间知觉,以引导其游戏和选择。(3)对智障儿童,布置不同形状、色彩、规格的大型乙烯基泡沫或充气床垫所组成的"软性游戏环境"(soft play environment);彩色的灯光和柔和的音乐提高儿童对特殊玩具的兴趣。(4)情绪障碍儿童,可采用游戏治疗,运用广泛的器材让儿童自我表达(self-expression),如以打洋娃娃或撕毁黏土图画来宣泄生气的情绪(Frost,1992)。

〈七〉 安全性(safety)

现代游戏场的研讨,没有不论及安全的(Frost & Sunderlin,1985),不论使用室内或室外游戏器材,必须极度关切"安全"(Taylor,1991)。Graves 等人(1996)即指出一个良好游戏场最重要的特征是它的安全性,安全始于游戏空间的设计,也包括上等设备、玩具和结构的选择和设置,一旦游戏空间建好,则通过督导的游戏(supervised play)以及例行检查、维护和修理来维续安全。Beckwith(1985)亦说明一座良好游戏场应有安全性(safe)的品质,并强调当代的游戏场必须依照消费者产品安全顾问委员会(the Consumer Product Safety Commission)的指引,安全的游戏场不仅有较少的意外,还要能增进更多的发明和创造性游戏,使儿童能以较少的伤害恐惧作更多的冒险。简言之,幼儿游戏场的设计须考虑安全、维护和督导(Spodek & Saracho,1994);因此,幼儿游戏场设计的安全性,应从器材设计、游戏督导、安全维护来构思。

首先,在器材设计方面,幼儿的游戏动作,如奔驰、跳跃、摇晃、冲撞、摩擦等,冲击性大,游戏器材的设计应重其安全耐用。就安全性言,游戏设备应有多重出口(multiple exits)(Moore et al.,1992),动态性的游戏器材(如秋千、浪木、回转地球等)应在其进出活动方向保留适当的安全距离以免危险,静态性的游戏器材(如滑梯、肋木、云梯、爬竿等)可在其下设置沙坑、草坪或塑胶软垫以策安全;阳光曝晒强且没有遮荫的游戏用具,不宜采用不锈钢材质,以免过烫而伤及幼儿皮肤;游戏器材的间隙缺口应避免儿童肢体的夹陷,突出物应适切收头,易撞击处应加装防撞垫;游戏场地应减少水泥或硬地铺面(交通通道除外),并避免杂物、积水、硬化、位移或流失,沙坑应常翻松以保持其使用弹性,草地应注意养护以保持翠绿,塑胶软垫破损、硬化或移位应即修补。就耐用性言,游戏器材的铁质部分应尽量改用不锈钢,木质部分应留意其承载力,衔接处则应经常检查是否松脱并随时维修,以使学生能在安全的游戏环境中尽情嬉戏奔跑。

其次,在游戏督导方面,儿童游戏宜有教师(或家长)在场督导,尤其是幼儿园的游戏场,教师(或家长)应随侍在侧,教导幼儿使用游戏器具,并维护其安全。Graves等人(1996)强调督导(supervision)可能是游戏场安全最重要的因素,比"看着幼儿游戏"多一点,督导包括建立安全的游戏规则以及教导幼儿如何安全地游戏。因此,学校游戏场的设计,对较新奇、新设置或需特别注意的游戏器具,可在适当位置设立说明牌,提醒应注意事项或游戏规则,幼儿园游戏场则由教师(或家长)协助说明,以教导儿童如何安全地游戏;此外,游戏场地及器材的设计,应有明显的区域、视觉穿透性强、没有死角等,以利儿童自由游戏时,教师(或家长)从旁督导。

此外,在安全维护方面,应以安全防护和定期检修为重点。就安全防护而言,学校游戏场地应有明显的使用区界,如游戏器具的摆荡装置、滑梯装置、旋转装置和固定装置,其使用区的最小建议值,跳落区的保护面最小间距约1.5—2.1 m,不得侵入区最小间距6英尺(约1.8 m)(如图3-6);至于幼儿游戏场(如幼儿园)则

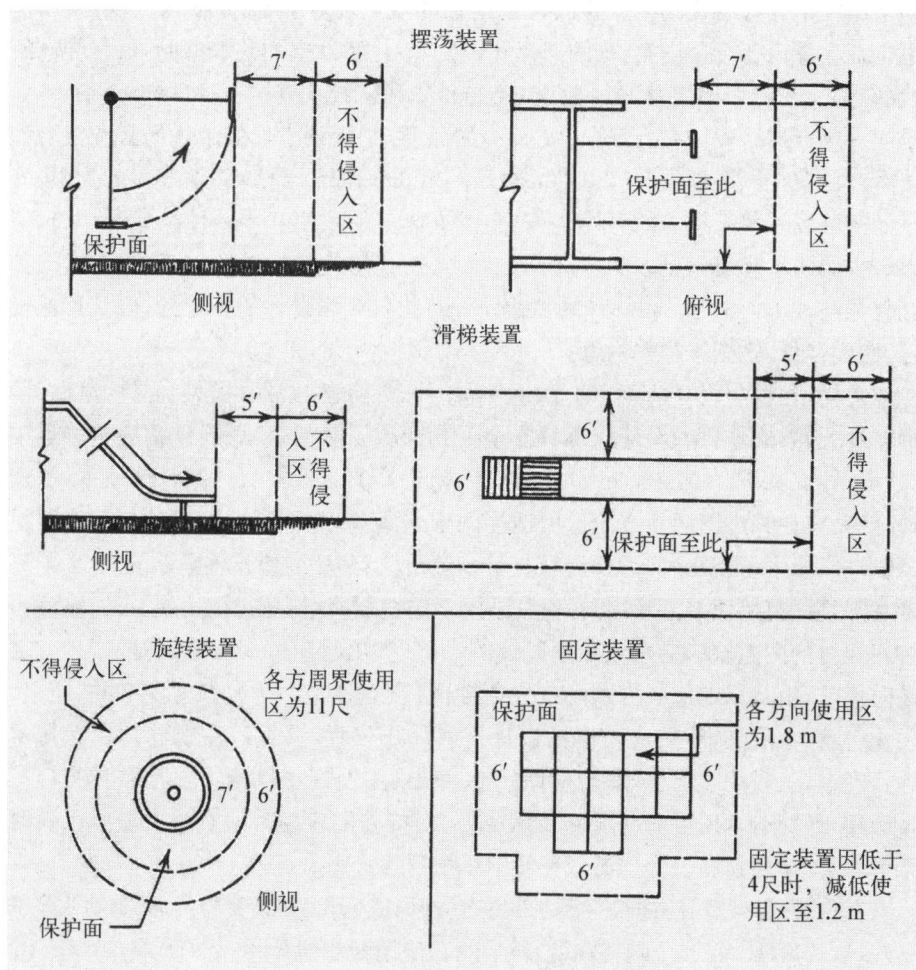

图3-6 游戏场使用区的最小建议值

资料来源：*Children's Play and Playgrounds*, J. L. Frost & B. L. Klein, 1983. [引自曾锦煌译(1997),《儿童游戏与游戏场》,第252页]

应围篱,以避免不当的侵扰。就定期检修而言,Graves 等人(1996)认为游戏空间持续运用,自然需维护和修理,其检查和维护是一项连续性的系统工程,应有定期时间表,并善用安全检核表以协助确保所有项目的检查;至于例行性的维护,包括重新安置游戏空间结构底下散乱的地板铺面以及拴紧松脱的螺钉等,而破损部分的修理和重置,应连同设备或结构立即处理。Graves 等人综合 Wortham 和 Frost、Jambor 和 Palmer 等学者专家的检核表和资料,提出游戏场安全应考虑的要项,如铺面(surfacing)、围场(enclosures)、近便性(accessibility)、设备的大小和分区(size and spacing of equipment)、视界(visual barriers)、诱陷和突起(entrapment and protrusions)(如表 3-3),对幼儿游戏场的安全维护,甚具参考价值。

表 3-3　游戏场安全应考虑的要项

铺面
在最常有跳落的所有结构底下采用吸力器材,运用最少 25 cm 松沙或护垫以缓冲跳落的冲力(材料的深度须与结构的高度成比例),最有效的材料包括碎轮胎、沙和粒状松树皮。每一种材料有其优缺点;例如虽然适当深度的碗豆碎石也有效,但并不适用于婴儿和初学走路幼儿,因为它易置入鼻子、耳朵和嘴里。

围场
游戏空间四周围界,如 1.2 m 围篱,可预防幼儿无大人督导时进入或离开该区域,围篱应无锐角和突起。

近便性
设置设备要就近和方便,设备设计在同一时间应足以容纳一人以上,幼儿在使用滑梯、滑坡和攀爬网等设备,不需要排队等待,因不耐烦常导致受伤。

设备的大小和分区
另分区为婴儿和初学走路幼儿设置设备。每件个别的设备最少应离其他任何结构 3 m 远,包括树、围篱或其他设备。此外,适当的跳落区需环绕每一结构以预防幼儿跳落至其他的设备上。

视界
确保部分已围篱的设备,系鼓励装扮和安静的游戏,应大得足以让大人督导,并应大得能让大人和幼儿通过和移动。

诱陷和突起
检查设备(如梯级)上的开放空间,要大得足以避免身体的一部分陷入。螺钉帽和螺钉应装入孔眼。突起会使皮肤裂伤和扯破衣服。

资料来源:*Young Children: An Introduction to Early Childhood Education*,S. B. Graves,R. M. Gargiulo & L. C. Sluder,1996,p. 279.

第三节
游戏场设计的要点

Graves 等人(1996)认为一个良好游戏场的特征,应熟思三项要素:(1)运用游戏空间;(2)设计和装备游戏空间;(3)装设和维护游戏空间的安全。Frost (1992)认为不论何种游戏场(含学校游戏场),有些需求是基本的,包括:(1)选择和准备场地;(2)选择固定的设备;(3)游戏场分区。据此,并参照相关意见(侯锦雄和林钰专译,1996;毕恒达,1994;汤志民,1998、2000、2002;Asensio,2001;Bilton,2002;Gravese et al.,1996;Moore et al.,1992;Seefeldt & Barbour,1994;Shoemaker,1995;Spodek et al.,1991)或规定(经济部中央标准局,1991;福冈孝纯译,1991),将幼儿游戏场的设计,分为游戏场的空间设计、游戏场的器具设备和游戏场的附属设施等三大项,分别就其设计要项罗列说明。

一　游戏场的空间设计

游戏场的空间设计,主要可分为空间大小、空间分区、个别差异的分区、工作/游戏区、跳落区和转换区等六项,兹将其具体要项予以罗列。

(一)空间大小(space)

1. 幼儿园每一幼儿平均室外活动面积,县级市应为 2 m² 以上,省级市应为 4 m² 以上,郊区及其他地区应为 6 m² 以上(教育部国民教育司,1989)。

2. 一般而言,游戏空间愈大愈好,只要能督导。美国许多州和机构要求每名幼儿平均室外空间为 6.9—23 m²(Shoemaker,1995),纽泽西州规定至少每名幼儿9.3 m²(*Association for Children of New Jersey*,2002)。Seefeldt 和 Barbour(1994)认为室外空间每名幼儿至少需 18.4 m²,15 名幼儿则以 276 m² 最为适宜。

3. 对4—8岁儿童而言,一般约需保留一些草坪区和适当的设备,每天每一位儿童使用者所需的实际空间为 6.9—9.2 m²。意即,一座 460—920 m² 的游戏庭院,可供 100—300 名儿童以 20—60 名之团体使用该游戏区,每天 30 分钟至 1 小时。婴儿和学步儿所需空间较少,8—12 岁儿童则需较多的空间以利组织性游戏如棒球、网球、篮球(Frost,1992)。

(二)空间分区(zoning)

1. Esbensen 认为游戏区分区(zoning)有助于空间的组织,此方式可综合幼儿的发展需求、面积和区域铺面的安全考虑,以及有效的学习机会。每一个区域,自然的布置且有近便可用的设备、玩具和结构,以激励特定的游戏类型,例如:体能区(the physical zone)包括一个可以跑的开放空间和用以平衡和攀爬的结构(引自Graves et al.,1996)。

2. 室外游戏场之分区,可依活动性质区分为:动态游戏区(如:园艺、沙池、阅读、自然研究)、静态游戏区(如:攀爬、摆荡、奔跑、骑乘);依场地功能区分为:游戏区、跳落区、转换区、服务区、通道区;依年龄团体区分为:高年级区、中年级区、低年级区、学前幼儿区;依使用人数区分为:大团体区、小团体区、独处区(低矮的平台、隧道、单张休息椅);依游戏器具区分为:器具游戏区、沙游戏区、水游戏区、装扮游戏区、规则游戏区。

3. 室外游戏场分区之外,尚需考量相关的因素:(1)水的活动,如栽种花木、沙池、生态学习和艺术,皆需有水源。(2)动态活动,有些活动需要大型的开放空间让儿童可以尽情地游戏,有小山丘的草坪区可以满足儿童奔跑、翻滚、爬行、跳舞和跳跃的需求,硬质铺面区可以让儿童骑玩具马车或三轮车,草坪区和硬质铺面区要有一定程度的区隔,以免两项活动相互干扰,供骑乘的小径要和沙/水区分开,以免儿童把玩具车或三轮车骑到该区。

4. 装备和分区游戏场有特定的基本因素:(1)简单、单一功能结构通常不如复杂、多功能结构。(2)游戏场需有广泛的设备并让儿童自然地投入每一种游戏的形式。(3)结构和设备的安排用以统整结构间之游戏。(4)这些游戏区应以个别的功能和视觉边界界定,并以毗连区的空间来统整它们。(5)空间应安排,以促请区域内、区域间和出入口之间(between points of entry and exit)的移动。一旦儿童可在游戏区内找到挑战并选择进入任何游戏区,则开放空间、视觉边界和两区之间的路线(如平衡木),带他们自然地自一区至另一区。应注意的是,游戏区之间互通的设备,不能取代开放空间;儿童自一区至另一区,只是选择是否以走路、跑步或攀爬通过隧道、跃过台阶或走平衡杆(Frost,1992)。

（三）个别差异的分区（zoning for individual differences）

1. 婴儿和学步儿区应离开较大儿童区并加围篱，且婴儿和学步儿区内也应做特定分区。

2. "进阶"原则也能用于个别的游戏结构。例如，在攀登攀爬结构上增加难度因素以减少能尝试或成功的儿童数；在游戏成功的间歇时间设置台阶或平台，只允许一位绳索攀爬者进入等等，以有效地监督活动，也可以高度的安全因素来阻碍进入该区；对于行动不便儿童的分区和设备设计也应考虑在内（Frost，1992）。

（四）工作/游戏区

1. "工作/游戏区"最方便的位置是直接毗连室内环境，其位置有助于室内和室外之间美劳器材的交换，并应靠近水源；也许最重要的是，其位置应让活动自由地转换——室内/室外的连续，而最有效的方式是在教室和游戏场间提供直接的开放空间。

2. "工作/游戏区"可让教师统整室外工作/游戏活动和室内课程——创造艺术、科学、数学和社会研究。

3. 畜栏和宠物屋可让幼儿照顾他们自己的动物；有许多区域对于野生动物，如鸟、松鼠和鹿，可在靠近游戏区处设置喂养器来吸引它们。

4. 园艺和种植花草植物区，对于与学校有关的游戏场甚为重要。儿童可从对野生区的林地、池塘、溪流和野生动植物之照顾，学习森林学、地质学和生态学的基本原理；社会科学概念可通过小村庄、街道、商店、标志的设置及车辆的运用来发展（Frost，1992）。

（五）跳落区

1. 跳落区是游戏设备底下及四周可供儿童落下或跳下地面的无障碍区域。

2. 美国消费者产品安全顾问委员会（CPSC）建议，学龄儿童游戏设备高度在 61 cm 以上，学前和学步幼儿游戏设备高度在 51 cm 以上，都需有一个无阻碍的跳落区，跳落区从游戏设备周边的每一个方向延伸至少 1.8 m。纽西兰教育部则要求游戏设备超过 50 cm 高，围绕设备的跳落区宽度需有 1.9 m。

3. Ratt 等人建议跳落区的设备高度超过 1.8 m，每增加 0.3 m，跳落区需扩增 0.3 m，亦即一件 2.4 m 高的设备需有 2.4 m 宽的跳落区。

4. 除了有弹簧的摆动设备和高度 61 cm 以下的设备外,每一件毗连设备的跳落区都不能重叠,且均享有单独的无侵占区(a single no-encroachment zone)。无侵占区是跳落区之外的附加区域,儿童使用设备时,能在此区域进出相关的设备,这些区域应无障碍。

5. 美国消费者产品安全顾问委员会建议,滑梯和秋千两者的跳落区各为 1.8 m,滑梯如置于秋千边缘之外 3.6 m,则不需要再附加一个无侵占区(Moore et al.,1992)。

(六)转换区(transition zone)

1. 游戏区间有适度的转换空间,例如座椅、小凉亭等休息站,帮助害羞、年纪小的孩子先在场外观察,以便进入另一个场所,加入另一场游戏(毕恒达,1994)。

2. 游戏器具间或游戏器具本身,重要的"转换区"应设安全平台。开放空间、草坪和通道,兼具转换区之功能。

(七)其他

1. 游戏空间设在南向或东南向近水源的斜坡上较适宜,并注意山脊上的风势比平地高约 20%,建筑物周边的风势一般来说也较强,可利用宽阔的灌木丛或植物带减弱风势。

2. 游戏空间的界定方式是通透的,以增加游憩性并利于督导,例如矮树丛、高高低低的木桩等等,而不是用高墙或密实的围篱将游戏场所隔离;其次,较大的设施要放在游戏空间后方,才不会挡住其他设施而减少视觉通透性(毕恒达,1994)。

3. 自然的世界,关联着幼儿想象力的发展及问题意识,对儿童的情绪健康也很重要(White & Stoecklin,1998)。自然景观增加游戏场的品质,如自然区、草坪区、沙区、土堆和小丘、动物栖息地(animal habitats)和庭院(Graves et al.,1996),并可适时利用树丛或建筑物遮荫。

4. 在很有限的空间,如多元平台攀爬结构(multiple-platform climbing structure)、树屋、了望台、泥土堆,可有效地增加游戏区空间。

5. 沙池、骑乘、美劳、生态、水和园艺的活动,其所用到的器材和设备需要储藏,应设置在储藏设施旁;相反地,如秋千、滑梯和攀爬平台这些不太需要其他器材的游戏区域,可设置在离储藏设施较远的地方(White & Coleman,2000)。

6. 对于特殊和身心障碍儿童,应提供无障碍的游戏空间(林敏哲,1993;毕恒达,1994;*Association for Children of New Jersey*,2002;Frost,1992;White & Coleman,2000),给予视觉、听觉、嗅觉、触觉等感触之机会,通道的斜坡设计,花园、喷泉、浅水池、沙地和草坪等都是适宜身心障碍儿童游戏的环境。

二 游戏场的器具设备

游戏场的器具设备,拟先说明一般装置,再以最普遍的游戏场设备(秋千、滑梯、跷跷板、攀爬设备、旋转装置、摇马和车轮玩具)为例,将其具体要项予以罗列。

(一) 一般装置

1. 设备高度:设备之高度不得超过 6 m,其跳落高度不得超过 2.5 m,纽西兰规定跳落的高度不可超过 1.5 m。

2. 螺栓、螺钉或定位螺钉:凡用于任何儿童可触及之处均须为埋头、圆头、杯头或平头者。

3. 尖锐或粗糙之边缘及突出部分:所有设备之构造应确保在任何位置均无足以危害儿童之尖锐或粗糙边缘及突出部分。木料均应刨光,木材及金属之边缘应稍打圆。

4. 座位及滑板表面:座位或滑板表面除长度不足外,不得有接缝(如长滑梯之滑槽面)。此等接缝应确具光平饰面,毫无隆突或凹缺,以免引起伤害。

5. 危险间隙:为防止手指、手、足、头及四肢陷入设备之危险间隙,距离地面 1 m 以上设备之任何部分不得有楔形陷阱,两构件间形成之任何小于 55°锐角均须覆盖。围篱、阶梯、横木和货物网的间隙,大于 11 cm 和小于 23 cm,则有使头夹陷之危险;为安全计,围篱栏栅的间隙应小于或等于 10 cm,货物网的间隙应小于 11 cm。

6. 中空部分:中空部分应妥善封塞,防止水分侵入;或适当开孔通风,以排除任何可能进入之水分、凝结水或水蒸汽;以使锈蚀或变质减至最低程度。开设通风及排水孔之部分必须镀锌或电镀,或用其他防护措施。

7. 最小使用范围:凡邻接静态设备,或动态设备之活动方向,须于儿童活动范围外,另加大于 1.8 m 宽之行动空间;接静态设备,或动态设备之动作方向,须于儿童活动范围外另加大于 1.2 m 之行动空间。设备中个别项目之最小使用范围不得重叠,最小使用范围内之地面须水平。凡房屋间小径、过道、出入口门、围篱及砂坑,与各设备之儿童活动范围均应有 1.5 m 以上之距离。

8. 设备下地面材料之范围:各项设备之儿童活动范围,在静态设备如攀登架等下方之松填料挡边须各在设备以外 2 m,在动态设备之活动方向则需 3 m。

9. 通路：使用设备时必须达到其上下部位者(如滑梯),应有永久性之固定通路。通路之形式可为攀登架、爬梯、阶梯或坡道,除坡道外,所有之脚踏面均应水平。

10. 止滑面：坡道、梯级之上面应有下列或其他同等效力之方法设置耐用之止滑面。

(1) 加窄条片。

(2) 加止滑条。

(3) 适当打孔的金属板。

(4) 肋条或企口槽金属或塑胶。

(5) 表面未经磨光、油漆或打光之木材。

11. 中间平台：中间平台之宽度应为通路之两倍以上,其长度不得小于 1 m;若转折约为 90°,则平台之长宽,均应不得小于 1 m。若转折约为 360°,则相邻两通路间最小距离不得小于 30 cm,平台之宽度不得小于两通路之宽度及其间距离之和。

12. 倾斜通路：

(1) 阶梯应为 15°—45°,梯级等距,其等距级高不得小于 17.5 cm,亦不得大于 27.5 cm;级深不得小于 22.5 cm,亦不得大于 35 cm,梯级宽度在学前儿童之设备不得小于 45 cm,其他设备不得小于 60 cm。

(2) 爬梯 60°—65°应用等距梯级之爬梯。此等距梯级高,不得小于 17.5 cm,亦不得大于 27.5 cm;梯级宽度在学前儿童设备不得小于 28.5 cm,亦不得大于 51 cm;其他设备不得小于 45 cm,亦不得大于 60 cm;级深在开放式不得小于 7.5 cm,在封闭式不得小于 15 cm。

(3) 爬梯 65°—90°应用踏杆之爬梯。踏杆之间隔应为等距,且不得小于 17.5 cm,亦不得大于 30 cm,使用后者可以阻止幼童攀登非其使用之设备。踏杆直径不得小于 1.9 cm,亦不得大于 3.8 cm,踏杆爬梯不得用于坠落高度达 2.5 m 之设备。

13. 攀登设施：活动爬梯、爬网及类似设施,无稳固之支承者,不得用于高于地面、平台或其他表面超过 2.5 cm 之一般设备及超过 1.8 m 之学前儿童设备。

14. 扶手：各级年龄适用之一般设备,应于所有坡道、阶梯及用踏板之爬梯两侧均设高低两道之连续扶手,学前儿童则各设一道。用踏杆之爬梯,以踏杆作为扶手者,无须另设扶手。

（1）梯级上方之高度：一般通用设备，高扶手 80—100 cm，低扶手 40—50 cm；学前儿童用设备，45—70 cm。

（2）平台或地面上方之高度：高扶手 120 cm，低扶手或学前儿童设备 80 cm。

（3）扶手直径：扶手之直径不得小于 1.9 cm，不得大于 3.8 cm。

15. 护栏：平台及倾斜通路，其坠落高度在学前儿童设备达 50 cm，及在其他设备达 120 者，均应设置护栏，但踏杆爬梯除外。护栏应完全围绕平台，并设于倾斜通路之两侧，以防止使用者跌落。设于通路出入口之护栏得有缺口，但每边须设有垂直扶手。设于通路边距离设备 10 cm 以内者，若该设备或其构造已具有类似之保护者，则免设护栏。

16. 护栏高度：护栏之顶栏上面高出梯级踏板前端之垂直高度在学前儿童设备不得小于 70 cm，其他设备不得小于 90 cm，坠落高度小于 200 cm 之学前儿童设备，其通往滑梯平台处之顶栏高度得减为 50 cm。

17. 体能装置：为将坠落危险减少至最低程度，此等装置设备不论系单独装设，或附设于配合其他设施，其总高度不得超过 2.5 m。

（二）秋千（swings）

1. 秋千架高，小学设备标准之规定为 2.5 m；台湾省政府教育厅（1985）的建议：高年级 2.2 m，中年级 1.8 m，低年级 1.5 m。

2. 秋千间距，CNS 规定，支架与秋千间距最小净空，学龄儿童用为 60 cm，学前儿童用为 40 cm；秋千与秋千间距最小净空，学龄儿童用为 90 cm，学前儿童用为 60 cm。欧洲标准秋千之间安全距离为 60 m，秋千和支架之间距离 90 cm（如 3 - 7）（Frost，1992）。

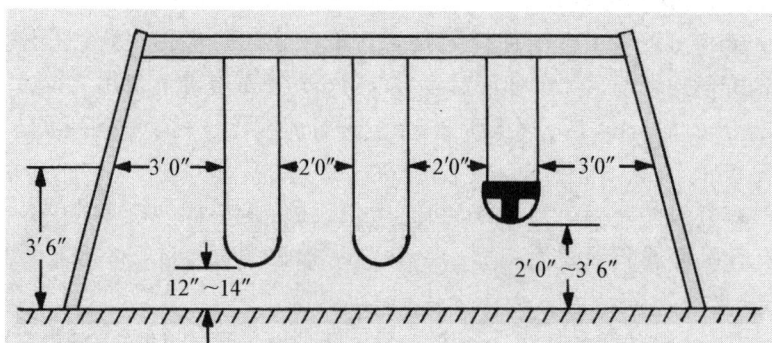

图 3 - 7　欧洲标准之秋千间安全空间

资料来源：*Play and Playscape*，J. L. Frost，1992，p. 222.

3. 秋千座位,或坐立两用之踏板,其表面须防滑,CNS 规定,座位或踏板之上面距离地面 45.5—63.5 cm,如为鞍式者不得超过 48.5 cm;座位或踏板之下面距地面之净空,在载重并静止时不得小于 35 cm(经济部中央标准局,1991)。

4. 秋千每一座位或踏板仅可供儿童一人使用,其可坐面积不得小于700 cm²。为减少撞击之伤害,秋千座位质量应尽量减轻,并使用吸收冲击性之材料,座位之边角应尽可能做成圆角(经济部中央标准局,1991)。美国消费者产品安全顾问委员会指定秋千座位装轻质材料,如塑胶、帆布或橡胶,且所有边缘要平滑或经处理。轮胎秋千受欢迎系因多元作用(multiple occupancy)及较少潜在的伤害影响(Frost,1992)。

5. 最安全的秋千设施应以不超过两个秋千座为主,若超过两个,居中的秋千座易被两旁的秋千撞击。秋千座椅上采链条者,链孔的直径不得大约0.8 cm,以免儿童的手指夹伤,链孔大于 0.8 cm 者可安排在非握把处,亦可为链条套上软管(福冈孝纯译,1991)。

6. 为使秋千适于不同的年龄或需求,应考量特殊重点:婴儿的秋千座需有安全带环;为特殊儿童装置特别的秋千座、轮椅秋千(wheelchair swings)等。

7. 秋千的跳落区皆应以弹性地面维护,弹性面层材料厚度依其秋千高度而定,由于疏松面层材料有"洼坑效应"(the pitting effect),应直接在秋千下加深60 cm。

8. 轮胎秋千可 360°摆动,与一般的前后摆动的带环秋千不同,因此延伸的摆弧和支柱间距,应有 76—91 cm(Frost,1992)。

(三) 滑梯(slides)

1. 滑梯类型:中国台湾标准的典型滑槽有直形、螺旋形、肘形和波形(经济部中央标准局,1991);美国消费者产品安全顾问委员会接受四种滑梯类型——平直、螺旋、波形、筒状(封闭的)(Frost,1992)。

2. 滑梯高度:CNS 规定,沿滑槽面长度之任一点,垂直高于其旁地面不得超过 2.5 m(经济部中央标准局,1991)。Moore 等人(1992)依使用者年龄区分:学步儿最高为0.91 m,学前幼儿为 1.22 m,学龄儿童为 1.78 m。

3. 滑梯斜度:CNS 规定,滑槽与水平间之倾斜角度不得大于37°(经济部中央标准局,1991)。美国消费者产品安全顾问委员会推荐滑梯斜度不超过 30°;德国的标准指定斜度最大 40°,在许多区域不超过 50°(Frost,1992)。

4. 滑梯滑槽面:须平整,宽度不得小于 35 cm,由学前儿童使用者不得小于 25 cm,两个以上儿童并坐使用之滑槽,其长度不得大于 3.5 m(经济部中央标准局,1991)。隧道式滑梯内部最少应高 70 cm,宽 50 cm;为了头部的安全,隧道至少须有 1.5 m 的空间;隧道的高低差应设计在 3 m 以内(福冈孝纯译,1991)。

5. 滑梯挡边:CNS 规定,应与滑槽同为一整体,滑槽面长度 6.5 m 以下,挡边高不得小于 12.3 cm,滑槽面长度超过 6.5 m,挡边高不得小于 14 cm,由学前儿童使用者不得小于 19 cm;挡边下达缓冲段其高度可逐渐减低,惟在末段之高度不得小于 5 cm,滑出段之两侧可以不设挡边;挡边可垂直于滑槽面,亦可形成钝角或曲线,其标准角度不得小于 90°或大于 130°;螺旋滑槽与肘形滑槽之挡边垂直高度不得小于 20 cm,其标准角度不得小于 90°或大于 125°(经济部中央标准局,1991)。美国消费者产品安全顾问委员会推荐的挡边高度最少 6 cm,澳洲的标准指定滑梯挡边 10 cm,英国的标准 11 cm,德国的标准15 cm(Frost,1992)。

6. 滑梯滑出段:CNS 规定,滑槽斜度为 37°之滑梯设滑槽长度为 L,滑出段长度至少应为 0.2 L;斜度小于 37°之滑梯,得予酌减;滑出段之滑槽面高出地面不得小于 22 cm,亦不得大于 42 cm,斜度约 2.5°,使不积水(如图 3-8)(经济部中央标准局,1991)。美国消费者产品安全顾问委员会推荐滑梯的出口面与地面平行长度最少 41 cm,出口面本身高于地面 23—38 cm,Seattle 更实际的建议是学前儿童用18—30 cm,学龄儿童用 18—38 cm(Frost,1992)。

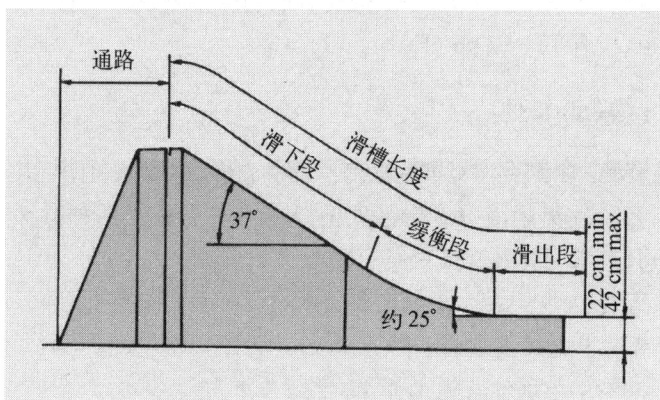

图 3-8 直形滑梯的设计

资料来源:《儿童游戏设备安全准则——设计与安装》,经济部中央标准局,1991,第 6 页。

7. 滑梯的出口区(the exit area)不可有障碍物,且应有弹性铺面并加深61 cm。

8. 填土式滑梯(embankment slide)最为安全,尤以因地制宜、顺应地势设置者为佳,沿滑槽面长度之任一点垂直高于其旁地面不得超过 50 cm,滑槽挡边不得小于 11 cm。

（四）跷跷板（seesaws）

1. 跷跷板最适宜设置于学步儿和学前儿童的游戏场。

2. 跷跷板未载重并在静止状态时,每一座位均须水平,其上面与邻接地面之高度不得大于 1 m,在运动极限的最大倾斜角度不得大于 30°。

3. 座位部分移动时,离地面之高度不得超过 1.8 m,而且每一个座位皆应有一个握把,其手握处直径不得小于 1.3 cm,亦不得大于 3.8 cm,高于水平座上面之净空不小于 10 cm(Frost，1992)。

4. 国小跷跷板长 3.5—4 m,板宽 25—30 cm,底架高 40—60 cm(教育部国民教育司,1981)。

5. 橡胶缓冲器(a rubber bumper)(可用汽车轮胎)设置于跷跷板的两端地面上或附着于地下,以资保护。

6. 跷跷板的轮轴应确保机械装置不会压到手指或身体其他部位,跷跷板底盘弹簧的机械装置应封闭。

（五）攀爬设备（climbing equipment）

1. 美国消费者产品安全顾问委员会规定攀爬设备的横撑(rungs)或拟由手紧握的部分,应设计易于紧抓(5 岁幼儿用的直径约 4 cm)。

2. 拱形攀爬架横撑间距最大为 30.5 cm,水平梯(horizontal ladders)横撑间距,以 23 cm 为宜,不可超过 38 cm,横撑离地最高 2.1 m(Ruth, 2000)。

3. 攀登架不应易引诱至高处而没有提供降下的安全方式。

4. 走道或类似的行走区高度超过 76 cm,需有保护阻隔物高度至少 97 cm,保护栏杆应垂直装置,而非水平装置,以防攀爬和减少陷夹(entrapment)。

5. 攀登架上和到甲板的进入路线,通常包括爬梯踏杆、爬梯形台阶和阶梯,这些装置应注意攀爬的安全——爬梯踏杆角度在 75°—90°,爬梯型台阶角度在 50°—75°,楼梯角度在 35°以下(Frost, 1992)。

6. 攀登类的绳索,为免手擦伤,应采用表面较柔软且易于抓握的绳索(如马尼拉绳)为佳(福冈孝纯译,1991)。

（六）旋转装置（merry-go-grounds）

1. 旋转装置支承之转轴应垂直或水平,如有倾斜,其垂直或水平之角度不得大于 5°。

2. 转速限制最大转动半径处之圆周转动速度,其由学龄儿童使用者不得超过 6 m/秒,由学前儿童使用者不得超过 4.5 m/秒,如不能控制此等速度时,则不得设置。

3. 装置应具单纯旋转动作,或以旋转为主而带有摆动之动作,摆动之极限对平衡位置之每侧不得超过 12°,垂直转轴转动装置之座位其上面不得高于地面 1 m。

4. 每一座位或使用者位置应设握把,握把之握处直径不得小于 1.3 cm,亦不得大于 3.8 cm,个别握把高于座位上面之距离不得小于 10 cm。

5. 水平轴或横轴之转动部分,其接近地面之净空不得小于 35 cm,升高时不得高于其下方地面 2.5 m 以上,直轴转动者,其全程地面净空至少应为 50 cm(经济部中央标准局,1991)。

6. 旋转设施的坠落距离,应以 1 m 以下为标准(福冈孝纯译,1991)。旋转装置四周的地面,由于太过损耗、缺乏维护以及弹性的"洼坑效应"的影响,疏松面层材料需加深 2 英尺(61 cm)(Frost,1992)。

(七) 摇马(rocking horse)

1. 摇马原静止平衡之水平表面,在波动时,其任何位置之倾斜角度不得大于 30°。

2. 摇马动时,任何活动部分不得高于地面 1.8 m,静止时任何座位之上面与地面之垂直距离不得超过 1 m。

3. 摇马踏脚板突出座位各侧不得小于 9 cm,亦不得大于 20 cm(经济部中央标准局,1991)。

(八) 车轮玩具(wheel toys)

1. 有些空间应铺上水泥、沥青或类似的材料,让幼儿能使用车轮玩具,如三轮车、四轮货车(wagons)、爱尔兰邮车(Irish Mails)、大车轮、小卡车或其他类似的车子。

2. 幼儿会以不同的方式使用车轮玩具,他们会单独地骑上它们或与他人共乘;他们会以它们载东西或拉东西。

3. 交通形式和规则需予建立,通常系因幼儿人数多于车轮玩具以及这些玩具可能很受欢迎,教师可与幼儿一起制定轮替的规则(Spodek et al.,1991)。

4. 行车水泥道宜与幼儿奔跑追逐的地方分开,且车道宜采弯曲路线,以减少冲力,增进安全(教育部国民教育司,1989)。

（九）其他

1. 今日许多游戏场建造超级结构,通常是一个固定的结构,提供一些平台连接踏阶、碰碰桥(clatter bridges)、货物网、绳索、消防员杆、攀爬架、滑梯、秋千等等(Graves et al. ,1996)。组合设备设计,应由合格厂商安装,并严格遵照制造厂商所有规定,CNS的一般安全事项、静态和动态设备设计之有关规定亦须注意遵守(经济部中央标准局,1991)。

2. 提供三维空间经验的立体设计,例如:立体井字游戏,或是堆置攀爬的游戏,尽量让视觉、听觉、触觉都能接受到刺激,让孩子有机会在平台上玩耍,同时还能由上往下俯瞰(毕恒达,1994)。

3. 游戏设备应有许多种上下的方式并能流畅地连接,让儿童可在上下之间自由地选择;所有游戏设备,包括混合结构设备和游戏屋,至少须有两个出口,游戏屋的窗口如足以让一名幼儿爬过,则可视为出口(Moore et al. ,1992)。

4. 游戏设备最好都有自己的遮荫设施,尤其是沙坑因幼儿使用时间会较长一些,需有固定的遮荫装置。

5. 游戏场设施中用途最多的是轮胎,可做秋千、隧道、攀爬架、沙箱等等,并记得打2.54 cm的排水孔(Frost,1992),就地处亚热带的台湾言,有预防登革热的作用。

三 游戏场的沙和水区

幼儿游戏场,除游戏的器具设备之外,不可或缺的是沙和水区。玩沙和戏水是幼儿极感兴趣且喜爱的活动,幼儿园经费充裕,应设置沙坑和戏水池,以提供幼儿创意发展、想象游戏和自由奔放的情绪舒展空间。以下分别罗列沙游戏区和水游戏区设计的具体要项。

（一）沙游戏区

1. 沙池的位置,大型沙池(坑)的设置以室外为佳,并设遮荫棚,也可设于落叶不多(或大叶片,易清理)的树荫下;小型沙池(或沙盘)可设置于半室外空间,即教室和户外之间有遮荫棚的廊道处,例如:日本千叶县丰四季幼儿园将沙场设在平台和保育室之间,既可让孩子尽情地玩,也可保持保育室室内的清洁(参见图3-9)。

2. 沙池的形式,可以独立式沙坑、附建于游具下或庭院间的沙地或沙盘(盆)

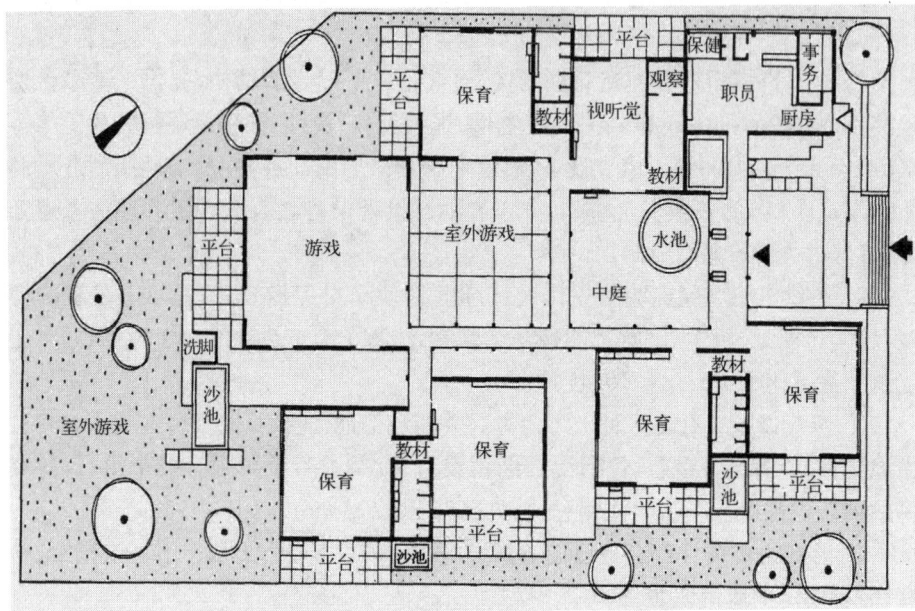

图 3-9　日本千叶县丰四季幼儿园沙池配置于半室外空间

资料来源：《学校建筑计划と设计：实例篇》，日本建筑学会，1979，第 5 页。

来设计。

3. 沙池的深度，最好是 45 cm 或更深（陈文锦和凌德麟，1999），让幼儿有挖掘和探索的乐趣。

4. 沙池的沙质，以松软不凝固，且易取得的沙较适合，对幼儿而言，质地愈柔软的细沙愈佳（如台北市薇阁幼儿园的游戏场沙池）。

5. 沙池须接近水源，沙游戏区附近需设置给水龙头（Frost，1992）、或设计水泵、辘轳水车之给水设备，让幼儿玩沙更有变化，惟应注意水不宜直引入沙池，以免幼儿控制不当致沙池失其功能。其次，可考虑设置洗脚池，一方面提供水源，同时可让儿童在游戏后作简易的清洗。

6. 沙池的排水，应特别注意，沙池底部应逐层铺设具排水功能的碎石、卵石，以利沙池保持松软干爽。

7. 沙池的维护，重点如下：

（1）每日巡视松沙（因台湾属亚热带气候，较潮湿，沙易结块），尤其在大雨或台风天之后；并应随时清理沙池中的异物（如树枝、树叶、纸屑、小石块等）或秽物（如猫狗粪便）。

（2）定期检查沙池的沙量，如有不足，应及时补充。

（3）沙池外缘应有水泥护缘，以利置沙和护沙，护缘高于地面可兼作座椅。

（4）沙池与地面齐平，可于沙池四周设置阻沙沟，阻沙沟上附加可移动式条状或网状镂空金属盖（如台北市辛亥国小攀岩场下之沙坑），可有效防止沙的流失。

（5）假日或课后之沙池养护，大型沙池可盖上铁网，以防猫狗大小便（陈文锦和凌德麟，1999）；小型沙池（如沙盘或沙盆）可用帆布或塑胶布遮盖，以免异物污染。玩沙是幼儿极感兴趣的活动，由于沙的可塑性大、富于变化，如果在沙坑内装置水管，提供水桶、小铲等玩沙工具，则更能引起幼儿玩沙之兴趣。

（二）水游戏区

1. 戏水池的位置，大型戏水池的设置以室外为佳，小型戏水池（如塑胶水池）可设置于半室外空间或中庭空间。

2. 戏水池的形式，可以小游泳池（如台北市立南海幼儿园）、塑胶活动水池、简易涉水池、喷泉水池或带状亲水区来设计；戏水的方式，有下水游泳、双脚浅涉、自动喷水（或雾）和执水龙头喷水等。

3. 戏水池的深度，供幼儿用者 15—30 cm，供儿童用者 60 cm 以下为宜（陈文锦和凌德麟，1999）。

4. 戏水池的水质，应具有与饮用水相同的水质标准，以免幼儿误食影响健康。

5. 戏水池的给水，以自然水源为佳（并不常见），如经费许可，以自来水为水源。

6. 戏水池的排水，水游戏区应有自然的倾斜至排泄口以利排水，游戏庭院外的壕沟或排水管装上通气盖，足以达此目的（Frost，1992）。

7. 戏水池的维护，重点如下：

（1）戏水池的水应保持流动，如有一天以上的滞流情形，应即疏通，以确保戏水池的水质洁净。

（2）戏水池应定期清洗，以去除泥沙、尘土或其他异物污染，并避免生苔。

四 游戏场的附属设施

游戏场的附属设施，主要可分为围篱、通道、铺面、储藏柜、给水排水和附加场地等六项，兹将其具体要项予以罗列。

（一）围篱（the fence）

1. 低年级游戏场的四周需建围篱，对较大儿童而言，如果游戏空间毗连，则具危险性，如水、繁忙的街道或陡然下降（壕沟、墙等），也需建围篱。

2. 围篱高度至少 1.2 m，纽西兰要求至少 1.5 m，配置的门可以配锁，使幼儿能自行打开。围篱可以钢丝网或木材等其他材料构筑。

3. 幼儿（2—6 岁）游戏区毗连池塘或水池，需有特别的保护，如高围篱、保护门。

4. 门宽 0.9—1.2 m 供通行，如进入建筑物和进入毗连的开放空间，应设置适当的交通区；另需有附加门，宽 3.66 m，以供卡车运送沙和其他器材或设备，引导卡车至沙坑和其他区域的通道，不应设置固定设备。

（二）通道（pathways）

1. 通道宽度至少需有 1.32 m。

2. 通道的多样选择应近便可用，并依交叉圈（intersecting circles）原则布置。

3. 行动不便幼儿使用之通道，其宽度则需有 2.24 m 以供两名坐轮椅幼儿通过，通道地面需有防滑物（nonslip material），斜度不可超过 5%（1：20），3%—4% 更便于轮椅、娃娃车和双轮车并行，毗连长板凳需有 1.52 m 的回转空间（turning spaces）。通道的边界和交叉点应有触觉处理（tactile treatments），以协助视障幼儿（Moore et al.，1992）。

4. 通道不要设计成直线，让孩子不至于有飞奔的欲望。但通道也要宽敞平坦，使得行动不便儿童也能使用（毕恒达，1994）。

（三）铺面（surface）

1. 游戏场上开放空间最需要的地被（ground cover）是绿草，如需播种或铺草，草地应均匀分布于该区域其下应铺设厚度为 20—30 cm 的肥土，以利草地稠密成长，并装置洒水系统以减少照顾草皮的经费和工作。最优良草种（经费、外观、耐久性、抗病力）通常是在当地可发现的最普遍种类（Frost，1992）。

2. 所有移动、攀爬设备的跳落区内，皆需覆以高度弹性材料或松填料，如沙、豆砾（pea gravel）、树皮、碎轮胎、松皮碎片、水泥沙或泥土与稻草之混合物。由于这些材料易散失，因此须设护壁（retaining wall）。豆砾应为小圆形标准直径 1 cm 之单一尺度颗粒，其排水性极佳，可保证全天候之地面，便于步行，但不便于奔跑或骑自行车，未经筛净或含砂之河砾不得使用；沙须用易于排水及处理者；其颗粒宜为圆形，不得大于 0.3 cm，洗沙较容易且通常不易压实，沙坑深度最少应有

30 cm,并定期重铺以确保区域内有最好使用的铺面;松皮碎片及类似材料(如树皮碎片、碎木片及木丝等)在低中度使用之游戏场地至少须有 20 cm 之深度,经化学处理后之木材,其碎片不得使用(Frost,1992)。须注意的是,豆砾对婴儿和学步儿并不是适宜的安全铺面。游戏场地面材料经实验室测试,推荐给美国全国休闲和公园协会(NRPA)之资料如表 3-4 所列。

表 3-4　游戏场地面材料

很危险	有条件地接受	接　　受
混凝土	体育垫(5.08 cm)	沙(20.3—25.4 cm)
沥青	双层厚体育垫	
夯实的泥土	橡胶垫(2.86 cm)	
	双层厚橡胶垫	
	小碎石	
	木屑	

资料来源:*Play and Playscape*,J. L. Frost,1992,p.237.

3. 有些特定区域可简单地保留可供挖掘的泥土区、水游戏或庭园。如果游戏场要供应给较大的儿童,则可铺设沥青或混凝土区以供组织性游戏(Frost,1992)。沥青和混凝土地面坚硬不得直接作为游戏设备之地面,混凝土地面嵌有卵石者可用于景观所在,但不得用于游戏场所。地砖及石片在景观上具有魅力,但不适用于游戏场所之地面。

（四）储藏柜（storage）

1. 储藏设施因幼儿游戏的主要内容是"零散组件"而有绝对的需求。

2. 储藏设施有许多类型,如储藏棚、板条箱和储藏小箱等,可依实需选择设置。

3. 储藏柜须直接近便于室外,并利于室外设备;理想上,需有几项储藏设施,每一项服务游戏场的特定区域,最佳推荐运用的设备储于此,例如,轮车储藏于车道旁,沙和水游戏设备靠近沙和水区,建构器材和木工工具靠近建构区,园艺工具和宠物供应品靠近农场区,美劳供应品靠近创造美劳区等(Frost,1992)。

4. 超级结构游戏用具的底部可设置储藏空间,贮存器材、车轮玩具、建构器材、室外美劳用品、球、沙和水游戏器材以及其他器材(Graves et al.,1996)。

（五）给水排水（drainage）

1. 排水问题的处理应在游戏设备分区和建构之前。

2. 理论上，游戏庭院应远远地缓斜于建筑物之外，水沟应毗连建筑物设置，以利将水排离游戏区，而陡峭、倾斜区域应有足够的草木植物以预防冲蚀。

3. 固定的设备不要设置于低洼区，因脚的稳定重击将加重地面的凹陷，并形成水和泥土的阴井（a catch basin）（Frost，1992）。

4. 饮水器和其他给水龙头应设置于建筑物或围篱附近、交通线外，并离开活动游戏区（Frost，1992）。

（六）附加场地（additional site）

1. 如果游戏场场地是平坦的，可拖入数车的泥土，做成低的、滚动的倾斜面，以作为轮车（三轮车等）道路，并应好好地维护该倾斜面，不可使之太陡，自开始（顶部）到结束（底部）12 跑步级数（a grade of 12 running feet）的坡度不可超过10°，坡度愈长，仰角度数愈小。

2. 小丘的高度不可超过 91 cm（以地面的垂直高测量），附加滑梯和台阶，益增其功能。小丘的底部四周，应清理出最少 2 m 宽的干净空间。

3. 直径 91 cm 的塑胶涵洞（plastic culverts），可作为小丘至小丘的桥梁，也可作为想象游戏的隧道。隧道的长度应短得足以清楚、无阻于视线，以及有足够大的直径使大人易于进入，隧道直径愈大，许可的长度愈长（Frost，1992）。

第四节
游戏场设计的案例

为总结幼儿游戏场的具体观念和做法，特就现代幼儿游戏场、冒险游戏场和无障碍游戏场加以介绍，以供国内幼儿园设计游戏场之借鉴。

一 现代幼儿游戏场

Brewer（2001）提出适用学前学校至小学二年级的游戏场（参见图 3 - 10），长

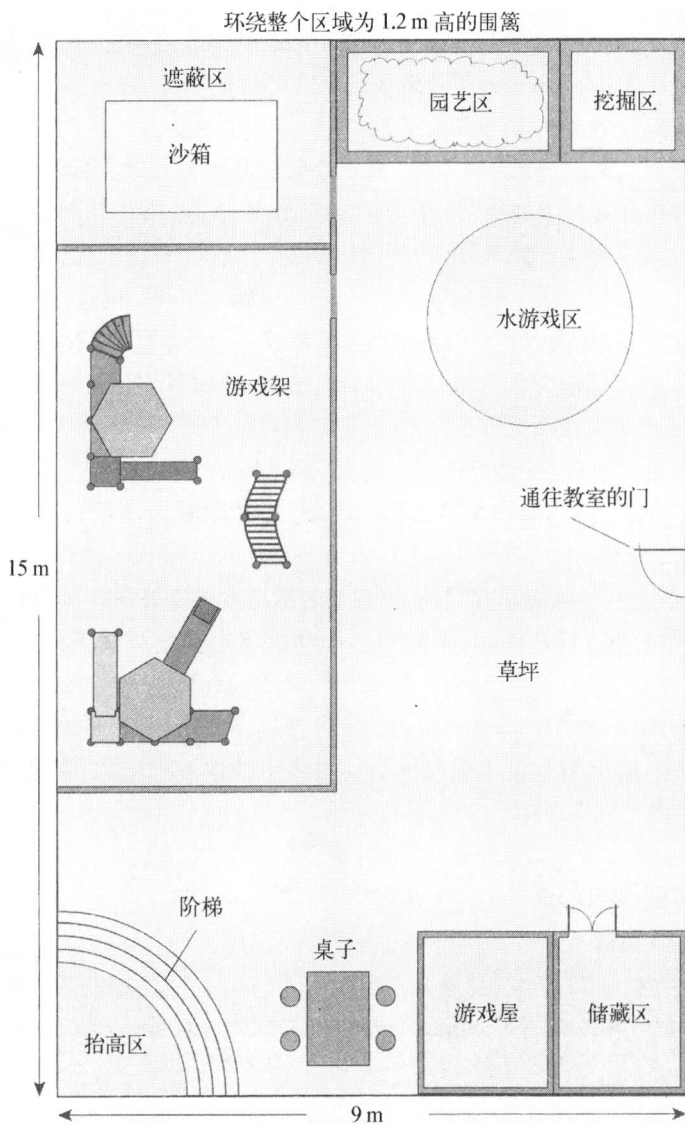

图 3‑10　适用学前学校至小学二年级的游戏场

资料来源：*Introduction to Early Childhood Education: Preschool through Primary Grades* (4th ed.), J. A. Brewer, 2001, p. 106.

宽为 15.24 m×9.14 m,游戏场区包括游戏架(play structure)、游戏屋、园艺区、挖掘区(digging area)、沙箱(加顶盖)、水游戏区、工具和玩具的储藏区、桌子或画架

（如有需要，画架可从室内移出使用），并描述其设计功能和用途：

1. 游戏架和游戏屋，系提供幼儿发展不同的身体能力；此外，幼儿在室外游戏比室内游戏要自由得多，通过室外游戏比室内游戏更易达到社会的和情绪的发展目的。

2. 园艺区，不一定全区种植物，至少应留一些地方让幼儿即兴挖掘，幼儿挖掘时可以学习有关土壤的组成、干土和湿土的差异、生长在泥土中的昆虫和蠕虫等等。因此，园庭应包括种植和照顾植物的区域，还有挖掘区，以延伸教室的经验。

3. 室外沙箱，其优点是室内沙桌所无法提供的，如幼儿可以爬入沙箱内、坐在沙中玩耍；室外沙箱应加顶盖以保持沙子的清洁，美国许多区域的沙箱需有一些屋顶，让沙子不会太烫或太湿。

4. 室外的水游戏区，可设计戏水池（the wading pool）或水桌，水池应审慎督导；当然，室外每一样东西都能用水"涂"，因此大油漆刷（或画笔）和水桶自是室外水游戏的重要配件。

5. 画架或桌子，如有手提式的，许多美劳活动可到室外举行，当天气很好的时候，幼儿可到室外好好地画画，不必担心画画的水会溢出或滴下来，因为很容易清理。

6. 储藏小屋（或棚），可储藏园艺和挖掘工具、沙箱和水玩具、球和其他室外用的器材。这样，教师就也可以轻松地让幼儿在室外挖沙和土，结束时也不需像带回室内一样将工具清得很干净。

（二）冒险游戏场

冒险游戏场 1943 年创始于丹麦，伦敦冒险游戏场协会（the London Adventure Playground Association）成立于 1962 年，对冒险游戏场提供如下的描述：

> 对冒险游戏场最好的描述是：儿童可自由地做许多他们在拥挤的都市社会中不易做到的事的地方。冒险游戏场的面积大小不一，自 1 350 m² 至 10 125 m²，他们可以废弃材料建造房子、兽穴和攀爬架，有营火（bonfires）、露天野炊、挖洞、园艺活动，或只玩沙、水与黏土。其气氛是许可的（permissive）和自由的，特别吸引那些因缺乏空间和机会致生活受很大限制的儿童。每一座游戏场有两位全日制的指导员，负责接

洽,他们是儿童的朋友,并协助他们做想做的。每一座游戏场有一个大型的供应小屋(a large hut),配备良好,有绘画材料、盛装和扮演、模仿和其他形式的室内游戏。那里也有电唱机、桌球等等,因此在坏天气和冬天,冒险游戏场供应小屋成为许多除了街道以外无处可玩儿童的社交中心。(引自 Frost,1992,p. 277)

冒险游戏场给予儿童机会塑造游戏环境:瓦解它并重建(to tear it down and to start over again),提供儿童丰富的学习经验,静态的游戏场无法与之相比。儿童学习如何以工具构筑,如何分工合作,如何种植植物和饲养动物。当需要时,大人再予以协助,最重要的,儿童自己得以发展能力和信心。冒险游戏场的安全记录非常优良,图 3-11 是由 Andrew P. Cohen 所绘制设计的冒险游戏场样本(没有两座冒险游戏场是一样的),其面积大约为 8 100 m²,包括一间休闲中心。游戏场的教职员是两位全日制的游戏指导员(full-time play leaders)以及家长义工。该游戏场提供活动的对象从学前幼童到青少年,休闲中心也广泛地作为社区团体开会之用。以下作一些重点描述(Frost,1992,p. 288):

1. 围篱(fencing):整个游戏场通常以围篱围着,封闭的游戏场也给儿童处于他们自己私密世界的感觉(a sense of being in their own private world)。围篱应有大门可让货车进入。

2. 主建筑——休闲中心(main building — recreation center):理想的主建筑应有游戏指导员的办公室,可从室内和室外进入的厕所,游戏设备的储藏区,室内游戏区装配美劳供应品、乒乓桌、电唱机等等,建造和庭院工具的储藏和出借区(此区应有遮门和柜台对室外开放,让儿童不需走到里面拿他们的工具)。

3. 建造区(construction area):此区儿童建造他们的联谊屋(club houses)、堡垒(forts)和其他建筑,在地上挖洞、营火和野炊。变化多端的地势会有更有趣的环境。游戏指导员必须随时检查所有游戏场设施是安全的,而不是只在它们设立的时候。

4. 储藏仓:建造简单的开放仓以储藏儿童会用以建造的零件材料(scrap materials)。储藏仓可分格,使器材可依大小、形状和重量来收存。储藏仓的设置应使建材易于递送。

5. 庭院区:庭院区可提供儿童丰富的学习体验。由于儿童喜欢照顾他们自己的植物,部分庭院应分成小区块,并依实需设置踏石穿过庭院,以避免践踏植物。

6. 动物区:每位儿童的一部分教育应包括照顾动物。在一些游戏场上,成打的兔笼是由儿童建造和维护的;此外,有许多马厩和畜厩供山羊、鸡、猪和马用。

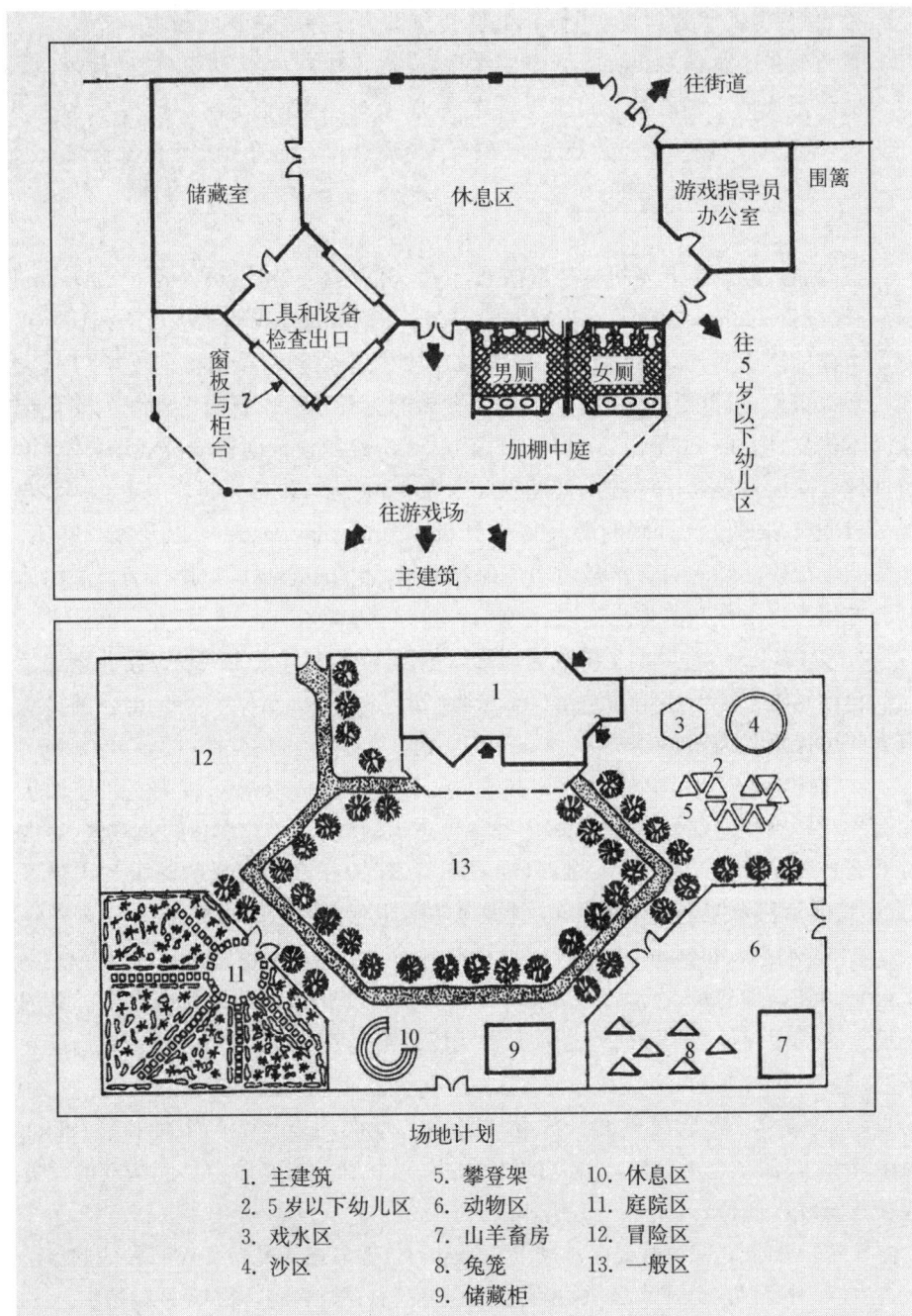

图 3-11　冒险游戏场的设计

资料来源：*Play and Playscape*，J. L. Frost，1992，p. 289.

7.5 岁以下幼儿区：5 岁和 5 岁以下分区，并设离主流游戏场（the mainstream of the playground）。此区应提供沙和水游戏、给轮车玩具使用的脚踏车道、大型室外积木和游戏屋。

8. 一般区：此为一片平坦的草坪区，可用作球类游戏和规则游戏。

9. 火坑：部分冒险游戏场体验包括营造火；因此，应提供一个小火区，以及一个大坑可用在特别的时机点营火，也应提供烤架让儿童野炊。

三　无障碍游戏场

现今盛行的回归主流（mainstreaming）或融合身心障碍儿童于教室中的观念，应延伸至室外游戏环境（Frost，1992）。Allen 即贴切地说：

> 所有儿童皆需游戏场地，他们需要空间、非正式、自由的四处奔跑和吵闹，表现他们自己，进行试验和探究。智能和身体障碍儿童……甚至比其他儿童更需此自由。（引自 Frost，1992，p. 295）

图 3-12 是游戏场设计的例子，读者可以自己试着设计一个游戏场，设计的过程中，若不断地重新考量设计，是很正常的事，因为游戏场就像教室一样，是一

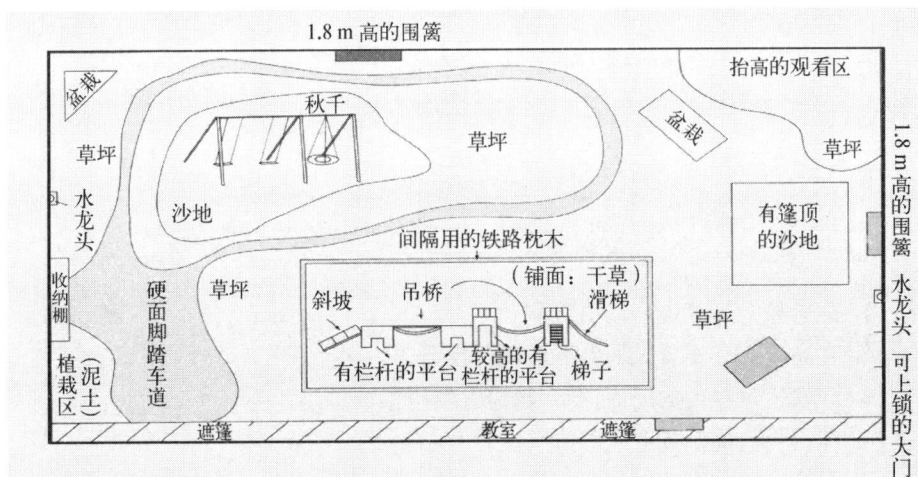

图 3-12　原游戏场设计

资料来源：*Early Childhood Education: Building a Philosophy for Teaching*，C. S. White & M. Coleman，2000，p. 319.

项需要不断改良、进步的工程。

　　White 和 Coleman(2000)就上述的游戏场设计表示,游戏场就像教室一样,应该能配合所有儿童的能力与需求,应设置宽大的门、斜坡道、较宽的小径等以配合轮椅的使用,适当修剪花木以免视障儿童不小心受伤,对攀爬有困难的儿童而言,水平桥(level bridges)是相当有帮助的,浅一点的水池,方便坐轮椅的儿童到水的活动区,秋千绑带可以让需要系绑的儿童安全地固定,用较轻的材质制作的拖拉隧道(pull tunnels)可以让脚不方便的儿童使用,高一点的沙池和不同高度的植栽盆,可以让不方便下弯或站立的儿童使用,为配合坐轮椅儿童所做的无障碍游戏场(inclusion within a playground)(参阅图 3 - 13),可将前述游戏场调整罗列如下,你认为还可以有哪些调整呢?

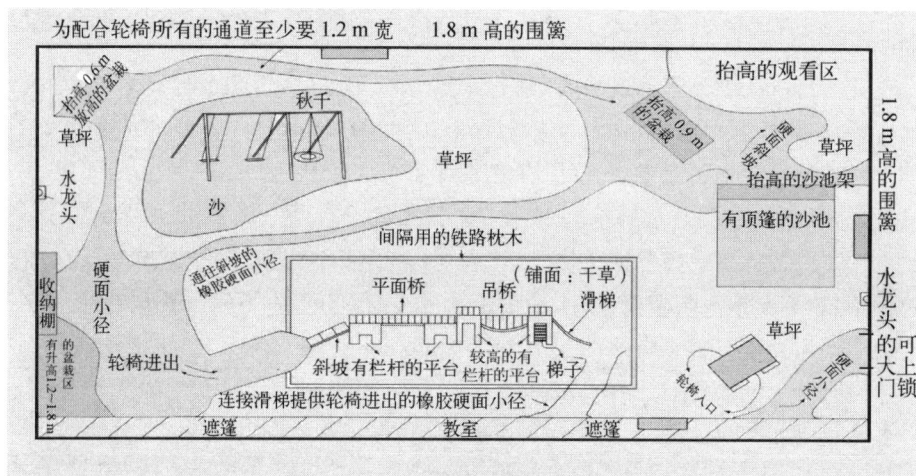

图 3 - 13　无障碍游戏场

资料来源:*Early Childhood Education: Building a Philosophy for Teaching*, C. S. White & M. Coleman, 2000, p. 320.

1. 配合轮椅高度提高的植栽盆。
2. 在游戏场和观看区的斜坡道和转换点。
3. 包含入口在内的铺面,要让轮椅方便推移、通行。
4. 能提供轮椅摆置空间的野餐桌。
5. 配合轮椅高度的沙池。

选择两种类型的特殊儿童(如:注意力不足、视障、听障、单只手臂),你的游戏场要如何配合这些特殊儿童而作调整?

　　Frost(1992)认为无障碍游戏场应为"所有儿童的游戏场",其设计和运用需注意智障、视障、行为异常和其他无能力的特殊需求。身心障碍儿童的特殊需求包括：(1) 特殊的规划；(2) 流畅性、近便性、挑战性；(3) 有特殊技能的指导者；(4) 特别注意安全。

为行动不便儿童设计游戏场的基本考量是近便性，游戏场的所有区域，加上所有的游戏器具和结构，必须让所有的儿童进入，即使是坐轮椅的儿童。纽约市规划部(New York City Department of Planning)以及美国住宅和都市发展部(U. S. Department of Housing and Urban Development)在《所有儿童的游戏场：设计竞赛》(A Playground for All Children：Design Competition)中，提出下列的建议，符合此一目的(Frost，1992)：

1. 游戏场的布置应使其连续循环(continuous circulation)。铺道宽度至少91 cm，以容纳轮椅，并应围绕整个游戏场，采交叉的封闭式环状设计(an intersecting closed loop design)。

2. 通道(paths)坡度不可超过5％(高0.3 m，距离超过6 m)。最合适轮椅行走的步道坡度是3％—4％。

3. 坡道(ramps)用以进入建筑、游戏器具、小丘、桥等，坡度不可超过8.33％(高0.3 m，距离超过3.6 m)，最合适轮椅行走的坡道坡度是6％(高0.3 m，距离超过19.8 m)。

4. 沙和水游戏区高至少76 cm、深91.44 cm、宽76 cm，凹陷处(indentation)可让坐轮椅的儿童不必离开轮椅即可欢享和游戏(如图3-14)。然而，应鼓励受

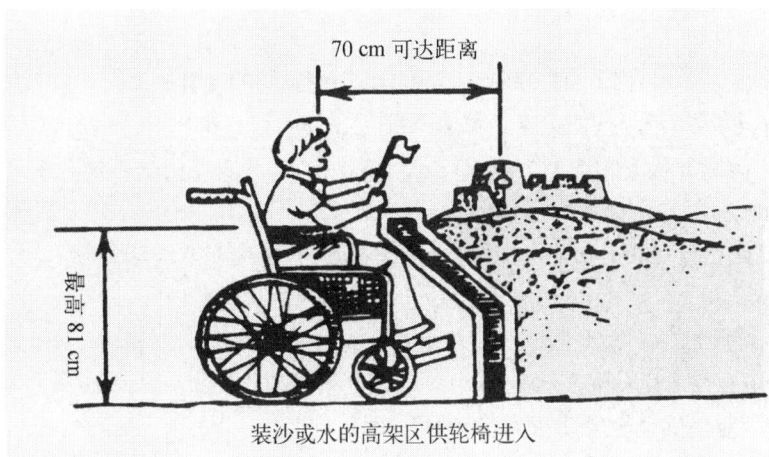

图 3-14　高架沙盘

资料来源：*Barrier Free Site Design*. 〔引自 Frost, J. L. (1992). *Play and Playscape*, p. 309.〕

缚于轮椅的儿童,离开轮椅到沙和水中游戏,在滑梯上游戏,或从小丘滚下。

5. 所有坡道和游戏结构应设扶手栏杆。

6. 楼梯应予避免,如有楼梯,不应有凹处。

7. 滑梯须让所有类型的行动不便者皆能进入(如图 3-15)。

(1) 滑梯上无须用梯子和支柱。

(2) 滑梯应嵌于草丘中,进入滑梯的顶端应有坡道。

(3) 与墙平行的扶手(grab bar)应沿着坡道以及滑梯的顶端和底部设置,以适于半步行者(the semiambulant)。

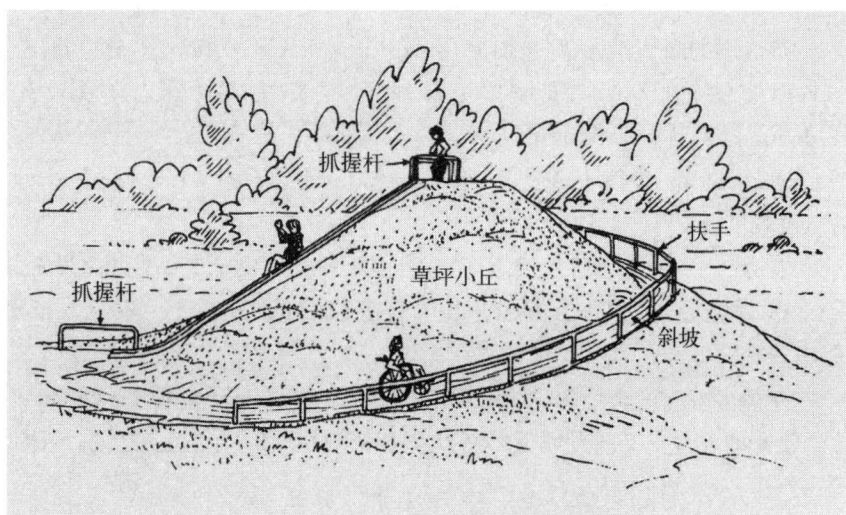

图 3-15　滑梯须让所有类型的行动不便者能进入

资料来源:《儿童游戏与游戏场》,曾锦煌译,1997 年,第 225 页。

8. 传统的秋千适于大多数的行动不便儿童,对于重度行动不便儿童可采用特殊的秋千。

9. 喷水池(spray pools)可用以考虑那些不能潜入水中者。喷水池的组成如下:

(1) 喷水的高度至少 2.1 m,并落入有充分排水的铺盘(a paved basin)。

(2) 在喷水区(the spray area)应设长凳给行动不便者。

(3) 应提供坐轮椅儿童可移动的开阔区。

10. 门和门廊应可两边摆开(swing both ways),宽最少 81 cm。

11. 饮水和厕所设施应设置让所有儿童得以接近。

对于盲童,在自由游戏之前,应先与儿童讨论对其有用的游戏选择事项(play

options）：设备、器材、玩具、规则游戏、活动、游伴，并让儿童讨论他们喜欢的游戏活动和他们在游戏期间想做之事。设计一个"感觉丰富的游戏环境"（sensory-rich play environment），尤其是运用触、听和空间知觉，以引导盲童游戏和选择。例如，大型的游戏设备可告知位置并预防意外碰撞，质地变化、走道坡度（slope of the walkway）或区域周遭游戏设备的精细差异，都可协助盲童导向；当盲童走过毗连或头顶上方游戏结构所产生的阴影时，可训练其感觉温度的轻微改变；在策略点（strategic points）设置触摸地图（tactile maps）也可协助盲童导向。该环境应有丰富多样的质地和器材，包括沙、碎石、松土、泥土、大石头、木头、水、草和不同质地的小丘；可爬行进出的地方；可攀爬、摆荡和滑行其上的东西；植物和动物。教师应与盲童一起演练运用不同的游戏器材和设备，例如教师和盲童一起练习爬上滑梯并滑下、滚下草丘、爬上和爬下游戏结构等等。基于回归主流之观念，盲童应与视力正常儿童一起置于一个融合的情境中，儿童是其他儿童最好的老师（Children are the ultimate teachers of other children）（Frost，1992）。

此外，智障儿童和其他儿童同样有游戏需求，但智障儿童，尤其是学校的智障儿童，很少有机会游戏，且也少有为他们游戏而设计的器材和游戏场。智障儿童的技能有限，也许较适合广泛的平行活动，其游戏技能应在低发展层次而非达成高层次的熟练（Frost，1992）。Quinn 和 Rubin 之研究及 McConkey 之研究相当有见地，强调身心障碍儿童通过游戏来学习，如给予他们机会、器材和大人的支持，他们将乐于参加游戏。室内环境（包括教室）渐受重视，其布置不是提供传统的玩具，这些包括房间充塞不同形状、色彩、规格的大型乙烯基泡沫（large vinyl-covered foam）或充气床垫（air-filled mattresses）所组成的"软性游戏环境"；彩色的灯光和柔和的音乐提高儿童对特殊玩具的兴趣（引自 Frost，1992）。

至于情绪障碍儿童可采用游戏治疗予以协助。游戏治疗的假设是儿童在游戏室所说的或所做的，对该儿童有其意义，但因不易了解和解释所有儿童的游戏信息，因此提供适切的游戏器材则使工作较简易；例如：儿童会用洋娃娃演出家庭情境并代表家庭成员，而缺少洋娃娃时，可能会以一小一大的积木象征自己和家长。因此，游戏室应有广泛的器材让儿童他们自己来自我表达（self-expression）；例如，儿童能以打洋娃娃或撕毁黏土图画来表达生气，也可以作诗、写故事和画图来描述生气之事（Frost，1992）。Axline 在《游戏治疗》（*Play Therapy*）一书中，建议的玩具和器材如下：奶瓶、洋娃娃家庭、有家具的房屋、玩具兵和武器设备、玩具动物、游戏生面团、人和其他动物的图片、供投掷用的空果酱篮、各种美劳材料、大碎布偶、木偶、木偶布景、蜡笔、黏土、手指画、沙、水、玩具枪、木桩打击组、纸娃娃、小卡片和飞机，以及游戏屋器材：桌子、椅子、儿童卧床（cot）、娃娃床、火炉、锡碟、盘子、汤匙、娃娃衣服、晒衣绳、晒衣夹、晒衣篮（引自 Frost，1992）。

第五节
园庭景观的配置

幼儿园园庭是指室外游戏场外，在园舍建筑间可让幼儿自由游戏、学习和休憩的空间。广义的幼儿园园庭，包括室外游戏场及其设施；狭义的幼儿园园庭，则仅指室外游戏场及其设施除外，种植花草树木和布置园景设施的空间，本节幼儿园园庭探讨范畴以狭义定之。

李政隆（1987）认为幼儿园园庭有三项意义：（1）是可允许尽情走动的空间；（2）是提供着各种游戏设施的空间；（3）其中一部分设置着山、水流、水池、小径、可爱动物园与花坛、绿地等。因此，幼儿园园庭和景观，不仅具有教育意义，更是幼儿自由活动、观赏，并尽情享受绿意和阳光的园地。

至于幼儿园园庭空间的分类名称，依据《幼稚园设备标准》之规定，仅将园庭简单分为前后庭：（1）前庭，即指走廊外之空间，宜绿化或做弹性使用。（2）后庭，又称半户外教学活动空间，是由教学活动室延伸至室外的游戏空间，宜安装活动量小的游乐器械，如小型滑梯、摇木马、沙箱、踏水池等。

幼儿园园庭景观的配置，应依园地的大小、建筑空间关系、课程目的、教学方法、经费预算及日后管理维护，作妥善的配置和设计，栽植适宜的花卉草木、设计适切的花坛绿篱、布置适当的园景设施，使幼儿能在绿意盎然、景致优雅的环境中，通过游戏和探索陶熔知性。本节将就园庭的绿化美化和园庭设施的设置，分别探讨。

一　园庭的绿化美化

幼儿园园庭的绿化和美化，为整体不可分割的工作，其基本理念可从绿化美化的涵义、园庭绿化的功能和绿化美化的原则等三方面，知其梗概。

（一）绿化美化的涵义

园庭绿化美化是幼儿学习环境设计的重要工作，基本上"绿化"和"美化"具有整体而不可分割的特性,惟在实质涵义上,"绿化"(greening)与"美化"(beautification)是两个重叠但意义不尽相同的概念(汤志民,2000):

(1)就范围而言,"绿化"范围小,"美化"的范围大。

(2)就从属关系而言,"绿化"包含于"美化"之内,"美化"不以"绿化"为限。

(3)就效果而言,"绿化"一定具有美化的功效,"美化"不一定具有绿化的功效。

(4)就具体做法而言,"绿化"的主要工作是花草树木的栽植,包括树木的栽种、绿草的铺植、花坛的设计、绿篱的种植、盆栽的培植和花卉的维护等等;"美化"的工作,则除了花草树木的栽植之外,还包括园路、小桥、水池、瀑布、踏石、凉亭、雕塑、绿廊、园灯、园桌椅、教材园等园景设施的布置;简言之,校园"绿化""美化"的具体工作内涵,可化约为:

> "绿化"="花草树木的栽植"
> "美化"="花草树木的栽植"+"园景设施的布置"
> （绿　化）

(二)园庭绿化的功能

花草树藤,四季滋长,吐故纳新,将盎然绿意引入校园,即成为一种充满生机与朝气的布置。校园绿化具有提升教育环境的品质、促进教育功能的发挥、增进师生身心的健康、有助生态平衡的维护、增加国民休憩的场所和具有防灾避难的用途之功能(汤志民,2000)。就幼儿园环境而言,参照黎志涛(1996)之见解,园庭绿化的功能有四:

1. 促进幼儿身心发展
幼儿园通过合理的绿化配置,运用植物的姿态、体形、高度、花期、花色、叶色等的变化,创造一个舒适、优美的乐园,对幼儿身心的健康发展有积极的促进作用。

2. 增进园庭生态平衡
幼儿园大面积绿化可以改善幼儿园的小气候环境,减少辐射热、防止西晒、调节气温、增加空气湿度、降低风速等,还能减少周围环境中噪声、尘埃对幼儿园的污染,保持环境卫生。

3. 提供愉悦情绪体验

幼儿园绿化是幼儿了解大自然的重要课程,可以使幼儿生活在美的环境中,受到美的熏陶,引起愉快的情绪体验。

4. 创造良好活动环境

幼儿园绿化还可以为幼儿创造一个良好的室外活动环境,使幼儿在绿树丛中尽情游戏。

(三)绿化美化的原则

幼儿园绿化美化的工作要项甚多,在此仅根据相关学者专家(汤志民,2000;郑慧英,1996;黎志涛,1996;Dannenmaier,1998;Moore & Wong,1997)之见解,整理一些重要原则以资参考:

1. 栽植花木各适其所

花草树木各有其功能,应慎择以适其所。一般而言,幼儿园园庭应以花草为主、乔灌木为辅,园地边界宜采用乔灌木搭配种植,以形成幼儿园与外界的隔离带,并使主体建筑在绿化的环境中格外亲切动人。其次,园庭内部则应种植花卉和地被植物,适当点缀乔灌木,便于幼儿活动和观赏。此外,花木栽植,应根据树木的特征和场地的功能,运用孤植、行植或片植的灵活手法,以创造轻松、活泼和优美的园庭环境。对于幼儿的室外环境植物的选择,Talbot(1985)提出的八项建议值得参考:

(1) 澄清你的目的:看看如何造景,以使游戏、教育和社会的目标获得最好的支持。在此地的幼儿年龄和类型如何?哪一项活动需隔离,哪一项会发挥增进或阻碍的作用?室内和室外空间是否重要到要考虑修饰或转换?采用什么将会使地面舒适、动人和有用?

(2) 自当地专家获得建议:联系当地的园艺爱好者——家长、园艺会员、有兴趣的业余者或负责农业技术推广之官员。

(3) 送一份问卷给当地专家:向当地的苗圃主人、庭园设计师和有关的专家说明你的意图,请求送树、高低灌木、直立和架高用的藤蔓植物、草和其他地被植物,以及幼儿可以照顾成长的庭园植物和任何有用的出版品。

(4) 要熟知本地的植物:植物是当地的或已适植的、较难或较易维护的,与当地的自然史有关,能免费栽植和移植,并保护生态,均应熟知,尤其是可能误用的有毒植物。

（5）自儿童文学获得启示：迪士尼乐园等所给我们的造景插图，对现今的店购游戏景观提供了很好的选择；艺术家的非真实国度（never-never land）叙述和图书馆或书店的很接近。

（6）考虑幼儿：幼儿参与所有的造景期，从选择种类到维护和收获（如果有）。同时为保护最易受伤害的植物，应设适当的防护路障（child proof barriers）。

（7）照顾景观：保持一份详尽的施肥、浇水和修剪的时间表，植物非常需要——其损耗率可能有 50%。如预知树木将死，立即在附近种另一棵以资取代。

（8）选择适当的草木：基本的植物类型，包括树木、藤蔓植物、灌木、草和地被植物以及庭园植物，在幼儿环境最有用；替代品种和设计问题，应符合当地的气候。

2. 增强绿化场地功能

幼儿园绿化应使其增添多重效益，如幼儿园园庭各种园区、游戏场、小广场等，可以绿化（如绿篱）区隔活动空间，美观大方，易于寻找；其次，室外休憩场地可种植大片绿茵草地，让幼儿尽情玩耍奔跑，安全又健康；此外，室外器械游戏场地，可种植高大乔木，既不影响幼儿进行器械活动，又可遮阳，免遭烈日炎晒；另外，屋顶平台也可适当绿化，一方面可减少屋面在酷热季节的热辐射，同时可降低室内温度，另一方面也为屋顶游戏场地提供了良好的活动环境。

3. 注意绿化情趣效果

幼儿园园庭在栽植上，首应注意季节效果，力求春有花、夏有荫、秋有果、冬有青，四季时花绽放，让幼儿园洋溢青春活泼景象。其次，幼儿园室外用地狭小，应充分利用垂直绿化，以扩大园舍绿化效果，增强美化装饰效用。此外，绿化小品应善加运用，以为幼儿园的室外环境增添美化情趣，主要有：

（1）花坛：一般用砖、石或混凝土砌筑，外加粉刷再进行各种装饰美化。应注意形状宜活泼自如，高度应考虑幼儿观赏尺度，一般台高为 0.2—0.4 m，既可当坐凳又可避免水土流失。

（2）花架：在空廊或构架上覆盖爬藤植物，形成休息纳凉的空间。

（3）花槽：是一种用混凝土预制成的花盆，可布置在外廊的镂空隔断、外墙壁、窗台、阳台、女儿墙等处，内培土植花草，或内盛盆花，可有美化的效果。

4. 设计寓教于乐情境

幼儿园的室外设计观念，在经过一百五十年后的今天，第一次清晰地形成"幼儿的游戏花园",并在全美各地的公共花园、博物馆、学校庭院、医院和公园,重新萌芽;新一代的幼儿在这些地方的小森林、恐龙花园和蝙蝠洞中,发现室外游戏的乐趣。对此,Dannenmaier(1998)强调幼儿的园庭应可让幼儿跑、游戏、攀爬,并自由地体验自然的材料和身体上的感觉(bodily sensation)。事实上,幼儿对环境充满好奇,喜欢观察、探索、尝试,幼儿园园庭绿化美化应布置多样园景设施,有能让幼儿穿梭嬉戏(如小洞穴)、上下攀爬(如小丘、大树或树屋)、栽种植物(如种果树、菜圃)、养护花草(如浇花)、照顾动物(如养小鸡、小鸭或小白兔)、观察昆虫、驻足休息(如草坪或园桌椅)的空间,以提供游戏、探索的寓教于乐情境。

5. 维护园庭乱中有序

对幼儿而言,幼儿园园庭观赏功能不如游戏或工作具有吸引力,因此园庭的学习环境较生活化,难免出现较混乱的局面。惟为维持园庭的游戏、探索和学习的功能,室外分区应井然明确,工具储藏应有条不紊,运用绿化美化两项最基本守则:(1) 保持秩序——去乱;(2) 保持清洁——去脏,使幼儿园园庭能乱中有序。

6. 提供安全园庭环境

花草树木种类繁多,幼儿园园庭栽植花草树木,应避免种植有毒、有刺激性或带刺的植物,以免幼儿受到伤害。其次,要注意树木与建筑物和地下管线设施,应保持适当距离,以免影响树木生长和室内采光以及破坏地下管线。此外,园庭树木树枝有折断者、花台有尖角者,皆应妥善处理,以免幼儿碰撞受伤。另外,园舍建筑台外侧,可栽植花卉予以美化,并避免幼儿靠近外墙行走发生头碰窗的事故;还有,假日或幼儿游戏之后,园庭中难免遗留枯枝、器物或其他杂物,应在幼儿再一次使用前,审慎清理,以提供安全的园庭环境。

二　花草树木的栽植

花草树木的栽植是园庭绿化美化的首要工作,其工作重点可从树木的栽种、绿草的铺植、花坛的设计、绿篱的种植和盆栽的培植等五方面分别探讨。

(一)树木的栽种

树木是园庭绿化美化的重要材料之一,其枝叶茂密并具立体美感,对空气的净化、噪音的减弱和心理上的安和作用,能发挥极大的效果。树木栽植的时间,在台湾中部一般以早春尚未萌发新芽之时,或在晚春梅雨季时栽植最为适宜;北部地区冬季亦为雨季,此时气温低,最适宜栽植;南部及东部可选择在夏天雨季时栽植,如在冬季低温时栽植,因刚好为干季,必须勤浇水,否则不易成活。就台北市而言,树木的栽植,以农历春节至清明节之间最为适宜。另老树或大树不易移植(必须有相当专业的断根技术),移植后成活率低,学校绿化工作欲见速效,不妨选择大苗栽植。至于树种的选择,则因种植目的而异,例如:目的在遮荫乘凉,则要选择树冠大树叶密的树种,如榕树、雨豆树、凤凰木等;目的在防风,则需选用耐风的树种,如榕树、黄瑾、琼崖海棠及海檬果等;目的在标明校园区界,则以树形高大、树姿优美者为宜,如大王椰子、柠檬桉、蒲葵等(台湾省政府教育厅,1985)。

Talbort(1985)认为幼儿室外环境的树木最重要,游戏景观(playscapes)必须有树木以资架构、遮荫和美化,树木也具有能源和长寿的意义(树木比任何生物都活得久),当儿童爬上树可增大其视觉的和空间的能力,种植树木可让孩子延伸所学。基本的树木配植有:雨伞型(umbrella)、双植型(pair)、通道型(avenue)、庭院型(courtyard)、丛树型(grove)、果园型(orchard)(参阅图3-16)。

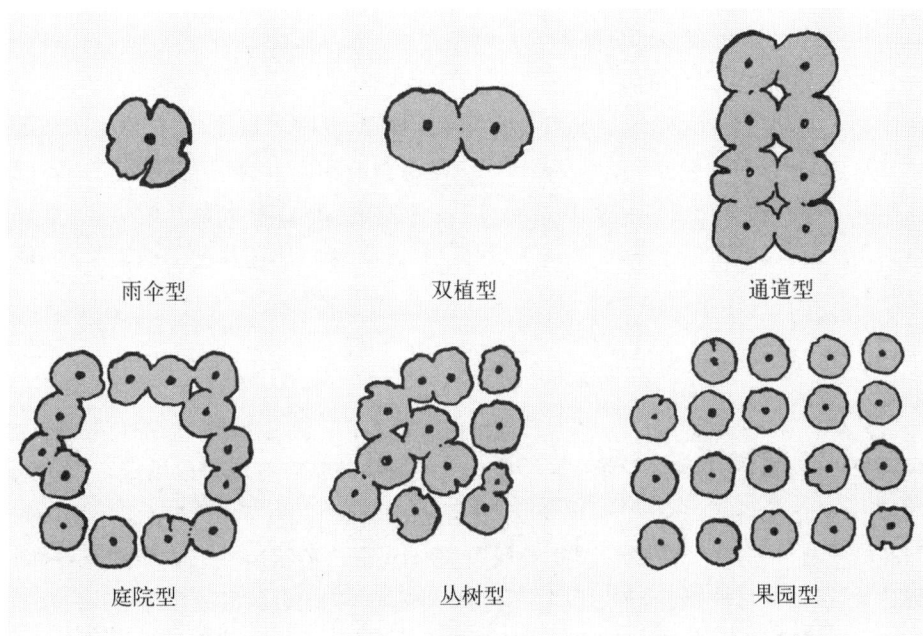

雨伞型　　　　　　　双植型　　　　　　　通道型

庭院型　　　　　　　丛树型　　　　　　　果园型

图3-16　基本的树木配植

资料来源:*A Pattern Language*,C. Alexander et al.,1977.[引自Talbort(1985). Plants in Children's Outdoor Environment. In J. L. Frost & S. Sunderlind (Eds.), *When Children Play: Proceedings of the International Conference on Play and Play Environments*,p.246.]

（二）绿草的铺植

草地(lawn)亦称为草坪或草皮,犹如绿色的地毯,给人清爽洁净、优雅自在、心旷神怡的感觉,不仅可减少尘土飞扬、避免地面冲刷龟裂、增加庭园广阔之美,还可降低气温、柔化生硬的园舍建筑。幼儿园如有足够的空地,则应多铺植草皮,让幼儿在快乐奔驰中,亦能沉浸于绿意盎然的柔和环境之中。

绿草的栽培与树木、花卉和其他植物之栽培大不相同。一般花木及植物的栽培,为了使生长良好,减少养分、水分和日光的竞争,植株间需留适当的空间;但种植绿草,在一定的空间中,则越密越好。理想的绿草有六个条件(台湾省政府教育厅,1990):

1. 生命力强,抗病力强。

2. 具有低矮之匍茎,无直立高茎特性。

3. 覆盖性强,能抑制其他杂草滋生。

4. 叶形优美,叶色青绿。

5. 形成之群落具观赏价值。

6. 耐寒、耐热、耐旱性强。

事实上,要找到同时具备上述六项条件的绿草,几乎不可能,尤其是耐寒和耐热,很难同时存在。因此,在温带种植绿草常混合两种以上的绿草种,以适应不同的气候条件。适合台湾气候条件的绿草有:狗牙根草(百慕大草)、假俭草(蜈蚣草)、百喜草、圣奥古斯丁草(钝叶草)、朝鲜草(结缕草)、地毯草和菲律宾草(马尼拉芝),幼儿园可参考酌择。

（三）花坛的设计

花坛(flower bed)是以各种形式丛植各种花草,布置成为一个缤纷色彩、鲜丽耀眼的景致,也可以用矮性的木本花卉及地被植物等来布置花坛以供欣赏。花坛的种类,依区位性质可分为"中央花坛"、"墙边花坛"、"景致花坛"、"纪念花坛";依开花的季节,可分为"春花坛"、"夏花坛"、"秋花坛"、"冬花坛";依栽培的花种,则可分为"凤仙花坛"、"杜鹃花坛"、"玫瑰花坛"等等。花坛设计应注意:

1. 大多数的花卉喜欢日照充足的地方,可在校园的南向或东南向设置花坛,如需在日照不足的地方设置,则要选择半日荫的植物。

2. 花坛的花卉应选择易栽培,植株不高,姿态形状整齐美丽,分枝及开花数多、花期长,具有单纯的花色,色彩鲜明光亮,不含有毒物质,价格便宜、易买到的花卉。

3. 花坛植物的色彩,可依触目色调、近似色调或单一色调配置;同时要与季节搭配,冬天宜栽植暖色花卉,以增添热闹气氛,夏天宜种植中性色或冷色的花卉才能带来清凉意;如果是色彩丰富的花卉,则只要栽种同一种类的花卉,以免失之繁杂。

4. 花坛植物大多为草本花卉,包括一两年生草花、宿根草花和球根草花;如为木本花卉,则以矮性、分枝多、花数多的灌木为主。

5. 花坛的边缘不可太过醒目,以免喧宾夺主;造边的材料,以能耐久、整齐、不甚突出者较适宜。

(四) 绿篱的种植

绿篱(hedges)是校园中的矮小灌木经修剪成为一堵绿色的小围墙,具有引导、分界、挡风、遮蔽、美化景观、降低噪音、净化空气、调节气温和保护草坪之功能。绿篱的种类,依其作用目的和高度可分为:(1) 矮篱——又称为内篱、间隔绿篱,具有装饰园景、区隔通道和庭园的作用,高约 60—90 cm,适合树种有六月雪、杜鹃、黄杨、雪茄花、锡兰叶下珠;(2) 外篱——具有分隔建筑物与外界,以及防盗遮蔽的作用,高约 1.5—2 m,适合树种有九重葛、栀子花、龙柏、罗汉松、春不老、金露花;(3) 中篱——以防风、防水、遮蔽建筑物为目的,高约 2—3 m,适合树种有七里香、月橘、侧柏、朱槿;(4) 高篱——通常为防风、防火目的而设,高约 3—5 m,适合树种有竹类、扁柏、细叶冬青、木麻黄(台湾省政府教育厅,1985、1991)。此外,还有种植两种植物以上的“混合篱”,以及利用高矮树种组合而成的“两层篱”。绿篱种植应注意:

1. 绿篱栽植时间以春、秋两季为宜。

2. 绿篱栽植首重土壤及排水,如栽植地点与草坪比邻,则可用砖块构界,不但雅观还可避免水土流失。

3. 绿篱栽植方法可为单行、双行、三行等,在宽敞庭园四周,以双行和三行栽植为适,而园路两旁则可单行栽植。绿篱植物如采用金露花、朱槿等,因其树形高大、生长迅速、枝叶茂密,可单行栽植;如采用月橘、六月雪等,因其枝叶纤小,则宜双行或三行栽植。

4. 绿篱树苗的间隔,一般约为 35—40 cm,绿篱树苗的大小,以 60—100 cm 最理想。

5. 绿篱宽度以 50 cm 为宜;剪枝约每年 2—3 次,一般都在 7—8 月上旬和 11—12 月间进行。

6. 为求美观、整齐,一般都将绿篱修剪成一定高度,一定式样。从横断面看,有平型、斜坡型及波浪型;纵断面看,有平顶式、圆顶式及尖顶式。会开花的绿篱植物,在花芽抽出生长时最忌修剪,宜等开花后才修剪。

(五) 盆栽的培植

盆栽(a potted plant)是利用盆钵栽培各种花草树木以供观赏。很多学校因为绿化美化,要求学生从家里带来了大大小小、形形色色的盆栽植物,布置在教室、走廊等地方,由于对植物的性质不了解,又缺乏管理维护,失去了绿化、美化的目的,反而造成了脏乱。就幼儿园而言,通常盆栽植物应与会议室、办公室、教室、阳台、穿堂、走廊及步道等调和,让空间更生动美观,更绿意盎然,更重要的是能具有观察和学习之效,以满足幼儿的好奇心。盆栽的培植应注意(台湾省政府教育厅,1985):

1. 盆栽的盆钵与植物要有适当的比例,通常植物的高度为盆子口径的 1.5—2.5 倍,而树冠宽度为其 1.5 倍。如盆钵外形不佳时,最好使植物之枝叶垂下能将盆钵遮去一部分,以免看到丑陋的盆。

2. 盆栽布置教室、办公室及会议室,为形成宁静、安详、和平的气氛,宜以绿色植物为主,点缀着花,但花色不可太多、太杂、太乱,可有淡淡清香。

3. 盆栽植物的培养土应经常能包含 30%—50% 的水分,而排水后能含有 10%—20% 的空气,且酸度适中(因植物种类不同而有差异,一般为 pH5.5—pH6.5),太酸时可使用石灰中和,太碱时用硫酸钙调整。黏土、粗沙、污染土、建筑工程之心土,均不适合用来培养花木。

4. 栽培盆花,为保持鲜艳的花色,使花苞继续开放,不可长期放置室内,应放在日光充足而空气流通的地方,但夏天温度高,宜避免太阳直接照射,又冬天为避免寒害,可以隔着玻璃接受日光。花色已经褪淡枯萎的花朵,将会消耗养分,损及盆花的美观,宜摘除其花茎,让养分给予其他花上,或再萌芽开花。

5. 植物的种植盆,盆上面及四周通气性最好,所以根多往盆边生长,待根结成根球时,一定要换盆,不然生长缓慢,或停止生长使植株衰弱,甚至死亡。

6. 吊盆的用土,需质轻、保水力强,通气良好,以蛭石、真珠石、泥炭(1:1:1)混合最佳。此外,吊盆吊挂时,应注意挂钩的坚固,避免挂于头部易碰伤的地方,或浇水易溅湿别人的地方,阴性植物应置于室内,若挂于阳台,吊挂的位置稍高,以减少阳光的直射。

7. 箱钵是活动的小花坛,栽植的原则是只种植一种花卉,且花色也要单一色彩;箱钵数少时,为免花色太过单调,可采混植,其花色宜对比色调,互相衬托对方的色彩,但体积小时,花色的变化宜少,并选择性质相似、开花期相同的栽植。

8. 幼儿园在栽培盆栽植物时,不要选择珍奇名贵的种类,宜选择易于栽培管理的花草,适合园庭的盆栽植物:(1) 观赏植物类:矮牵牛、爆竹红、金鱼草、金盏花、鸡冠花、非洲凤仙花、非洲堇、四季海棠、菊花、桔梗花、蟹爪仙人掌、杜鹃花、圣诞红、茶花、栀子花、马缨丹等。(2) 观叶植物类:变叶木、鹅掌藤、武竹、万年青、蕨类、铁线蕨等。

三 园庭设施的设置

园景设施的设置是园庭绿化美化的另一项重要工作,应依幼儿园的校地条件、环境通道,作适度的布置,使幼儿园舍更具整体感、生动且具生命活力。园景设施的项目繁多,以下仅就其主要项目作一扼要的介绍,以供园庭布置之参考。

(一) 园路

园路(paths)是园舍建筑与园景设施之联系动脉,具有交通、游戏和景观导引之功能。园路的布置应注意:

1. 园路的路面,应依功能(人行、绿化、健身或游戏)之不同,铺设适宜之材料,常用的材质有水泥、柏油、鹅卵石、青砖、红砖、方砖、切石板、大理石、扁平石、棱角山石、圆桩或碎石等等。

2. 庭园内的人行步道,可设计间歇性的曲径踏石,以增加绿化效果,并增添庭园情趣。

3. 健康步道之设置,应选择校园中较僻静而荫凉的地方,以利尽情松弛健身。

4. 园路供轮车游戏使用,如扭扭车、三轮车、脚踏车、玩具小汽车、滑板、直排轮等,应足够宽、平坦,可并入主通道中设计。

5. 供行动不便者使用之坡道,有效宽度为 90 cm 以上,儿童用坡道宽度至少112 cm,一般坡度不得超过 1/12,儿童用坡道以 1/16—1/20 为理想,扶手高度(如为两道扶手)大人用高度为 65—85 cm,儿童用高度为 50—70 cm,坡道长度超过6 m 需设平台,平台最少需有 150 cm×150 cm 的回转空间(吴武典等人,1991;张蓓莉等人,1991;詹氏书局,2003;Bar & Galluzzo, 1999;Ruth, 2000)。

(二) 水池

水池(ponds)一般分为人工水池和自然水池两种。人工水池多为几何图形,如方形、圆形、葫芦形、梅花形、多角形或混合形,通常设在建筑物的前方或庭园的中心,为主要视线上的一种重要点缀物;自然水池其形状不定,池岸曲折,通常置于假山脚下、溪流瀑布的一端或草地的一侧。水池的布置应注意：

1. 幼儿园的水池主要有两种，一为亲水池（可以玩水），一为观赏鱼池或生态池（不可玩水），可依实需设置。

2. 水池以自然清洁的水源最为理想，亲水池底铺面应经常清理避免青苔，以利幼儿游戏。

3. 水池饲养观赏鱼，水深需 40—50 cm，并应有循环及过滤设施，使水池不断流动，避免池中鱼缺氧；此外，池底要有斜度，并设排水槽，供排水及清理水池之用。

4. 为增加水池的动感效果，可设计喷水设施，或以石头阻挡，以产生滴落、飞溅、波浪、泡沫或人工瀑布之效。

（三）凉亭

凉亭（gazebos）有蔽荫、乘凉、眺望与点缀园景之功能，幼儿园园庭可视实际需要设立。凉亭的布置应注意：

1. 凉亭的地点，一般设置在水池边、水池中、假山旁、树丛下、山冈顶、道路延伸处或台阶爬坡连绵处等，较为僻静之处。

2. 凉亭的造型，可设计蘑菇亭、伞亭或其他卡通造型以吸引幼儿。

3. 凉亭的尺度，以小巧为宜，净高 2.1 m 左右，单亭屋顶覆盖面积 4 m² 左右（黎志涛，2002）。

4. 凉亭的材料，常用的有金属、水泥、竹木、砖石、石青瓦、琉璃瓦和玻璃纤维，也有以藤蔓植物攀缘生成的绿凉亭等等。

5. 凉亭内应配置园桌椅，以供幼儿休憩谈心之用。

6. 园舍绿化面积不足之幼儿园，宜搭配藤蔓植物攀缘生成的绿凉亭；园舍色彩不足之幼儿园，应适切运用凉亭的彩绘，以活泼园庭的景致。

7. 园庭面积太小或无适当园景设施作为背景者，不宜设置凉亭，以免过于突兀。

（四）雕塑

雕塑（sculpture）可配合公共艺术规定设置，借以提升庭园景观的美化品质，具有"画龙点睛"之效。雕塑的布置应注意：

1. 雕塑位置，常设置于前庭、穿堂、树荫下、草坪上、花圃内、斜坡边以及花坛或水池中，应配合庭园景观作适当的选择，以产生最亮丽的视觉焦点。

2. 雕塑的主题，应贴近幼儿生活经验，采用具体、可理解的形象，如小动物或卡通人物等,不宜采用幼儿难以理解的抽象雕塑。

3. 雕塑的大小,应适合幼儿尺度,以小巧玲珑、亲切感人为佳。

4. 雕塑的材料,可采用水泥、塑胶、木材、石材、陶土、青铜或玻璃纤维。

5. 室外的雕塑因日晒雨淋,极易褪色及损坏,需经常实施维修,以确实提升美化之效。

（五）绿廊

绿廊(pergola)又称为凉棚、荫棚或花廊,是一种顶部由格子条所构成,而上面攀附生长蔓生植物的园景设施,可供休憩、遮荫、观赏及作通道之用。绿廊的布置应注意:

1. 绿廊的设置,宜选择日照、通风及排水良好的地点,配合园路伸展与园庭整体景观,使之和谐一致。

2. 绿廊的植物,要选叶茂花美的藤蔓植物,如地锦、木香、炮竹花、紫藤、常春藤等;若利用成荫的树,使枝条相错生长,培育成廊架的形式而供遮荫、休憩,就是树廊,可供使用的树有榕树、榄仁树、樟树、黑柏树、掌叶苹婆及印度橡胶树等。

3. 绿廊的顶棚,蔓生植物长满后应不定期修剪,并注意是否有蜜蜂栖息,如有虎头蜂窝应即清除。

4. 绿廊的顶架,应考虑其负荷,不定期地作防锈及油漆处理,并于每学期开学前或台风季节时检查是否巩固安全,以避免倒塌造成事故。

（六）园桌椅

园桌椅(garden furniture)具有装饰并供师生休憩、谈天及眺望园景之功能,园桌椅的布置应注意:

1. 园桌椅的设置,应择最佳休憩处,可与凉亭、绿廊组合成一景,也可设于园路中间,或置于遮蔽荫凉处、水池边或景色焦点处,如瀑布口、花坛边、雕塑旁、树荫下、草坪上、戏水池旁或视野开阔处。

2. 园桌椅的造型,一般以简易、自然、多彩、新颖活泼者,较讨人喜欢,成排的秋千式座椅,也会引起幼儿的兴趣。

3. 园桌椅的座位数,一般3—5个,也可设单人或双人座位,以供幼儿多重选择。

4. 园桌椅的选材,因置于室外,应选用耐风雨、日晒、表面光滑的材质,其尺寸大小宜宽松、低矮,让幼儿能坐能爬,觉得舒服。

（七）栽培园

幼儿热爱大自然，渴望观察，特别希望能亲身体验。他们对撒下的种子能发芽、开花，再结出同样的种子之变化过程，充满好奇又有兴趣。其次，栽培植物还可以招来一些蝴蝶、蜜蜂之类的昆虫，使幼儿慢慢地开始注意到这些植物与昆虫之间的关系。因此，栽培园不仅可让幼儿动动手，也是认识大自然的课程。栽培园的布置应注意：

1. 栽培园的设置，园地大者可设独立区域，经费足够者可设立小温室，空间不足者则可利用沟渠旁、墙角的泥土地，或利用半室外空间、阳台，放置塑胶盒、玻璃杯、采集箱，栽培植物。

2. 栽培园的位置，应位于向阳地段，接近游戏场地，便于幼儿经常能观察到植物的生长状况。

3. 栽培园的植物，宜选择低矮的花卉为主，并能四季花期不断，便于幼儿观赏和栽培；也可种豆（如红豆、绿豆、黄豆）、空心菜、青菜、花生与茼蒿等。对幼儿言，植物的栽种与观察，意不在收成，而在对植物成长过程的发现与体会。

4. 栽培园的维护，应考虑既不费工夫又富效果者，并应避免种植易使幼儿皮肤发炎、过敏和有毒性的植物。至于带有针刺的植物（如仙人球），可种植在花盆内，放置在花台上或花架上，以避免幼儿直接接触。

（八）小动物屋舍

幼儿喜欢动物，对温顺的小动物有一种亲近感，他们会以不同方式接触它们，也常通过透气口，观察小白兔勤快地啃食萝卜，看小鸡叽叽喳喳地簇拥在妈妈身旁，欣赏小水鸭快乐地在水中游弋，凝视陶瓮中小金鱼曼妙婀娜的逡游，纯稚心灵深受大自然生命奥妙的感动。与栽培园不同的是，小动物屋舍需要更多大人的管理。小动物屋舍的布置应注意：

1. 小动物屋舍的设置，需有独立的空间，并以栅栏区隔，经费足够可设立小屋，以供小动物遮风避雨。

2. 小动物屋舍的位置，最好接近大人区或厨房边，以便由教职工参与对小动物的照料。

3. 小动物的饲养，大的如小鸡、小鸭、小猫、小狗、小白兔等，小的如小鸟、金鱼、蚕宝宝、蝌蚪等，可依课程之需或幼儿的兴趣选择。如无携带问题，也可利用假日让幼儿轮流带回家照顾。

4. 小动物屋舍的清洁，因动物的排泄粪便不少，应定时清理，屋舍铺面应用易于清洗之材质，屋舍邻近水龙头，并有排水沟，以利小动物粪便之清理。

第四章

大人区与附属设施的设置

每一所学校都是独一无二的,家具、装修和设备随着教育哲学和教师喜好的不同而变化。学校应以教师、学生和其他利益团体来寻求投入,以确保行政、教学和支援空间能设计和装配到所需的家具、装修和设备[Each school is unique, and the furniture, fixtures and equipment (FF&E) varies as the educational philosophy and staff preferences differ. Schools should seek input from staff, students and other interested groups to ensure that administrative, instructional and support spaces are designed and equipped with the desired FF&E]。

学校所选择的家具、装修和设备好像是拼图的最后一片:正确的选择能增进空间的舒适度、功能和美感(The furnishings, fixtures and equipment a school selects become the final piece in the puzzle: the right choices can provide the comfort, function and aesthetics that enhance the space)。

——J. Rydeen and P. Erickson

幼儿园室内外环境,除直接与幼儿学习、游戏、活动有关的活动室、游戏室、运动游戏场和园庭之外,还有与幼儿的学习和生活有间接相关的大人区,包括园长和教职员使用的空间,主要有行政室、保健室、观察室和家接区。

此外,幼儿园中有许多"附属"于园舍、园庭或运动游戏场所的建筑与设备,有的搭配起来设立,有的单独兴建,其目的在辅助或促进幼儿园建筑"主体"发挥其最大的功能,其种类数量细琐繁多,约可分为两类:(1)附属建筑——包括园门、寝室、餐厅、走廊、楼梯、地下室、厕所、洗手台等等。(2)附属设备——包括课桌椅、揭示板、储藏柜、饮水器、图书设备、避难设备等等。(3)教具器材——包括教具、器材、蒙特梭利的教具和福禄贝尔的恩物。

本章将就大人区的设置、附属建筑的设置、附属设备的设置和器材玩具的购置等四层面,分别探讨。

第一节
大人区的设置

幼儿园大人（包括园长和教职员）使用的空间，与幼儿的学习和生活关系较为密切的有：行政室、保健室、观察室和家接区，兹分别就其设置上应注意的事项，作一简略的说明。

一　行政室

行政室包括园长室和教职员办公室，是幼儿园行政服务、公文处理、课程安排、教学研究、活动设计、集会议事、家长接待或教师休息的场所。行政室的设置应注意：

（一）园长室和教职员办公室，一般应设于对室外运动游戏场、园庭和全园状况能一目了然的位置上，以发挥幼儿园大人对园童游戏、学习和生活的督导责任。

（二）园长室可单独设置，或合并设置于办公室内。单独设置的园长室，应介于幼儿园出入口处或门厅以及教师办公室之间，以利园内外的行政服务和联系。

（三）教职员办公室，兼教学研究室之用，可集中设置于园长室与幼儿活动室之间，以利行政联系和教学研究；或分散设置于活动室内，亦可于两间教室之间设置一间教师办公室，以利教师就近督导、观察幼儿活动。

（四）教职员办公室的面积，每位教职员以 4 m² 为基准，包括一套桌椅和橱柜（西日本工高建筑联盟，1990）。如包括电脑、办公机件、会议桌椅和生活休憩设备，每位教师至少 5 m²。

（五）教职员办公室之设备，包括：1. 教师和行政人员每人一套桌椅和橱柜。2. 每间办公室至少一台电脑，如经费许可，每位教师和行政人员以配置一台电脑为理想。3. 办公机件，如影印机（油印机）、传真机、电话、广播器等。4. 会议桌椅一套，6 至 8 人座，供会议和教学研究用。5. 生活休憩设备，如沙发、电视、冰箱、微波炉、音响、洗手台等。

二　保健室

　　幼儿园的保健室负有定期健康检查、受伤或急病看护的功能,以因应幼儿成长快速、活泼好动,身体时有健康状况之需。保健室的设置应注意:

　　(一)保健室的设置,可单独设置,亦可附设于办公室内,其位置应设在一楼门厅附近或设于幼儿园大门入口处,并邻近幼儿最容易受伤的场所(如游戏室和室外运动场),同时考虑救护车便捷进出,以利急诊和孩童健康问题的紧急处理。

　　(二)保健室的情境,应为一安静、整洁、明亮、通风、舒适、安全的地方,让家长和园童都有安全感和信赖感。

　　(三)保健室的面积,至少要有 20 m² 以上,并依班级数增加疗养床位,通常 1至 2 班为一床,3 至 4 班为两床,5 至 6 班为三床,亦即每两班增一疗养床位,每一床位 0.72 m²(60 cm×120 cm)(西日本工高建筑联盟,1990)。

　　(四)保健室的设备,最好有空调设备,此外还应设计护理台、体检仪器(体重计、身高计)、药品柜、卡片柜、办公桌椅、疗养床、洗手台等,并注意药品和医疗器材,须放置在孩童无法摸到的地方,以免危险。保健室的配置,请参阅图 4-1。

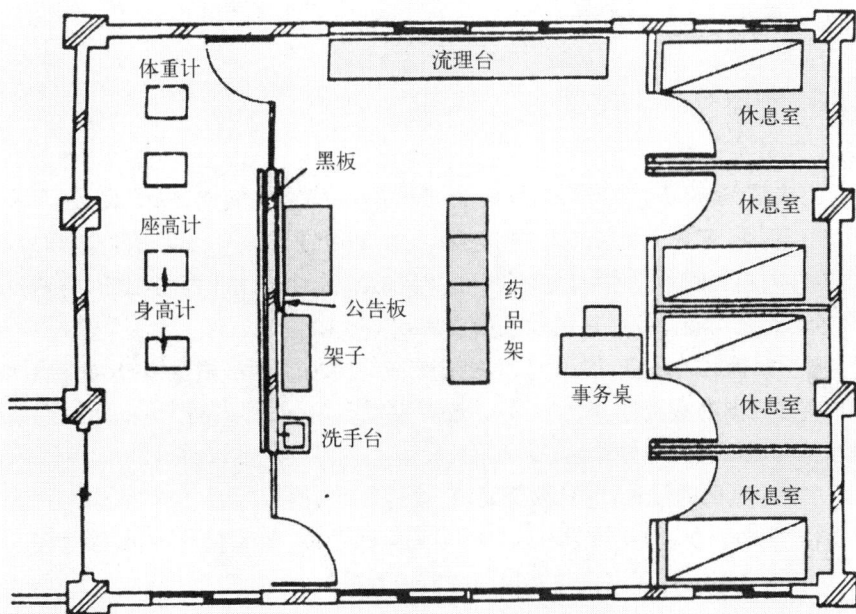

图 4-1　保健室及医务室配置参考图

资料来源:《幼稚园设备标准》,教育部国民教育司,1989,第 35 页。

三 观察室

观察可以进一步了解幼儿的学习、生活、个性、情绪等状况，以利教学改进、团体辅导、个案研究和安全督导。观察室的设置应注意：

（一）观察室的观察，应为隐蔽且单向性的，观察者可以看见幼儿的各类活动，但是幼儿无法看见观察者，因此大人进出之通道应与幼儿进出的通道隔开，以免幼儿因知有人观察而表现出不一样的行为。

（二）观察室的设计，可分别采用单向观察及闭路电视观察两种形式，闭路电视观察室可以单独设置，单向观察室则附设于教学活动室旁，采用包厢观察方式（教育部国民教育司，1989）。

（三）观察室的空间，并入教师办公室设计，较省空间，惟使用时应避免与教师日常的教学研究活动冲突；如单独设置，则至少应有 6 m^2 之面积，以能容纳 2 人观察及设置 1 套桌椅为原则。

（四）观察室的设备，应有：1. 单面透视镜，并注意视窗的自然设计。2. 遮光布幕，尤其与教师办公室合并设计时，应特别注意非观察期间，遮光布幕要妥适安置。3. 隔音设备，以免产生音响，引起幼儿注意或妨碍幼儿活动。4. 设置桌椅，以利观察者长时间观察和记录。

四 家接区

"家接区"是家长接送幼儿、同时也是园所接待家长的地方（黄世钰，1999）。幼儿教育阶段，家长对幼儿的学习、健康、生活和习性极为关切，也有许多教育、保育和养育的相关问题想了解，家接区可以满足家长对幼教的询问、双向沟通及便利接送幼儿之功能。家接区的设置应注意：

（一）家接区的位置，如：1. 室内接待室，可独立设置、附设于办公室或园长室内，或并入图书室设计，如空间不足也可设置于门厅、廊道间。2. 室外家接区，设于园门口附近，另辟停车区，以利家长交通工具停放及接送幼儿。

（二）家接区的设计，应具温馨简洁、接待休憩、信息沟通之功能，因此可提供幼儿园的活动计划、幼儿的学习成果展示和生活照片、亲职教育期刊，以及各县市提供的各项亲职教育资讯或与其规划活动相互搭配。

（三）家接区的空间，并入行政区或图书室设计者，以至少 6 m^2 为原则（约沙发和书报期刊架之设置空间）。独立的接待室，至少 20 m^2 以上，以能容纳一套 L

型沙发(5 人座)、4 至 6 人座的桌子、一个书报架和一台饮水机为原则。

(四)室外家接区的设备,以能遮风避雨并作布告壁饰形态规划,及设置夜间照明;如园区前庭空间足够,可设置园桌椅,并依实需加遮阳(雨)棚。室内接待室,提供温馨的候接桌椅(5 人座沙发),自由取用的茶水(一台饮水机),开架式的书报和亲职教育期刊(一个书报架),丰富的幼儿成果展或生活照片(一面公布栏),可使零碎的等待时间,充满知性之旅;家长逾时接送之幼儿,室内接待室如有一温馨的儿童角,让幼儿暂憩,也可减少家长到园前之焦虑。

第二节
附属建筑的设置

幼儿园附属建筑与幼儿的学习和生活关系较为密切的有:园门、寝室、餐厅、走廊、楼梯、地下室、厕所和洗手台,兹分别就其设置上应注意的事项,作一简略的说明。

一　园门

园门是幼儿园的入口与标志,不仅是一个区域界限的象征,也是一所幼儿园的精神表征,还具有便捷出入和保安的作用。园门的设置应注意:

(一)园门应有适当的高度和宽度,造型宜活泼、开朗而大方,使幼儿喜欢到园学习,大门材料可用钢铁或木材等,门的颜色以鲜艳之暖色为宜,且须经常油漆,以保美观。

(二)园门应与围墙整体设计兴建,围墙用于围护幼儿园的边界,当幼儿园临街或公共绿地时,宜用通透的铁栅栏围墙,其上可点缀小动物、花卉等花饰,以增添童心趣味,并为城市街景增色;当幼儿园与其他单位或民宅毗邻时,宜采用上透下实的围墙,以隔离为主要目的,防止外界干扰(黎志涛,1996)。

(三)园门入口处,宜设置接待室或等待空间,以接待访客,或便利父母等待接送园童。

(四)通园道路,务必与服务性通道、服务性空间(如物品和燃料搬运、垃圾处理、送餐等通道)分离。同时,也必须避免与汽车所经的路线交叉,特别是幼儿园娃娃车的通道,必须要明确地区分出来(李政隆,1987)。

(五)园门应依实际需要设置对讲机、门灯、门牌及邮箱。

二 寝室

全日制幼儿园内必须设置寝室,供幼儿午间休息之用,午睡的时间,以 1 至 2 小时为适宜。寝室的设置应注意:

(一)寝室最好配置在教室的近侧,必要时,须安放简单的床铺,并须设置收藏被褥类的柜橱。此外,更须备有两三面可移动的隔间屏风,以便隔成小型的卧室。

(二)无法设置寝室时,可将床铺安置在活动室,惟须设有附属室或凹入的墙壁空间,以保管床铺及寝具(黄永材译,1982)。

(三)寝室应安装纱窗纱门以防蚊蚋传染疾病,并注意保持干燥、空气流通,光线柔和。

(四)幼儿卧床其长度为 120 cm,宽度 75 cm,高度(床面距离地面)30 cm,并保有 1.1 m² 之室内面积,每排之床间距离至少 60 cm,寝具一人一套。

(五)幼儿园寝室安全检查重点:

1. 应随时检视床位或通铺有无危险物品,床面或地板有无破损情形。

2. 内务柜之开关门是否正常良好。

3. 切勿堆放杂物或堆高物品。

4. 通风或空调设备良好,空调设备须定期保养。

5. 寝室须定期消毒,寝具亦须定期消毒或曝晒。

三 餐厅

餐厅是为全日制幼儿园师生提供午餐或点心之场所,一般幼儿园若空间不足,可以活动室兼用之。餐厅和备餐室(包括厨房、配餐室及储藏室)之关系密切,值得一并探讨。餐厅的设置应注意(李政隆,1987):

(一)餐厅以能容纳全园幼儿使用餐点为佳,应与厕所及其他不洁处所隔离,慎防昆虫、老鼠、猫狗的侵入,并有纱门、纱窗,良好的采光和通风,以确保清洁卫生。

(二)厨房,应有足够提供全园食物的现代化储存及给食设备,厨房内的容器、餐具、餐橱应使用一体成型之不锈钢材质,购用合成塑胶砧板两块,以利生、熟食物分开切用,购置高温消毒柜,以便消毒各项餐具及容器;墙壁、支柱距离地面 1 m

以内之部分应铺设白瓷砖、漆浅色油漆；地板应使用不透水、易洗、不纳垢之材料铺设，并设"有盖污物桶"及"有盖厨余桶"；楼板或天花板应为白色或浅色，表面平滑、易于清洗；厨房四周地面应保持整洁，空地应酌予铺水泥或植草皮以防灰尘。

（三）厨房的位置，应尽可能设置在幼儿活动教室的下风方向，联系应方便，厨房的出入口与主体建筑的出入口距离不得超过 20 m，在冬季严寒的北方应采用暖连廊，南方也要用防风雨、敞廊连通，连廊地面不应有台阶，若有高差宜做坡道，便于送餐车通行。采光方面，一般作业场所 100 Lux，调理台则需有 200 Lux；排水方面，厨房应有完整畅通之排水系统，为了解决室内平顶的蒸气凝结水下滴，可将平顶做成弧形或人字形，使凝结水珠沿天棚顺流而不致垂直滴下，地面则应有排水坡度（1％至 1.5％）和地漏，并在室内周围设排水沟，以便于及时排除地面水；此外，厨房应有专用对外出入口，便于货运通道与幼儿通道分开（黎志涛，1996）。

（四）配餐室，应设有餐车置放空间，餐车搬运途中，应注意餐食、点心的良好保温，并防止食物、餐具的污染，以及避免危险、意外的发生。

（五）储藏室，贮存食品材料，如肉、鱼、蔬果等，须邻近厨房，以利随时取用（李政隆，1987）。电冰箱，冷藏力应保持在摄氏 7 度以下，冷冻力则在－18 度以下。冷冻、冷藏设备要设有温度指示器，定期除霜并保持清洁。

（六）上下楼的垂直运输，最好在适当位置设置食梯，以减少人工繁重劳动。食梯的位置，通常：1. 位于厨房的备餐间内：适用于幼儿厨房在主体建筑内；2. 位于幼儿生活用房的公共交通空间内，适用于幼儿厨房毗邻或脱离主体建筑（黎志涛，1996）。

⬡四　走廊

幼儿园建筑的交通系统主要包括门厅、走廊、楼梯，走廊是幼儿往来、休闲、活动常用之地方。走廊的设置应注意：

（一）校舍建筑的形式和走廊的位置、宽窄有密切的相关。在一字形的建筑里，活动室门前应有较宽的走廊，其宽度约为 2.7 m 至 3.4 m 之间；相邻教室愈多，走廊宜愈宽。

（二）走廊的形式主要有外廊和中廊。中廊，在幼儿园不宜采用，因为中廊两侧的教室通风和采光较差，并相互干扰。外廊，仅一侧有教室，采光、通风均较中廊为好，惟应注意外廊所连接的教室不宜过多，以免人流经过走廊，易对室内产生干扰。

（三）活动室走廊宜设于南向，可遮蔽阳光，如果加宽南外廊，可成为理想的半室外活动空间，其宽度可根据需要加宽，惟需注意宽度过大时，将影响室内的采光，改善策略是将外廊的屋顶改为玻璃顶或采光罩。

（四）走廊地面应比室内低 2 cm，并坡向外以便及时排除地面积水（黎志涛，1996）。走廊栏杆，如为漏空设计，避免采用横线条（幼儿易攀爬），宜采竖线条，且净间距不能大于 11 cm（黎志涛，2002）。

（五）走廊以能通达各楼梯及全幢建筑为佳，将连接活动室的走廊加宽，使之成为幼儿的活动空间，或将群集式活动室走廊空间集中成为中庭大厅，还可兼具集合、展示之功能。

（六）为利行动不便者行走之便利，走廊应加装足供支撑身体之扶手，走廊两侧电灯开关应设置于撑柱的内侧，走廊撑柱最好砌成圆形，以利幼儿安全。

五　楼梯

走廊是园舍的横向通道，楼梯则为园舍的纵向通道。根据教育部国民教育司（1989）《幼稚园设备标准》之规定，园舍之设计，所有建物以平房为原则，如为楼房，则以两楼为限。惟都市地区的幼儿园，基于园地的有效运用，仍有三楼（或以上）之建筑，因此，楼梯的设置有其重要性。楼梯的设置应注意：

（一）楼梯之宽度至少要有 1.8 m，且宽度配合建筑物之走廊，以不小于走廊为宜。

（二）楼梯之斜度约 30°左右，梯阶之深度约为 26 cm，梯阶之高度不得超过 14 cm。梯阶最好分为两或三段，且每段中间设阶台。

（三）楼梯之扶手以高 52 cm 至 68 cm 为宜，扶手栏杆除栏杆不设置横条外，纵条间隙不可超过 12 cm。为防范幼儿发生意外伤害，扶手外侧应加质料坚固之绳网。

（四）阶梯面之材料避免以太光滑或太硬之建筑材料铺设之。如果建地广大，可于楼梯旁加建安全滑梯，作为防火、防震时能及时疏散的辅助设备。

六　地下室

幼儿园的地下室可作为防空室、储藏室、工人用室等用途。地下室的设置应注意：

（一）每 0.75 m² 以容纳 1 人为标准，装置固定设备或设置无法随时搬动之机器等物品,不得超过总面积的 1/4。

（二）地下室天花板高度或地板至梁底之高度不得小于 2.1 m。如设半地下室,其露出地面部分应小于天花板高度的 1/2。

（三）地下室装置良好通风设备,并严防漏水、积水、渗水之情形。

（四）地下室的出口必须有两个门,一个门直通室外,另一个连接走廊通道(教育部国民教育司,1989)。

（五）依建筑技术规则第 172 条之规定,供行动不便者使用之避难层出入口,其净宽度不得小于 80 cm,且地板应顺平,以利轮椅通行(詹氏书局,1999)。

七　厕所

幼儿如厕是"基本习惯"的养成,也是幼儿教育的一环,以近便、安全、卫生为原则。厕所的设置应注意:

（一）幼儿园厕所宜附设于活动室内,采套房式,或设于两间活动室之中间,以利幼儿近便使用以及教师就近督导。

（二）幼儿园三班以下,平均每 10 至 15 人应有一大便器,男童每 20 人一小便器;园内人数超过三班时,应依上列标准按比例增加。日本文部省《幼稚园设置基准》规定厕所最少便器具数,如表 4-1 所示,可供我国幼儿园规划参考。

表 4-1　日本幼儿园的厕所最少便器具数

区　分	79 人以下	80—239 人	240 人以上
大便器具数 小便器具数	$\dfrac{\text{幼儿数}}{20}$	$4+\dfrac{\text{幼儿数}-80}{30}$	$10+\dfrac{\text{幼儿数}-240}{40}$

资料来源:《新建筑设计ノート:幼稚园・保育所》,西日本工高建筑联盟,1990,第 20 页。

（三）大便器有坐式与蹲式两种,如为坐式,便缸座高离地 3 至 4 岁幼儿为 28 cm 至 30.5 cm,5 至 8 岁幼儿为 30.5 cm 至 38 cm,小便器缘离地最高 35.5 cm (Ruth,2000)。

（四）厕所门以内开为原则,门板要低,高约 120 cm 至 135 cm,可不装锁,但如装锁时,亦以能从外面轻易打开为原则。

（五）5 岁的幼儿不分男女,可使用同一盥洗室的马桶,5 岁前的幼儿马桶不需装门,没有门有助于督导,5 岁的幼儿开始重视私密性,可以装置回弹的窗板式门 (shutter-type doors)(Hildebrand,1991)或以布帘代替。

（六）厕所宜附设莲蓬头和污物清理台，以利处理幼儿失禁与污物问题（崔征国译，1997）。

（七）无障碍厕所，美国纽泽西州要求每间 3—5 岁幼儿活动室应有一个无障碍厕所（包括马桶 1，洗手槽 1）（Association for Children of New Jersey，2002）。

（八）职工厕所，供教职工及外来人员使用，须与幼儿使用的厕所分开，可单独设置在办公室附近；供保育人员使用的厕所可设在活动单元的盥洗室内，其尺寸按成人标准设置，每班一个厕位，必须设门扇（黎志涛，1996）。

八　洗手台

幼儿园洗手台的功能，比国小复杂，除一般的洗手之外，还有配合用餐、点心和午睡之需，而有洗脸、刷牙、漱口之功能。洗手台的设置应注意：

（一）洗手台的高度以 50 cm 为宜，每一水龙头幼儿使用宽度为 51 cm，水台缘内侧使用净深 35 cm，缘边厚 8 cm。

（二）洗手台应装置整容镜，每 10 至 15 人应有一水龙头，并在适当的地方设置毛巾架及放置梳子、牙膏、牙刷和漱口杯之设备或并入盥洗室整体设计。

（三）水龙头采横柄设计为佳，每座洗手台设置"出水"龙头一个以供清洁，余设置"喷雾"（省水 90％）、"放射状"（省水 80％）或"起泡状"（省水 65％）之节水龙头以供洗手，不仅较易使用且符合环保节约用水（汤志民，2000）。如果经费许可，可设置红外线感应水龙头，亦可有效节水。

第三节
附属设备的设置

有关积极学习环境的影响有许多论述，但却少有言及家具、装修和设备在创造环境上的重要性（Rydeen & Erickson，2002）。幼儿园附属设备与幼儿的学习和生活关系较为密切的有：桌椅、公布栏、储藏柜、饮水器、图书设备和避难设备，兹分别就其设置上应注意的事项，作一简略的说明。

〈一〉 桌椅

桌椅是与幼儿关系最密切的教学设备,主要用于游戏、工作或就餐。桌椅的设置应注意:

(一)桌椅的数量,一般来说,幼儿园幼儿不需要分配座位(Moran、Stobbe、Baron、Miller & Moir,1992),幼儿也不一定要坐在椅子上,因此并不需要给每一位幼儿一张桌椅(Brewer,2001)。

(二)桌椅的面积,为不影响幼儿的活动游戏,主要家具(桌、椅、柜)所占面积,大班每名幼儿不超过 0.35 m²,小班每名幼儿不超过 0.25 m²(黎志涛,1996)。

(三)桌子的大小,桌子设计应让每名幼儿所占的桌面长度为 50 cm 至 55 cm(即等于前臂加手掌长),宽约 35 cm 至 50 cm,为利幼儿游戏和活动,可使用 4 人桌及 6 人桌,便于桌上玩具能摊得开,且可节省面积,惟因桌面较低,桌下不应设抽屉或横木,以免影响幼儿下肢的自由活动(黎志涛,1996)。

(四)桌椅的高度,幼儿年龄团体的大小不同,桌椅应有不同的高度,表 4-2 是适合不同年龄群幼儿的桌椅尺寸建议值。

表 4-2　适合不同年龄群幼儿的桌椅尺寸

年龄群	椅 高	桌 高
2—3 岁	25 cm	46 cm
4—5 岁	31 cm	51 cm
5—6 岁	36 cm	56 cm
6—8 岁	41 cm	61—76 cm

资料来源:*School for Young Children: Developmentally Appropriate Practices* (2nd ed.), C. H. Wolfgang & M. E. Wolfgang, 1999, p.50.

(五)桌椅的形状,为增加桌子使用的灵活性和活泼感,可订制不同几何形状的桌子(参见图 4-2),配合课程、教学和活动之需,加以组合。Spodek 和 Saracho(1994)认为梯形桌子(trapezoidal tables)非常有弹性,它们可组合及排出许多不同的形状;Olds(2001)认为梯形桌子和马蹄形(horseshoe-shaped table)皆常用且适用,可供不同类型活动。

(六)桌椅的使用,同一张桌子可兼作美劳工作和用餐;特别的桌子,如展示桌可置于娃娃区、家事区和图书区;可堆叠的椅子和桌子,不用时可放在室内的角落

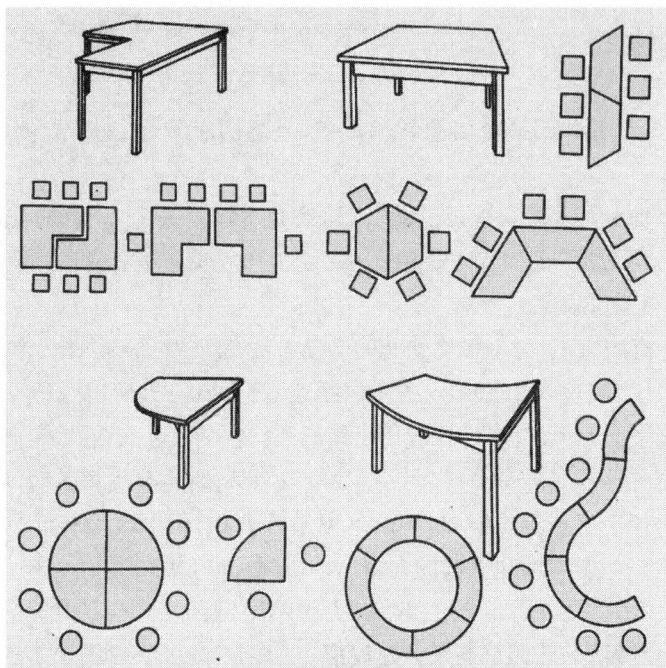

图 4－2　各种几何形状的桌子

资料来源：《新建筑设计ノート：幼稚园・保育所》，西日本工高建筑联盟，1990，第 28 页。

(Spodek & Saracho，1994)。

（七）桌椅的量体，由于椅子要经常搬动，为适应幼儿的体力，其重量不要超过幼儿体重的 1/10，即约 1.5 至 2 公斤（黎志涛，1996）；椅子的造型和色彩可活泼，椅背及椅座则应配合人体工学略呈弧度。

⬡二　公布栏

公布栏(bulletin boards)是一个多目标的教育园地，Spodek 和 Saracho(1994)认为通过公布栏的展示，可反映幼儿现在的兴趣，也可提供教学的机会。公布栏的设置应注意：

（一）公布栏的位置，通常设置于幼儿出入频繁的通道带，如走廊上、楼梯间，或活动室内的出入口处。

（二）公布栏的造型，应依教学的需要作平面或立体的设计，其形状可采正方形、长方形、菱形、圆形、椭圆形、梅花形或六角形等,单一规律或多样变化。

(三) 公布栏的材质,如三合板、蔗板、压克力、磁铁板或绒布板等等,应依其展示物品之需求,选用方便拆卸者,以利随时更换。

(四) 公布栏的运用,以图大字小的形态,用生动的线条,以幼儿喜爱的卡通人物为主角,放在幼儿可以平视的高度,传递有关安全(如:轻轻走、慢慢走)、常规(轻声细语)或认知(如:认识标语牌上的字)等教育信息。此外,练习识字用的揭示板,应有端正清楚的线条,让幼儿领悟字体与偏旁的分解组合,以建立幼儿对字形的架构与概念。

(五) 大人用的公布栏,用以联系行政、教学、教学研讨或轮值工作者,常设于教师办公或休息处;为家长设计的布告区,除在家接区外,也利用园所门墙或另置小型看板的形态,以醒目的标题、鲜明的色彩,传递幼儿学习、亲职活动和教育新知等相关信息(黄世钰,1999)。

三 储藏柜

幼儿园每个地方都应有储藏柜(Vergeront,1987),Robson(1996)即强调创造教室的空间架构(a spatial framework),应考虑资源和设备的使用与储藏才能完成,而品质良好、维护佳且适切的设备,可让幼儿满意地着手和完成工作。如果幼儿努力地想完成一个拼图,却发现最后一片不见了,总是让人失望。储藏柜的重要性和价值,不言而喻。储藏柜的设置应注意:

(一) 储藏柜的种类,依性质、对象、人数和功能可分为:开放式储藏柜和封闭式储藏柜、大人用储藏柜和幼儿用储藏柜、团体用储藏柜和个人用储藏柜、室内储藏柜和室外储藏柜、行政用储藏柜和教学用储藏柜、固定性储藏柜和活动性储藏柜(装轮子)、长期性储藏柜和临时性储藏柜。

(二) 储藏柜的位置,以近便为原则,让相关储藏设备的取用和存放甚为便利,以增加教学和使用的效果。例如,教学用储藏柜,应配置于各学习区,个人用储藏柜(放背包、外套、鞋子和个人用品)(参见图 4 - 3),应设于入园处或教室出入口处,室外游戏器材应贮存于室外储藏柜,以利幼儿就近运用。

(三) 储藏柜的运用,应多功能使用,并考虑储藏物品使用效果与开架性质搭配。例如,多功能使用上,储藏柜除收藏物品之外,还可兼学习区的隔间柜,其台面及背面还可兼作展示柜,陈列幼儿学习成果及作品。其次,储藏使用与开架性质的搭配上,开放式储藏柜应注意:1. 教具取用的方便性——不同年龄的幼儿,身体尺寸不同,自制能力不同,操作灵巧度也不同,储藏柜的设计在高度、大小、操

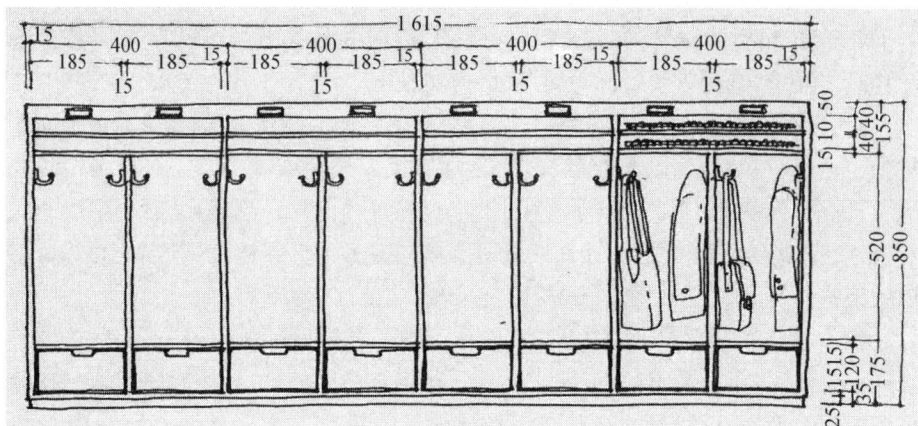

单位：mm

图 4-3　4—5 岁幼儿用之储藏柜

资料来源：《保育园·幼稚园》，建筑思潮研究所，1985，第 19 页。

作方式（如抽屉式、拉门式、托盘式）等应特别注意；2. 教具陈列的明显程度与次序性——不同学习场合或角落的教具有其本身特性，有的采开架式最易达到学习效果，有的特别注重次序，要求幼儿在操作时学习整齐排列，此类储藏较常采用矮柜及多功能形式储藏架，甚至以空心砖及木板即可堆成不同大小的储藏架。此外，封闭式储藏柜，系收藏季节性使用的物品，重复备用的教具，不可让孩子随意取得的危险性物品等，在空间充裕的幼儿园，多另辟储藏室或教具室来收藏，在空间狭小的幼儿园则利用离地较高的橱柜或是上锁的橱柜来收存（朱沛亭，1993）。

（四）储藏柜的数量，应依实需设置，以因应团体学习或个人用品之储藏。例如，个人用品，大人和幼儿都需有一个储藏柜，Brewer（2001）即认为每一位儿童都需要有属于其物品的空间，可能是一个小柜子或手提桶一类的。

（五）储藏柜的容器，应多样化，不以铁柜、木柜或塑胶组合柜为限，以符应储藏繁杂物品之功能。例如，透明的塑胶容器（如玻璃杯、半截牛奶瓶、冰箱的制冰容器），可以保存小的、没有包装的器材，且一目了然；其次，蛋盒与银器盘之类的低平容器，在储放小型器材上，甚具效果；此外，有把手的篮子、冰淇淋桶及牛奶箱等，则可用来收藏较大的器材。不过，有一些大的器材（如空心的积木、盒子、水桶、木板等），则不需要容器，可直接置放在地板上。

（六）储藏柜的贮存，应有系统性和安全性之考虑，以增进储藏设备的使用效能和安全维护。例如，物品的归类，系统性的以同性质（防水和不防水、纸类和塑胶类）、大小（大积木和小积木）、功能（工具、文具或玩具）、颜色（红色、蓝色）、图形

(拼图或标示)加以整理;至于行政公文、贵重物品和危险物品之储藏柜,要上锁,以利安全维护。

〈四〉　饮水设备

饮用水的供应,是幼儿园园务行政的重要工作。饮水设备的设置应注意:

(一)饮用水之供应,应注意有充足之水源和优良之水质(水中含氯量在百万分之 0.2 至 1.0 之间;水之酸碱度 pH 值在 7.0 至 8.5 之间;不含病原体、杂质,无色、无臭、硬度适宜),并备有余氯测定器和酸碱度测定器,随时检查(教育部国民教育司,1987)。

(二)每人每日平均用水量,40 至 100 升(小学生约 40 升,幼儿园生可比照),成人约 100 升。蓄水池及屋顶水箱、水塔之总容量应有一日设计用量的2/5以上,但不得超过两日用水量,并注意消防用水与饮用水务必分开,以确保水质的安全新鲜。

(三)用水量计算公式:

$$Q=\frac{(D\times 学生人数)+(D\times 教职员人数)}{1\,000}\times S$$

其中,Q 为一日设计用水量,单位: m³。

D 为每人每日平均用水量。

S 为安全系数 1.3。

此外,水池有效容量=Q×30%,水塔有效容量=Q×10%。

例如,某幼儿园幼儿人数 180 人,教职员工 15 人,则其一日设计用水量:

$$\frac{(40\ m^3\times 180)+(100\ m^3\times 15)}{1\,000}\times 1.3=11.3\ m^3$$

水池有效容量为 3.39 m³ (11.3×30%),水塔有效容量为 1.13 m³ (11.3×10%)。

(四)饮用水设置,应先改善园内水池水塔及管线。水池水塔采钢筋混凝土建造,水箱内墙贴白色瓷砖,水池设置于地下室时,其上方应避开厕所及污水管;水塔高度与用水点高差至少 5 m 以上,才有适当的压力,水塔与用水点的水平距离愈短愈好,自来水塔分接的每一分支管,应设置水阀;管线用不锈钢或铜管等优良管材。

(五)饮用水在管线中逾两日(尤其连续假日,如周休两日),不适合直接饮用,饮水点与原水(处理前的自来水)愈近愈好,亦即处理后的送水管线愈短愈好。水质处理重点在杀菌,因此过滤器愈少愈好,采煮沸法(开水机或锅炉)杀菌最好,终端饮水机(台)可加装流入式紫外线杀菌器。如想饮用冷水,可在一楼试设数处生饮点(台北市政府教育局,1998)。

〈五〉 图书设备

图书室是幼儿园的知识宝库和学习资源所在,也是师生研究进修和休闲的中心。图书设备的设置应注意:

(一)图书室的位置,应尽可能单独设置,规模较小之幼儿园,可与办公室、会议室或视听室合并设计,或于活动室内设置图书区代替之。

(二)图书室的布置,应以活泼、愉快为原则,地板宜铺设地毯等柔软之建材,天花板及墙壁则应有吸音装置,并饰以能缓和情绪效果的色彩与布置。此外,室内照明,以自然采光为主,人工照明为辅,其照明度不得低于 250 Lux。

(三)图书室的空间,以至少能容纳一个班的幼儿同时使用为原则,并视实需辟设办公室、管理台及阅览室。

(四)图书室的建筑,应注意通风、防火、防潮、采光和隔音,书架以钢制最经久耐用,如为木制应注意坚韧,并防虫蛀。

(五)图书资料之选择,应以配合教学活动、有助幼儿身心发展、能充实其生活经验为原则。图书资料之购置,宜以幼儿读物及教师基本参考用书为主。

(六)图书之数量,五班以下之幼儿园,图书总数不得少于 300 册;多于五班之幼儿园,以 300 册为基数,每增一人增两册。教师基本参考用书,每园至少应有二十种(100 册),每增加一人,另增添图书两种。此外,每年图书增加量,最低限度每十人应增添新书一册。

(七)期刊报纸之数量,包括幼儿与教师用,按全园师生数之多寡,订阅杂志三至七种,报纸二至四种。

(八)幼儿图书读物,至少应占全园图书总册数的 2/3,同时顾及幼儿之阅读兴趣与能力,并以图书读物为主,另优良图书应购备复本。

(九)图书资料之整理,应按类别依次排架,幼儿读物可采"简易分类法"——以颜色区分,图书资料之陈列应采开架式。

(十)书架规格,单面三层两格,宽 120 cm,高 105 cm,深度 45 cm,格板高低要能自由调节,每个约可容书 180 册。

(十一)阅览桌椅以木质者为宜,桌面油漆以无光漆为宜,避免光线反射,桌脚、椅脚应钉以橡皮垫,以便移动时不致发出声音妨碍阅览。

（十二）阅览桌椅规格,长方形阅览桌（可坐四人）,桌长 120 cm,桌宽 60 cm,桌高 50 cm;圆形阅览桌,直径 45 cm,桌高 50 cm;梯形阅览桌,上边宽 120 cm,下边宽 60 cm,长 60 cm,高 50 cm。阅览椅,椅宽 30 cm,椅深 26 cm,椅高,地面至椅面 25 cm,椅面至椅背 22 cm。此外,两阅览桌之距离（连椅）不得少于 120 cm 至 150 cm,阅览桌之座位应避免面对光线。

〈六〉 避难设备

幼儿园的避难设备,主要包括警报设备、灭火设备和避难逃生设备,应恪守"宁可百日不用,不可一日不备"的原则,依规定设置,以备不时之需。避难设备的设置应注意:

（一）警报设备,指能报知火灾发生之机械器具或设备,包括:1. 火警报警设备,如报警机、警铃、警示灯,应依规定装置且功能良好。2. 紧急广播设备,应依规定装置且效果良好,并注意紧急电源供电正常。3. 紧急照明设备,应装置在避难的通道上,以利避难之疏解。

（二）灭火设备,包括:1. 消防栓设备,如消防水源设备、水泵、马达、操作盘、消防栓箱、消防栓水口等,应依规定装置,且各部分功能良好。2. 灭火器,每层楼地板面积 200 m² 以下者,配置两具,超过 200 m² 者,每增加（包括未满）200 m² 增设一具。其次,灭火器应固定放置于取用方便之明显处所,漆以红色或红白条相间条纹,并标明灭火器字样、出厂（装药）日期、有效期限、适用火气灭火效能值及使用方法等。第三,悬挂于墙上或放置灭火器箱中之灭火器,其上端与楼地板面之距离,18 公斤以上者不得超过 1 m,18 公斤以下者不得超过 1.5 m。此外,自动灭火器应挂于被防护物正上方。

（三）避难逃生设备,指火灾发生时为避难而使用之器具、标示或逃生设备,设置上应注意:1. 标示设备,包括出口标示灯、避难方向指示灯（标）及严禁烟火标志,应能亮灯指示。2. 避难器具,止滑台、避难梯、避难桥、救助袋、缓降机、避难绳索、滑竿及其他避难器具,幼儿园教学楼地板面积 500 m² 以下,至少应设两具,每增加 500 m²,加设 1 具。3. 逃生设备,如安全门,应为防火构造,且不可改造为普通门,并注意不能擅自加锁,妨碍紧急逃生,且其上方出口标示灯应能亮灯指示。此外,安全梯间与紧急逃生通道上,应依规定装置紧急照明灯,并注意不能堆积物品,或其他妨碍紧急逃生事物,或另作其他用途;且应在适当处所,装置避难方向指示灯,以利紧急避难。

第四节
教具器材的购置

　　幼儿园的附属设施,除前述的附属建筑与设备之外,学习环境中还配置许多"教具""设备""器材"和"供应品"用以增进教学环境品质,提升教学效果。其中,"教具"(educational materials)是指为达成教育目标、增进教师教学和幼儿学习效果之器材与设备;"设备"(equipment)系指幼儿设施中大而贵、且长期投资的物体,包括固定的设施——如家具、垫子、沙箱;会活动的物件——如画架、攀爬架、旋转球、乘骑游具、秋千等,是孩子在教育性活动时可以使用的;"器材"(materials)系指幼儿课程中经常更换补充、较小而便宜的东西,包括用完即丢的物件——如劳作纸、沙、蜡笔;非用完即丢的物件——如积木、球、拼图、书本、益智玩具和玩具等,孩子在教育性活动时可用手操作的物件;至于"供应品"(supplies)则是指消耗品,如颜料、纸张、胶水、胶带等。

　　幼儿园的教具和器材,因课程、教学和幼儿的年龄、兴趣和能力需求之不同,在选择购置上,需有许多不同的思考。本节拟就教具制作和运用、幼教器材的选择、蒙特梭利的教具和福禄贝尔的恩物四部分,分别探讨介绍。

一　教具制作和运用

　　教具是教学的辅助器材,具有引导学习方向、示范学习内容、激发学习兴趣、启发学习思考、了解学习概念之功能。蔡延治(1991)在《幼儿教具之制作与应用》一书中,首先界定"教具"是"在教学的过程中,教师和儿童所使用的一切有助于达成教学目标的工具"(第2页),并对教具的形式、教具设计制作原则、教具设计制作流程、教具的运用与管理有精辟的说明,甚值参考,特要述如下:

(一)教具的形式

　　1. 实物:实地参观或将实物携至教室内示范,如参观动物园、飞机场或在教室养蚕宝宝、蝌蚪,让幼儿能亲身体会真实事物的形态,如蚕宝宝是软软的,它吃桑叶好快;蝌蚪是滑滑的,常停聚在池塘边。

2. 标本：无法带幼儿到实地参观或无法带实物到教室时，只好退而求其次，用标本了。如动物标本（鸡、鸟、鱼、青蛙等）、植物标本（花、草、树、蕨类等）、矿物标本（火山岩、页岩等）。

3. 模型：此为实物的复制品，可将实物放大或缩小，如牙齿模型、建筑模型、飞机模型、心脏模型等都是幼儿教学活动中经常使用的教具。

4. 影片：虽然它无法让幼儿摸到或尝到那些东西，但是通过影片内容，幼儿可以看到实物的动作和生态，如马的一生、荷花的生长等。

5. 幻灯片：从幻灯片中，我们无法看到生物的动作或生活状态，却可以清楚地看到其外形及色泽。

6. 照片：可将报纸杂志或月历上的照片展示给幼儿观看，提供视觉的资讯，如中国建筑、山水、器皿。

7. 画图：这是一种较不实际却十分方便的方式，老师可依需要随时画给幼儿看，这在幼教工作中十分重要，因此大多数幼教老师都必须经过绘画训练。

8. 其他：包括各种揭示板（绒布板、磁铁板、软木板）、卡片、益智教具、剧偶……及各种课程所需教具。此类教具多配合教学的需要，由教师自制。

（二）教具设计制作原则

1. 实用性：在设计与制作教具时，首先应考虑此份教具是否实用。如果制作的教具只能使用一次，或不能深具教学意义，那么教师所耗费的时间和精力就十分不值得。

2. 趣味性："教具"虽是教学辅助器材，但亦应以能吸引幼儿注意力、引发幼儿学习兴趣为要旨。它可以在游戏中暗藏教育内涵，但游戏规则或教具本身应有儿童能接受的趣味，如："旅行游戏"是老少皆宜的教具，可训练观察力、应变力及逻辑推理能力，旅行途中会有许多突发事情，随时改变行进速度。

3. 安全性：教具不仅是教师教学上的辅助，更重要的是让幼儿亲自操作。如果教具隐藏某些安全上的问题，将给儿童带来伤害，这绝不是教师们想见到的。自制教具除了各种边、角需磨圆磨滑外，必要时宜加保护，如透明胶带、亮光漆等，保护教具也保护幼儿。

4. 精确性：若是属于测量或比较方面的教具，应注意精确性，如：天平、秤子、尺、计算棒、重量板、听筒及序列性教具等，以免幼儿获得错误的资讯。

5. 精致性：文明经验的累积使我们逐渐走向精致文化的层面，我们希望幼儿也能从小接触文化中精致的一面。教具颜色的选择及搭配宜柔和，形态及图案宜活泼可爱，教具大小及长宽之视觉比例宜舒适；此外，材质之选择、文字的撰写是否工整，边角是否整齐、教具贮藏盒是否合宜等均应考虑,即使是小地方都不可随便。

6. 多元性:观察一位优秀的幼教老师可发现,他最佳的能力便是能随手取物作为教学辅助。大多数的教具,除了原设计时的主要目标外,往往具有次要目标,可促进幼儿的其他发展,设计教具时,不妨多做思考,以求变化。

（三）教具设计制作流程

1. 研究教材,确定目标:研究有关教学单元的教材,确定主要之教学目标。

2. 构思决定教具形式:分析何种教具最适合本教学单元使用,并依幼儿的需要(年龄、能力、人数)及兴趣,设计能吸引幼儿兴趣之形式,如:大富翁式、寻宝式、宾果式、迷宫式、配对式、转盘式。

3. 选择材料:可考虑此份教具之使用率、呈现方式、幼儿人数、贮藏及费用,再决定采用何种材料来制作教具。

4. 制作教具:制作时宜注意安全,配件不宜太多,游戏时使用不宜太复杂,大小尺寸可视年龄而定。

5. 试教及改进:每份教具完成前应先给幼儿试用,观察是否有缺失,以便修改。

6. 撰写教具卡:教具卡的内容,应包括:(1) 教具名称;(2) 适用年龄;(3) 适用人数;(4) 目的(或目标);(5) 说明;(6) 材料;(7) 制作过程;(8) 玩法;(9) 评量;(10) 注意事项。

7. 选择适合之教具盒:教具完成后最好能用盒子装好,盒子以方形、由上方开盖者为佳,以方便幼儿自己取用。

（四）教具的运用与管理

1. 教具运用的原则

(1) 使用教具时需考虑教学形态及参与活动的幼儿人数,依所需选择最恰当的教具。

(2) 使用教具要注意变化,不要只使用一两种教具。幼儿的学习需不断重复,因此,任一种概念都需要重复呈现,使用的教具就需要多种层次及多元性的变化。

(3) 必须示范正确使用方式,并教导幼儿操作。有些教具有一定的操作步骤及方式(如蒙氏教具),操作此类教具时,教师应注意示范的过程。

(4) 不宜一次呈现太多种类的教具,以免幼儿因对教具印象不够深刻而失去兴趣。最好一次一种,当幼儿的操作及学习达到教学目标时,再呈现另一份教具。

(5) 不要求幼儿在操作过程中有一致的反应,因每位幼儿均有其个别差异。

（6）应给幼儿充裕的操作时间，避免催促幼儿完成。

（7）若为合作式教具，应事前教幼儿游戏规则或轮流的方法。

2. 教具的陈列与储藏

（1）教具盒：教具或教材应贮存在附有内容物标签或图示的容器内，以便幼儿取拿及教师叠放贮存。

（2）分类及编号：每份教具均应分类编号，分类方式可依学习领域，或教学形态，或制作材料或依自己的习惯，同类的教具应放在同一角落或柜架上，以方便幼儿记忆教具的位置。

（3）粘贴标记：为了帮助幼儿了解教具的位置，可在放置架上粘贴标记，如：不同颜色的小圆圈、卡通图案的小贴纸、教具图案、附图的文字卡等。

（4）教具卡：每份教具应在完成后，撰写一份教具卡，以便老师或其他协助教学者参考。

二　幼教器材的选择

幼教器材的种类繁多，幼教器材的选择，很难广泛地深入探究，仅就较重要者，如班级基本的器材设备以及幼教器材的选择原则，加以介绍说明。

（一）班级基本的器材设备

幼教的设备和器材有时很难区辨，Essa(1996)曾以学前班级 16 至 20 名幼儿的教室（含小团体的婴儿或学步儿的教室）为例，就基本的家具、各学习区和室外设备，分别说明其所需的"设备"和"器材"（详如表 4－3），有助于幼教教师购置班级设备和器材规划之参考。

表 4－3　学前班级基本的设备和器材

本表供 16—20 名幼儿的教室（含小团体的婴儿或学步儿的教室）用，但可不受下列设备量的限制：		
	设　　　备	器　　　材
基本家具（件）		懒人椅、枕头
3—4	每张桌子坐 6—8 人（圆桌、方桌或兼有）供餐点和活动	公布栏
24—28	椅子	

	设 备	器 材
1	摇椅	
16—20	小柜子,每名幼儿 1 个,用以储藏个人物品	
装扮游戏区		
1	小桌子	男生和女生的礼服
2—4	椅子	空的食物容器
4	器具	锅、盘套组
1	大镜子	电话
1	熨衣服板	洋娃娃衣服、毛毯
4—6	洋娃娃包括不同人种、团体、两性皆有	装扮游戏配套工具和主题小道具
1	洋娃娃或小儿床	道具
美劳区		
2	画架,两面的	多样的纸张、颜料、色笔、剪刀、胶水、拼贴材料、黏土
1	器材储藏架	
积木区		
1	单元积木组,250—300 块 12 种形状	不同的小道具,包括人、动物、车辆、家具
1	空心积木组	
1	硬纸板积木组	
3—6	大型木制载运工具	
操作区		
1	储藏架及个人储藏箱	丰富多样的拼图、软木塞板、建造构件、玩具、拼镶木工、串珠、乐透和其他益智游戏
知觉区		
1	沙和水桌或深塑胶箱	多样的小道具,如漏斗、水管、量杯、水车、汲水桶、容器、铲子
语言区		
1	书架	丰富多样的书
1	大型绒布板	绒布板故事档案
1	录音机	书写材料
1	木偶剧场	多样的木偶
科学和数学区	动物的家,如水族箱或笼子	丰富多样的自然器材设于环境四周;多样的科学工具,如显微镜、放大镜、磁铁、温度计;多样的数学材料,如属性积木、物品序列日历、计时器;多样的老机械物品用以拆装,如时钟、手表、照相机或锁

设 备		器 材
音乐区		
1	录音机	多样的录音带
1	节奏乐器组	活动用小道具,如围巾或饰带
1	和弦齐特琴	
3—4	音调器,如木琴或铃	
1	乐器储藏柜	
木工区		
1	木工桌附老虎钳	软木片
1	工具组	厚保丽龙板
1	工具储藏柜	多样的钉子、螺丝钉
室外设备	大肌肉设备,可让孩子滑落、攀爬、摆荡、爬行、悬挂、平衡	知觉器材,如细密的沙、可亲近的水(在适当的气候)
8—10	轮车,如三轮车、旅行车、踏板车	可移动的器材,如轮胎、条板箱、硬纸箱球、绳、降落伞
	游戏屋或其他空间,供隐藏或装扮游戏	
婴儿/学步儿班	小儿床或吊床	柔软的玩具
	更衣桌	汽车
	储藏柜、邻近更衣桌储藏柜	彩色展览品
	储藏个人物品,玩具	婴儿长牙时咬的玩具
	学步儿尺寸的桌椅	耐用的书、装扮游戏道具
	垫子、地毯	小积木、窝巢式玩具
	录音机	拖行玩具(装轮子的)
	坐式婴儿车、婴儿车	镜子

注:此一设备和器材建议表,非无遗漏,许多项目可以再增加,以配合课程、幼儿和教师之需求。

资料来源:*Introduction to Early Childhood Education* (2nd ed.),E. Essa,1996,pp. 201—202.

(二)幼教器材的选择原则

Brewer(2001)简单列举教室器材选择的指引:(1)选择用途上具有一种以上体验的器材,单一用途的器材,如装发条的玩具,无法吸引儿童一再使用以及每次以创新的方法使用它。(2)选择可承载许多活动儿童使用的坚固器材。(3)选择可供多种教学目的的器材,如小积木,可用于建构、数数、以色彩分类、摆图案等等。(4)选择能给不同年龄和能力儿童使用的器材,如沙,年幼的儿童喜欢感觉它并一罐一罐地倒来倒去,年长的学前儿童可用沙来比较数量和测量,小学低年级的儿童做更复杂的沙堆游戏。(5)选择安全的器材,部分破损或边缘粗糙的器材则应弃除。

Taylor、Morris 和 Roger(1997)指出婴儿喜欢可以握着、含着和抱着的玩具，学步儿喜欢可以锻炼他们肌肉能力的玩具，学前幼儿喜欢可以让他们有机会练习控制能力的玩具，低年级学童则喜欢可和他人互动、合作的玩具。在选择安全玩具的指引上，Taylor、Morris 和 Roger 建议学前幼儿玩具应该：(1) 非常地坚固耐用以因应学前幼儿的激烈游戏；(2) 无毒性和具有防燃性，以防止儿童中毒或灼、烫伤；(3) 可促进幼儿大肌肉的发展和协调；(4) 可协助幼儿在说话、写字、阅读上的准备度(readiness)；(5) 促进幼儿的想象力和角色扮演的活动；(6) 不具电力，以防止幼儿遭受电击、触电。其次，低年级学童喜欢规则游戏和角色扮演活动，玩具应能激励他们对科学、美劳、音乐、数学、社会研究、阅读和创造上的兴趣，另外低年级学童也喜欢可与同伴一起合作游戏的活动，因此发展上适切性的玩具应为：(1) 此期儿童喜欢具冒险性和需某些技巧的游戏，因此玩具需要具复杂性和可锻炼专注力；(2) 偶尔可以使用一些具有电力的玩具，但是不能过热而导致灼、烫伤；(3) 可以扩展儿童的学校体验，例如种植植物的木桶、玩具打字机、电脑等。(4) 适合于个体的发展以促进其兴趣；(5) 鼓励个人和团体的游戏。

Spodek 和 Saracho(1994)、Spodek 等人(1991)建议选择设备和供应品应注意下列指标：(1) 价格(cost)：所有课程的补助预算皆有限制，因此一个物品通常以其价格来决定是否购置；惟对许多课程而言，价格不是单独被考量的，因为仅看价格易产生误导，有些较便宜的物品其实用性不如较高价物品来得令人满意，较贵的物品往往使用年限较长，长久来看花费较低。无论如何，产品的价格必须和其效益相符。(2) 与学校课程的关系(relationship to the school program)：呈现于目录中的教育设备通常较吸引大人而非儿童，有时候物品可能很有趣但与课程无关，教师应选择会引起儿童兴趣的器材和设备，且能有助于课程的教育目的。(3) 对儿童的适切性(appropriateness for the children)：学习器材应符合幼儿的年龄、学习能力和需求，并判断什么类型的器材在兴趣和发展上适于幼儿。(4) 品质和耐久性(quality and durability)：在判断一件设备的品质时，有许多要考虑的因素，适用于家庭的设备通常并不适于学校，因其并不坚固得足以长久地使用，或它需要太多的督导；其次，每一件设备的设计和建构应考虑儿童团体使用的关系。器材的种类和品质——设备制作的严谨度、零件组合的方式、最后应用的形式——皆有助于决定品质。(5) 安全性：学校设备不应有锐角或突出物，成品应无毒而耐用，对幼儿而言，器材应大到让他们无法吞食，如果是攀爬设备则必须能支撑孩子的重量而不会倒塌。(6) 使用的弹性(flexibility of use)：因预算和场地经常受到限制，所选择的设备应能用于多样的方式和情境，且不必常常收藏。例如,装扮游戏区中,细节少的设备,使用的弹性最大,幼儿的想象可将一个盒子转变为一艘火箭船或一辆敞篷马车;当然,不能忽略设备设计的特定目的。

郑慧英(1996)将幼儿游戏用的器材和设备通称为"玩具",并认为幼儿园和家长为幼儿选择玩具时,应符合三项标准:(1)要符合安全、卫生要求:例如玩具的涂色、原料及填充物要无毒,玩具便于洗晒,不可带尖锐的边角,带声响的玩具声音和谐,避免噪音。(2)要有教育性:首先,玩具应能促进幼儿身体、智力或情感的发展,据许多的经验和研究显示:一物多用、富于变化的玩具,会使幼儿久玩不厌,能多方面地启发幼儿想象力,发展幼儿创造性,使幼儿在玩中得到发展。其次,玩具应适合幼儿发展水准,例如小班幼儿可选择能促进其感知、动作发展的玩具(如大皮球、手推车),选择简单的益智玩具(如套桶、拼图),形象玩具(如娃娃及交通工具)和中小型结构材料及娱乐玩具等,并应以成型玩具为主,玩具品种不必过多,但相同品种的玩具数量一定要多,以免幼儿争抢玩具;中大班幼儿的玩具品种应增多,角色游戏玩具应反映广泛的主题内容,体育玩具、音乐玩具应多样化、复杂化,益智玩具要有一定难度,此外还可设一些未成型玩具,以激发和满足幼儿游戏的创造性。(3)应符合经济原则:首先,为幼儿提供的玩具数量要适当。其次,给幼儿提供的玩具质量要好,经久耐用且便于修理后再用。第三,提倡因地制宜,就地取材,自制玩具,用较低的投资获得较高的效益。第四,在有限的经济条件下,优先配备教育价值高的玩具,则符合既经济又有利于幼儿发展的双重要求。

此外,Essa(1996)也提出器材选择的指标:(1)发展上的适切性(developmentally appropriate);(2)主动性(active);(3)开放性(open-ended);(4)给予回馈(give feed-back);(5)多目的性(multipurpose);(6)安全性和耐久性(safe and durable);(7)吸引力(attractive);(8)非性别的(nonsexist)、非种族的(nonracial);(9)多样性;(10)复式的(duplicate)。在此不再赘述。

White和Coleman(2000)则综合学者专家的意见,对教室器材和设备的选择,提出七项原则,并有详细的说明,其值作为幼教器材选择之参考,兹要述如下:

1. 熟悉性(familiarity)

学年一开始,就先观察幼儿和器材、设备互动的情形。有时候,幼儿可能会以不安全的方式来使用器材及设备,因此对幼儿安全使用器材的指导就应接续进行;也有时候,幼儿会以创新的方法使用器材,教师若能加以强化,将会鼓励幼儿致力于更精巧的运用方法。

2. 耐久性

器材及设备应能禁得起经常使用及幼儿偶尔粗鲁地对待。首先,注意看所有设备及玩具的保证书,如果可能,在购买玩具之前,要先试玩看看;在购买器材及设备前,要先考虑到幼儿的发展。其次,在阅读器材的选择方面,布料及塑胶书等容易清理的,通常是给婴孩或正学步的幼儿使用;学龄前及幼儿园幼儿比一般学龄儿童的责任心较弱,因此大多数的图书会有硬封面,虽然幼儿教室也有软封面的杂志或图书,但这些是有可能被撕破的;另外,教师们也会买一些尺寸较大的图书,这样可以让孩子容易翻阅。

3. 安全性

具耐久性的器材不一定具安全性,例如:一支用木材或钢铁所制成的标枪可能是耐久的,但绝对是不安全的;一个由袜子做成的球可能是安全的,但不耐久。选择安全的器材,必须注意下列几项:

(1) 锐角(corners):一般教室中,有锐角的器材,包括剪刀、尺、铅笔、积木、拼图及硬封面书等。对婴幼儿及学步儿来说,有锐角的器材,需尽量避免或减至最少。大部分这样的器材,在学龄前的幼儿教室里有其需要,但使用时应该小心地督导,或可使用替代品(例如:圆形、塑胶制的剪刀)。即使是低年级的幼儿,也要警告他们误用有锐角器材可能发生的危险。

(2) 表面(surfaces):尽量选择表面平滑的,但也要记着,有些特定结构的表面在刺激幼儿的触觉及提供教室变化上,是必要的。

(3) 油漆:要避免以具毒性漆料制成的玩具及器材,在购买之前要仔细地阅读所有的商标标示,幼儿使用捐赠的漆制品也要小心留意,绝不许幼儿将这些东西放进嘴里。

(4) 尺寸:在幼儿教室中,窒息是必须特别注意的。教师可买一些特别的设备,以检测物品的尺寸是否会造成呼吸道的阻塞。虽然有些小玩具及材料(如蜡笔)是必要的,但有些(如部分可分解的玩具)则是非必要的,教师皆应注意可能造成的窒息问题。

(5) 零件(parts):一般来说,玩具的零件越少越好。如果一个或多个零件损坏或遗失,那么玩具及设备的耐用性及安全性就会减低。例如,当吞食或丢掷损坏物件时,往往会造成危险。在此建议教师们,立即移除那些有零件遗失或损坏的物件,直到修理或更换之后。

4. 尺寸(scale)

器材及设备尺寸应反映出园内幼儿的身高体重,以及他们操弄物品的能力,例如家具应该是幼儿的尺寸（child-sized），才能符合幼儿身体的特征；积木及可移动的设备（例：吊床、垫子）应由轻质材料制成，这样幼儿才能轻易地用手操弄。其次，许多工具也应是幼儿专用的，且能反映出幼儿的能力及兴趣，例如蜡笔及图书应该有多种尺寸，以便训练幼儿的小肌肉运用，而学龄前幼儿比年龄更长的孩子还需要尺寸较大的蜡笔及图书；同样地，一些小型、中型及大型软球可以满足学龄前幼儿的需要；简单的乐器（例如：录放音机、小手鼓、声音罐）适合学龄前幼儿的兴趣及能力，学龄儿童则能善用更复杂的乐器（例如：喇叭、鼓、键盘）。还有，两个尺寸上的考量，包括器材的储存及幼儿作品的展示，例如把教室的器材存放在幼儿视线高度左右的地方，可以让幼儿更容易拿取、收拾，并增强其责任感；而展示幼儿的作品（例如：美劳、写字、写作、模型）也要在幼儿视线高度左右的地方，可以鼓励他们跟别人分享其作品。最后，要确保幼儿能有清晰的视野，应避免厚重的窗户布置，因为这样容易堆积灰尘，并挡住幼儿的视野，同时要考虑屏幕、电脑、灯光及其他视觉刺激物的摆设，把诸如此类的视觉物品降至幼儿视线高度，不但有助于聚集幼儿注意力，并能减轻眼睛的负担。

5. 多样及满足（variety and supply）

多样的器材，能满足幼儿在教室中所表现的个别兴趣，这也挑战了幼儿去做独立的选择，以新奇的方式思考活动，并鼓励他们，同时减短分享时的争吵。尤其重要的是，要包含多种可用完即丢的材料，如劳作纸、颜料、蜡笔、胶水及饰物，学龄前幼儿会使用大量此类耗材，而学龄儿童也会大量使用用完即丢的材料来从事一些精巧的作业。

6. 开放式器材（open-ended materials）

开放式器材包括一些在不同的位置有多种功能的物件。许多用完即丢的材料（例如：劳作纸、沙、碎布、针线、蜡笔等）是开放式的器材，例如幼儿可以在劳作角（manipulative center）用劳作纸做美术拼贴，或在科学角拼地图；沙土可以用来培养数学观念（例如：幼儿使用烧杯测量沙土的量），或探索自然的法则（例如：在沙中滤水，比在土中滤水还快）。其次，非用完即丢的器材及设备（例如：乐高积木、球、垫子、录音带）也有开放性的特质，例如可以在积木角用乐高积木建造建筑物，或在劳作角制作模型；录音带可以用来跳舞，或当作幼儿作曲的解说基础；垫子可以用来打盹，或练习翻滚；彩色的积木可用于建造建筑物、算数及练习分类等等。

7. 教师也是教材（teacher as educational materials）

身为一名教师，必须作为教室教材的延伸部分。例如在准备让幼儿认识新器材上失败的话，将使这些器材被幼儿忽视或误用。有一些可供教师指导幼儿活用教室器材的方法如下：

（1）简易化（facilitation）：配合教室的器材来计划课程，如先前所提的，大部分教师一开始先观察幼儿和器材及设备互动的情形；接着，他们设计在课程中含有普通及新器材的方法，来完成特定的学习目标；最后，教师借着提供指导及标记、提问、指出新发现的机会，注明可能的游戏选择，或导引幼儿的观察，来促进幼儿参与。

（2）扩展性（expansion）：借着提供幼儿选择的机会来扩展其学习。新器材可用于新的活动上，介绍使用熟悉器材的新方法，并帮助幼儿使用新器材，以扩大其对熟悉概念的了解，例如教师可以在幼儿熟悉计算筹码之后，向幼儿演示算盘的功能；或者，可以把彩色小积木从劳作角移到积木角，以扩展幼儿的建筑活动。

（3）辅导（guidance）：在选择器材时，考虑教室的行为管理计划也是很重要的。如先前所提的，有趣并具启发性的适当器材能帮助幼儿集中注意力，如此一来他们才不会觉得厌烦，幼儿对器材的知识会使他们在投入活动时，不需要直接的督导。

（4）演示（demonstrations）：建议教师演示新器材及设备，以确保幼儿能依循安全的规则，同时有助于确保新器材和设备的维护。

（5）共同研究（collaboration）：积极地参与幼儿在学习区的活动，有助于他们感受到合作及分享的价值。如此一来，他们会开始给别人提供建议，观察彼此对器材的使用情形，并询问其他人关于使用器材的问题。

三　蒙特梭利的教具

蒙特梭利教育中，教具最有名，也是最广为人知的幼儿教具。蒙特梭利教具的目的，在于提供幼儿可专注的事物对象，帮助幼儿的自我建构与心智发展，这是一种属于内在的作用；亦即，蒙特梭利教具能够刺激幼儿，引起幼儿的注意，进而带领幼儿进入专注的历程，以帮助幼儿的成长（周逸芬，1994）。以下拟先说明蒙特梭利教具制作的原则，再就蒙特梭利的教学及其教具加以介绍。

（一）蒙特梭利教具制作的原则

为配合单元课程和幼儿个别的成长需要，运用蒙特梭利教育理念的老师必须

具备制作教具的能力,周逸芬(1994)具体说明制作蒙特梭利教具的六项原则,兹要述如下:

1. 性质的孤立化

教具包含许多"性质",例如形状、重量、大小、颜色、粗细等。制作教具时,应先确立一个特定的目标,然后根据此一目标,改变教具的某个单一性质,至于教具的其他性质则维持不变,借以突显此单一性质的变化,此一设计能使幼儿在认知上更为容易。例如,粉红塔的十块积木全部是粉红色,不仅可以避免分散幼儿的注意力,更可借以突显积木大小变化的单一性质;又如六根相同质料与大小的牙刷,只有颜色不同,如此能够使幼儿专注于不同的颜色上。

2. 教具的重量与大小

教具的重量与大小应以幼儿能自由移动、易于抓取为原则。例如,幼儿能够搬得动粉红塔中最大的一块积木。

3. 具有吸引幼儿的特质

以颜色来说,尽量采用能吸引幼儿目光的柔美色彩或亮丽色彩。此外,一件教具的颜色组合,应呈现一致性,例如红色的杯子配红色海绵与红色托盘,不仅可以吸引幼儿的目光,更可以让幼儿一目了然这是同一组教具。以声音而言,在制作教具时,亦可安排清新悦耳的声音,以引起幼儿的兴趣,例如豆子倒入瓷碗悦耳的声音,事实上,许多幼儿就是被此声音所吸引,而一再重复此一倒豆的工作。

4. 由简至繁

教具在设计与使用方法上应由简至繁,例如老师应先以长棒引导幼儿用感官来认识长短的序列,等幼儿熟悉长度的概念后,再以红蓝相间的数棒来向幼儿介绍数量与长度的关系,然后才是简单的加减法,最后则为小型数棒与图表的练习。

5. "步骤"不宜过于繁复

学龄前幼儿虽具有专注的能力,但我们不应以成人的标准去要求幼儿,而应配合幼儿的能力,简化操作教具步骤。如此,才能使幼儿对该项教具产生兴趣与信心,进而不断重复操作而达到专心以至于乐此不疲的境地。反之,若步骤过于冗长而繁复,不仅幼儿的兴趣被磨灭,更有甚者,可能从此不再选择这项教具。

6. 教具的错误订正

教具的错误订正系于教具本身,而不在于教师,这种设计可以让幼儿自行发现自己的错误。以下是几个例子:

(1) 圆柱体教具中的每个圆柱,只能嵌进相合的圆洞之中。

(2) 数字卡的下缘画一条线,以免幼儿正反颠倒而获得错误的知识(参阅图4-4,A)。

(3) 配对卡的背面以各种形状或颜色作为暗号,供幼儿自行核对答案(参阅图4-4,B)。

(4) 音筒教具的圆筒底下,贴上不同颜色与大小的圆为记号,作为幼儿自行核对答案的根据(参阅图4-4,C)。

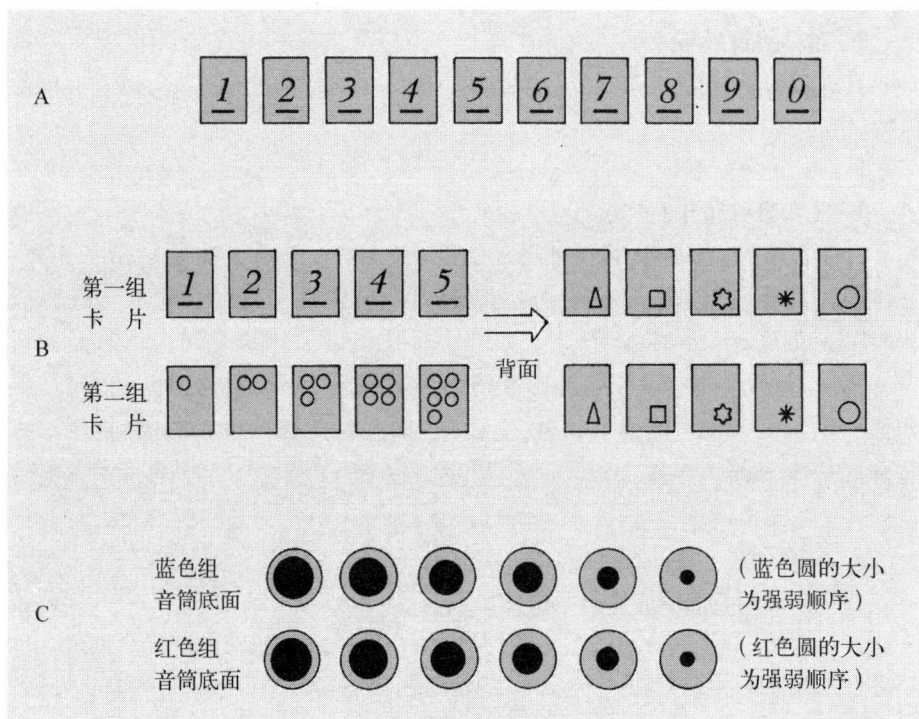

图4-4 蒙特梭利教具的自我校正

资料来源:《蒙特梭利幼儿单元活动设计课程》,周逸芬,1994,第106—107页。

(二)蒙特梭利的教学及其教具

蒙特梭利幼教的教学内容,以教具的种类区分,大致可分为五类,即日常生活练习、感官教育、语文教学、数学教育和自然人文教育。蒙特梭利的教学内容大都是通过教具的正确示范，让儿童亲手操作，儿童在重复的练习与教师的协助下，经由自我教育、自我修正的学习历程，即能建构更高的心智，并培养好习性；若教师的经验丰富，能把握孩子的敏感期或学习兴趣，更可以激发其潜能，发现他们的优势或潜力。蒙特梭利的五大教学内容为（单伟儒，1997）：

1. 日常生活练习

日常生活教育包括基本动作、照顾自己、生活礼仪、维护环境等动作和手眼协调能力，使其适应环境，奠定独立生活的基础，并借此培养儿童的自信、纪律、耐性、专注力以及互助、爱护公物的良好习性。

2. 感官教育

感官教育是提升人类智能建构的基础教育，因为人类的智力必须经由感官吸收资讯后，引发心智活动而产生认知、辨异等思考，进而成为智慧。蒙特梭利的感官教育依教具的类别可分为视觉教育、味觉教育、听觉教育、触觉教育和嗅觉教育，其直接目的是培养幼儿感官的精确敏锐，间接目的则在培养幼儿对事物的观察、比较、判断的习性和能力。

3. 数学教育

蒙特梭利数学教育的内容分为：（1）数学前准备；（2）1至10的认识；（3）十进位 I 及单位名称介绍；（4）连续数；（5）十进位 II 及计算与记忆；（6）四则运算与分数。蒙特梭利主张数学教育应从感官训练着手，养成观察、分析的能力以及专心和遵守秩序的习性后，再借着数学教具和教学活动，并运用序列、配对、分类的教学方法，自然循序地将抽象的符号，通过教具的重复操作，让幼儿获得数和量的概念，再进入四则运算中，培养其逻辑思维的意识。

4. 语文教学

蒙特梭利的语文教学强调掌握幼儿的敏感期，给予充分的听、说、写、读的刺激，因此语文教学的内容包括听觉练习、口语练习、视觉练习、运笔练习以及认字和阅读等，其目的在让幼儿自然习得书写和阅读的能力，进而能传达意念，与人沟通。

5. 自然人文教育

自然人文教育的内容包括自然教育、史地教育、音乐教育、美术教育等。其中囊括了动物学、植物学、天文学、地质学、历史、音乐、绘画等与人类生存环境有关的人、地、事、物等各种知识。目的在培养幼儿对身外事物的了解，建立正确的世界观、宇宙观、人生观，以适应社会环境，进而能维护自然环境，改善社会环境，创造健康美满的人类生活。

蒙特梭利教具是儿童之家中最醒目、最具特色的教学设备。惟种类繁多，大约已达三百多种，至今仍不断在研发中。单伟儒(1997)特将正统蒙特梭利教具以及为配合台湾民情所延伸的本土化教具，依前述的五大教学教具整理如表4－4至4－8，甚具参考价值。

表4－4　日常生活教具

名称		说　明　及　特　色
照顾自己		●衣饰框 包括大纽扣、小纽扣、系带、按扣、安全别针、拉链、皮带扣、鞋纽结、蝴蝶结等。
爱护环境		洗碗盘用刷子、室内用小扫把、鸡毛掸子、抹布、喷雾水壶、海绵、水桶等。
动作协调	抓	五指抓(小皮球)、三指抓(大弹珠)、二指抓(小弹珠)
	倒	倒米、倒水、倒茶
	舀	舀杂粮、舀弹珠
	夹	夹弹珠、夹木珠、衣夹、筷子夹
	挤	挤海绵、针筒移水
	转	转螺丝、转瓶盖、打泡泡
	刺	串珠、穿线板、缝工用纸
	切	刀子、刨刀、砧板

资料来源：《如何经营一所儿童之家？——蒙特梭利园管理手册》，单伟儒，1997，第25页。

表4－5　感官教具

名　称		说　明　及　特　色
视觉教具	●带插座圆柱体组	共分4组，每组由10个大小、粗细不同的木制圆柱体和圆孔组成。 (1)高度一定、直径递减的圆柱体组。 (2)高度递减、直径一定的圆柱体组。 (3)高度、直径递减的圆柱体组。 (4)高度递增、直径递减的圆柱体组。

名 称	说 明 及 特 色
视觉教具	
● 彩色圆柱体组	分红、蓝、黄、绿 4 种颜色,其形状和尺寸均与带插座圆柱体组相同,只是少了握柄和圆孔的插座。每种颜色各有 10 个大小、粗细不同的圆柱体放在同色盖子的木箱中。
● 粉红塔	由 10 个大小不同的粉红色木制立方体构成。
● 棕色梯	由 10 个长度都是 20 cm,而高度则由 10 cm 递减至 1 cm 的长方体组成。
● 长棒	又称红棒,由 10 根红色木棒组成,长度从 10 cm 开始,每隔 10 cm 增加 1 支。
● 色板	共有 3 盒。第 1 盒有红、蓝、黄 3 色,各含 2 枚浓淡色板,合计 6 枚;第 2 盒有红、蓝、黄、绿、橙、紫、灰、粉红、棕 9 色以及黑、白 2 色,各含 2 枚浓淡色板,合计 22 枚;第 3 盒有 9 色,各含 7 枚浓淡序列色板,合计 63 枚。
● 几何图形	包含 32 个不同的几何图形,分别装在 6 个抽屉里。
● 三角形组合	共有 5 盒,包括 1 个三角形盒,2 个长方形盒,1 个大六角形盒以及 1 个小六角形盒;内装有绿、黄、灰、蓝、红各种形状的三角形。
● 单项式	由 6 个漆着红、蓝、黑三色,大小不同的木制立方体及长方体放置在 1 个木盒里组成。
● 二项式	由 8 个漆着红、蓝、黑三色,大小不同的木制立方体及长方体放置在 1 个木盒里组成。
● 三项式	由 11 个漆着红、蓝、黄或黑色,大小不同的木制立方体及长方体放置在 1 个木盒里组成。
● 几何立体组	由 9 个蓝色的基本几何学立体和 9 块投影板组成。
触觉教具	
●触觉板	共分 4 组: (1) 粗糙面(砂纸)和光滑面(木质)各占一半的木板 1 块。 (2) 粗糙面、光滑面交互组合的木板 1 块。 (3) 由 5 级粗糙面组成的木板 1 块。 (4) 由 2 组 5 级粗糙面组成的木板,每 2 块成一对,共 10 块板。
● 温觉板	由木板、金属板、石板、毛毡板各 2 片组成,共 8 片。
● 温觉瓶	由 8 个可辨别温度差异的金属筒,内装热水、温水、冷水、冰水,各 2 瓶。
● 重量板	随质料不同而有相异重量的 3 组重量板,每种 10 片。
● 神秘袋	布制的袋子,里面装着性质相同或相异的各种物品。

名　称		说　明　及　特　色
听觉教具	● 杂音筒	红色、蓝色两个木箱中,各有 6 个木制圆筒,内装不同材料,摇动时可发出强弱程度不同的声音。
	● 音感钟	分控制组、操作组,各 13 个钟,合计 26 个钟,包含 8 个全音,5 个半音。附五线谱、音符盒、钟槌、止音棒等。
嗅觉教具	● 嗅觉筒	两个木箱中,各放 6 个塑胶制的圆筒,内装有各种不同的自然香料或调味品。
味觉教具	● 味觉瓶	内装 4 种基本味道(甜、酸、咸、苦)的溶液各两瓶,共 8 瓶。

资料来源:《如何经营一所儿童之家?——蒙特梭利园管理手册》,单伟儒,1997,第 26—27 页。

表 4-6　数学教具

名　称		说　明　及　特　色
0—10 的认识	● 数棒	由 10 支木棒组成,每隔 10 cm 分别涂上红蓝 2 色,有 10 cm—100 cm 长。
	● 砂纸数字板	以砂纸制作 0—9 的长方形板,共 10 片,放在一个木盒中。
	● 纺锤棒箱	由两个木箱及 45 根纺锤棒构成。
	● 筹码与数字卡	圆形红色筹码 55 个 1—10 的数字板。
十进位的练习	● 彩色串珠组盒	1—10 的串珠各 55 根,每个班数以不同颜色表示:1 是红色,2 是绿色,3 是粉红色,4 是黄色,5 是浅蓝色,6 是灰色,7 是白色,8 是浅紫色,9 是深蓝色,10 是橙色。
	● 金黄色串珠组	1 颗"1"的珠子,1 串"10"的串珠,1 片"100"的串珠,1 块"1 000"的串珠。数字 1、10、100、1 000。
连续数的认识	● 百珠链	10 串"10"(10 个珠)串成的串珠;可整齐排列成一块百位正方板。
	● 千珠链	100 串"10"串成的串珠;可重叠形成一块千位立方链。
	● 平方链	一木架,以铁钩挂着以下各色链珠:1 颗红珠,2 串绿珠,3 串橙珠,4 串黄珠,5 串浅蓝色珠,6 串紫色珠,7 串白色珠,8 串棕色珠,9 串深蓝色珠。每一颜色链珠皆有对应组合的平方面。含数字标签。

名　称	说　明　及　特　色
连续数的认识	
● 立方链	一木橱,分成不同格次排放材料:最上层放立方块;次层有铁钩,悬挂成串链的立方链,而相对于每一立方链,有随立方链递增(减)的横格,排放其需要的平方板及平方链。含数字标签。
● 一百板	一木板画有 10×10 的正方格,在最左上角的格子中印有数字 1,另有一盒数字片 1 到 100 以及一百数字排列的更正板。
● 塞根板Ⅰ	两块木板各分 5 格,每一格印有数字 10。第 2 块木板的最后一格空着,另有九块数字板,印有数字板,印有数字 1—9。9 串 10 的金黄色串珠,1—9 的彩色串珠。
● 塞根板Ⅱ	两块木板各分 5 格,共 10 格,每一格印有 10—90 数字和一个空格,另有九块数字板,印有数字 1—9。45 串 10 的金黄色串珠,9 颗"1"的金黄色珠子。
四则运算	
● 银行游戏	银行游戏必须准备的教具包括金黄色珠组和一组大数字卡和两组小数字卡,并准备装珠的小托盘。
● 邮票游戏	木制的长方形盒子,隔成 6 个小格,各放入正方形筹码(即邮票),绿色为 1、蓝色为 10、红色为 100、绿色为 1 000,以及西洋棋小人(只用于除算)和圆形小筹码。
● 点的游戏	练习板为一个印有 1 000,100,10,由左而右,由绿、蓝、红色标示不同位数的木框;另备红、蓝、绿、黑的笔各一支以及点的游戏练习纸。
● 数架	数架上有绿、蓝、红、绿珠,各代表 1、10、100、1 000 不同的数值。
● 加法蛇	1—9 的彩色串珠一盒、黑白代替珠一组和"10"的金黄串珠 1 盒。
● 减法蛇	1—9 的彩色串珠一盒、黑白代替珠一组、"10"的金黄串珠 1 盒和灰色串珠 1 盒。
● 加法板	板上数字 1—10 是红、11—18 是蓝色。在 10 与 11 之间有一红色直线分开;另有蓝色定规、红色定规。
● 减法板	板上数字 1—9 为红色,10—18 为蓝色;另有红色定规 9 支、蓝色定规 9 支及原木定规 18 支。
● 乘法板	乘法操作板为一直、横各有 10 个洞的木板;以及 100 颗红色珠、一个红色筹码、1—10 的数字卡一组。
● 除法板	除法操作板为一直、横各有 9 个洞的木板,81 颗绿珠;最上面有一排较大的圆孔,可放绿色小人。

名　　称		说　明　及　特　色
分数	● 分数小人	分数小人坐一组，1、1/2、1/3、1/4 的字卡一组。
	● 圆形分数嵌图板	从 1—10 等分分割的 10 个圆（红色），分别嵌在 2 个座台上（绿色），以及代表各个分数的卡片。

资料来源：《如何经营一所儿童之家？——蒙特梭利园管理手册》，单伟儒，1997，第 28—29 页。

表 4-7　语文教具

名　　　称	说　明　及　特　色
● 金属嵌图板	10 种金属制的几何图形板（蓝色，包括正方形、长方形、正三角形、正五角形、梯形、圆形、椭圆形、蛋形、曲线三角形、四叶形）嵌合在金属制的正方形嵌合框内（粉红色），分别放在 2 座木制的倾斜台上。另外准备一些铅笔、彩色笔、蜡笔及与外框同样大小的图画纸。
● 砂纸注音符号	37 个砂纸注音符号板，皆红、蓝两色，竖立放在两个收存盒内。
● 凹板与木笔	37 个注音符号木制雕刻板和木笔。
● 笔顺砂字板	13 种砂纸笔顺描摹板。
● 图片分类	交通工具（陆、海、空分类）、食物（蔬菜、肉分类）、性别（男、女分类）等图片。
● 图片序列	洗澡的步骤、插花的顺序、火箭升空的序列等图片。由左至右，按序排列。
● 相反图片配对	例如：胖—瘦、上楼—下楼、白天—晚上等相反关系图片。
● 首音盒	将相同起始音的物品放在同一个盒内。
● 指令盒	例如：跑、跳、走等动作的图卡放在同一盒内。

资料来源：《如何经营一所儿童之家？——蒙特梭利园管理手册》，单伟儒，1997，第 30 页。

表 4-8　自然人文教具

名　　称		说　明　及　特　色
植物教具	● 树叶拼图橱	各种叶形嵌板，放在两个抽屉里，另有定义册、顺序卡、展示卡和三部分卡。
	● 生物特征图片	包括生殖、呼吸、吃、成长、死亡之资料袋及图片。
	● 地图植物图片分类	区分热带、沙漠、寒带地区的植物图片。

名 称	说 明 及 特 色
动物教具 ● 脊椎动物之分类	包括哺乳类、爬虫类、鸟类、鱼类、两栖类之字与图片。
历史教具 ● 星期表	表的左边印有星期一至星期日,右边是空白格,另有星期一至星期日的配对字卡。
● 月份表	表的左边印有1月到12月的名称,右边10个空白格,另准备1月到12月的配对字卡。
● 四季卡片	代表年的圆形卡片一张,代表半年的半圆形卡片2张,代表春夏秋冬的1/4圆形卡片4张,以及一季分3个月的1/2圆形卡片。
● 年表	春夏秋冬四季图片、字卡一张及1月至12月字卡12张,皆分别用绿、红、黄、蓝,划分成四季。
地理教具 ● 水陆地球仪	砂纸制成的陆块(棕色)及印有蓝色海面的地球模型。
● 陆地和水域地形模型	包括棕色油性黏土(可做成岛屿、湖泊、海湾、海峡等地形模型)、塑胶容器以及一块海绵、一杯绿色的水、塑胶帆船和塑胶动物标本。
● 彩色地球仪	又叫洲际陆块地球仪,每一个洲际都有不同的代表颜色,亚洲是黄色,澳洲是棕色,大洋洲是白色,南美洲是粉红色,北美洲是橘色,欧洲是红色,而非洲是绿色。
● 世界地图拼图	由立体的彩色地球仪转换成平面的地图拼图,每一片拼图代表一洲际,其颜色及大小和彩色地球仪一样。
● 中国台湾地图拼图	包括控制板和操作板以及县市字卡。
● 地图橱架组	包括世界七大洲地图拼图(即前项)及亚洲、中国、南美洲、北美洲、非洲、欧洲、大洋洲等洲际地图拼图。
● 世界国旗组	包括亚洲国旗组、欧洲国旗组、美洲国旗组。
天文教具 ● 九大行星	包括模型(以保丽龙自制)、图片、字卡的展示,以及顺序卡、定义册及三部分卡。
● 太阳系挂图 ● 月相变化挂图	

续 表

名　称	说 明 及 特 色
地质教具 ● 地球的层次	包括地层地球仪的介绍,以及顺序卡、定义册、展示卡及三部分卡。
● 火山的介绍	包括火山模型实验的介绍,以及顺序卡、定义册、展示卡及三部分卡。

资料来源:《如何经营一所儿童之家?——蒙特梭利园管理手册》,单伟儒,1997,第35—36页。

四　福禄贝尔的恩物

德国的教育家福禄贝尔(F. Fröebel,1782—1852)于1837年创立第一所幼儿园,被誉为"幼儿园的创造者"。福禄贝尔的幼儿园所提供的象征教育(symbolic education),其哲学建基于人性、神和自然的统一(the unity of humanity, God, and nature);在福禄贝尔哲学中,受到幼儿园改革运动教育家所支持的要素包括:幼儿期发展的概念(the concept of development in childhood)、教育即自我活动(education as self-activity)和游戏的教育价值(the educational value of play)(Spodek & Saracho,1994)。须提的是,幼儿园运动的成长及扩展起初相当缓慢,花了一个世纪多的时间才让世界其他地方接受这一观念(Castaldi,1994),福禄贝尔的原创有其历史地位和价值,而福禄贝尔幼儿园中,"恩物"是最著名和最广为人知的幼儿教具。以下拟先说明福禄贝尔恩物的教育原理,再就福禄贝尔恩物及教学运用加以介绍。

(一)福禄贝尔恩物的教育原理

福禄贝尔创办世界第一所"幼儿园"(kindergarten),原文意为"儿童的花园",福禄贝尔的教学不在传统教室实施,美劳活动、手指游戏、唱歌、积木、故事和手工艺等,皆为福禄贝尔幼儿园的一部分(Essa,1996),幼儿在幼儿园的活动,时而在教室,时而到户外,无论是学习建筑炮台堡垒、寻找昆虫飞鸟、欣赏花草树木,还是唱歌游戏,均属幼儿课程范围,幼儿自由地参与团体活动,充分地自我发展,不断地自我活动,期能达成"自然发展"的教学目的(朱敬先,1990,第51—52页)。因此,福禄贝尔幼儿园的设计,包括恩物(the gifts)、作业(the occupations)、母亲之歌和游戏(the mother's songs and plays),以及帮助幼儿学习照顾植物和动物。其中,"恩物"是一组小型的操作性教育器材(manipulative educational materials);

"作业"是手工艺活动,包括编纸、折纸、剪纸、绣纸、黏土塑型等,提供幼儿美感表达的机会;"母亲之歌和游戏"则是为幼儿特别设计的歌曲和益智游戏,皆源自愉悦的母亲和幼儿之游戏,以及源自社会和自然世界的活动(Spodek & Saracho, 1994)。

福禄贝尔认为刚出生的幼儿,生下来就具备像神一样的创造力,教育就是让这种能力能够充分获得发展,要达此目的,必须提供幼儿理想的玩具,通过这些玩具才能让幼儿知道自然和自然法则,并认识自然,最后才会认识自己。福禄贝尔将自己设计的玩具称为"恩物",恩物是指神所恩赐之物,具有两种功能,其一是让儿童理解万物的发展法则,其二是可以利用恩物的操作,培养儿童的思考能力和创造能力;大体而言,恩物不能自由改变材料的形状,而以分离和组合的操作来形成认识作为其主要功能;但劳作教材可以自由改变材料的形状,借以培养儿童的创造力为其中心课题。福禄贝尔恩物的基本原理有三(李园会,1997,第154页):

1. 让儿童知道神,要他们像神那样不断创造,帮助他们发掘自己的创造力;要达到此目的,必须依照儿童的本性,让他们能够自由地从事自我活动才可以。

2. 其次是游戏,且必须包含在上次游戏之间;如此,幼儿的活动才能有连续性的发展,才不至于发生跳跃的现象。

3. 在操作玩具时,能够锻炼幼儿的各种能力;不只是认识能力,心理与意志也同时得到适当的训练。

须提的是,福禄贝尔的恩物中,包含有单一和多数、部分和全体、繁杂和统一的各种原理,在实际操作这些恩物时,就能够依照这三种基本原理,使认识的形式、美的形式、生活的形式得到充分的表现(李园会,1997)。

福禄贝尔生平致力于自然研究,对于宇宙有深刻的了解,认为自然万物,都是教育的材料,也是上帝所赐的象征,其象征主义(symbolism)的教育方法,以恩物作为自然的具体象征,恩物中的球、圆形体、方形体、圆柱体是象征自然界的一切现象,球是宇宙地球的象征,圆形体表示动物的形体,方形体表示人工,圆柱体表示人工与自然的联合,每种恩物均有其寓意,使幼儿了解神意,认识自然,进而理解自然。福禄贝尔的幼儿园,运用各种恩物组成有系统的活动,以启发幼儿建造、审美及联想的能力;"恩物教学"的主旨,在从恩物的游戏中,第一步训练幼儿的"感觉",进一步养成幼儿的"规律观念",每组恩物必须依照规律整理,方能表现出它的价值,且可使幼儿有"统一"、"整体"的观念,福禄贝尔认为"游戏"、"恩物"是儿童"自动直观"的基本要素,而"自动直观"乃是发展儿童内在性质的有效方法(朱敬先,1990)。

(二) 福禄贝尔恩物及教学运用

恩物是福禄贝尔于 1837 年,在自己的故乡开荷的家中逐步研发出来的,恩物是一组小型的操作性教育器材(参见图 4 - 5),兹参考有关学者专家(朱敬先,1990;李园会,1997;林盛蕊,1991)之研究资料,将福禄贝尔的恩物及教学运用,整理要述如下:

1. 第一种恩物——六色圆球(红、橙、黄、绿、蓝、紫)(颜色)

(1) 材料:毛线用钩针钩成球状,其内塞以棉花或海绵。

(2) 形式:直径 6 cm 的圆球;分为有带子的——带长 40 cm(与球同色,对折成 20 cm),无带子的。

(3) 意义:球体以 6 cm 为直径,是因为适合婴儿和幼儿拿。六种颜色取自彩虹的七种颜色,由三原色红、黄、蓝和中间颜色橙、绿、紫所组成,象征最高的和平,天地间的和平,神与人之间的和平,以及美的统一。圆球是最完全的一个全体,是宇宙间的最单纯形状,从任何角度看都一样,具有完美、统一和均衡的原理,是万物的基本形状,象征着宇宙本身,在自然界象征着太阳、月亮、星星,也象征精神上圆满的人格与人的理想。有带子的是为了便利婴儿使用,而球通过视觉神经,可刺激大脑神经细胞的运动。幼儿逐渐长大可玩没有带子的,以促进幼儿身体和智力发展,又可认识数目、方向、颜色。

(4) 游戏的顺序:

① 活动游戏:捏、滚、打、搓。

② 模仿游戏:利用生物或无生物的性质模仿,如:青蛙跳、蝴蝶飞、骑马、开汽车、洗水果。

③ 数目游戏:幼儿认识数目后可运用到等分游戏。

④ 方向游戏:上下、左右、前后,这边、那边。

⑤ 颜色游戏:利用颜色变化歌或水果,从游戏中认识各种颜色。

2. 第二种恩物——球体、圆柱体、立方体(形状)

(1) 材料:直径 6 cm 的木块制成。

(2) 形式:直径 6 cm 的球体、圆柱体、立方体,其上皆附有金属钩钩,可以系上一条线做回转游戏。

(3) 意义:球体和六色圆球之敲、捏、搓、滚有何不同?(质料不同)球有曲面和曲线,代表事物动的性质,而立方体有六个平面、八个角、十二个边,代表静的性

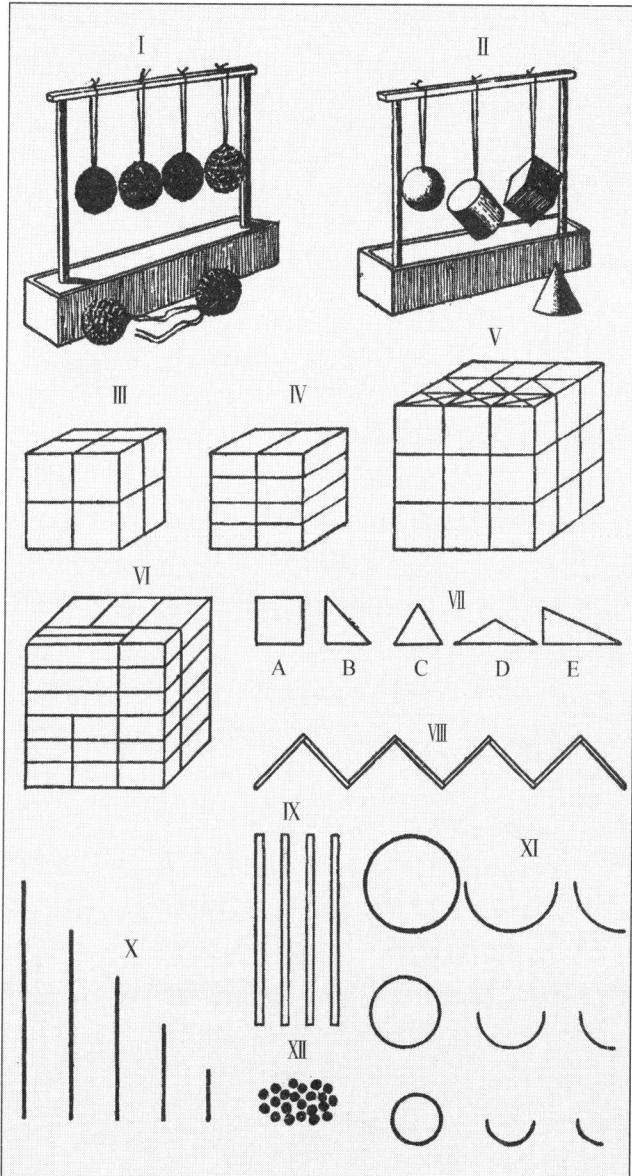

图 4 - 5　福禄贝尔的幼儿园恩物

资料来源：*Right from the Start: Teaching Children Ages Three to Eight*，B. Spodek & O. N. Saracho，1994，p. 34.

质,与球体的曲面动感完全不同,圆柱体有曲线和平面,兼具动和静的性质,可以滚动,可以站立。球体、圆柱体、立方体是所有物体的代表形状,球代表自然,立方体代表人工,圆柱体则代表自然及人工的结合,三位一体最能表现调和的理念,而调和的理念就是大自然和人类的融合。

(4)游戏的顺序:

① 模仿游戏:球体可模仿球、圆球、水果,圆柱体模仿罐头鼓,立方体模仿方形的蛋糕、箱子。

② 回转游戏:做回转游戏时,所出现的形状,可以不必向幼儿说明,只需让他们静坐观察过程,幼儿会因惊喜而注意观察,可培养对事物注意力集中,对事物更仔细地观察。

3. 第三种恩物——立方体(数目)

(1)材料:边长 6 cm 木块制成。

(2)形式:边长 6 cm 的立方体(又称为第一积木),从长、宽、高三边各切开二等分而成 3 cm 立方的八个小立方体,并用木盒装。

(3)意义:第三种恩物能分解,也能恢复原状,分开的东西可以做出新的形状,且能满足幼儿的要求,由分解和综合很容易可使幼儿明白部分与全体的关系,也可从全体中发现统一之中有复杂性存在,单一中有多样性存在。此外,又可认识数和形状的点、线、面等要素,也可在游戏中学到大小、多寡的概念。

(4)游戏的顺序:

① 建筑游戏:使用八块小立方体自由建筑。

② 花样游戏:A. 横花样对称排列,让幼儿去发现同样八块为何排列长度不一样;B. 中心花样:中心不动、四周移动、中心周围移动顺序。

③ 智慧游戏:A. 长、宽、高的堆积游戏研究。B. 一个立方体四角与三个立方体堆积起来做四周的观察。C. 空间的研究:老师排列一形状,让幼儿说出空间可放置几块立方体。

4. 第四种恩物——立方体(宽度)

(1)材料:边长 6 cm 木块制成。

(2)形式:边长 6 cm 的立方体(又称为第二积木),直立切成二等分,再横切成四等分,使其成为长 6 cm、宽 3 cm、高 1.5 cm 的八个长方体,并用木盒装。

(3)意义:长方体有三种不同的面,比第三种恩物的形状更为复杂,也比第三种恩物能创造出更复杂的建筑游戏和美术模样。拿第三、第四种恩物做切的比较,纵切一次,上下平均切三次,比较第二、第三种恩物哪个高(一样高),拿第三、第四种恩物各一块,直立、横立哪个大,再将两个叠起来比较哪个高(皆一样高)。拿杯水各放入第三、第四种恩物一块看看体积变化如何,再拿长方形盒子将各面剪开共几个面(共分大、中、小六个面),从上述,可明了长方体与立方体的关系。

(4) 游戏的顺序:

① 长方体三种面的比较。

② 建筑游戏:A. 有关联性:每移动一块取一名称;B. 让幼儿自由创作各种建筑。

③ 花样游戏:A. 横花样;B. 中心花样。

④ 智慧游戏:A. 长方体的研究:大的面可以排几个中面或小面;B. 空间的研究:数数看空间等于几个立方体或长方体;C. 建筑运用智慧排出具有深度、宽度的结构。

5. 第五种恩物——立方体(均衡)

(1) 材料:边长 9 cm 的木块制成。

(2) 形式:边长 9 cm 的立方体,将各边切成三等分,成为每边 3 cm 的二十七个小立方体,再取其中三个沿对角线切割成六个大三角柱,另取三个沿两对角线切割成十二个小三角柱,计三十九部分(二十一个小立方体,六个大三角柱,十二个小三角柱),并用木盒装。

(3) 意义:第三、第四种恩物是由垂直线和水平线的直线构成,第五种恩物则加入斜角的对角线,有大、小三角柱,均为五面体。第五种恩物可以体验到正方形、长方形、三角形、直角、锐角、钝角等不同的形状,幼儿利用积木做建筑游戏时,也会认识到重量、长度、宽度、高度的意义。第五种恩物在面的数目及角度的变化更接近实物,因此是发展幼儿的美感和创造力以及知能的恩物。

(4) 游戏的顺序:

① 全体的介绍:A. 比较第三与第五种恩物的高、矮、大、小、长、宽都差3 cm;B. 如何启开及切法。

② 部分介绍:大三角柱与小三角柱的比较,一个大三角柱和两个小三角柱的面、边、角各部分都要比较。

③ 1/3 的建筑:分三等分取 1/3 建筑创作或只用小三角柱。

④ 花样游戏:三个为中心,先排三条再排另外三条。

⑤ 智慧游戏:将正方形纸对折成长方形,再对折成长方形,打开自己折成十六个部分,再裁剪成十六个小三角柱,八个正方形、八个大三角柱。

6. 第六种恩物——立方体(比例)

(1) 材料：边长 9 cm 的木块制成。

(2) 形式：边长 9 cm 的立方体,切成高 1.5 cm、宽 3 cm、长 6 cm 的长方体二十七个,取其中三个将 3 cm 的宽,沿长的方向切割成两半,产生六个长 6 cm,宽、高 1.5 cm 的六支柱子,再取六个长方体,将 6 cm 的长切成两半,产生长、宽都是 3 cm,高 1.5 cm 的"平板"十二个,全部计三十六个部分(十八个长方体,十二个平板,六个柱子),并用木盒装。

(3) 意义：第五种恩物是以艺术和美的创作为主的建筑,第六种恩物却利用柱子和平板的新材料,能组成许多空间且近于实际的理想建筑,如博物馆、寺庙、宫殿等最常看到此一空间。因有许多空间,必须能够保持平衡,所以要身心相当发达的幼儿才能操作这种恩物。

(4) 游戏顺序：

① 全体介绍：A. 与第四种恩物的比较；B. 与第五种恩物的比较。C. 切法。

② 部分介绍：A. 长方形与长方柱的比较；B. 长方体与柱台的比较；C. 长方柱与柱台的比较；D. 柱台与面的比较。

③ 建筑游戏：让幼儿自己思考创作。

④ 第五种与第六种恩物联合建筑,让幼儿自己思考创作。

7. 第七种恩物——面

(1) 材料：木制或塑胶色板,与七巧板相仿,每一种形状只用一种颜色,颜色根据第一种恩物。

(2) 形式：正方形、直角等腰四角形、正三角形、直角不等边三角形、钝角等三角形。

(3) 意义：第七种恩物是由立体进入抽象的关键,用塑胶板代用,加上彩色可排出更艺术、更美的花样,将形状、颜色、数目加以配合,可排出美而理想的花样和实物,可培养幼儿的感情,发展幼儿的智力及创造力。

(4) 游戏的顺序：中心花样,以一块为中心,三块为中心,四块为中心,五块为中心,以及六、七、八、九块为中心,而逐渐向四周扩张。

8. 第八种恩物——线

(1) 材料：细竹子、木棒、金属棒或塑胶棒。

(2) 形式：3 cm、6 cm、9 cm、12 cm、15 cm,五种长短的同色细竹子、木棒、金属棒或塑胶棒做成,每组十二条。

（3）意义：线是一种抽象的东西，直线是同一平面上，两点间相连最短的距离，两直线相交成一角，而三条线相交于三点可成一面。此恩物用以排成各种平面形，可培养幼儿认识长短距离的和物体正确的形状，培养观察力，认识物体轮廓的特点。

（4）游戏的顺序：

① 拿出一条 12 cm 的，用 3 cm 的量，看要几条，再换 6 cm 的量，再换 9 cm 的量，需加几厘米。

② 两条线碰到成一个角，往外渐大成钝角，往内收角愈小，成锐角。

③ 和第二种恩物比较，边是否为 6 cm。

④ 实物游戏，排阿拉伯数字。

⑤ 花样游戏：以三支为中心，以四支为中心。

9. 第九种恩物——环

（1）材料：金属（铜、白铁）或塑胶。

（2）形式：直径 6 cm 的全环、半环；直径 3 cm 的全环、半环；直径 4 cm、5 cm 的全环、半环。计全环二十四个，半环四十八个。

（3）意义：全环不易表现体的轮廓，故通过实物排列的游戏及富艺术性的图案，使幼儿更了解环的意义。

（4）游戏的顺序：

① 实物游戏：A. 全环：和球体、6 cm 长的竹子、6 cm 高的立方体及圆柱体比较介绍；B. 小全环——可和 3 cm 长的竹子、3 cm 高的立方体比较介绍；C. 半全环——大中全环圆周比较，中小全环圆周比较；D. 半环——两个半环可组成一环，亦能排英文字 S、E；第八、第九种恩物可排列成英文字母。

② 花样游戏：A. 大半环三个——七个中心；B. 大小半环三个——七个中心；C. 大中小半环三个——七个中心。

10. 第十种恩物——点

（1）材料：豆、小石头、塑胶，应为同一色。

（2）形式：形状大致相同的小颗粒，用有颜色的细木杆和有小孔的木板，插成各种图形，木板是约 15 cm 的平方板，上有直行小孔，每行 15 至 20 孔。细木杆有红、橙、黄、绿、蓝、紫六色，长约 7 cm，每种五十条。

（3）意义：点是组成物体最基本的东西，线是两点间的最短距离，点由立体→面→线而分解成点，利用点描成线，而作成面，再形成物体的轮廓。

（4）游戏的顺序：

① 将直线拿掉，用点排列，算算看排几个点。

② 拿实物在四周排列，拿掉实物，看其面如何。

③ 用点排成直线、横线、对角线、曲线（加入环）。

④ 把若干点堆成一实物（三角形、长方形、圆形、正方形、香蕉、西瓜）。

⑤ 实物：如树、花、蝴蝶……

此外，福禄贝尔幼儿园"作业"的手工艺材料，也有十种，包括：（1）刺纸，用针刺小孔于纸面，表示种种物体，用具是长针、刺架、颜色纸等；（2）绣纸，用硬纸刺小孔成各种物形，然后用彩线缝连；（3）画点，这与第十种恩物相同，不过小孔换成小点，用铅笔来画物形；（4）剪纸，用具是圆头剪刀和6寸的色纸；（5）贴纸，将前一种剪成的物形贴在另一张纸上；（6）编纸，就是普通劳作科中的编纸细工；（7）配纸形，光用纸条组成各种几何形，然后再折成相同的形物来配；（8）折纸，与前一种同，不过形状不拘，可以自由地折；（9）豆细工，水浸的豌豆用细竹条穿成各种物形；（10）黏土细工，用黏土捏成各种物形（朱敬先，1990）。须提的是，福禄贝尔的恩物和作业用品，皆可分为点（恩物：如第十种；作业用品：如豆细工）、线（恩物：如第八种；作业用品：如编纸）、面（恩物：如第七种；作业用品：如折纸、剪纸）、体（恩物：如第一种至第六种；作业用品：如黏土）四种领域；其中"作业"是从点、线、面到体，"恩物"则从体、面、线到点（Fröbel gifts，1997）。而"恩物"，从体到点的排列，可以从三次元的世界（体）、二次元的世界（面）到一次元的世界（线），将我们感觉对象的世界，依照观察主体的精神构造，有顺序地予以排列，使其引导到理念（点）的世界，因为点是万物运动的支点，也是万物的统一点（李园会，1997）。

参 考 文 献

一、中文部分

于宗先(1990)。台湾学校建筑的时代观。**教育研究**,13,13—17。

井敏珠(1999)。政大实小附设幼稚园扩建工程。**教育研究**,71,52—66。

王仙霞(1996)。**蒙特梭利幼儿园学习环境规划之研究**。未出版硕士论文,台北市立师范学院,台北市。

王宗年(1992)。**建筑空间艺术及技术**。台北市:台北斯坦公司。

王伦信(1995)。**陈鹤琴教育思想研究**。辽宁:辽宁教育出版社。

田育芬(1987)。**幼稚园活动室的空间安排与幼儿社会互动关系的研究**。未出版硕士论文,台湾政治大学,台北市。

朱沛亭(1993)。**幼稚园空间因应幼教理念转变之研究**。未出版硕士论文,台湾大学,台北市。

朱敬先(1990)。**幼儿教育**。台北市:五南图书公司。

行政院环境保护署*(1998)。**安全饮用水**(第二版)。台北:汤志民。

吴旭专(2000)。**台北市国小儿童游戏与优良游戏场规划之研究**。未出版硕士论文,台湾政治大学,台北市。

吴武典、张正芬、林敏哲和林立甄(1991)。**无障碍校园环境指导手册**。台北市:台湾教育研究委员会。

吴玥玢(1996)。蒙特梭利教育与蒙特梭利理想园。载于 Thomson,J. B. 和廖凤瑞等人,**幼儿教育的实践与展望——世界幼教趋势与台湾本土经验**(第 203—267 页)。台北县:光佑文化公司。

李季湄译(M. Montessori 著)(1994)。**蒙特梭利幼儿教育手册**。台北市:桂冠图书公司。

李政隆(1987)。**都市中幼稚园的规划理论与实际**。台北市:大佳出版社。

---

* 本书为学术著作。为保证学术资料的完整和能够检索,本书简体字版基本保持了原著的文献资料表达方法。——出版者

李政隆译(谷口泛邦编)(1982)。**学校教育设施与环境的计划**。台北市：大佳出版社。

李健次(主编)(1997)。**台湾的学校建筑：中小学幼稚园篇**。台北市：台湾建筑师公会联合会出版社。

李琬琬(1989)。**室内环境设计**。台北市：东大图书公司。

李园会(1997)。**幼儿教育之父——福禄贝尔**。台北市：心理出版社。

李德高(1999)。**蒙特梭利教材教法**。台北市：启英文化公司。

周逸芬(1994)。**蒙特梭利幼儿单元活动设计课程**。台北市：五南图书公司。

林天祐等人(2000)。**台湾教育探源**。台北市：台湾教育资料馆。

林南风(1988)。**幼儿体能与游戏**。台北市：五南图书公司。

林敏哲(1993)。无障碍游戏空间之规划。载于台湾建筑师学会，**儿童游戏空间规划与安全研讨会**(第一册)(第6—1—6—14页)。台北市：作者。

林盛蕊(1991)。福禄贝尔教具的理论与操作。载于台北市政府教育局，**幼稚园教学法**。台北市：汤志民。

林朝凤(1988)。**幼儿教育原理**。高雄市：复文图书出版社。

林勤敏(1986)。**学校建筑的理论基础**。台北市：五南图书公司。

林万义(1986)。**国民小学学校建筑评鉴之理论与实际**。台北：五南图书公司。

邱永祥(1988)。**从儿童学习发展之观点探讨都市小学与幼稚园复合之建筑空间——以台北市为例**。未出版硕士论文，私立淡江大学，台北县。

侯东旭和郑世宏(2003)。**新版人因工程**。台北市：中兴管理顾问。

侯锦雄和林钰专译(仙田满著)(1986)。**儿童游戏环境设计**。台北：田园城市文化公司。

省立台南师范学院幼教中心译(1990)。**完整学习——幼儿教育课程通论**。台北：五南图书公司。

城乡建设环境保护部和国家教育委员会(1987)。托儿所、幼儿园建筑设计规范。**北京学前教育网**。2004年6月19日，取自http：//www. bjchild. com/Article_Show. asp? ArticleID＝1858

建筑设计资料集编委会(2001)。**建筑设计资料集**(第三册)：居住、教育建筑。台北市：建筑情报季刊杂志社。

倪用直、杨世华、柯澍馨、郑芳珠、吴凯琳和林佩蓉译(M. Hohmann，＆ D. P. Weikart著)(1999)。**幼儿教育概论**。台北市：华腾有限公司。

徐金次(1986)。**人体工程学与实验**。台北市：华泰书局。

马信行(1989)。认知的行为改变及其对说服的含意。**政大学报**，59，235—273。

国家教育委员会计划建设司和东南大学建筑设计研究院(1991)。**幼儿园建筑设计图集**。南京：东南大学出版社。

崔征国译(日本建筑学会著)(1997)。**最新简版建筑设计资料集成**。台北市：詹氏书局。

张世宗(1996)。幼儿学习空间的规划与运用。载于台湾台北师范学院幼儿教育中心，**幼儿空间专辑**(第10—38页)。台北市：教育部国民教育司。

张建成译(1998)。**男性与女性人体计测——人因工程在设计上的应用**。台北市：六合出版社。

张春兴(1989)。**张氏心理学辞典**。台北市：东华书局。

张春兴(1991)。**现代心理学**。台北市：东华书局。

张春兴(1994)。**教育心理学：三化取向的理论与实践**。台北市：东华书局。

张春兴和林清山(1981)。**教育心理学**。台北市：文景书局。

张雅淳(2001)。**台北市公立幼稚园学习区规划及运用之研究**。未出版硕士论文，台湾政治大学，台北市。

张蓓莉等人(1991)。**无障碍校园环境之参考标准**。台北市：教育部高教司。

教育部(1994)。**幼稚园公共安全管理手册**。台北市：作者。

教育部(2003)。**台湾教育统计**。台北市：汤志民。

教育部国民教育司(1987)。**幼稚园课程标准**。台北市：正中书局。

教育部国民教育司(1989)。**幼稚园设备标准**。台北市：正中书局。

教育部国民教育司(1993)。**发展与改进幼稚教育中程计划**(修订本)。台北市：作者。

教育部国民教育司(1994)。**国民中小学及幼儿园概况**。台北市：作者。

教育部体育司(1998)。**台闽地区中小学学生体能测验资料统计分析**(未出版)。

毕恒达(1994)。**台北县国民中小学校园环境整体规划设计手册**。台北市：台湾大学建筑与城乡研究所。

曹翠英(2002)。我国公私立幼稚园是内学习环境规划研究。载于台湾学校建筑研究学会(主编)，**优质的学校环境**(第278—296页)。台北市：作者。

许胜雄、彭游和吴水丕编著(1991)。**人因工程学**。台北市：扬智文化。

郭仁怀(1994)。中国大陆教育简介——学前教育。**研究资讯**，11(5)，7—11。

郭静晃译(J. E. Johnson 著)(1992)。**儿童游戏：游戏发展的理论与实务**。台北：扬智文化公司。

陈文锦和凌德麟(1999)。**台北市国小游戏场之设施准则**。台北市：台北市政府教育局。

陈水源(1988)。**拥挤与户外游憩体验关系之研究——社会心理层面之探讨**。未
　　出版博士论文,台湾大学,台北市。

陈怡全译(P. P. Lillard 著)(1992)。**蒙特梭利新探**。台北市:及幼文化。

陈启中(1997)。高雄小豆豆幼稚园。载于李健次(主编),**台湾的学校建筑,中小
　　学幼稚园篇**(第 194—198 页)。台北市:台湾建筑师公会联合会出版社。

陈雪屏(1979)。**云五社会科学大辞典**(第九册):心理学。台北市:台湾商务印
　　书馆。

陈丽月(1985)。**幼儿的学习环境**。台北市:台北市立师专。

陶明洁译(1992)。**人的教育**。台北市:亚太图书出版社。

单伟儒(1997)。**如何经营一所儿童之家?——蒙特梭利园管理手册**。台北市:蒙
　　特梭利启蒙研究基金会。

曾锦煌译(J. L. Frost & B. L. Klein 著)(1997)。**儿童游戏与游戏场**。台北市:
　　田园城市文化公司。

游明国(1993)。寓教于玩——从儿童的学习环境探讨游戏空间的功能与创造。
　　载于台湾建筑师学会,**儿童游戏空间规划与安全研讨会**(第一册)(第 5—1—
　　5—11 页)。台北市:作者。

汤志民(1991)。**台北市国民小学学校建筑规划、环境知觉与学生行为之相关研
　　究**。未出版博士论文,台湾政治大学,台北市。

汤志民(1996)。开放空间的教育环境规划。**台北教育通讯**,10,4—5。

汤志民(1997)。游戏是"王牌"!,**教育研究**,58,1—2。

汤志民(1998)。**学校游戏场的设计**。台北市:台北市政府教育局。

汤志民(2000)。**学校建筑与校园规划**(第二版)。台北市:五南图书公司。

汤志民(2001)。幼儿学习环境的建构和设计原则,**台北市立师院初等教育学刊**,
　　9,135—170。

汤志民(2002)。**学校游戏场**。台北市:五南图书公司。

黄世孟(1988)。从建筑物用后评估探讨学校建筑规划与设计之研究。载于台湾
　　学校建筑研究学会(主编),**国民中小学学校建筑与设备专题研究**(第 399—
　　408 页)。台北市:台湾书店。

黄世孟和刘玉燕(1992)。**幼稚园建筑计划准则研究**。台北市:台湾建筑研究所筹
　　备处。

黄世钰(1999a)。**幼儿的学习方法——角落教学法与讲述讲述教学法理论与实
　　务**。台北市:五南图书公司。

黄世钰(1999b)。**幼儿学习区情境规划**。台北市:五南图书公司。

黄永材译(1982)。**世界现代建筑图集 03：幼稚园·养老院·学校宿舍**。台北市：
　　茂荣图书公司。

黄茂容(1989)。**环境心理学研究——游客对自然环境产生的情绪体验**。台北市：
　　淑馨出版社。

黄朝茂译(日本文部省编印)(1992)。**幼稚园教育指导**。台北市：水牛出版社。

黄瑞琴(1992)。**幼稚园的游戏课程**。台北市：心理出版社。

黄耀荣(1990)。**国民小学学校建筑计划及设计问题之调查研究**。台北市：台湾建
　　筑研究所筹备处编辑委员会。

杨淑朱和林圣曦(1995)。国小二年级学童在现代和传统游戏场的游戏器具选择
　　及游戏行为之比较研究。载于台湾嘉义师院初等教育研究所,**国民教育研究
　　所学报**(第 1—22 页)。嘉义：汤志民。

经济部中央标准局(1991)。**儿童游戏设备安全准则——设计与安装**。台北市：汤
　　志民。

詹氏书局(2003)。**最新建筑技术规则**。台北市：汤志民。

邹德浓(1991)。**建筑造型美学设计**。台北市：台北斯坦公司。

廖有灿和范发斌(1983)。**人体工学**。台北市：大圣书局。

汉菊德(1998)。**成为一个人的教育—南海实幼对全人教育的诠释**。台北县：光佑
　　文化事业公司。

台北市政府教育局(1998)。**学校饮用水维护管理手册**。台北市：汤志民。

台湾省政府教育厅(1983)。**台湾省国民小学儿童游戏设施简介**。台中县：汤
　　志民。

台湾省政府教育厅(1984)。**校园绿化美化**。台中县：汤志民。

台湾省政府教育厅(1991)。**国民中小学校园规划**。台中县：汤志民。

刘又升译(K. Kroemer，H. Kroemer，and K. Kroemer-Elbert 著)(2002)。**人体
　　工学——容易与有效设计法**。台北市：六和出版社。

刘幼怀(2000)。**人体工学**。台北市：正文书局。

刘其伟(1984)。**人体工学与安全**。台北市；东大图书公司。

蔡延治(1991)。**幼儿教具之制作与应用**。台北市：台北市政府教育局。

蔡保田(1977)。**学校建筑学**。台北市：台湾商务印书馆。

蔡保田(1980)。**学校调查**。台北市：台湾商务印书馆。

蔡保田、李政隆、林万义、汤志民和谢明旺(1988)。**台北市当前学校建筑四大课题
　　研究——管理、设计、造形、校园环境**(市政建设专辑研究报告第 192 辑)。台
　　北市：台北市政府研究发展考核委员会。

蔡春美、张翠娥和敖韵玲(1992)。**幼稚园与托儿所行政**。台北市：心理出版社。

郑慧英(1996)。**幼儿教育学**。福建：福建教育出版社出版发行。

黎志涛(1996)。**托儿所幼儿园建筑设计**。台北市：地景企业公司。

黎志涛(2002)。**幼儿园建筑施工图设计**。南京市：东南大学出版社。

卢美贵(1988)。**幼儿教育概论**。台北市：五南图书公司。

卢美贵、蔡春美、江丽莉和萧美华(1995)。专业与风格——幼儿教育改革的现况
与前瞻。**国教月刊**,42(3、4),1—11。

赖佳媛和姚孔嘉(1998)。**幼儿园环境装饰设计与制作**。广州：新世纪出版社。

戴文青(2000)。**学习环境的规划与运用**(第四版)。台北市：心理出版社。

简美宜(1998)。满分游戏场：游戏场合适性量表。**成长**,34,38—41。

简楚瑛(1988)。学前教育环境之研究与应用,**省立台南师范学院初等教育学系初
等教育学报**,1,193—202。

简楚瑛(1993a)。"游戏"之定义、理论与发展的文献探讨,**新竹师院学报**,6,
105—133。

简楚瑛(1993b)。学前儿童游戏行为之发展及其相关因素之研究,新竹师院学报,
6,135—162。

简楚瑛(1996)。**幼稚园班级经营**。台北市：文景书局。

魏亚勋(1990)。**从行为设境的观点分析探讨幼稚园之环境行为问题——以台中
市区内某幼稚园为深入观察对象**。未出版硕士论文,**私立东海大学,台中市**。

魏美惠(1995)。**近代幼儿教育思潮**。台北市：市心理出版社。

苏爱秋(1999)。开放教育的理论与实务——以政大实幼为例。**教育研究**,71,
33—51。

日文部分

小川かよ子和远矢容子(2003)。保育园.幼稚园の——子どもたちの全面的発達
を保障し支援する場として。**建築設計資料**,91,4—32。

大村虔一和大村璋子译(昭和59)。**新しい游び場：冒険游び場実際例**。东京都：
鹿岛出版社。

日本建筑学会(1979)。**学校建築計画と設計：実例篇**。东京：丸善株式社。

平野智美(2000)。二十世纪末日本幼儿教育改革的动向与课题。载于国立台中
师范学院,**二千年代新生幼儿教育的展望**(第17—22页)。台中市：作者。

西日本工高建筑连盟(1990)。**新建筑設計ノート：幼稚園・保育所**。东京都：彰
国社。

岩内亮一、荻原元昭、深谷昌志和本吉修二(1992)。**教育学用语辞典**。东京都：学文社。

建筑思潮研究所(1985)。保育园·幼稚园。**建筑设计资料**,10,20,30、160—166。

建筑思潮研究所(1995)。保育园·幼稚园2。**建筑设计资料**,51,151—157。

建筑思潮研究所(2003)。保育园·幼稚园3。**建筑设计资料**,91,34—206。

富永让(1994)。**现代建筑集成/教育设施**。东京都：株式社メイセイ。

集文社译(昭和61)。e＋p4：子供のための建物。东京都：作者。

福冈孝纯译(1991)。**安全な游び場と游具**。东京都：鹿岛出版社。

英文部分

Abbott，L. (1995). 'Play Is Ace!'Developing Play in Schools and Classrooms. In J. R. Moyles （Ed.）, *The Excellence of Play* （pp. 76—87）. Buckingham：Open University Press.

Aguilar，T. E. (1985). Social and Environmental Barriers to Playfulness. In J. L. Frost & S. Sunderlind （Eds.）, *When Children Play: Proceedings of the International Conference on Play and Play Environments* （pp. 73—76）. Wheaton，MD：Association for Ch.

Altman，I. (1975). *The Environment and Social Behavior: Privacy，Personal Space，Territoriality and Crowding*. Monterey，CA：Brooks Cole.

Altman，I. （1976）. Privacy：A Conceptual Analysis. *Environment and Behavior*，8(1)，7—30.

Altman，I.，& Wohlwill，J. F. （Eds.）.（1978）. *Children and the Environment*. New York：Plenum Press.

American Association of School Administrators（AASA）.（1949）. *American School Buildings*. Washington，DC：Tang.

American School & University. (1996，November). 69(3)，20—180.

American School & University. (1997，November). 70(3)，20—201.

American School & University. (1998，January). 70(5)，20—201.

American School & University. (1998，November). 71(3)，22—264.

American School & University. (1999，November). 72(3)，22—306.

American School & University. (2000，November). 72(3)，30—197.

American School & University. (2000，November). 73(3)，30—197.

American School & University. (2001，November). 74(3)，28—145.

American School & University. (2001, November). 74(3), 28—145.

Asensio, P. (2001). *Kindergarten Architecture*. Corte Madera, CA: Gingko Press Inc.

Association for Children of New Jersey(2002). *Quality Indicators for Preschool Facilities*. Retrieved May 22, 2004, from http://www. acnj. org/main. asp? uri=1003&di=109. htm&dt=0&chi=2.

Bagley, D. M. , & Klass, P. H. (1997). Comparison of the Quality of Preschooler's Play in Housekeeping and Thematic Sociodramatic Play Centers. *Journal of Research in Childhood Education*, 12, 1, 71—77.

Bar, L. , & Galluzzo, J. (1999). *The Accessible School: Universal Design for Educational Settings*. Berkeley, CA: Mig Communication.

Baratta-Lorton, M. (1979). *Workjobs: Activity-Centered Learning for Early Childhood Education*. Menlo Park, CA: Addison-Wesley Publishing C80.

Barcon, R. M. , Graziano, W. G. , & Stangor, C. (1991). *Social Psychology*. New York: Holt, Rinehart and Winston, Inc.

Baum, A. , & Paulus, P. B. (1987). Crowding. In D. Stokols & I. Altman (Eds.), *Handbook of Environmental Psychology*. New York: A Wiley-Interescience Publication, John Wiley & Sons.

Beaty, J. J. (1992a). *Skills for Preschool Teachers* (4th ed.) . New York: Merrill, an Imprint of Macmillan Publishing Company.

Beaty, J. J. (1992b). *Preschool: Appropriate Practices*. Orlando, FL: Harcourt Brace Jovanovich Collage Publishers.

Bechtel, R. B. , & Zeisel, J. (1987). Observation: The World under a Glass. In R. B. Bechtel, R. W. Marans, & W. Michelson (Eds.), *Methods in Environmental and Behavioral Research* (pp. 11—40). New York: Van Nostrand Reinhold Company, Inc.

Bechtel, R. B. , Marans, R. W. , & Michelson, W. (Eds.). (1987). *Methods in Environmental and Behavioral Research*. New York: Van Nostrand Reinhold Company, Inc.

Beckwith, J. (1985). Equipment Selection Criteria for Modern Playgrounds. In J. L. Frost & S. Sunderlind (Eds.), *When Children Play: Proceedings of the International Conference on Play and Play Environments* (pp. 209—214). Wheaton, MD: Association for Childhood Education International.

Bee, H. (1992). *The Developing Child* (6th ed.). New York: Harper Collins College Publishers.

Beeson, B. S., & Williams, R. A. (1985). The Persistence of Sex Difference in the Play of Young Children. In J. L. Frost & S. Sunderlind (Eds.), *When Children Play: Proceedings of the International Conference on Play and Play Environments* (pp. 39—42). Wheaton, MD: Association for Childhood Education International.

Bell, P. A., Greene, T. C., Fisher, J. D., & Baum, A. (2001). *Environmental Psychology* (5th ed.). CA: Thomson Learning Acadcamic Resource Center.

Bilton, H. (2002). *Outdoor Play in the Early Years: Management and Innovation* (2nd ed.). London: David Fulton Publishers.

Brause, R. S. (1992). *Enduring Schooling: Problems and Possibilities*. Washington, D. C.: The Falmer Press.

Brewer, J. A. (2001). *Introduction to Early Childhood Education: Preschool through Primary Grades* (4th ed.). Boston: Allyn and Bacon.

Brown, B. B. (1987). Territoriality. In D. Stokols & I. Alttman (Eds), *Handbook of Environmental Psychology*. New York: A Wiley-Interescience Publication, John Wiley & Sons.

Brubaker, C. W. (1998). *Planning and Designing Schools*. New York: McGraw-Hill.

Bruya, L. D. (1985). The Effect of Play Structure Format Differences on the Play Behavior of Preschool Chiliden. In J. L. Frost & S. Sunderlind (Eds.), *When Children Play: Proceedings of the International Conference on Play and Play Environments* (pp. 115—120). Wheaton, MD: Association for Childhood Education International.

Burke, C., & Grosvenor, I. (2003). *The School I'D Like: Children and Young People's Reflections on an Education for the 21ˢᵗ Century*. London: Routledgefalmer, Taylor & Francis Group.

Butin, D. (2000). *Early Childhood Centers*. Washington, D. C.: National Clearinghouse for Educational Facilities. Retrieved May 22, 2004, from http://www. edfacilities. org/pubs/childcare. html.

Candoli, I. C., Hack, W. G., Ray, J. R., & Stollar, D. H. (1984). *School

Business Administration: A Planning Approach (3rd ed.). Boston: Allyn and Bacon, Inc.

Canter, D. V. (Ed.) (1969). *Architectural Psychology*. London: RIBA Publications Limited.

Cassidy, T. (1997). *Environment Psychology: Behavior and Experience in Context*. Uk: Psychology Press Ltd.

Castaldi, B. (1994). *Educational Facilities: Planning, Modernization, and Management* (4th ed.). Boston: Allyn and Bacon, Inc.

Charlesworth, R. (1992). *Understanding Child Development* (3rd ed.). New York: Delmar Publishers Inc.

Chattin-Mcnichols, J., (1992). *The Montessori Controversy*. New York: Delmar Publishers Inc.

Click, P. M., & Click, D. W. (1990). *Administration of Schools for Young Children*. Albany, NY: Delmar Publishers Inc.

Cohen, B. P. (1975). *The Effects of Crowding on Human Behavior and Student Achievement in Secondary Schools*. Philadelphia, PA: Philadelphia School District, Office of Curriculum and Instruction. (ERIC Document Reproduction Service No. ED 188 279).

Coody, B. (1992). *Using Literature with Young Children* (4th ed.). IA: Wm. C. Brown Publishers.

Daiute, C. (1994). Play Is Part of Learning, Too. In V. Lanigan (Ed.), *Thoughful Teachers, Thoughful Schools: Issues and Insight in Education Today* (pp. 67—69). Boston: Ally and Bacon.

Dannenmaier, M. (1998). *A Child's Garden: Enchanting Outdoor Spaces for Children and Parents*. Washington, D.C. : Archetype, Inc.

David, T. G., & Weinstein, C. S. (1987). The Built Environment and Children's Development. In C. S. Weinstein & T. G. David (Eds.), *Space for Children: The Built Environmentand Child Development* (pp. 3—18). New York: Plenum Press.

Deaux, K., Dane, F. C., & Wrightsman, L. S. (1993). *Social Psychology in the '90S* (6th ed.). Pacific Grove, California: Brooks/Cole Publishing Company.

Dehaas, P., & Gillespie, J. (1979). *School Environment Handbook Part II:*

Environmental Awareness and Assessment of the School Environment. Washington, DC: Food and Nutrition Service. (ERIC Document Reproduction Service No. ED 213 668).

Doxey, I. M. (2000). The Kindergarten Landscape. In J. Hayden (Ed.), *Landscapes in Early Childhood Education: Cross-National Perspectives on Empowerment — A Guide for the New Millennium* (pp. 409—424). New York: Peter Lang Publishing, Inc.

Drummond, M. J. (1996). Whatever Next? Future Trends in Early Years Education. In D. Whitebread(Ed.), *Teaching and Learning in the Early Years* (pp. 335—347). London: Routledge.

Dudek, M. (2000). *Kindergarten Architecture: Space for the Imagination* (2nd ed.). London: Spon Press.

Dunn, R., Dunn, K., & Perrin, J. (1994). *Teaching Young Children through Their Individual Learning Styles: Practical Approaches for Grades K – 2*. Boston: Allyn and Bacon.

Earthman, G. I. (1986). *Research Needs in the Field of Educational Facility Planning*. Jerusalem, Israel: The Edusystems 2000 International Congress on Educational Facilities, Values, and Contents. (Eric Document Reproduction Service No. ED 283 301).

Ebbeck, M. (2002). Global Pre-School Education: Issues and Progress. *International Journal of Early Childhood*, 34(1), pp. 1—12.

Essa, E. (1996). *Introduction to Early Childhood Education* (2nd ed.). New York: Delmar Publishers.

Evans, W. H., Evans, S. S., & Schmid R. E. (1989). *Behavior and Instructional Managemant: An Ecological Approach*. Boston: Allyn and Bacon, Inc.

Evertson, C. M., Emmer, E. T., & Worsham, M. E. (2000). *Classroom Management for Elementary Teachers* (5th ed.). Boston: Allyn and Bacon.

Feeney, S., Christensen, D., & Moravcik, E. (1991). *Who Am I in the Lives of Children? an Introduction to Teaching Young Children*. New York: Macmillan Publishing Company.

Fein, G., & Rivkin, M. (Eds.). (1991). *The Young Child at Play: Reviews of*

Research (Vol. 4)(pp. 3—15). Washington, DC: National Association for the Education of Young Chidren.

Fröbel Gifts(1997). Retrieved May 23, 2004, from http://www. geocities. com/athens/forum/7905/fblgaben. html♯gifts.

Frost, J. E. (1991). Children's Playgrounds: Research and Practice. In G. Fein & M. Rivkin(Eds.), *The Young Child at Play: Reviews of Research* (Vol. 4) (pp. 195—211). Washington, DC: National Association for the Education of Young Children.

Frost, J. L. (1992). *Play and Playscapes*. Albany, NY: Delmar Publishers Inc.

Frost, J. L., & Klein, B. L. (1979). *Children's Play and Playgrounds*. Boston: Allyn & Bacon, Inc.

Frost, J. L., & Strickland, S. D. (1985). Equipment Choices of Young Children during Free Play. In J. L. Frost, & S. Sunderlind(Eds.), *When Children Play: Proceedings of the International Conference on Play and Play Environments* (pp. 93—101). Wheaton, MD: Association for Childhood Education International.

Frost, J. L., & Sunderlind, S. (Eds.). (1985). *When Children Play: Proceedings of the International Conference on Play and Play Environments*. Wheaton, MD: Association for Childhood Education International.

Gifford, R. (1987). *Environmental Psychology: Principles and Practice*. Boston: Allyn and Bacon, Inc.

Gimbert B., & Cristol, D. (2004). Teaching Curriculum With Technology: Enhancing Children's Technological Competence during Early Childhood. *Early Childhood Education Journal*, 31(3), 207—216.

Good, C. V. (Ed.). (1973). Dictionary of Education. (3rd ed.). New York: McGraw-Hill Book Company.

Gordon, A. M., & Williams-Browne, K. (1996). *Beginning & Beyond: Foundations in Early Childhood Education* (4th ed.). Albany, New York: Delmar Publishers.

Graves, S. B., Gargiulo, R. M., & Sluder, L. C. (1996). *Young Children: An Introduction to Early Childhood Education*. New York: West

Publishing Company.

Hall, E. T. (1966). *The Hidden Dimension*. Graden City, NY: Doubleday.

Hammad, M. G. (1984). *The Impact Philosophical and Educational Theories on School Architecture* (The British and American Experience 1820—1970). Unpublished Doctoral Dissertation, University of Pennsylvania.

Hart, R. A. (1987). Children's Participation in Planning and Design. In C. S. Weinstein & T. G. David (Eds.), *Space for Children: The Built Environment and Child Development* (pp. 217—239). New York: Plenum Press.

Heidemann, S., & Hewitt, D. (1992). *Pathways to Play: Developing Play Skills in Young Children*. Mn: Redleaf Press.

Heimstra, N. W., & Mcfarling, L. H. (1978). *Environmental Psychology* (2nd ed.). Monterey, California: Brooks/ Cole Publishing Company.

Hendrick, J. (1996). *The Whole Children: Developmental Education for the Early Years* (6th ed.). Englewood, NJ: Merrill, an Imprint of Prentice Hall.

Henniger, M. L. (1985). Preschool Children's Play Behavior in an Indoor and Outdoor Environment. In J. L. Frost & S. Sunderlind (Eds.), *When Children Play: Proceedings of the International Conference on Play and Play Environments* (pp. 145—149). Wheaton, MD: Association for Childhood Education International.

Henniger, M., Sunderlin, E., & Frost, J. L. (1985). X-Rated Playfrounds: Issues and Developments. In J. L. Frost & S. Sunderlind (Eds.), *When Children Play: Proceedings of the International Conference on Play and Play Environments* (pp. 221—227). Wheaton, MD: Association for Childhood Education International.

Heutting, C., Bridges, D., & Woodson, A. (2002). Play for Children with Severe and Profound Disabilities. *Palaestra*, 18(1), 30—36.

Heyman, M. (1978). *Places and Spaces: Environmental Psychology in Education*. IN: The Phi Delta Kappa Education Bloomington.

Hildebrand, V. (1991). *Introduction to Early Childhood Education* (5th ed.). New York: Macmillan Publish Company.

Hoppenstedt, E. M. (1989). *How Good Is Your Child's School?* Springfield,

Illinois: Charles C Thomas.

Isbell, R. (1995). *The Complete Learning Center Book: An Illustrated for 32 Different Early Childhood Learning Centers*. Beltsville, MD: Gryphon House, Inc.

Ittelson, W. H., Proshansky, H. M., Rivli, L. G., Winkel, G. H., & Dempsey, D. (1974). *An Introduction to Environmental Psychology*. New York: Holt, Rinehart and Winston, Inc.

Jung, N. (2003). *Integrating Policies and Systems for Early Childhood Education and Care: The Case of the Republic of Korea*. Paris: Unesco. Retrieved June 13, 2004, from http://unesdoc. unesco. org/images/0013/001305/130598e. pdf.

Katz, L. G. (Ed.). (1980). *Current Topics in Early Childhood Education* (Vol. 3). Norwood, NJ: Ablex Publishing Company.

Kennedy, M. (2004). Furniture. *American School & University*, 76 (9), 11—13.

Klein, J. (1990). Young Children and Learning. In W. J. Stinson (Ed.), *Moving and Learning for the Young Child* (pp. 24—30). Reston, VA: American Alliance for Health.

Kowalski, T. J. (1989). *Playing and Managing School Facilities*. New York: Praeger.

Layton, R. (2001). The Great Outdoors. *American School & University*, 74(3), 358—359.

Mackenzie, D. G. (1989). *Planning Educational Facilities*. Lanham: University Press of America, Inc.

Marion, M. (1991). *Guidance of Young Children* (3rd ed.). New York: Maxwell Macmillan International Publishing Company.

Maxwell, L. E., & Evans, G. W. (1999). *Design of Child Care Centers and Effects of Noise on Young Children*. Retrieved May 22, 2004, from http://www. designshare. com/Research/Lmaxwell/NoiseChildren. htm.

Mayers, B. K. (1987). Teaching With Less Talking: Learning Centers in the Kindergarten. *Young Children*, 42(5), 20—27.

Mcandrew, F. T. (1993). *Environmental Psychology*. Pacific Grove CA: Brooks/Cole Publishing Company.

Mcauley, H. , & Jackson, P. (1992). *Educating Young Children: A Structural Approach*. London: David Fulton Publishers in Association with the Roehampton Institute.

Mccown, R. , Driscoll, M. , & Roop, P. G. (1996). *Educational Psychology: A Learning-Centered Approach to Classroom Practice* (2nd ed.). Boston: Allyn and Bacon.

Ministry of Education (2002). *Developing Playgrounds in Early Childhood Environments*. Early Childhood Development & Hutt Valley District Health Board. Retrieved May 22, 2004, from http://www. ecdu. govt. nz/running/playgrounds. html.

Ministry of Education (2004). *12 Steps to Establishing a Quality Early Childhood Centre*. Retrieved May 22, 2004, from http://www. ecdu. govt. nz/establishing/introduction. html.

Monroe, M. L. (1985). an Evaluation of Day Care Playgrounds in Texas. In J. L. Frost & S. Sunderlind (Eds.), *When Children Play: Proceedings of the International Conference on Play and Play Environments* (pp. 193—199). Wheaton, MD: Association for Childhood Education International.

Moore, G. T. (1987a). The Physical Environment and Cognitive Development in Child-Care Centers. In C. S. Weinstein & T. G. David(Eds.), *Space for Children: The Built Environment and Child Development* (pp. 41—72). New York: Plenum Press.

Moore, G. T. (1987b). The Physical Environment and Cognitive Development in Child-Care Centers. In C. S. Weinstein & T. G. David(Eds.), *Space for Children: The Built Environment and Child Development* (pp. 41—72). New York: Plenum Press.

Moore, R. C. , & Wong, H. H. (1997). *Natural Learning: The Life History of an Environmental Schoolyard*. Berkeley, CA: MIG Communications.

Moore, R. C. , Goltsman, S. M. , & Iacofano, D. S. (1992). *Play for All Guidelines: Planning, Design and Management of Outdoor Play Settings for All Children* (2nd ed.). Berkeley, CA: MIG Communications.

Moos, R. H. (1979). *Evaluating Educational Environments*. San Francisco: Jossey-Bass Publishers.

Moran, C. , Stobbe, J. , Baron, W. , Miller, J. , & Moir, E. (1992). *Keys to* the Classroom: A Teacher's Guide to the First Month of School. Newbury Park, CA: Corwin Press, Inc.

Nash, B. (1981). The Effects of Classroom Spatial Organization on 4 – and 5-Year-Old Children's Learning. *British Journal of Educational Psychology*, *51*, 144—155.

National Association for the Education of Young Children (1997). *Developmentally Appropriate Practice in Early Childhood Programs Serving Children from Birth through Age 8*. Retrieved May 22, 2004, from http://www. naeyc. org/resources/position_statements/daptoc. htm.

Oldroyd, D. , Elsner, D. , & Poster, C. (1996). *Educational Management Today: A Concise Dictionary and Guide*. London: Paul Chapman Publishing Ltd.

Olds, A. R. (2001). *Child Care Design Guild*. New York: McGraw-Hill.

Ortiz, F. I. (1994). *Schoolhousing: Planning and Designing Educational Facilities*. Albany NY: State University of New York Press.

Pairman, A. & Terreni, L. (2001). *If the Environment Is the Third Teacher What Language Does She Speak?* Retrieved May 22, 2004, from http:// www. ecdu. govt. nz/pdf_files/environmentsconference. pdf.

Pattillo, J. , & Vaughan, E. (1992). *Learning Centers for Child-Centered Classrooms*. Washington, D. C. : A National Education Association Publication.

Pedersen, J. (1985). The Adventure Playgrounds of Denmark. In J. L. Frost & S. Sunderlind (Eds.), *When Children Play: Proceedings of the International Conference on Play and Play Environments* (pp. 3—7). Wheaton, MD: Association for Childhood Educati.

Perry, J. P. (2001). *Outdoor Play: Teaching Strategies with Young Children*. New Yoker: Teachers College, Columbia University.

Phyfe-Perkins, E. (1982). The Pre-School Setting and Children's Behavior: an Environmental Intervention. *Journal of Man-Environment Relations*, *1*(3), 10—19.

Pillari, V. (1988). *Human Behavior in the Social Environment*. Pacific Grove, California: Brooks/Cole Publishing Company.

Poston, W. K. , Jr. , Stone, M. P. , & Muther, C. (1992). *Making School*

Work: Practical Management of Support Operations. Newbury Park, CA: Corwin Press, Inc.

Proshansky, H. M., Ittelson, W. H., & Rivlin, L. G. (1976). *Environmental Psychology: People and Their Physical Settings* (2nd ed.). New York: Holt, Rinehart and Winston.

Read, M. A., Sugawara, A. I., & Brandt, J. A. (1999). Impact of Space and Color in the Physical Environment on Preschool Children's Cooperative Behavior. *Environment and Behavior*, 31(3), 413—428.

Reynolds, E. (1996). *Guiding Young Children: A Child-Centered Approach* (2nd ed.). CA: Mayfield Publishing Company.

Robson, S. (1996). The Physical Environment. In S. Robson & S. Smedley (Eds.), *Education in Early Childhood: First Things First* (pp. 153—171). London: David Fulton Publishers Ltd.

Rogers, C. S. (1990). The Importance of Play. In W. J. Stinson (Ed.), *Moving and Learning for the Young Child* (pp. 43—50). Reston, VA: American Alliance for Health, Physical Education, Recreation, and Dance.

Ruth, L. C. (2000). *Design Standards for Children's Environments*. New York: McGraw-Hill.

Rydeen, J., & Erickson, P. (2002). A Positive Environment. *American School & University*, 75(2), 36—39.

Sanoff, H. (1994). *School Design*. New York: Van Nostrand Reinhold.

Santrock, J. W. (1993). *Children* (3rd ed.). Madison, Misconsin: Wm. C. Brown Communications, Inc.

Seefeldt, C., & Barbour, N. (1994). *Early Childhood Education: An Introduction* (3rd ed.). New York: Macmillan College Publish Company, Inc.

Shaffer, D. R. (1999). *Developmental Psychology: Childhood and Adolescence* (5th ed.). Pacific Grove, CA: Brooks/ Cole Publishing Company.

Shaw, L. G. (1987). Designing Playgrounds for Able and Disabled Children. In C. S. Weinstein & T. G. David(Eds.), *Space for Children: The Built Environment and Child Development* (pp. 187—213). New York: Plenum Press.

Shoemaker, C. J. (1995). *Administration and Management of Programs for*

Young Children. Englewood Cliffs, NJ: Merrill, an Imprint of Prentice Hall.

Smith, R. M. , Neisworth, J. T. , & Greer, J. G. (1978). *Evaluating Educational Environments*. Columbus, OH: Charles E. Merrill Publishing Company, A Bell & Howell Company.

Spodek, B. , & Saracho, O. N. (1994). *Right from the Start: Teaching Children Ages Three to Eight*. Boston: Allyn and Bacon.

Spodek, B. , Saracho, O. N. , & Davis, M. D. (1991). *Foundations of Early Childhood Education: Teaching Three-, Four-, and Five-Year-Old Children* (2nd ed.). Boston: Allyn and Bacon.

Spreckelmeyer, K. (1987). Environmental Programming. In R. B. Bechtel, R. W. Marans, & W. Michelson (Eds.), *Methods in Environmental and Behavioral Research* (pp. 247—269). New York: Van Nostrand Reinhold Company Inc.

Stinson, W. J. (Ed.). (1990). *Moving and Learning for the Young Child*. Reston, VA: American Alliance for Health, Physical Education, Recreation, and Dance.

Stoecklin, V. L. (1999). *Understanding the Design Process for Outdoor Play & Learning Environments*. Retrieved May 28, 2004, from http:// whitehutchinson. com/children/articles/understanding. shtml.

Stoecklin, V. L. , & White, R. (1997). *Designing Quality Child Care Facilities*. Retrieved May 22, 2004, from http://www. whitehutchinson. com/children/articles/designing1. shtml.

Stokols, D. (1972). On the Distinction Between Density and Crowding: Some Implications for Future Research. *Psychological Review*, 79, 275—277.

Stokols, D. (1976). The Experience of Crowding in Primary and Secondary Environments. *Environment and Behavior*, 8(1), 49—86.

Stokols, D. , & Altman, I. (Eds.). (1987). *Handbook of Environmental Psychology*. New York: A Wiley-Interescience Publication, John Wiley & Sons.

Talbot(1985). Plants in Children's Environments. In J. L. Frost, & S. Sunderlind(Eds.), *When Children Play: Proceedings of the International Conference on Play and Play Environments* (pp. 243—250). Wheaton,

MD: Association for Childhood Education Interational.

Taylor, A. P. , & Valstos, G. (1983). *School Zone: Learning Environment for Children.* NY: Van Nostrand Reinhold Company.

Taylor, B. J. (1991). A Child Goes Forth: *A Curriculum Guide for Preschool Children* (7th ed.). New York: Macmillan Publishing Company.

Taylor, S. E. , Peplau, L. A. , & Sears, D. O. (1997). *Social Psychology* (9th ed.). Upper Saddle River, NJ: Prentice-Hall, Inc.

Taylor, S. T. , Morris, V. G. , & Roger, C. S. (1997). Toy Safety and Selection. *Early Childhood Education Journal, 24*(4), 235—238.

Teets, S. T. (1985). Modification of Play Behaviors of Preschool Children through Manipulation of Environmental Variables. In J. L. Frost & S. Sunderlind(Eds.), *When Children Play: Proceedings of the International Conference on Play and Play Environments* (pp. 265—271). Wheaton, MD: Association for Childhood Education Interational.

Vasta, R. , Haith, M. M. , & Miller, S. A. (1992). *Child Psychology: The Modern Science.* New York: John Wiley & Sons, Inc.

Vergeront, J. (1987). *Places and Spaces for Preschool and Primary* (*Indoors*). Washington DC: National Association for the Education of Young Children.

Vickery, D. J. (1972). *School Building Design Asia.* Colombo: Kularatne & Co. Ltd.

Vogel, M. J. (1994). *Kids Learn When It Matters.* In V. Lanigan (Ed.), *Thoughful Teachers, Thoughful Schools: Issues and Insight in Education Today* (pp. 60—61). Boston: Ally and Bacon.

Wachs, T. D. (1987). Developmental Perspectives on Designing for Development. In C. S. Weinstein & T. G. David (Eds.), *Space for Children: The Built Environmentand Child Development* (pp. 291—307). New York: Plenum Press.

Webster's Ninth New Collegiate Dictionary. (1987). Springfield, MA: Merriam-Webster Inc.

Weinstein, C. S. (1977). Modifying Children's Behavior in an Open Classroom through Changes in the Physical Design. *American Educational Research Journal, 14*, 242—262.

Weinstein, C. S. (1979). The Physical Environment of the School: A Review of the Research. *Review of Educational Research*, 49(4), 577—610.

Weinstein, C. S. (1982). Privacy-Seeking Behavior in an Elementary Classroom. *Journal of Environmental Psychology*, 2, 23—35.

Weinstein, C. S., & Pinciotti, P. (1988). Changing a Schoolyard Intentions, Design Decisions, and Behavioral Outcomes. *Environment and Behavior*, 20(3), 345—371.

White, C. S., & Coleman, M. (2000). *Early Childhood Education: Building a Philosophy for Teaching*. Upper Saddle River, NJ: Pretice-Hall, Inc.

White, R., & Stoecklin, V. (1998, April). Children's Outdoor Play & Learning Environments: Returning to Nature. *Early Childhood News*. Retrieved May 23, 2004, http://www.whitehutchinson.com/children/articles/outdoor.shtml.

Wolfgang, C. H., & Wolfgang, M. E. (1999). *School for Young Children: Developmentally Appropriate Practices* (2nd ed.). Boston: Allyn and Bacon.

Woolfolk, A. E. (1998). *Educational Psychology* (7th ed.). Boston: Allyn and Bacon.

Wortham, S. (1988). Location, Accessiblity, and Equipment on Playgrounds. In L. D., Bruya & S. J. Langendorfer (Eds.), *Where Our Children Play: Elementary School Playground Equipment* (Vol. 1)(pp. 45—66). Reston, VA: American Alliance for Health.

Wortham, S. C. (1985). A History of Outdoor Play 1900—1985: Theories of Play and Play Environments. In J. L. Frost & S. Sunderlind(Eds.), *When Children Play: Proceedings of the International Conference on Play and Play Environments* (pp. 3—7). Wheaton, MD: Association for Childhood Education Interational.

Youngquist, J., Pataray-Ching, J. (2004). Revisiting "Play": Analyzing and Articulating Acts of Inquiry. *Early Childhood Education Journal*, 31(3), 171—178.

Zeisel, J. (1981). *Inquiry by Design: Tools for Environment-Behavior Research*. Monterey, California: Brooks/Cole Publishing Company.

Ziegler, S., & Andrews, H. F. (1987). Children and Built Environments. In

R. B. Bechtel，R. W. Marans，& W. Michelson（Eds.），*Methods in Environmental and Behavioral Research*（pp. 301—336）. New York：Van Nostrand Reinhold Company Inc.

Zimring，C. M.（1987）. Evaluation of Designed Environments. In R. B. Bechtel，R. W. Marans & W. Michelson（Eds.），*Methods in Environmental and Behavioral Research*（pp. 270—300）. New York：Van Nostrand Reinhold Company Inc.

店，我们买不了别墅，他就说，那去租一个院子吧！我们都是行动派，说做就做了。这里以前是一个工厂，他在此基础上盖了房子，最后呈现出来的样子完全是我想要的。

Ⓛ 平时不工作的时候，你们在家都做些什么？

Ⓙ 我整天都在花园里，他做饭，有时候也会来帮忙。每个人都需要一个管道出口。我的出口非常天然，每天跟植物待一会儿，心情就好了。

　　现在我每年都会安排两三周的外出旅行，时间再长心里就放不下了，开始做噩梦，担心花草，担心店里头出什么事情。

Ⓛ 现在的生活是你的理想状态吗？还有什么想要实现的？

Ⓙ 已经是了！可能以后会想让花园变得更美。以前忙着开店，没有太多时间放在花园上。打理花园是需要时间的，从早到晚都有活儿，一年四季都有活儿。

　　冬天开始育苗，规划春天要对花园做哪些改变：树木一天一天长大，可能要把它挖走换到别的地方；想要种某种花，可能要改变土壤，花园造型也要改变。还要修剪、施肥、打理、除草、翻土、给植物换盆，全都是活儿。

Ⓛ 现在有很多年轻人也向往这样的生活。如果真有朋友想过这样的生活，你会给他什么样的建议？

Ⓙ 想，就去做。只要愿意付出，做什么都可以成功。很多人因为放不下一些东西，犹豫的时候，时间就过去了。我没有精力去想这个过程，有这些想的时间，房子都找到了。

么没有房间了"，心马上就会揪起来，很舍不得他们。

Ⓛ 你现在要管理 7 家店铺，你是怎么管理上百号员工的？

Ⓙ 我跟他们的相处更像朋友和家人。我们店里三分之一的员工都是从一开始的时候跟我走过来的。年纪最大的像我的爷爷奶奶，会为我操很多心。

　　我们的客房阿姨从第一家店一直跟我到现在，我见证了她们家庭的发展。因为在这里有一份稳定收入，她们可以安身立命，让家里变得更好。

想，就去做。只要愿意付出，做什么都可以成功

Ⓛ 你的先生高高在你来北京的时候就是你的男朋友，那时候你们对生活的蓝图是怎样的？和 10 年后今天的样子一样吗？

Ⓙ 我们是从做朋友开始很自然地在一起的。他求婚的那天，秘密地布置了我们的一家店，还约上了很多朋友。我事先不知道，所以没有准备。当时在店里种花，灰头土脸地就去了，一开门看到很多花和蜡烛，还以为那里有预订呢，结果全是我们认识的朋友。当时也没有想到他要求婚，直到他拿出戒指的时候，我整个都是蒙圈的。

　　一直以来，我们两个的生活理念都很一致。婚姻对于我们就是很亲近的依赖感和不可或缺的温暖。他给我的支持和爱是没有边界的，就是我做什么都可以，只要高兴，怎么都行。

Ⓛ 这间房子是高高设计的，你说这是他给你的最好的礼物。你当时是怎么跟他说你的诉求的？

Ⓙ 因为我们最早住在城里，我说我很想要一个花园，但是因为一直在开

从青年旅舍到花园餐吧

Ⓛ 民宿、咖啡馆、餐吧，为了永远活在花里这个梦想，你不断升级
自己的技能。在这个过程中有什么难忘的经历吗？

Ⓙ 我一直都是一个很会自我安慰的人，自己给自己做心灵导师。第一次
开青年旅舍的时候，正赶上五一假期。当时我不知道怎么销售，结果
整个五一都没有客人。我就想，没有客人没关系，我可以每天换一个
房间去住，以后的五一可能就没有这种福气了。后来，十二个房间我
就全部住齐了。

有一天，一对老外骑自行车去故宫，路过我们院子前面，因为我
给四合院的墙装了落地玻璃，他们从外面能看到满院子的花。我在浇
水，门关着，他俩就趴在玻璃上敲击着示意能不能进来。得知这里是
旅舍以后，他们给我看了他们当天去上海的火车票，说现在就骑自行
车去退票，然后来我这里住。

这是我的第一个客人，也是我的贵人，我们现在依然是很好的朋
友。后来他俩搬过来，帮我们拍了很多照片，放在法国一个订房的网
站上面，之后很快就有了订单，到了 6 月份，全部房间都订满了。

Ⓛ 10 年来你开了 7 家店，有明确的时间规划表吗？

Ⓙ 我开店全部都是随性的，可能刚好有人往外租房，找到我问要不要租，
我觉得合适就开了店。遇到没有钱的时候，借钱也可以开。

我的第一家青年旅社只有 12 间房，但是客人非常多，有时候订单
都排到第二年了，还有很多人发邮件、打电话过来。我每一次接电话
说没有房间的时候，都能感觉到对方的失落。那时候已经不是想怎么
赚钱了，而是每当要挂掉电话的时候，听到他们遗憾的声音，"啊，怎

塔莎奶奶的书。书里的塔莎奶奶满头白发，穿着裙子，养了很多羊，还种了很多花。我当时就在想，怎么会有人生活得这么美？老了还能穿这么漂亮的衣服！后来我想，一定要种花才能变成她那个样子。

我外婆也是一个很会种花的人，她种什么都长得很好。院子里种了很多蔬菜，她把长得漂亮的全都送给邻居。从某种程度上，外婆和奶奶对我的影响是最大的，因为她们是我最亲的人，她们每天的所作所为都直观地影响了我。

Ⓛ 做花艺种植方面的事情，表面上看起来很浪漫，实际上也是一件很辛苦的事情。你怎么看待这个过程？

Ⓙ 这里的花市都是 5 点钟开门，8 点钟关门。所以我要买花的时候都是早上 5 点钟就起床了，有时候甚至更早，然后一天就会有很多时间去做很多其他事情。

现在很多人问我："你有 7 家店，1 个花园，又养鸡、养猫、养狗，怎么分配一天的时间？不会累吗？"可能所有人都觉得我很累，但是身体上的累跟心里的累是不一样的。我和植物在一起的时候，看似我在照顾它们，其实反倒是它们在照顾我。

Ⓛ 你曾经为自己算过一笔买花的账，现在还像以前那样买花吗？

Ⓙ 其实不是我算的，是财务算完后告诉我的。他会告诉我，你今年买了多少，超过了预算多少，你要控制一下。我说好。答应归答应，还是从来没有少买过。

我觉得所有的花都是送给自己的礼物。买花就像恋爱一样，这么多年来，每次到花市，我还是会激动。看到喜欢的花、漂亮的花，我必须买满满一车才踏实。

Ⓛ 水土环境对人有天然的影响，牧场沉浸式的生活对你性格有什么塑造？

Ⓙ 在牧场里看到的永远都是天大地大，从来不会为一些细小的事情伤心。一出太阳就高兴得不得了，花开的时候也是，追一只小鸟、追一只兔子也会幸福得要命。

在牧场里看到的永远都是天大地大，从来不会为一些细小的事情伤心。一出太阳就高兴得不得了，花开的时候也是，追一只小鸟、追一只兔子也会幸福得要命。

我一直都是一个享受当下的人，如果有一块蛋糕，我一定是今天全部吃完，不会吃一半留一半，因为我相信明天自然会有明天可以吃的食物。7岁的时候，我一个人坐火车到西宁去看望外婆。临行前爷爷给我煮了好几个鸡蛋，还没等上火车，鸡蛋已经被我吃光了。之后火车上的30多个小时，我都那样，一路上都有好心人帮忙。

所有花都是送给自己的礼物

Ⓛ 喜欢植物和种植是从什么时候开始的呢？

Ⓙ 高中的时候，同学送给我一本